ENVIRONMENTAL, SOCIAL and GOVERNANCE

ESG의 구조

착한 ESG 그리고 위험한 ES+G

박태영 · 윤건용

문우사
MoonWoo

ESG의 구조

착한 ESG 그리고 위험한 ES+G

머리말

코로나19의 세상에서 ESG의 바람이 뜨겁다. 마치 코로나 바이러스가 ESG를 이식하기 위해 경제 시스템을 '리셋reset'시킨 듯하다. 물론 ESG는 해외에서도 파죽지세破竹之勢다. 인류가 코로나 바이러스의 징계로 어머니 되는 지구에 저지른 수많은 죄업을 갚음과 동시에, ESG로 새 출발의 기회를 함께 얻는 듯한 공교로움이 느껴진다.

본문에서 자세히 논하겠지만, ESG는 환경environmental과 사회social의 문제에 대한 혁신적인 해결책이다. 그 이유는 다음과 같다. 첫째로, ESG는 사리私利와 공리公利를 교묘하게 엮은 설계를 가진다. 이에 ESG는 '지속가능'한 무한 동력을 확보한다. 둘째로, ESG는 설계의 특장점으로 인해 정치력과 자금력의 전례 없는 지지를 받는다. 마지막으로, ESG는 테크놀로지technology로 강력하게 지지된다. 이로써 인류는 마침내 지속 가능한 세계라는 꿈을 현실로 바꿀 기회를 잡기 시작했다.

그러나 우려되는 바는 우리나라의 ESG 도입 양태이다. ESG 도입 초기 국내의 ESG 수용 방식은 지극히 실무 중심적이었다. 해외 자본의 요구에 따라 타율적으로 국내에 도입된 것이 ESG이니, 실무 부문에 모든 관심이 집중되는 것은 불가피했다. 따라서 도입 이후에는 해외의 수요에 대응하기 위한 ESG 시스템 구축 실무가 ESG에 대한 모든 관심과 역량을 빨아들인다. 현재, 국내 금융회사, 기업집단은 물론, 굴지의 회계법인, 법무법인, 컨설팅회사 등이 ESG 시스템 구축에 에너지를 집중하고 있다. 그리고 ESG 시스템이 구축되면서, 동시에 바로 홍보 내지 프로파간다propaganda의 수순으로 들어간다. 이 역시 불가피했다. 시스템이 움직여야 해외의 수요에 대응하기 때문이다. 따라서 이 모든 것이 일사천리로 신속하게 전개되었고, 여기에는 ESG의 이념에 대한 '공자 왈 맹자 왈'이 들어갈 여지는 없었다. 어쩔 수 없었다. 세계의 흐름을 따라가기에도 촉박하였기 때문이다.

그러나 속도전은 대부분 부실 공사를 야기한다. 이곳저곳에서 파열음이 나온다. 기반이 제대로 다져지지 않았기 때문이다. 우선, ESG로 부담을 떠안는 측은 면종복배面從腹背하거나 무시한다. ESG를 지지하는 척하면서, 내심으로는 ESG도 그저 지나가는 바람이려니 하고 숨죽이고 웅크린다. 일부는 아예 언급하지도 않는다. 반면, ESG로 전리품을 챙기는 측은 세상의 모든 '착한' 일에 ESG를 가져다 붙인다. '이익공유제'가 ESG의 오남용이 부작용을 유발한 대표적인 사례이다. 이익공유제는 '착한 경제'인 ESG를 근거로 하여, 대기업의 이익을 중소기업들에게 나누어 주어야 한다는 주장이자 제도인데, 이에 대해 일각에서는 사회주의나 포퓰리즘의 발로라고 반박하기는 했다. 그러나 ESG의 이론에 입각하여 '이익공유제'가 ESG와 무관한 발상이라 주장하는 경우는 없었다. ESG의 이론과 이념에 무관심하며, 그저 실무로만 ESG를 이해하기 때문이다.

지금 우리나라의 도처에서는 지극히 타율적이고 무비판적인 ESG의 수용이 이루어지고 있다. ESG는 '착한 경제'라는 말만 되뇌며 그 이론과 배경에 눈을 감아 버린다. 또한 누가 ESG를 어떤 맥락에서 어떤 목적을 위하여 만들었고, 서구의 글로벌 자본은 왜 우리나라에 ESG의 도입을 요구하는지 아는 바도 없고, 알려고 하지도 않는다. ESG라는 바람이 어디서 와서 어디로 가는지 전혀 무관심한 것이다. 매우 위험하고 무책임한 자세이다. 우리보다 강하고 현명한 자들의 주장이므로, 그것이 진실인지 프로파간다인지 분별할 의지도 없다는 자세와, '글로벌 스탠더드'나 '글로벌 트렌드'라면 뭐든지 좋다는 식의 대응은 IMF 금융위기 이후 우리나라의 오랜 전통이 되었다. 동북아시아의 작은 변방 국가이니 서구의 스탠더드에 의문을 품어도 무의미하다는 패배주의와 사대주의가 우리의 머리와 가슴에서 어떠한 반향도 일으키지 않는 상황에 이르렀다.

물론, 해외의 문물을 무조건 배척하는 태도는 옳지 않다. 더구나 환경과 인권의 보호는 전 인류 공통의 지상과제며, 우리의 생존을 좌우하는 문제이니 당연히 동참해야 한다. 우리는 이러한 비전과 소명에 이의를 제기할 수는 없다. 그러나 ESG와 관련하여 본서에서 언급하는 것은 비전과 소명보다 낮은 수준의 이야기들이다. 예를 들면, ESG의 배경, 역사, 설계, 작동 원리, 실행 수단 및 프로세스 등과 같은 것들이다. 이들은 앞서 말한, 지구와 인간을 살리는 비전과 소명을 이루기 위한 수단들이며, 얼마든지 변용하고 비판하며 개선할 수 있는 것들이다.

더욱이 우리에게 ESG를 요구하는 측이 시티 오브 런던City of London과 월 스트리트Wall Street[1]라는 것을 고려한다면, 우리는 ESG에 대한 원론적인 지지 여부는 별론으로 하고, 대한민국의 국익을 고려한다는 차원에서 ESG를 재검토할 필요는 있는 것이다. 옛말에 "귤화위지橘化爲枳"라 했다. 회남淮南의 귤을 회북淮北에 옮겨 심으면 좋든 나쁘든 탱자가 되는 것이 당연지사이니, ESG도 우리 토양에 이식되면 우리 나름의 ESG로 바뀔 수도 있는 것이다. 말하자면 한국형 ESG의 가능성을 타진해 볼 필요도 있는 것이다.

사실 ESG가 우리나라에 이식된 이후에 나타나는 양상은 서구와는 매우

1 시티 오브 런던과 월 스트리트는 각각 영국 런던과 미국 뉴욕의 금융 중심지이다.

다르다. 서구에서는 크게 문제시되지 않는 기업지배구조, 즉 거버넌스governance 이슈가 우리나라에선 끊임없이 파열음을 내고 있다. 경제 민주화, 연금 사회주의 등이 그 대표적인 예이다. 따라서 우리나라의 ESG에 있어 모든 관심은 불행히도 거버넌스G에 집중되고, 환경E과 사회S는 사라져버린다. 반면 ESG가 시작된 서구에서는 거버넌스G의 논란은 거의 나타나지 않는다. 대신 제4차 산업혁명을 기반으로 환경E 및 사회S와 관련된 이슈들에 집중하여, 이들을 다양한 신사업 창출 기회로 활용하기 위한 논의가 활발하다.

서구와 우리나라에서 ESG를 이해하고 받아들임에 있어 왜 이런 차이가 생기는 것일까? 우리나라의 국민들이 서구 사회의 시민들에 비해 시야가 특별히 좁고, 성정性情이 원만하지 못한 때문인가? 혹은 우리나라의 경제 시스템이 서구의 그것보다 열위에 처하기 때문인가? 여기에는 일부의 진실과 일부의 오해가 있다.

일단 현재 ESG와 관련하여 우리나라가 겪고 있는 내홍과 불안은 일본과 중국에서도 벌어지고 있는 일이다. 물론 양상은 다소 다르다. 일본과 중국에서는 잠재된 불안감은 드러나지 않으며, ESG 도입은 정부 주도로 일사불란하게 진행된다. 우선, 일본은행과 행정부에 의한 인위적인 증시 부양이 한계에 달한 일본에서는 ESG를 통해 해외 금융자본을 끌어들이고자 한다. ESG가 일종의 증시 부양 수단이 된 셈인데, 이러한 정책의 여파로 그간 '메인뱅크main bank, 주거래은행 거버넌스'로 안전하게 보호받던 일본의 금융자본과 비금융기업들은 상호출자 등의 방패가 사라지면서 드디어 서구 자본의 영향력에 본격적으로 노출되기 시작한다.

한편, 도널드 트럼프Donald Trump 전 미국 대통령의 집요한 공격으로 금융시장이 반강제로 개방되다시피 한 중국 역시 코로나 사태 와중에 몰려들어 오는 서구 자본을 마냥 반가워하지는 않는다. 서구의 글로벌 자본을

ESG의 명목으로 국경을 넘나들며 양털 깎기[2]를 시도할 수 있는 핫머니로 보는 것이다. 물론 중국에서는 거버넌스G보다는 사회S의 이슈가 뇌관이다. 중국의 아킬레스건인 신장 위구르 자치구新疆維吾爾自治區의 노예 노동, 홍콩 민주 인사 탄압 등의 인권 문제들이 그것이다. 그러나 애써 가꿔온 알토란 같은 중국의 자산을 서구의 글로벌 자본이 송두리째 삼킬 때에는 거버넌스G를 허물면서 들어올 것이다. 현재 중국은 ESG의 확산에도 불구하고 스튜어드십 코드stewardship code를 도입하지 않고 있으며, 그에 대한 서구 자본의 불만이 높아지는 상황이다.

이것이 동아시아의 제조업 강국이자 금융 후진국인 한국, 중국 및 일본에서 거버넌스G에 대한 관심이 높아지는 배경이다. 서구 경제권에 비해 금융산업의 발달이 뒤처진 동아시아 국가들에게 있어서 ESG는 지속 가능한 경제의 창출이라는 비전과 더불어 국부 유출이라는 딜레마와 연결된다는 것이다. 이들 국가들은 현재 세계 최고 수준의 제조 역량을 보유하고 있으며, 특히 중국과 일본은 세계 2위와 3위의 경제 강국이다. 그러나 제조업이란, 지구상의 모든 것을 금융화financialization하면서 전 세계를 종횡무진 주유周遊하는 서구 자본의 먹잇감에 불과하다. 그리고 이들 국가의 금융산업은 서구의 그것에 비하면 철저히 유치산업幼稚産業에 머무른다.

물론, ESG는 하나뿐인 지구를 살리기 위해 모든 인류에게 주어진 하나의 과제로서 국가와 문화에 따른 차이가 있을 수 없다고 혹자는 주장할지도 모르겠다. 분명히 환경E과 사회S는 그러하다. 그러나 거버넌스G는 다를 수 있다는 것을 이해해야 한다. 악마는 디테일에 있다고 하지 않는가? 이것이 바로 '착한 ESG'와는 다른 '위험한 ES+G'의 문제가 나타나는 시발

---

2 양털이 풍성하게 자랄 때까지 기다렸다가 깎아내어 단번에 수익을 회수하듯, 거대 금융세력이 암암리에 경제 상황을 조정하여 버블경제를 방치하거나 유도한 후 일순간에 붕괴시켜 일반 대중의 자산을 약탈해가는 고도로 계산된 이윤추구 행위를 말한다.

점이다.

문화의 다양성과 국가별 경제발전 단계의 차별성을 이해한다면, 거버넌스G의 다양성도 이해할 수 있어야 한다. 앵글로·색슨 자본주의와 유럽식 자본주의가 항상 똑같지 않았고, 선진국의 자본주의와 개발도상국의 자본주의는 다르다. 온실가스를 줄이기 위한 국가적 협력이 항상 실패해 온 것도 바로 이러한 이유 때문이다. 온실가스를 줄이는 과정에서 후진국의 시민은 영원히 선진국의 시민과 같은 생활수준을 누릴 수 있는 기회를 박탈당할 가능성이 생기는 것이다. 이러한 결과가 ESG의 관점에서 온당하다고 여길 사람은 없을 것이다. 마찬가지로 금융산업이 낙후된 국가와 우월한 국가가 동일한 기준에서 ESG를, 특히 동일한 거버넌스G를 적용한다면 이는 차별이 될 가능성이 높다. 이것이 바로 금융 선진국과 금융 후진국 간의 '사다리 걷어차기kicking away the ladder'[3]의 문제이다.

혹자는 우리나라의 일각에서 제기할 수 있는 이러한 두려움이 근거 없는 것이라 주장할지도 모른다. 당연히 명확한 근거를 제시할 방법은 없다. 반대 논리는 얼마든지 존재하며, 단지 역사적 사실의 해석과 그에 따른 논리적인 예측만이 앞으로의 상황을 가늠할 근거가 될 뿐이다. 예를 들면, ESG 탄생의 내력과 관련 제도의 이념적 연원 등과 같은 역사와 정황들이 예측의 출발점이다.

ESG는 월 스트리트와 시티 오브 런던의 공동 발명품이자 21세기의 총아寵兒이다. ESG의 역사와 내력을 더듬어 오르내리면, 곳곳에 앵글로·색슨 자본주의의 전통이 느껴진다. 바로 보통법common law과 스튜어드십stewardship으로 대표되는 영국의 법률과 규제 체계이다. 그리고 이 토대 위에서 월 스트리트의 최신 투자기법과 세계 금융시장을 과점하여 지배하

3 케임브리지 대학(University of Cambridge) 경제학과 장하준 교수의 저서명이 바로 '사다리 걷어차기(Kicking Away the Ladder)'이다.

는 막강한 자본력으로 창조해낸 것이 ESG이다. 그리고 이들 영미의 투자 자본은 자신들이 시작했던 신자유주의의 과오를 바로잡기 위해 ESG를 만들었다고 주장한다.

신자유주의와 관련해서는 다음의 주장이 주목할 만하다. 금융인, 기업인, 정치인, 언론인 등 전 세계 지도층 인사들이 한자리에 모여 세계적인 공통의 주제를 토의하는 다보스 포럼Davos Forum[4]의 수장인 클라우스 슈밥Klaus Schwab은 『월스트리트저널The Wall Street Journal』의 자매지인 인도의 경제지 『민트Mint』에 2021년 1월 1일 자로 기고한, 「2021년은 그레이트 리셋의 해가 되어야 한다2021 should be year of the Great Reset」라는 글에서 2021년을 '이어 제로Year Zero, 제0년'라고 지칭하며 그 배경에 대해서 다음과 같이 설명한다(Schwab, 2021).

> (…전략) 자유 시장과 제약받는 정부limited government에 대한 확고한 의지인 신자유주의는 서구 사회에 수십 년간의 번영과 발전을 가져다주며 서구 사회를 지배하였다. 하지만 이 모델은 고장났다. 코로나19가 최후의 일격을 날렸지만, 전후戰後 모델은 환경적으로도, 오늘날 최고조에 달한 불평등 때문에 사회적으로도 더 이상 지속 가능하지 않다는 것은 최소한 지난 20년간 명백했다.
>
> (…중략…) 세워야 할 세 개의 기둥이 있다. 첫째 2021년은 우리가 코로나19를 관리할 수 있는 해가 될 수 있다. (…중략…) 둘째, 2021년은 모든 주요 국가 정부와 민간 연합체들이 온실가스 배출의 '넷 제로net-zero'에 집중하는 해가 될 것이다. (…중략…) 마지막으로, 2021년은 기업들이 엄격한 단기 수익 지향에서 기업의 장기적 생존 가능성과 모든 이해관계자의 이익과 기여에 보다 집중하는 전략으로 선회하는 해가 될 것이다. (…후략)

---

4 저명한 기업인, 정치인, 경제학자, 저널리스트 등이 세계 경제에 대해 토론하기 위해 모이는 국제 민간회의이며, 원래 이름은 세계경제포럼(World Economy Forum, WEF)이다. 매년 스위스 동부 휴양지 다보스에서 개최되기 때문에 다보스포럼으로 불린다.

슈밥은 동 기고문에서 최초의 '이어 제로Year Zero'는 제2차 세계대전 직후이고, 2021년이 두번째 '이어 제로Year Zero'라고 말하면서, 2021년에는 코로나19가 통제되고, 각국 정부가 온실가스 배출의 '넷 제로Net Zero' 목표에 집중하며, 모든 기업들이 이해관계자 자본주의와 장기적 이익을 추구하기 시작하는 새로운 해가 될 것이라고 말하였다.

슈밥이 언제나 하는 주장이고 표현이지만, 인상적인 것은 그가 명확하게 신자유주의의 종말을 선언했다는 사실과 신자유주의라 불리는 전후戰後 모델이 극단적인 불평등을 야기했음을 인정한 사실이다. 그리고 2021년을 탄소중립성Net Zero과 ESG의 원년元年으로 언급하면서 '그레이트 리셋the Great Reset'과 더불어 '이어 제로Year Zero, 제0년'라는 표현을 쓴 것이다. 참고로 서력 기원에 따르면 '제0년'이란 것은 없다.[5] 말하자면, 슈밥은 2021년을 존재하지 않는 한 해로 규정한 것이다.

이처럼 신자유주의는 실패했다. 그러나 슈밥의 발언대로 서구 자본주의는 번영했다. 여타 지역의 경제와 인권이 어떻게 되든 간에 말이다. 마찬가지로 지난 20년간 신자유주의가 불평등을 최고조로 끌어올리며 망가졌다고는 하지만, 이로 인하여 세계경제가 번영하든지 망가지든지 상관없이, 서구의 글로벌 자본은 동 기간 동안 그 어느 때보다 높은 수익을 올렸다.

그럼에도 불구하고, 서구의 글로벌 자본은 이제 신자유주의의 실패를 진심으로 반성했다고 한다. 그리고 신자유주의의 잔해와 부작용을 제거하고, 지속 가능한 세계로 나아가기 위해 ESG라는 것을 만들었으니 자신들

5 BC(기원전) 1년 다음 해는 바로 AD(서력 기원) 1년이 되므로 0년이란 것은 존재하지 않는다. 위키피디아에 따르면, 제0년(Year Zero) 이면의 생각은 한 사회 내의 모든 문화와 전통은 완전히 파괴되거나 폐기되어야 하며, 새로운 혁명적인 문화가 그것을 대체해야 한다는 것이었다. 제0년 이전의 국가나 국민의 역사는 대부분 이후의 역사와는 무관하다고 여겨질 것이다. 왜냐하면 이전의 역사는 이상적으로는 제거되고 대체될 것이기 때문이다.

을 믿고 글로벌 스탠더드의 조류에 동참하라고 말한다. 물론 여기서 글로벌 자본은 한 발 더 나아가 ESG의 조류에 동참하지 않으면, 지구의 환경과 인권을 보호하고 지속 가능한 미래를 창조하려는 인류의 숭고한 이상과 의지에 대해 등을 돌리는 것이므로, 이들에게는 더 이상 자본을 공급하지 않겠다고 한다. 이것이 ESG와 관련해서 서구의 글로벌 자본이 각종 매스미디어를 통해서 끊임없이 우리들에게 전달하는 메시지의 핵심이다. 이러한 요구에 어떠한 반응을 할 수 있겠는가?

일단, 이러한 내막을 아는 이상, ESG를 마냥 고아高雅한 이념으로만 보기는 어려울 것이다. 그러나 그 이전에 서구의 글로벌 자본이 이렇게 행동할 수밖에 없는 이유를 이해해야 한다. 아직 21세기의 초입에 머무른 오늘날, 세계경제의 문제는 세 가지이다. 하나는 경제적인 프론티어frontier의 상실과 이윤율의 만성적인 저하이며, 둘은 그에 따른 불평등의 확대이고, 마지막은 지구 환경의 악화惡化와 자원의 열화劣化이다.

전 세계는 이른바 만성적인 일본화Japanification의 상황에 빠져 있다. 이젠 일본만이 아니라 전 세계의 실물 경제가 잃어버린 20년, 30년에 빠질 위기에 봉착한 것이다. 물론 과거에는 실물 경제의 이윤율이 낮아질 때마다 새로운 프런티어를 찾아내어 타개해 나갔다. 신대륙 발견부터 산업혁명을 거쳐 인터넷 혁명을 경험했던 인류의 역사가 바로 프런티어 발견의 역사이다. 그러나 21세기 초입에 들어선 오늘날, 우리는 드디어 프런티어 상실의 시대에 접어들었다.

프런티어가 사라진 시대의 글로벌 투자자본의 대책은 모든 것의 금융화the financialization of everything이다. 실물 경제의 이윤율이 만성적으로 저하하는 경향에 대한 대응이다. 금융화는 다양한 의미를 가지고 있지만, 간단히 말하면, 과거에는 금융이 아니었던 영역까지 금융이 침투하여 최후의 이익까지 짜내는 활동이다. 부동산, 리스크 등의 증권화부터 적대적 인수합병M&A과 구조조정을 통해 실물자산을 현금화하거나 현금흐름을 창출하는 다양한 금융기법들로 이해할 수 있을 것이다.

그러나 금융의 수익 원천이 본래 실물자산을 기초로 하는 이상, 프런티어를 상실한 금융화는 본질적으로 제로섬 게임zero-sum game으로 타락하게 된다. 즉, 한쪽에서 고도의 금융기법으로 높은 이익을 올릴수록 그 사회의 다른 영역에서 부의 박탈이 가중되는 것이다. 이것이 1 대 99로 대변되는 극한의 불평등이다.

그리고 금융화의 효율이 극한에 다다르면, 실물경제와 인간의 금융화 단계에서 지구환경과 자원의 금융화 단계로 발전한다. 환경E과 사회S라는 투입요소에 대한 재투자와 이윤의 배분을 최소화하면서도 사회 시스템이 안정을 유지하기 위해서는 생산량이 지속적으로 늘어나야 하기 때문이다. 과거에는 프런티어의 확대로 성장 문제를 해결하였지만, 프런티어가 상실된 상황에서는 자원을 짜내어서 생산성을 높여야 하는 것이다.

따라서 우리는 어쩌면 역사상 최저의 이윤율에 허덕이는 글로벌 투자자본의 탐욕을 상대하여 우리나라의 산업과 기술을 지켜야 하는 과제를 떠안게 될지도 모르겠다. 극한까지 이윤을 짜내던 투자자본이, 금융산업이 낙후되고 자본 축적 수준이 미약한 반면 기술력은 높은 제조업 국가에 대한 지배력 강화를 통해 새로운 프런티어를 찾으려는 시도를 할 가능성이 점점 높아지기 때문이다. 최근 제4차 산업혁명의 핵심인 반도체 패권의 확보에 강한 의지를 다지는 미국 조 바이든Joe Biden 대통령의 행보가 예사로 보이지 않는 것이 이 때문이다.

본서는 ESG를 지지한다. 환경E과 사회S의 문제는 우리가 반드시 동참하여 해결해야 하는 인류의 지상과제至上課題이다. 그러나 시티 오브 런던과 월 스트리트가 주장하는 ESG는 금융자본이 산업자본을 지배하는 신자유주의적 ESG가 될 우려가 있다. 그리고 기관투자자의 우위를 전제로 하는 ESG의 기본 구조에 따르면, 금융산업이 취약하고 제조업과 대외무역에 의존하는 우리나라의 경제는 서구 자본과의 관계에 있어 지배를 당하는 입지에 놓이는 것이 논리적인 귀결이다.

현재 우리나라에서는 ESG를 둘러싸고 연금 자본주의, 경제 민주화 등 거버넌스G를 둘러싼 파열음이 끊이지 않고 있다. 이러한 논란이 국내 정치 이슈와 어떻게 연결되는지는 별론으로 하더라도, 서구 금융자본의 침투라는 대외 부문의 동향을 함께 고려하면, 이러한 파열음은 분명히 우리나라 경제에 있어 약한 고리를 만들어내고 있다. 그리고 이러한 관점이, 본서가 한국형 ESG를 주장하는 배경이기도 하다.

따라서 본서는 ESG를 착한 경제로만 보는 관점을 극복하고자 한다. 'ES+G'의 거버넌스G는 미래를 향한 전쟁터일 수 있으며, 우리가 지켜내야 할 최후의 보루이다. 경제 민주화 등의 정치적 이권 다툼으로 거버넌스G를 외국 자본에게 내어주는 것은 바로 우리의 미래를 포기하는 것과 다르지 않을 수 있는 것이다. 이것이 본서의 기획 의도이다.

여기서 언급해두고자 하는 것이 있다. 한국형 ESG는 윤리적이고 경제적인 고민이어야 하며 정치와 연계되어서는 안 된다. 여전히 냉전 시대의 이념에 사로잡힌 우리나라에서는 이른바 진보 좌파와 보수 우파라는 단순한 이분법이 국민들의 사고를 지배하고 있다. 그리고 이러한 이분법적 사고는 환경, 인권, 심지어는 ESG에 대한 관점에도 영향을 미치고 있다. 환경, 인권 등의 어젠다agenda에 대해서는 진보 좌파가 스스로 주도권을 쥔 듯이 느끼고, 반면 보수 우파는 본능적으로 해당 이슈를 자본주의와 충돌하는 이슈로 인식하여 ESG마저도 언급하기를 주저한다. 그리고 같은 이유로 진보 좌파는 서구의 신자유주의를 신랄하게 비판하는 반면, 보수 우파는 서구의 자본주의를 비판하는 입장을 반자본주의적 견해로 인식하는 경향이 강하다.

그러나 세상사는 선과 악의 단순한 이분법을 따르는, 어린이용 동화와 같은 순진한 세계관으로 간단히 정리되지 않는다. 앞서도 말했듯이 환경과 인권을 지지하는 ESG도 따지고 보면 한때 신자유주의의 첨병이었던 월 스트리트의 창조물이고, 월 스트리트는 ESG를 통해 산업자본을 지배하며 지금도 여전히 신자유주의의 비전을 실현하고 있는지도 모른다. 또한 앞서 신자유주의가 실패했다고 선언했던 슈밥이 자본주의에 반대하는 것도 아니다. 그리고 아마도 ESG는 제4차 산업혁명과 함께 침체된 자본주의를 살릴 수 있는 신성장동력, 즉 새로운 먹거리가 될 수 있을지도 모른다. 이러한 관점에서는 좌파도 우파도, 선도 악도 없다. 그저 우리나라의 미래 비전과 국익이라는 관점이 있을 뿐이다. 이것이 본서가 ESG를 이해하는 관점이다. 본서의 주장을 특정한 정치적 이념과 연계하여 오해하지 않기를 바란다.

본서는 ESG의 이론과 현황을 일목요연하게 정리하고 전달하기 위한 일종의 입문서이다. 현상의 전달에 집중하고자 한다. 따라서 논란의 여지가 있는 부분도 그 실상을 그대로 전달하고자 한다. 때로는 저자들의 의견도 밝히겠지만, 반드시 사견임을 명확히 할 것이다. 본서의 목표는 ESG의 소개이므로, 저자들은 ESG 이론에 대한 고도의 분석은 최대한 지양하겠다. 이는 역량이 우수한 각계각층의 권위자들께 요청드리는 바이다.

저자들은 ESG의 가치나 전도에 대해서는 긍정적인 입장이다. 그럼에도 불구하고, 본서에서는 가능한 한 중립적인 입장을 견지하고자 한다. 찬성과 반대의 양 견해를 대등하게 제시하여야 ESG의 실체를 제대로 확인할 수 있다고 믿기 때문이다. 또한 저자들은 비록 ESG에 찬성하지만, ESG의 문제점에 대해서 솔직하게 밝혔다. 이러한 이유들로 인해 만약 ESG에 대한 찬성 측과 반대 측 모두가 본서를 읽으면서 불편한 감정을 느낀다면 저자들은 중립적 입장을 확보하는 데 성공했다고 본다.

또한 본문 중에서 특정 집단이나 정책 등에 대해 비판적인 의견을 제시한 경우가 있지만, 이는 모두 ESG와 지속가능성의 측면 또는 우리나라의 경제적 이익이나 국부國富의 관점에 입각한 유불리를 평가한 것이며, 도덕적 또는 윤리적 판단과는 무관함을 밝힌다. 예를 들어, 앞서 신자유주의에 대한 비판적 관점을 제기하였는데, 이는 신자유주의가 환경과 사회에 부정적 영향을 미쳤기 때문이며, 신자유주의가 부도덕하다는 것을 주장하려는 의도는 아니었다. 국가나 특정 세력에 대한 비판도 마찬가지로 도덕성과는 무관하다. 특정 사상이나 집단의 도덕성은 본서의 관심 대상이 아니다.

이러한 본서의 입장은 대부분의 경우 도덕성 평가가 불가능하거나 불필요하다는 가치관에 따른다. 왜냐하면 저자들은 모든 상황에는 언제나 구조적인 요인들이 있으며, 따라서 어느 국가나 집단도 타 국가나 집단에 대해 그 본질에 있어서의 도덕적이거나 윤리적인 우위 또는 열위를 가지지 않고, 단지 각자의 입장에서 유불리가 존재할 뿐이라고 믿기 때문이다. 말하자면, 미국은 미국의 이익에 따라 행동하고, 중국은 중국의 이익에 따라 행동하며, 우리나라는 우리나라의 이익에 따라 행동할 뿐이고, 여기에 누가 도덕적이고 비도덕적인가는 크게 논의할 의미가 없다는 주장이다. 애초에 국제 사회는 생존의 논리에 입각한 약육강식의 세계이다. 이러한 세계에서는 전략적 판단이 필요할 뿐이다. 윤리와 도덕을 개입시키는 것은 냉정한 상황 판단에 있어 비효율적일 뿐 아니라 오히려 도의적으로도 반드시 타당한 것은 아니다. 누구나 상대방의 입장이 된다면 상대방의 상황에 맞는 행동 패턴을 보일 확률이 높기 때문이다.

본서는 입문서이다 보니, 결과적으로 일종의 ESG 총론서가 되었다. 따라서 본의 아니게 실무나 각론에 대한 니즈needs를 본서가 충분히 수용하지 못하였다. 독자의 양해를 구한다. 대신 협소한 지면에도 불구하고 해외 사례를 다소 소개했는데, 일본 사례의 비중이 높았다. 이는 저자들의 의도적인 선택이었다. 일본은 아시아에서 ESG 도입이 가장 빨랐다. 그리고, 우리나라와 유사한 상황에 처해 있거나 고민을 겪는다고 여겨지는 나라이다. 물론 실상은 이와 다소 다르다. 그럼에도 불구하고 국내 정책당국과 언론은 일본의 ESG 대응 사례를 모범 사례best practices로 제시하면서 우리나라의 ESG 대응을 독려하고 있다. 따라서 역설적이지만, 일본의 상황을 보면서 독자들은 동병상련同病相憐을 느끼거나 심지어는 위안을 받을지도 모르겠다. 저자들은 일본이 역시 서구 자본주의와는 다른 경제 시스템을 가지고 있었다는 것을 일본의 ESG 도입 사례를 살펴보며 새삼 깨달았다. 물론, 전통적으로 국내 독자들은 구미보다는 일본 사례에 보다 강한 현장감을 느낀다는 것 역시도 저자들의 주안점이었다.

ESG의 골자는 비교적 단순하다. 그러나, 일단 전체상의 조감도를 얻기 전까지는 꽤 난삽한 주제가 될 수 있어 본서를 읽으면서 길을 잃을 우려가 있다. 아래의 내용 소개를 길잡이 삼으면 바른 길을 쉽게 찾을 수 있을 것이다.

제1장은 'ESG란 무엇인가'라는 초미의 관심사에 대한 간략한 대답이다. 원래 ESG의 개념을 제대로 이해하려면 제2장과 제3장에서 ESG의 등장 배경과 역사를 포함한 선행 학습을 해야 한다고 생각했다. 그러나 그런 구성에서는 독자들이 집중력을 잃을 것이므로, ESG에 대한 기본적 궁금증부터 간단히 해소하는 기회를 제공했다. 하지만, ESG의 본질을 이해하려면 제2장과 제3장의 내용을 숙지해야 할 것이다.

제2장은 본서의 핵심 중의 핵심이다. 진정한 ESG가 가지는 특징들이다. 특히, 마지막 특징을 제외한 네 가지 특징 중에 하나라도 결여되면 ESG가 아니라고 감히 말할 수 있다. 제2장을 통해 사이비 ESG를 판별할 잣대를 제공한다고 자부한다.

제3장은 ESG의 역사다. 역사는 그저 지나간 옛이야기가 아니다. ESG의 역사를 통해 ESG의 본질을 이해하고 ESG를 요구하는 서구 글로벌 자본의 의도를 간파하며, ESG의 미래를 예측할 수 있다.

제4장은 ESG 경제의 인프라와 프로세스의 조감도를 제시한다. 시중에 이미 많은 자료들이 있으므로, 향후 다가올 트렌드와 변화의 방향성에 주목하였다. 본서가 총론적 성격의 입문서라는 것도 감안하였다.

제5장은 스튜어드십 코드, 기업 거버넌스 코드를 중심으로 거버넌스와 관련된 이슈들을 다루었다. 본서가 ESG를 ES+G로 이해하면서 거버넌스에 대해 새로운 시각을 제시하고 있으므로 이에 대한 부연 설명을 별도의 챕터로 제공할 필요가 있다고 판단하였다. 스튜어드십과 ESG와의 관계, 국민연금의 의결권 행사와 관련된 찬반 논란 등 예민한 부분에 대한 소견을 가감 없이 제시하였다. 전반적으로 소수 의견이지만, 선입견을 버리고 본서의 논리를 한번 따라 보는 것도 우리의 현실을 새로운 각도에서 바라보는, 의미 있는 경험이 될 것이라 기대한다.

맺음말에서는 우리나라의 상황에서 바라본 ESG와 그 대응 방안에 대한 졸견拙見을 피력하였다. 더불어, 서구와는 차별화된 한국형 ESG의 필요성을 상생과 협력이라는 관점에서 주장하였다.

저자들의 소망이 있다. 독자들이 뜨거운 심장과 차가운 머리를 함께 가지기를 희망한다. 뜨거운 심장만으로는 우리의 문제를 해결할 수 없고, 차가운 머리만으로는 인류의 문제를 돌아보지 않기 때문이다. 이것이 본서를 통해 이루고자 하는 저자들의 작은 소망이다.

감사의 글

이 책이 출간되기까지 여러분들의 격려와 지원 그리고 도움이 있었다. 우선 두서없는 졸고를 두루 읽고 다듬는 고단한 작업을 다망한 일정 속에서도 기꺼이 감당해준 한국은행의 김상호 차장에게 감사의 마음을 전한다. 그는 크게는 금융전문가로서의 식견을 제공하고, 작게는 장절章節의 구성과 구두점에 대한 조언까지 주었으니, 이 책의 전반에 그의 손길이 미치지 않은 바가 없다. 이 책의 기획 단계에서 저자의 설익은 아이디어에 관심을 주고 조언해 주었던 홍익대학교 김경희 교수에게도 고마움의 뜻을 전한다. 그리고 집필을 망설이던 저자를 격려하고 집필 과정의 여러 고비들을 무사히 넘어갈 수 있도록 힘이 되어 주신 김동희 선생님께도 감사의 말씀을 드린다. 또한 집필 과정에서 저자들에게 애정 넘치는 조언을 아끼지 않은 리오인베스트 주식회사의 임직원 여러분과 ESG미래금융연구회의 회원 여러분께도 이 자리를 빌려 감사의 뜻을 전하고자 한다. 부족한 글에도 괘념치 않으시고 출판을 감당해주신 문우사의 김영훈 대표님 이하 임직원 여러분께도 심심한 사의를 표한다.

졸저는 본디 천학비재淺學菲才의 글이라 미흡하기 이루 말할 수 없지만, 위의 여러분들의 도움이 없었다면 오늘의 모습이나마 갖추기 힘들었을 것이니, 졸저의 부족함에 따른 모든 허물은 전적으로 저자들의 몫임을 밝힌다. 도와주신 여러분들께 다시 한번 감사의 마음을 전한다.

차 례

머리말 ····· v

감사의 글 ····· xxi

CHAPTER I ESG 들어가기 ····· 001

1. 'ESG'와 'E+S+G' 그리고 'ES+G' ····· 003
   ESG의 의미 *003*
   E+S+G의 의미 *007*
   ES+G의 의미 *011*
2. ESG와 ESG 투자의 유사 용어 ····· 015
   ESG와 CSR의 차별점 *015*
   ESG 투자의 유사 용어 *016*
3. ESG, PRI 그리고 SDGs ····· 024
   유엔 책임투자원칙(UN Principles for Responsible Investment) *024*
   지속가능발전목표(Sustainable Development Goals) *026*
   PRI와 ESG, SDGs의 관계 *028*

CHAPTER II ESG의 다섯 가지 특징 ····· 033

1. 투자자 주도 ····· 035
   인센티브 구조 *036*
   거버넌스(G)의 존재 *049*
   역사적 정황 *052*
2. 이익과 사회적 가치의 조화 ····· 053
   ESG 투자의 수익률 *053*
   수탁자 의무라는 딜레마 *055*

영미법의 수탁자 의무 057
PRI의 수탁자 의무 065
21세기의 수탁자 의무 072

3. 이해관계자 자본주의 ···· 073
이해관계자 자본주의의 개념 074
이해관계자 자본주의의 배경 및 자본주의의 유형 078
주주 자본주의와 이해관계자 자본주의 간 대립의 역사 086
이해관계자 자본주의와 주주 자본주의의 조화 091

4. 장기적(長期的) 시간지평 ···· 094
시간지평 단기화의 요인, 그 하나 095
케이 리뷰(Kay Review)의 진단 097
장기 투자와 중요성(materiality) 개념 100

5. 테크노 자본주의 ···· 105
지구를 살리기 위한 탈성장(degrowth) 106
탈물질화의 기적 107
세 가지 성장 방식과 세 가지 경제 112

CHAPTER III ESG의 역사 ···· 117

1. 하이퍼 글로벌라이제이션(초(超)세계화) 이전의 상황 ···· 119
인간의 조건 120
산업혁명부터 1990년대 후반까지 121

2. 신자유주의의 부상과 반세계화 투쟁 ···· 124
신자유주의의 부상 124
나이키 스웻샵 스캔들 128
시애틀 전투와 세계화의 신(新)전략 129

3. 지속가능경제로의 첫걸음 ···· 133
유엔 글로벌 콤팩트 134
MDGs와 절반의 성공 137

4. 인식의 전환과 ESG의 맹아(萌芽) ···· 139
ESG의 탄생 140
'돈을 버는' ESG 투자 142
ESG 투자의 '합법화' 144

PRI의 설립 *145*

5. ESG 세계화와 그레이트 리셋 ··· 149

리먼 사태로 인한 각성 *149*

기후변화 대응과 SDGs *155*

기후금융, 파리협정 그리고 바이러스 *159*

CHAPTER IV ESG 경제 시스템 ··· 167

1. ESG 경영 ··· 169

가치창조 프로세스 *169*

2. ESG 정보공개 ··· 174

정보공개 표준의 선정 *175*

정보공개의 최근 트렌드 *180*

통합보고서의 실무 *186*

3. ESG 평가 ··· 189

ESG 평가 시장의 생태계 *190*

ESG 평가의 실무 *192*

이슈와 과제 *197*

4. ESG와 자본시장 ··· 200

영연방과 미국의 약진, 일본의 급성장 *200*

ESG 투자전략의 지역별 양상 *208*

ESG 투자 수익성 논란의 종결 *213*

유니버설 오너들의 카르텔 *218*

이상과 현실의 괴리 *222*

CHAPTER V 스튜어드십 코드와 거버넌스의 통제 ··· 227

1. '코드'의 연원과 개념 ··· 229

스튜어드십 코드 및 기업지배구조 모범규준과 ESG의 관계 *229*

PRI의 스튜어드십 *232*

2. 서구와 일본의 '코드' 도입 ··· 236

영국과 미국의 '코드' 도입 *237*

일본의 '코드' 도입 *245*

3. 스튜어드십의 성과와 프로파간다 ······ 253
스튜어드십에 대한 변호 *253*
연기금 자본주의의 상황 *256*

4. 우리나라 스튜어드십의 이슈들 ······ 260
우리나라의 스튜어드십 도입 상황 *260*
우리나라 스튜어드십 코드의 내용 *262*
우리나라 스튜어드십 코드를 둘러싼 논란들 *264*

맺음말 상생과 협력의 ESG ······ 273

참고문헌 ······ 287

찾아보기 ······ 298

그림 차례

그림 1.1 PRI 서명기관 성장 추이 ··· 026

그림 1.2 유엔 지속가능발전목표(SDGs) 169개 세부목표 및 지표 ··· 028

그림 2.1 시간의 경과에 따른 ESG 요소의 특성 변화 ··· 102

그림 2.2 미국 GDP와 주요 금속 소비량(1970년=1 기준 인덱스) ··· 108

그림 2.3 미국 실질 GDP와 에너지 총소비량 및 CO_2 배출량(1970년=1 기준 인덱스) ·· 109

그림 3.1 국가 지속가능발전목표(K-SDGs) 심볼 ··· 158

그림 3.2 미국 지속가능펀드 성장 추이(청산 펀드 제외, 2020년 12월 31일 현재) ··· 163

그림 4.1 IIRC의 가치창조 프로세스 ··· 170

그림 4.2 The Corporate Reporting Dialogue의 통합보고 프레임워크 보고서 ··· 181

그림 4.3 통합 프레임워크의 가치창조 프로세스 ··· 184

그림 4.4 IASB의 재무공시 개념도의 적용 ··· 185

그림 4.5 價値協創のための統合的開示・対話ガイダンス의 전체 개념도 ··· 189

그림 4.6 분기별 글로벌 지속가능펀드 순유입액 ··· 201

그림 4.7 분기별 글로벌 지속가능펀드 자산총액 ··· 203

그림 4.8 분기별 글로벌 지속가능펀드 신규출시 건수 ··· 204

그림 4.9 2018년 지역별 ESG 투자자산의 비중 추이 ··· 206

그림 4.10 2018년 지역별 ESG 투자자산 시장점유율 ··· 207

그림 4.11 ESG 투자전략의 글로벌 시장 내 성장 추이(2016~2018년) ··· 209

그림 4.12 전략 및 지역별 ESG 투자 자산 현황(2018년) ··· 211

그림 4.13 ESG 투자전략의 글로벌 시장 내 지역별 점유율(2018년) ··· 211

그림 4.14 재무성과와 사회적 및 환경적 성과의 투자 스타일별 비교 ··· 216

표 차례

표 1.1 ESG 과제의 사례 ········ 011
표 2.1 세계 자산운용사 순위(총자산 기준, 2019년) ········ 042
표 2.2 세계 연기금 순위(총자산 기준, 2020년) ········ 044
표 2.3 세계 국부펀드 순위(총자산 기준, 2021년) ········ 044
표 4.1 ESG 정보공개 표준 ········ 175
표 4.2 글로벌 지속가능펀드 2020년 4분기 실적 ········ 201
표 4.3 글로벌 지속가능 투자자산 현황(2016~2018년) ········ 205
표 4.4 지역별 ESG 투자자산의 성장 추이(2014~2018년 지역 통화 환산) ········ 206
표 4.5 세계 국부펀드 순위(총자산 기준, 2021년) ········ 219
표 4.6 세계 자산운용사 순위(총자산 기준, 2019년) ········ 223
표 5.1 스튜어드십 활동과 여타 ESG 투자전략의 비교 ········ 234

참고 차례

참고 1.1 한국거래소가 제시하는 ESG 정의의 오류 ··· 006

참고 1.2 거버넌스(governance)의 의미 ··· 008

참고 1.3 SDGs가 투자자와 연관되는 다섯 가지 측면 ··· 029

참고 2.1 마이클 포터 교수의 CSV(공유가치창조) ··· 048

참고 2.2 PRI가 말하는 현대적인 수탁자 의무 ··· 071

참고 2.3 프리드먼 독트린(A Friedman doctrine)의 내용 요약 ··· 088

참고 3.1 PRI가 제공하는 PRI에 대한 공식적 정보 ··· 146

참고 4.1 SASB와 GRI의 비교 ··· 177

참고 4.2 MSCI의 ESG 평가 프로세스(MSCI, 2020) ··· 193

참고 4.3 서스테이널리틱스(Sustainalytics)의 ESG 리스크 평점 산정방식 (Sustainalytics, 2019) ··· 195

참고 4.4 모닝스타의 글로벌 지속가능펀드 개념과 지역 구분 ··· 202

참고 4.5 GSIA의 ESG 투자전략 분류 및 정의(GSIA, 2018) ··· 209

참고 5.1 'Comply or Explain'의 개념 ··· 239

참고 5.2 영국 스튜어드십 코드(2010)의 7대 원칙 (Financial Reporting Council, 2010) ··· 241

참고 5.3 영국 스튜어드십 코드 2020의 자산 보유자와 자산운용사에 대한 12대 원칙 (Financial Reporting Council, 2019) ··· 242

참고 5.4 영국 스튜어드십 코드 2020의 서비스 제공사(service providers)에 대한 6대 원칙(Financial Reporting Council, 2019) ··· 243

참고 5.5 미국 상장회사를 위한 기업 거버넌스 원칙 (the Investor Stewardship Group, 2017b) ··· 244

참고 5.6 기관투자자를 위한 스튜어드십 프레임워크 (the Investor Stewardship Group, 2017b) ··· 245

참고 5.7 일본판 스튜어드십 코드(スチュワードシップ·コードに関する有識者検討会, 2014) ······ 248
참고 5.8 일본판 기업 거버넌스 코드(株式会社東京証券取引所, 2018) ······ 249
참고 5.9 한국 스튜어드십 코드 7 원칙(스튜어드십 코드 제정위원회, 2016) ······ 262
참고 5.10 스튜어드십 코드 도입에 대한 국내 경제단체들의 공동 건의안 요약 (전국경제인연합회 등, 2016) ······ 271

CHAPTER

I

ESG 들어가기

이 장은 ESG의 기본 개념과 체계를 최대한 간단하고 일목요연하게 제시한다. 제2장의 '더 심오한' ESG 이론을 위한 선수 과정이다.

여기에서는 특히 ESG 용어들의 혼란을 바로잡기 위해 노력했다. ESG 용어들의 명칭과 정의가 실무는 물론, 학계에서도 제대로 통일되지 않고 있다. 용어의 혼란은 학문적 지체는 물론, 비즈니스 의사 결정에 혼란을 초래하고 경제적 피해까지 야기할 수 있다.

1 'ESG'와 'E+S+G' 그리고 'ES+G'

ESG의 의미

ESG는 Environmental,[1] Social and Governance의 두문자頭文字이다. 각각 순서대로 환경, 사회 및 기업지배구조[2]를 의미한다. ESG라는 표현의 기원은 2004년 유엔 글로벌 콤팩트 지도자 정상회의UN Global Compact Leaders Summit 2004[3]까지 거슬러 올라가며, 'ESG'라는 용어가 공식적으로 사용된 최초의 사례는 2004년 6월에 채택된 「유엔 글로벌 콤팩트UN Global Compact」[4]의 『Who Cares Wins』라는 제목의 문건이다(UN Global Compact, 2005).

1 Environmental 대신 Environment라는 명사형을 쓰는 문헌도 있는데, 유엔 글로벌 콤팩트(UN Global Compact)의 『Who Cares Wins』 문건에서는 Environmental로 표기한다. 본서에서도 Environmental로 표기한다.

2 Governance는 직역하면 통치 또는 통치 방식을 의미한다. 이후에는 거버넌스로 표기한다.

3 세계 지속가능성 리더들이 지속가능성 이슈를 토의하는 유엔 글로벌 콤팩트 주관의 연례 회의이다

4 「유엔 글로벌 콤팩트」는 유엔과 기업 간 협력을 통해 유엔이 추진하는 지속균형발전에 기업들의 참여를 독려하고 그 실질적 방안을 제시하는 세계 최대의 자발적 기업시민 이니셔티브(initiative)이다.

ESG는 국내외를 막론하고 사회적 목적을 가지는 투자나 경영에 대한 다목적 표현으로 사용되는 경우가 다반사茶飯事이다. 즉, 이른바 '착한' 또는 '윤리적' 경제활동이라면 뭐든지 ESG라고 일컫는 것이다. 결론부터 말하자면, 이는 잘못된 용법이다. ESG는 '착한' 활동이지만, 모든 '착한' 활동이 ESG인 것은 아니다.

ESG란 '착한' 일을 하면서 '돈을 버는' 것making money while doing good이다. 이익profit과 사회적 가치social value의 조화를 중시한다. ESG 투자는 '착한' 투자이지만, 시장 수익률 이하의 재무성과를 용인하지는 않는다. 마찬가지로 ESG 경영 역시 '착한' 경영이지만 이익을 포기하지 않는다. 따라서 만약 어떤 '착한' 활동을 위해서 재무적 손실을 감수해야 한다면, 그 활동은 지극히 숭고한 가치를 지니지만 아쉽게도 ESG는 아니다.

이런 관점에서, ESG는 기부활동을 종종 수반하는 기업의 사회적 책임corporate social responsibility, 이하 'CSR'과 구분되어야 한다. CSR은 흔히 이익을 포기하는 기부활동[5]을 포함한다. 물론 여기에 오해가 있어서는 안 된다. 기부는 당연히 권장할 만한 기업의 '착한' 활동이다. 단지 '착한' 활동도 이익을 포기하면 ESG의 범주에서 벗어난다는 것을 강조할 뿐이다.

용어의 정의를 둘러싼 갑론을박甲論乙駁을 실익이 없는 고리타분한 학문적 강박으로 오해하는 경향이 있다. 그러나 ESG의 경우에는, 용어의 혼란이 기업과 개인의 '돈 문제'에까지 영향을 미칠 수 있다. 그 단적인 예가 바로 '이익공유제' 논란이다.[6] 최근 국내 정치권 일각에서 '이익공유제'

5 엄밀하게는, 이익을 포기하는 형태의 선행을 협의의 CSR이라 하고, 협의의 CSR과 ESG를 모두 포함하는 기업의 사회적 선행 전반을 광의의 CSR로 규정할 수도 있다. 그러나, 이러한 분류방식은 분류의 실익도 없고, 개념의 혼란을 다시 초래할 우려가 있어 바람직하지는 않다고 생각한다.

6 이익공유제는 2011년 정운찬 동반성장위원장이 제시한 정책이다. 대기업의 이익 중 일정 부분을 떼어서 협력업체와 나누는 게 골자다. 이익공유 방법으로는 대기업과 협력사가 판매수입을 나누는 판매수입 공유제, 순이익을 나누는 순이익 공유제, 연초 설정한 이익목표초과분을 나누는 목표초과 공유제 등이 대표적이다.

를 ESG의 일환으로 도입하고자 하였다. 그러나 앞서 설명한 ESG의 정의에 따르면, 이익공유제를 ESG로 보기는 매우 어렵다. 물론 이익공유제에 따른 이익의 포기는 '착한' 활동일 수는 있다. 그러나 모든 '착한' 활동이 전부 ESG가 되는 것은 아니라고 했다. 아무튼 지금부터 본서가 언급하는 ESG는 모두 '착한' 일을 하면서 '돈을 버는' 것을 의미한다.[7]

ESG와 관련된 기이한 현상이 하나 있다. 모두가 ESG에 대해서 아는 것처럼 얘기하지만, 극히 일부를 제외하고는, 대다수의 문헌들은 그저 ESG는 '환경, 사회, 거버넌스'라고 말하고는 ESG의 의미를 다 밝힌 양, ESG와 관련된 심화 주제로 넘어간다. 한국거래소의 'ESG 정보 공개 가이던스'와 같이 ESG의 정의를 명확히 밝히려고 시도한 경우가 오히려 예외적이다. 사칙연산도 안 배우고 미적분으로 넘어가는 양상이다. 물론 이는 해외에서도 마찬가지이다.

그래서 우리는 일단 ESG의 정의를 먼저 명확히 하고 여타 논의로 진행하고자 한다. 그러나 아쉽게도 한국거래소가 제시한 ESG의 정의는 잘못되었다. 결론만 말하면, 한국거래소는 ESG를 단순히 "E+S+G"로 정의하는데(한국거래소, 2021), 저자들은 이에 동의하기 어렵다. 한국거래소가 제시한 ESG의 정의에 대한 저자들의 견해는 [참고 1.1]에서 확인하기를 바란다.

본서는 ESG를 '이윤을 추구함에 있어 환경과 인류에 대한 배려를 핵심 가치로 삼는 경제 및 경영의 철학이자 행동 원칙'으로 정의한다. 즉, ESG는 일종의 추상적인 이념이다. 따라서 환경, 사회 및 거버넌스 이슈들의 단순한 집합체가 아니다. ESG는 '이익과 사회적 가치를 조화하고자 하는 정신적 경향성'이다.

ESG를 위와 같이 추상적이고 정신적인 대상으로 정의하여야, ESG 투자, ESG 경영, ESG 경제, ESG 파이낸스finance, 심지어는 ESG 퀀트quant

---

7 ESG가 이익과 가치(social value)의 조화를 중시하는 이론적 근거는 제2장에서 상술한다.

참고 1.1 | **한국거래소가 제시하는 ESG 정의의 오류**

한국거래소의 'ESG 정보 공개 가이던스'는 다음과 같이 ESG를 정의하고 있다.

"ESG의 개념은 다양하게 정의되고 있으나, 일반적으로 기업의 전략을 실행하고 기업의 가치를 높이기 위한 능력에 영향을 미칠 수 있는 환경, 사회 및 지배구조에 관한 요소들을 포괄하는 개념으로 이해되고 있다. 때로는 ESG라는 표현을 대신하여 '지속가능성sustainability'이라는 표현이 사용되기도 한다(한국거래소, 2021)."

아쉽게도 저자들은 다음과 같은 이유로 한국거래소가 제시한 'ESG'의 정의에 동의하기 어렵다. 첫째, 한국거래소는 ESG가 환경, 사회 및 지배구조를 단순히 포괄하는 개념이라고 말한다. '포괄'의 의미가 불명확하지만, 결국 ESG를 'E+S+G'에 불과한 것으로 이해하는 듯하다. 그러나, 저자들은 ESG는 E, S 및 G의 단순한 물리적 결합 즉, 'E+S+G' 이상의 의미를 가진다고 믿는다. ESG는 환경, 사회, 거버넌스의 단순한 통합을 넘어서는 새로운 실체이다.

둘째, 한국거래소는 ESG는 지속가능성과 동일한 개념이라고 설명했는데, ESG는 지속가능성 그 자체가 아니라 지속가능성을 실현하기 위한 수단이다. 지속가능성은 목표이고 ESG는 수단이다. 유엔은 ESG를 통해 지속가능성을 실현하고자 한다. 따라서 ESG라는 표현을 대신하여 지속가능성이라는 표현을 사용할 수는 없다.

만약, ESG가 '지속가능 경영'이나 '지속가능 투자' 등을 함께 의미한다고 언급했다면 적절한 표현이 되었을 것이다. 이들은 지속 가능한 세계를 실현하는 수단이기 때문이다.

까지 다양한 곳에 ESG라는 단어를 붙이는, 때로는 다소 무책임한 '언어유희'에 유연하면서도 논리적인 일관성을 유지하면서 적응할 수 있다. 만약 ESG를 그저 '환경, 사회 및 거버넌스를 포괄하는 것'이라고 정의한다면, 결과적으로 ESG 투자는 단지 '환경, 사회 및 거버넌스를 포괄하는 것에 대한 투자'로 정의할 수밖에 없을 것이다. 그러나 ESG 투자[8]는 당연히 그 이상의 철학적 인식에 기반한다.

[8] 'ESG 투자'의 정의는 ESG 투자의 유사 용어를 정리하면서 함께 제시된다.

E+S+G의 의미

E+S+G라 표기한 것은 이제 E환경, S사회, G거버넌스의 각각을 하나씩 살펴보겠다는 뜻이다. ESG는 E와 S와 G의 단순한 총합인 'E+S+G'와는 전혀 다른 실체이다. 비유적으로는 ESG는 E, S, G의 화학적 결합이 될 것이고, 반면, E+S+G는 E, S, G의 물리적 결합이라고 볼 수도 있겠다.

ESG는 경제활동이 지속 가능한 기반 위에서 영위될 것을 요구한다.[9] 따라서 투자자는 피투자기업의 지속가능성을 장기적 관점에서 평가하게 된다. 이것이 투자자가 재무성과와 더불어 환경과 사회에 미치는 기업의 영향을 함께 고려해야 하는 근거가 된다(Amundi Japan, 2018).

환경과 사회는 기업이 외부효과를 미치면서 장기적으로 관계를 맺는 이해관계자들이다. 반면, 거버넌스는 기업이 환경 및 사회와 맺는 관계를 좌우하는 관리 체계이므로 기업 자신이고 내부 환경의 문제들이다.

ESG의 각 요소인 E환경, S사회, G거버넌스의 과제들은 이런 관점에서 도출된다. 따라서 비록 환경, 사회, 거버넌스의 과제 항목들은 열린 리스트로서 시대의 변화에 따라 계속 바뀌지만, 결국 ESG는 기업의 지속가능성을 확보하기 위해 필요한 모든 것들을 그 대상으로 삼는다는 것을 고려하면 쉽게 E, S, G 각각의 과제 항목을 도출할 수 있을 것이다.

첫째, 환경Environmental 영역을 보자.

환경은 기업이 가장 대표적으로 외부효과를 미치는 영역이다. 경제 성장으로 인권이나 인간의 삶의 조건들이 상당 부분 개선되는 경우가 일반적이다. 그러나 환경은 기본적으로 인류의 삶의 질과 일종의 상충trade-off 관계를 이룬다. 하나가 개선되면 다른 하나는 악화되는 경향이 있다는 것

9 브룬틀란 보고서(Brundtland Report)에 따르면 지속 가능한 발전은 "미래 세대가 자신의 요구를 충족시킬 수 있는 능력을 훼손하지 않고 현재의 요구를 충족시키는 발전"이다.

이다. 최소한 최근까지는 그러하였다.[10]

다음은 환경 과제로서 주목되는 항목의 예시이다.

대기 오염, 수질 오염, 기후 변동, 지구 온난화, 자원 고갈, 삼림 파괴, 생물 다양성의 손실, 폐기물 관리 등이다.

둘째, 사회Social 영역을 보자.

인권과 삶의 조건과 관련된 항목들이 많다. 사회 항목들은 환경 항목과 달리 경제 성장과의 상충 관계가 필연적이지 않다. 오히려 올바른 방법으로 경제 성장을 하면 사회의 문제 해결에 도움이 될 것이다.

다음은 사회 과제로서 주목되는 항목의 예시이다.

노동 인권, 정부와의 관계, 지역 커뮤니티와의 관계, 제조물 책임 및 안전, 의료 접근권, 공공의 안전과 위생, 하도급 관계, 정보 보안 등이다.

마지막으로, 거버넌스governance 영역을 보자.

거버넌스는 주주가 경영자에게 경영권을 위임하여 경영자가 기업 경영의 최종 및 최고의 의사결정권을 가진다는 것을 전제로 한다. 따라서 이는 주주와 경영자를 중심으로 하는 기업 내부의 관계자가 수평적 관계에서 견제와 균형의 원리에 입각하여 상호 협력하여 기업을 이끌어 가는 경영 시스템이다. 이는 주로 '주식회사'의 거버넌스를 의미한다.

참고 1.2 | **거버넌스(governance)의 의미**

영어 단어 'governance'는 번역하기 어려운 용어이다. 대부분의 국내 문헌들은 거버넌스의 정의를 명확히 하지 않고 넘어가는 경향을 보이는데, 이는 충분히 이해할 만한 행태이다. 의미가 대단히 모호하기 때문이다. 스탠퍼드 대학Stanford University

10 최근 기술발전으로 인해 상충 관계가 해소되기 시작했다. 제2장의 제5절 '테크노 자본주의'에서 이러한 변화에 대해 자세히 살펴볼 것이다.

의 교수이자 세계적인 석학 프랜시스 후쿠야마Francis Fukuyama 역시 'governance'를 의미가 모호한 단어라고 말하면서 '빈 기표빈 記標, empty signifier'라고 지칭했다(Fukuyama, 2016).

후쿠야마 교수에 따르면, 'governance'의 어원은 희랍어 'kubernan'[11]이다. 그 의미는 '키를 잡고 배를 조종하다'로서, 플라톤Plato의 『국가republic』에서도 해당 의미로 사용되었다. 이후, 희랍어 'kubernan'은 라틴어 'gubernare'로 변하고, 이는 다시 프랑스로 넘어가 프랑스어 단어 'gouverner'로 바뀌고, 그리고 다시 영어 'governance'와 'government'가 되었다(Fukuyama, 2016).

후쿠야마 교수에 따르면, 'governance'는 오늘날 확립된 정의가 결여되어 있으며, 최소한 세 가지의 주요 의미를 가진다고 한다. 첫 번째 의미는 국가 체제 밖의 비주권非主權 기관을 통한 국제협력이다. 이 개념은 세계화 관련 문헌으로부터 갑자기 생겨났는데, 영토 주권이 유럽연합과 같은 초국가적 기관이나 비공식적인 수평적 협력체에게 양보를 하고 있다고 주장한다. 두 번째 의미는 공공 행정 즉 국가 정책의 효과적인 수행이다. 이에 대한 관심은 전 세계의 빈곤이 부패와 국가 역량의 취약성에 기인한다는 인식으로부터 나타났다. 세 번째 의미는 네트워크 및 여타 비계층적 메커니즘을 통한 사회 행동의 규율이다. 첫 번째와 세 번째의 의미는 전통적인 국가 권력을 경시하고 새로운 초국가적 또는 민간의 사회적 행위자를 선호한다. 이러한 경향은 현대 정부의 활동에 있어서의 투명성과 신뢰성에 대한 문제를 제기한다(Fukuyama, 2016).

한편, 일본 도쿄도립대학東京都立大學의 마츠다 치에코松田千惠子 교수는 'government'와 'governance'는 동일한 어원을 가지고 있지만, 상반된 의미를 가진다고 주장한다. 'government'는 왕권 등에 기반한 상명하달의 수직적 의사결정 체계인 반면, 'governance'는 지위의 고저와는 별개로 자율적이고 수평적인 의사결정 체계를 의미한다고 한다. 따라서 일본어로는 '통치統治'보다는 '자치自治'나 '협치協治'에 가깝다고 한다(松田, 2018).

저자들은 마츠다 교수의 견해가 후쿠야마 교수가 소개하는 첫 번째와 세 번째의 수평적 협력체계와 일맥상통하는 면이 있다고 판단한다. 따라서 이후 논의에서는 '거버넌스'의 의미에 대한 마츠다 교수의 견해를 그대로 수용하기로 한다.

11 영문판 위키피디아에서는 'governance'의 희랍어 어원이 'kubernaein'이라고 말한다.

ESG가 대표적으로 적용되는 대상은 주식회사이다. 물론 다른 종류의 법인과 단체들도 환경과 사회를 배려하여야 한다. 그러나 ESG는 주주와 경영자가 별도의 주체로 분리된, 주인-대리인principal-agent 구조를 상정하여 설계되었다. 주인-대리인 구조가 기관투자자에게 기업에 영향을 미칠 수 있는 지렛대를 제공하기 때문이다. 따라서, 주인-대리인 구조가 거버넌스의 기초이다. 물론, 주식회사가 압도적인 경제력을 가진 상황도 고려되었다. ESG는 주식회사에 관심이 많다.

거버넌스라는 것은 경영자원을 배분하고 가치를 창출하는 과정에서 기업, 특히 주식회사가 이해관계자에 대하여 미치는 힘을 통치govern하는 시스템이다(Amundi Japan, 2018). 기관투자자가 기업을 통해서 ESG를 수행한다는 사실을 고려하면, 거버넌스가 ESG의 엔진이며, 지속 가능한 경영의 기틀이 된다.

거버넌스의 통제 대상은 기업의 업무 프로세스이다. 따라서 거버넌스의 관심사는 이사회가 경영진을 적절히 관리하는가, 기업 내부의 견제와 균형은 이루어지는가, 정보 투명성이 담보되는가, 뇌물·자금 세탁·탈세 등 불법행위에 연루되지는 않는가 등이 될 것이다. 모두 이른바 기업의 내부 환경에 관련되는 사안이다.

환경과 사회의 영역과 다른 거버넌스의 특성이 있다. 환경과 사회는 국경과 문화를 초월한, 인류의 보편적이고 글로벌한 문제들이다. 그러나 거버넌스는 국경과 문화의 제약을 받는 지역화된localized 접근이 필요할 수 있다. 환경과 사회의 과제들은 지구 온난화, 대기 오염, 자원 고갈부터 노예 노동, 아동 노동, 빈곤까지 대부분 인류 공통의 문제들이다. 그러나 거버넌스는 지역과 국가의 문화와 법률을 고려해야 한다. 예를 들면, 서구권의 거버넌스 체계를 이슬람 문화권의 기업에게 바로 적용하는 것이 옳은지는 다시 고민해야 할 문제이다. 물론, 채권자가 특정 거버넌스를 요구하

표 1.1 ESG 과제의 사례

환경(Environmental)	사회(Social)	거버넌스(Governance)
• 기후 변동 • 자원 고갈 • 폐기물 • 환경 오염 • 삼림 파괴	• 인권 • 현대의 노예 • 아동 노동 • 근로 조건 • 고용 관계	• 뇌물과 부패 • 경영진 보수제도 • 이사회 다양성과 구조 • 정치 로비활동과 헌금 • 세금 투명성

출처: 유엔 책임투자원칙(Principles for Responsible Investment)

면 많은 경우에 채무자는 그 요구를 따라야 한다. 이러한 압력은 국가 간에도 종종 발생하는 일이다.

다음은 거버넌스 과제로서 주목되는 항목의 예시이다.

회계 리스크, 주주의 권리, 경영진 보수, 경영 총수의 후계자 계획, 뇌물과 독직瀆職, 조세 회피와 세금의 투명성, 기업정보 공개, 이사회 및 감사회의 구조와 독립성 및 다양성, 임원 보수, 이해 상충, 감사의 내부 통제, 지속가능성 경영전략 등이다.

[표 1.1]은 「유엔 책임투자원칙UN Principles for Responsible Investment」이 공식적으로 제시하는 E, S 및 G 각각의 과제들이다.

ES+G의 의미

대부분의 사람들은 ESG가 환경E과 사회S의 문제를 해결하는 방안이라고 이해한다. 그렇다면 'ESG'가 아니라 'ES'가 되어야 하지 않을까? G거버넌스는 무엇 때문에 ES와 함께 있는 것일까?

이는 사실상 거의 아무도 제기하지 않는 질문이다. 국내는 물론, 해외에서도 해당 문제에 대해서 언급한 경우가 극히 드물다. 그러나 이 질문은 생각보다 중요한 이슈다. 상호출자제도, 차등의결권, 주주행동주의 등 기업의 거버넌스와 관련된 해묵은 논란거리가 뿌리 깊은 상황에서 ESG와 스튜어드십까지 등장하면서 해당 논란을 더욱 증폭시키고 있기 때문이다. 예를 들면, 연금 사회주의, 경제 민주화 등의 키워드들은 모두 거버넌스G와 관련된 이슈들이다. 따라서 ESG에 있어서 G가 ES와 결합된 의도를 살펴보는 것은 ESG의 본질에 보다 가까이 다가가는 길이 될 수도 있다.

드물지만, 현재 소수의 해외 문헌과 연구자들이 앞서 제기된 질문에 대한 입장을 밝히고 있다. 일본총합연구소日本總合研究所 연구원인 오모리 미츠루大森 充는 ES+G로 분해해서 보는 것이 ESG의 핵심이고, 외부 환경인 E환경와 S사회의 변화에 대응하여 기업이 내부 환경인 G거버넌스를 변화시켜 대응하는 것을 전제로 ESG가 설계되었다고 말한다(大森, 2019). 이것은 G가 E와 S의 문제 해결을 지원하는 구조로 ESG를 보는 견해이다.

마츠다 치에코 교수 역시 ES와 G는 종류가 서로 다르다고 하면서, 특히 기업에 있어서는 양자를 분리해서 생각하는 편이 대응에 유리하다고 주장한다. 우선 E환경와 S사회는 기업이 사업 활동을 통해 경제적 성공과 윤리적 가치를 함께 고려해야 한다는 원칙을 나타낸다. 반면, G거버넌스는 E와 S의 균형 즉, 이익과 사회적 가치의 조화를 제대로 달성하도록 이사회 등 기업 거버넌스가 제대로 작동하는가를 보여주는 것이라고 한다(松田, 2018). 즉, G는 기업 내부의 본연의 자세에 관한 것이며, 이것이 투자자가 투자 대상을 선택하는 한 기준이 된다는 것이다.

양자의 견해는 미묘하게 다르기는 하지만 결국 마찬가지이다. 오모리 연구원은 E와 S가 대응해야 할 문제이고 G는 해결 방안이라고 말한다. 한편, 마츠다 교수는 E와 S가 기업의 성과이며, G는 E, S의 성과들을 달성하는 수단 또는 기반이 된다고 말한다. 양자의 견해는 결국 E, S가 문제인가 아니면 성과인가의 차이만 있을 뿐, G를 통해서 E, S의 목표를 달성한다는 구도는 동일하다.

이러한 측면에서 ESG를 ES+G로 이해하는 관점이 ESG의 본질을 이해하는 데 있어 그 나름의 가치를 가진다. 말하자면 상황은 이러하다. 일단 인류가 당면한 시급한 문제는 당연히 E환경와 S사회이다. ESG는 투자자가 기업을 통해서 E와 S를 해결하기 위해서 고안되었다. 그러나 정작 투자자가 기업을 컨트롤하는 지렛대를 제공하는 것은 G거버넌스이다. 따라서 어떤 의미에서는 ESG의 핵심은 G라고 말할 수 있는 것이다. 만약 G가 없었다면, 투자자가 기업을 선도하여 문제를 해결하는 ESG의 구조는 구현할 수 없을 것이다.

한편 ES+G는 시스템을 변혁하는 수단이 되기도 한다. 1945년 패전 이래 21세기까지 '주식회사 일본'의 고도 성장을 이끌어왔던 기존 경제 및 사회 인프라가 현재 ESG로 인해 붕괴되고 있다. 바로 G의 충격이다. ESG의 도입과 연계되어 일본판 '기업지배구조 모범규준'[12]이 적용되면서 일본 기업의 전통적인 경영 인프라인 종신고용제, 연공서열제,[13] 정책보유주식 政策保有株式 제도가 붕괴되고 있거나 그 입지가 줄어들고 있다는 것이다(松田, 2018). 참고로 정책보유주식 제도는 우리나라의 상호출자cross-sharing와 유사한 제도이다.

일본의 기업 거버넌스 코드는 경영 시스템 변혁의 논리를 제공한다. 예를 들면, 연공서열제는 여성과 외국인 직원에게 불리한 고용 환경을 조장

12 일본에서의 정식 명칭은 コーポレートガバナンスコード(corporate governance code, 코포레이트 거버넌스 코드)이다. 이하에서는 '일본의 기업 거버넌스 코드'라 지칭한다.

13 종신고용제와 연공서열제의 붕괴는 직원의 문제이므로 엄밀히는 거버넌스 이슈는 아니다. 그러나, 종신고용제와 연공서열제의 붕괴가 주거래은행의 영향력 상실과 함께 진행되고 있으며, 양자의 변화는 서로 상승 작용을 일으키면서 주주의 입지를 강화시키고 이해관계자를 약체화하고 있다. 그런 이유로 해당 이슈를 거버넌스 이슈로 간주하였다. 종신고용제와 연공서열제가 무너지면서 기업의 내부자이자 사실상 경영의 주체였던 임직원이 기업의 외부자인 피고용인으로 입지가 격하되고, 전문 경영인의 등장으로 기업 외형의 확장보다는 주주의 이익 위주로 경영의 초점이 변하고 있다. 그리고 그 여파로 기업과 주거래은행 간의 연결 고리도 약화된다. 해당 프로세스는 복합적으로 진행된다. 한편, 과거 일본 경영의 기조는 이해관계자 중심주의 경영이었고, 최근 ESG의 도입과 함께 오히려 주주 중심주의 경영으로 변모하고 있다. 제2장에서 보다 자세히 논한다.

한다고 하거나, 소수 주주 또는 외국인 주주의 권익을 보호하기 위해 상호출자제도는 약화되거나 없어져야 한다는 논리들이 대표적이다. 그리고 일본 기업들은 정부의 지도하에서 실제로 기업 거버넌스 코드의 논리와 요구를 경영 현장에 적용하고 있다.

그런데 현재 일본 기업의 현실과 유사한 경험을 과거에 우리 기업들도 겪었으니, 그 계기는 IMF 금융위기였다. 당시 상황은 다음과 같았다. IMF 금융위기의 원흉으로 우리나라의 '후진적' 경제 시스템이 지목된다. 이후 해외 자본을 수혈하기 위해 경제 시스템의 '후진성'을 혁파하고 이른바 '글로벌 스탠더드'인 영미식 경제 시스템을 본격적으로 도입한다. 이 과정에서 대대적인 구조조정과 함께 종신고용제 등이 붕괴되었고, 상호출자제도의 붕괴도 본격화된다. 그 결과, 한국은 앵글로·색슨 자본주의의 국제적 네트워크에 확고히 편입된다.[14]

말하자면, 우리나라의 IMF 금융위기를 방불케하는 경영 시스템의 변화가 일본에서도 '착한 경제'라는 ESG의 G 때문에 벌어지고 있는 것이다. 물론 일본에서 우리나라의 IMF 경제위기 당시처럼 급격한 구조조정과 실업 문제가 발생하지는 않겠지만, 종신고용제의 붕괴로 노동시장의 유연성이 서서히 그러나 지속적으로 높아지게 되는 것이다. 따라서 ESG를 'ES+G'로 이해하는 관점이 단지 학자들의 실익도 없는 학문적 호사豪奢가 아님을 이해할 수 있을 것이다.

본 사안과 관련해서 첨언하자면, 현재 일본의 정부와 기업은 ESG에 관해서 매우 예민하다. G거버넌스의 영향을 사회 전반에서 피부로 느끼기 시작했기 때문이다. 일본 학자들이 ES+G라는 개념을 들어 G에 특별한 관심을 두는 이유도 여기에 있을 것이다. 어쩌면 이들은 ESG를 '(E+S)×G'

14 일본의 거버넌스 이슈와 앵글로·색슨 자본주의에 대해서는 제2장에서 다시 살펴본다.

또는 '(E+S)/G'로 이해하고 있을는지도 모르겠다. 반면, 서구권에서는 G에 E와 S 이상의 특별한 관심을 두지는 않는다. ESG는 결국 서구 자본주의의 발명품인 것이다.

2 ESG와 ESG 투자의 유사 용어

ESG와 CSR의 차별점

앞서 CSR에 대해서 잠깐 언급했다. ESG의 유사 개념으로 가장 먼저 언급되는 것이 CSR이다. 많은 이들이 ESG와 CSR이 무슨 차이가 있는 것인지 혼란스러워한다. 그리고 양자 간 개념의 혼란상이 여러 부정적인 영향을 야기할 수 있다는 것도 이미 살펴보았다.

2005년 당시 유엔 사무총장이었던 코피 아난Kofi Annan은 ESG라는 개념을 처음으로 만들어내고, 그 이듬해 「유엔 책임투자원칙UN Principles for Responsible Investment, 이하 'PRI'」을 발족하였는데, 이것이 ESG의 시작이었다. PRI는 전 세계 기관투자자의 조직이었다. 그리고 코피 아난은 PRI의 발족을 준비하면서, ESG 투자의 시장 성과, 법적 타당성 등 투자자가 당면하게 될 이슈들을 사전에 집중적으로 연구하였다. 코피 아난은 투자자가 ESG를 이끌어야 성공할 수 있다고 판단했던 것으로 보인다(大森, 2019).

ESG는 투자자 중심의 활동이다. 최근 미디어는 ESG를 언급하면서 '주주행동주의'를 언급하고, 국민연금의 '참여engagement'를 촉구하기도 하는데, 이들 역시 투자자가 ESG를 선도하기 때문에 나온 주장이다. 이에 반해, CSR은 기업의 독자적인 선행이다. 표현대로 '기업'의 사회적 책임corporate social responsibility이므로, 투자자의 개입 여부는 CSR의 본질과는 무관하다. 결국, 정리하면, ESG의 추진체는 투자자이고, CSR의 추진체는 기업이다. 이것이 첫 번째 차이점이다. 두 번째 차이점은 앞서 언급했다. ESG는 '착한' 일을 하면서 '돈을 버는' 활동을 의미한다. 반면, CSR은 기부와 같이 기업이 이익을 포기하는 것도 개의치 않는 활동이다.

일단 이러한 두 가지 차이점이면 ESG 활동과 CSR 활동의 차이를 분별할 수 있을 것이다. 그러나 ESG와 CSR의 차이점을 제대로 이해하기 위해서는 ESG의 특징을 알아야 한다.[15]

ESG 투자의 유사 용어

ESG의 유사 개념은 CSR 하나로 정리되지만, 'ESG 투자'야말로 유사 용어가 난무하는 영역이다. ESG 투자의 개념이 명확히 정의되지 않아 제 나름 ESG 전문가 행세를 하는 사람들조차 혼란을 겪고 있다. 그 와중에 일부 전문가는 일반 대중을 상대로 부정확한 개념들을 전달하고 있으니, 장님이 장님을 이끌어가는 꼴이다.

MSCI BRIC, MSCI WORLD 등의 지수index로 널리 알려진 MSCI Inc.舊 Morgan Stanley Capital International라는 미국 굴지의 금융정보기업이 있다. 이들은 ESG 영역에서도 MSCI ESG Leaders, MSCI SRI 등의 다양한 ESG 지수를 생산하고 ESG 등급평가 서비스를 제공하면서, 세계를 선도하는 금융정보기업의 위상을 자랑하고 있다. 그런데 이들이 제시하는 ESG 투자의 정의는 다소 실망스럽다.

MSCI는 ESG 투자를 "투자의사결정 과정에서 재무적 요인과 더불어 환경, 사회 및 거버넌스 요인들을 고려하는 투자"라고 정의한다(MSCI, 2021). 이 정의는 다소 과장하자면, 'ESG 투자는 ESG를 고려하는 투자'라고 말한 것에 불과하다. 전형적인 동어반복이다. 심지어 MSCI는 'ESG 투자'라는

[15] ESG의 특징과 관련된 이론적 분석은 제2장에서 본격적으로 이루어진다.

용어가 "지속가능 투자sustainable investing, 사회적 책임 투자socially responsible investing, 미션 투자mission-related investing 또는 스크리닝screening과 동의어로 자주 사용되는 용어"라고 설명하여서 혼란을 더하고 있다(MSCI, 2021).

ESG 투자의 유사 용어에 대한 MSCI의 주장에 대해 부연하자면, 현재 해당 용어들이 투자 실무에서 ESG 투자와 같은 의미로 종종 사용되기는 한다. 그러나 이 용법은 명백히 용어의 오남용이다. 이들은 모두 ESG 투자와는 분명히 다른 개념이다. MSCI가 용어의 혼란과 오해를 방치 내지 조장하는 것은 아마도 사업적인 편의성 때문일 것이다.

이미 언급했지만, ESG 투자와 유사 용어들의 명확한 개념을 논하는 것은 무익한 지적 유희가 아니다. 용어의 혼란은 금전적 손실까지 초래할 수 있다. 예를 들어, 용어가 혼란스러우면 통계상 분류체계가 와해되어 현장 데이터를 왜곡하고 잘못된 의사결정으로 이어져 경제적 피해를 야기할 수 있다. 쓰레기 정보를 넣고 쓰레기 정보를 산출하여garbage in and garbage out[16] 활용하는 꼴이 된다. 또한, 혹자는 자신의 이익을 도모하기 위해 투자자들로 하여금 ESG 투자를 수익성을 희생하는 여타 '착한 투자'와 혼동하게 하여 '착한 목적'을 위해 낮은 수익률이나 손해를 감수하도록 종용한다. 다시 말하지만, 용어의 올바른 개념을 정립하는 것은 무익한 말장난이 아니다.

이른바 '착한 투자'는 생각보다 다양하다. ESG는 매우 효과적인 '착한 투자'이지만, 분명히 여러 '착한 투자'들 중의 하나일 뿐이다. ESG 투자와 다른 형태의 '착한 투자'로서 대표적인 것이 사회적 책임 투자socially responsible investing이다. 이들은 사회적 가치의 달성을 위해 수익률을 기꺼

16 무가치한 데이터를 넣으면 무가치한 결과가 나온다.

이 희생한다. 그러나 ESG 투자는 낮은 수익률을 용인하거나 당연시하지 않는다. 앞서 말했듯, 착한 일을 하면서도 돈도 벌어야 하는 것이 ESG 투자이다. 따라서 양자는 모두 '착한 투자'이지만 서로 전혀 다른 것이다.

현재 ESG 투자를 둘러싼 용어의 혼란상은 다양하다. 서로 다른 용어가 같은 개념으로 사용되기도 하고 하나의 용어가 상황에 따라 여러 개념을 의미하기도 한다. 그리고 이러한 상황은 ESG 투자의 본격화로 인해 오히려 더욱 악화되는 느낌이다. 왜냐하면 여러 '착한 투자'들이 ESG 투자가 메인스트림으로 부상하는 트렌드에 편승하기 위해 적극적으로 ESG 투자로 둔갑하기 때문이다.

이를테면, ESG의 개념이 등장하기 훨씬 전부터 특정 조직이 사회적 책임 투자를 표방하고 있었고, 해당 조직의 기존 투자활동의 실질 역시 전형적인 사회적 책임 투자였다고 가정하자. 그런데 이후 해당 조직의 투자활동이 ESG 투자로 진화하였음에도 불구하고 '사회적 책임 투자'라는 용어를 그대로 사용한다면 동 조직은 사회적 책임 투자가 ESG 투자와 같은 것이라고 강변하는 꼴이 되어버린다.

이러한 현상들이 비일비재하게 나타나는 이유는 ESG 투자의 정확한 정의가 명확하게 제시되지 않기 때문이다. 말하자면, 무엇이든지 '착한 투자'이기만 하다면, ESG 투자라고 적당히 주장해도 그 주장을 자신 있게 반박하는 사람이 나타나지 않는 것이다.

현재 ESG 투자를 소개하는 국내외의 여러 문헌들 중에서 정작 'ESG 투자의 정의는 이러저러하다'라고 ESG 투자의 개념을 명확하게 제시하는 경우는 드물다. 그만큼 모호한 측면이 많고 설명하기 어려운 개념이 ESG이고 ESG 투자이기는 하다. 그래서 다음과 같은 ESG 투자의 정의는 매우 참신한 인상을 준다.

"ESG 투자는 유가증권의 가치, 성과 및 리스크 현황의 비재무적 측면으로서 ESG 요소를 평가하는 리서치 및 투자전략 프레임워크이다(Sherwood & Pollard, 2019)."[17] 영국 킹스 칼리지The King's College의 매튜 셔우드Matthew Sherwood 박사가 제시한 ESG 투자의 정의이다. 물론 이 역시도 일견 동어 반복인 듯하나, '비재무적 측면으로서의 ESG 요소'[18]의 의미를 '사회적 가치'[19]라고 이해하면, '유가증권의 가치, 성과 및 리스크를 평가할 때 사회적 가치도 함께 평가하는 투자가 ESG 투자'라는 설명이 될 수 있을 것이다. 수익과 사회적 가치를 함께 고려하는 투자가 ESG 투자라는 것이다.

이러한 관점에 동의하면서, 본서도 ESG 투자를 '시장 평균 수익률 수준의 재무적 수익과 더불어 긍정적인 환경적 및 사회적 영향을 이끌어 내기 위해 ESG 요소를 고려하고 활용하는 투자'라고 정의하겠다. 말하자면, ESG 투자는 'ESG 요소를 활용하여 수익과 사회적 가치를 함께 증진하려는 목적의 투자'라는 것이다.

당연히 ESG 투자는 다양한 문장과 표현 방식으로 정의될 수 있을 것이다. 그러나 명심해야 할 것은 ESG 투자는 '착한 투자'이지만, 모든 '착한 투자'가 ESG 투자는 아니라는 것이다. 또한 아무리 어렵고 현학적인 표현을 동원하여 ESG 투자를 정의하든 간에, '착한 일을 하면서 돈을 버는' 투자가 ESG 투자라는 핵심을 놓쳐서는 안 된다. 여기서 '돈을 번다'는 것은 일단은 시장 벤치마크 수준의 수익률을 확보한다는 의미라는 것도 기억하자. 좋은 일을 한다고 다른 투자 수단에 비해 수익성 측면에서 비교 열위

17 ESG investing is the research and investment strategy framework that evaluates environment, social, and governance factors as non-financial dimensions of a security's valuation, performance, and risk profile.

18 '비재무적 측면으로서의 ESG 요소'와 그저 'ESG 요소'의 의미는 전혀 다르다. 후자는 그저 환경, 사회 및 거버넌스이지만, 전자는 시간이 지나면서 재무적으로 중요해질(material) 수 있는 비재무적 측면으로서의 ESG를 의미한다. 자세한 내용은 제2장에서 살펴본다.

19 정확하게는 단순히 '사회적 가치'가 아니라 '재무적으로 중요한(material) 사회적 가치'이다. 자세한 내용은 제2장에서 살펴본다.

를 감수할 필요는 없는 것이다.

이제부터는 ESG 투자와 유사한 의미를 가지는 용어들을 구체적으로 살펴보자.

사회적 책임 투자socially responsible investment, SRI

통상 'SRI'라고 부르며, '사회적 책임 투자' 혹은 'SR 투자'라고도 한다. 이 용어 역시 상황에 따라 의미가 달라지기는 하지만, 통상 종교적, 또는 정치적 신념에 기반한 투자펀드의 투자 행태로 이해하면 되겠다. 사회적 가치social value의 실현이 투자활동의 목표이므로 사회적 가치를 이익profit보다 중시한다. 따라서 시장 평균 수익률을 하회하는 투자성과를 용인한다.

SRI의 전형적인 양태로는 종교재단이 주류, 담배, 도박, 총기류 등 이른바 죄악주sin stocks에 대한 투자를 철회하는 사례를 들 수 있다. 역사적으로는 남아프리카 공화국의 인종차별정책apartheid에 연루되거나 남아프리카 공화국과 거래하는 기업에 대한 투자를 거부한 사례가 대표적이다. 최근에는 아프리카의 분쟁광물[20] 거래기업도 투자 철회의 대상이 되었다.

SRI의 투자방식은 위에서 본 바와 같이 특정 기업이나 상품을 펀드의 투자 목표에서 배제하는 네거티브 스크리닝negative screening 또는 매각divestment 방식이 주류이다. 물론, 특정한 사회활동이나 환경운동에 집중 투자하는 포지티브 스크리닝positive screening 방식도 있다. 그러나 전자가 주류이며, 양자 모두 ESG 평가 정보에 따라 전향적으로 투자 대상을 선정하는 ESG 투자와는 다르다(Hill, 2020).

SRI는 흔히 네거티브 스크리닝이나 매각divestment 등이 이념 기반으로 이루어지면서 통상 수익률이 낮은 편이다. 많은 문헌들이 이른바 '착한'

[20] 콩고 공화국 등 아프리카 분쟁지역 10개국에서 생산되는 주석, 탄탈륨, 텅스텐 등이 대표적이다. 지역 군벌 등이 채굴 과정에서 민간인의 노동을 착취하고 있어 국제사회가 규제에 나섰다.

투자의 재무성과를 낮게 평가하는 이유가 여기에 있다. 즉, '착한' 투자에 SRI 펀드를 포함하여 재무성과를 평가하면 SRI 펀드가 '착한' 투자 전체의 재무성과를 낮추게 된다(Hill, 2020).

임팩트 투자impact investing

'impact investing임팩트 투자'이라는 말은 2007년 자선재단인 록펠러 재단the Rockerfeller Foundation에서 비롯되었다(Hill, 2020). 원래 의미의 임팩트 투자는 보건, 교육, 수자원, 재생 에너지 등 특정 사회 또는 환경 이슈에 영향력을 행사하는 데 집중하는 투자 형태이다.

본 투자 형태는 사회적 가치에 중심을 두고 있으나 일반적인 투자 포트폴리오에 뒤지지 않는 수익을 올린다고 한다(Hill, 2020). 통상 자선재단의 투자방식이지만, 챈 저커버그 이니셔티브the Chan Zuckerberg Initiative는 유한책임회사limited liability company로 운영된다. 최근 ESG 투자의 영향력이 커지면서 미디어는 물론 학술서에서도 임팩트 투자와 ESG 투자를 같은 의미로 혼용해서 쓰는 경향이 늘고 있다.

글로벌 임팩트 인베스팅 네트워크Global Impact Investing Network는 임팩트 투자를 다음과 같이 정의한다.

> 임팩트 투자는 재무적인 수익과 함께 긍정적이고 측정 가능한 사회적 및 환경적 영향을 이끌어 내려는 의도로 이루어진 투자이다(Global Impact Investing Network, 2021).[21]

지속가능 투자sustainable investing

'sustainable investing지속가능 투자'라는 용어는 흔히 'SI'로 표기되기도 하면서 이른바 '착한' 투자를 지칭하기 위해 종종 사용된다. '서스테이너블

---

21 Impact investments are investments made with the intention to generate positive, measurable social and environmental impact alongside a financial return.

인베스팅'이라는 표현을 쓰는 국내 문헌도 볼 수 있다.

이 용어는 ESG의 본격화 이전까지는 의미가 불명확했지만, 현재는 ESG 투자와 사실상 동일한 의미로 사용되고 있으며, 그러한 용법에 대한 그 나름의 근거가 있다. 지속가능 투자란 '지속가능성sustainability'[22]의 개념에 기반한, 지속 가능한 세계를 추구하는 투자를 의미한다. 따라서 지속가능성 개념의 변화에 따라 지속가능 투자의 의미가 변하는 것이 자연스러운데, ESG의 본격화 이후에는 ESG가 지속가능성의 개념에 뿌리를 대고 있고, 지속가능성의 개념은 ESG로 구체화되기 때문에, 지속가능 투자를 ESG 투자와 같은 개념으로 이해하여도 개념상 큰 무리가 없다.

'지속가능성'은 ESG보다 역사가 길다. 지속가능성의 개념이 유엔에 의하여 공식화된 시점이 1987년이었으니, 해당 개념의 공론화는 당연히 해당 시점 이전으로 거슬러 올라가야 한다. 따라서 ESG의 개념이 명확히 나타나기 전에는 지속가능 투자를 SRI와 유사한 '착한 투자'의 일종으로 이해할 수밖에 없었을 것이다. 그러나 SRI에는 생태계나 환경에 대한 인식이 높지 않았기 때문에, SRI와 지속가능 투자는 애초에 관심사가 상이하였다.

관행적으로도 '지속가능 투자'라는 용어는 미디어 등에서 ESG 투자와 동일한 의미로 쓰이고 있다. 그러나 최근에는 그 사용 빈도가 점점 낮아지는 추세인 듯하다.

지속가능 및 책임 투자 포럼the Forum for Sustainable and Responsible Investment, US SIF에 따르면, 지속가능 투자의 정의는 다음과 같다.

---

22 유엔은 지속가능성의 개념을 공식적으로 정의한 적은 없다. 그러나 유엔이 소집한 브룬틀란 위원회(Brundtland Commission)의 운영 성과를 담아 1987년 출판한 『Our Common Future(우리 공동의 미래)』라는 제목의 보고서, 일명 브룬틀란 보고서(Brundtland Report)에서 '지속 가능한 개발(sustainable development)'을 정의하였고, 이후 지속가능성의 개념 역시 '지속 가능한 개발'의 정의에 근거하여 이해되고 있다. 동 보고서에 따르면, 지속 가능한 개발의 정의는 "미래 세대가 자신의 요구를 충족시킬 수 있는 능력을 훼손하지 않고 현재의 요구를 충족시키는 발전"이다.

지속가능 투자는 장기적이고 경쟁적인 수익과 긍정적인 사회적 영향을 창출하기 위해 ESG 요소를 고려하는 투자방식이다(The Forum for Sustainable and Responsible Investment, 2021).[23]

미션 투자mission investing

미션 투자 역시 SRI와 임팩트 투자와 마찬가지로 가치에 집중하는 투자이다. 단, SRI 등과의 차이점은 미션 투자자는 특정 미션을 수행하기 위한 미션 중심의 조직이라는 것이다(Hill, 2020). 예를 들면, 기독교 재단이 기독교 관련 투자를 하는 형태가 미션 투자이다. 반면, 록펠러 재단이 수자원 관련 투자를 한다면 이는 임팩트 투자로 보는 식이다.

물론 미션 투자의 정의 역시 서적마다 차이가 있다. 다만, 분류상 중요하게 고려되지 않으며, 임팩트 투자나 SRI와 동일하게 보기도 한다.

책임 투자responsible investing

PRI에서 사용하는 용어이다. PRI 공식 홈페이지에는 다음과 같이 기재되어 있다.

PRI는 투자 결정과 능동적인 소유권 행사에 ESG 요소를 접목하는 전략과 실무로 책임 투자를 정의한다(PRI Association, 2021b).[24]

한편, PRI는 ESG 투자 관련 용어의 혼란에 대하여 다음과 같이 설명한다.

… 그것은 지속 가능한, 윤리적인, 사회적으로 책임 있는, 그리고 임팩트 투자이다.

---

23 Sustainable investing is an investment discipline that considers environmental, social and corporate governance(ESG) criteria to generate long-term competitive financial returns and positive societal impact.

24 The PRI defines responsible investment as a strategy and practice to incorporate environmental, social and governance(ESG) factors in investment decisions and active ownership.

환경, 사회 및 거버넌스 문제를 고려하는 수많은 투자 접근법과 관련된 용어들이 있다. 대부분은 공식적인 정의가 결여되어 있으며, 종종 상호 교환적으로 사용된다. 이들 개념보다 책임 투자responsible investment가 얼마나 더 광범위한지를 이해하는 열쇠는 많은 사람들이 도덕적 또는 윤리적 목표를 주된 목적으로 삼는 경우, 책임 투자는 자신의 유일한 초점이 재무성과인 투자자에 의해 추구될 수 있고 또한 추구되어야 한다는 것이다(PRI Association, 2021b).[25]

위의 설명에 따르면, 책임 투자란 환경, 사회 및 거버넌스 문제를 고려하는 투자이지만, 동시에 재무성과만을 추구하는 투자자도 무리 없이 적용할 수 있는 투자 형태라는 것이다. 이는 역시 사회적 가치를 추구하면서 동시에 재무적 이익도 획득할 수 있는 투자를 의미한다.

3 ESG, PRI 그리고 SDGs

현재 대형 기관투자자들의 상당수는 ESG 투자를 수행할 때 「유엔 책임투자원칙」과 더불어 「지속가능발전목표Sustainable Development Goals, SDGs」를 함께 고려한다(Hill, 2020).

유엔 책임투자원칙UN Principles for Responsible Investment

PRI는 유엔의 산하 기관은 아니지만, 유엔의 지원을 받는 독립된 비영리조직nonprofit organization, NPO이다. 2006년 설립되었고, 전 세계 금융기

25 …it is the same as sustainable, ethical, socially responsible and impact investing

There are many terms associated with the plethora of investment approaches that consider environmental, social and governance issues. Most lack formal definitions, and they are often used interchangeably. A key to understanding how responsible investment is broader than these concepts is that where many make moral or ethical goals a primary purpose, responsible investment can and should also be pursued by the investor whose sole focus is financial performance.

관과 연구자들에게 지속가능성 이슈와 관련된 조정 기능을 제공한다. 말하자면, PRI는 ESG의 사실상의 총본산이다. PRI의 출범과 함께 ESG의 역사가 시작했다고 해도 과언은 아니다.

PRI의 핵심은 PRI가 제시하는 6개의 자발적이고 적극적인 투자 원칙이다. PRI의 6개 원칙[26]은 다음과 같다(PRI Association, 2006).

1. 우리는 ESG 이슈들을 투자분석 및 의사결정 과정에 반영한다.
2. 우리는 능동적인 투자자가 되며, ESG 이슈들을 소유권 정책 및 실행에 반영한다.
3. 우리는 피투자기업에게 ESG 이슈에 대한 적절한 정보공개를 요구한다.
4. 우리는 본 원칙들에 대한 금융산업 내의 수용 및 실행을 촉진한다.
5. 우리는 본 원칙 시행의 효과성 증진을 위해 상호 협력한다.
6. 우리는 본 원칙 시행에 관한 우리 각자의 활동과 진전 상황을 보고한다.

앞서 PRI는 기관투자자의 조직이라고 설명하였다. PRI 설립 이래, 점점 더 많은 글로벌 투자 전문가들이 지지를 표명하며 동참하고 있으며, 2020년 현재 23조 5,000억 달러에 달하는 AUM[27]을 대표하는 3,038개 기관의 기관투자자가 참여하고 있다(PRI Association, 2020b).

26 Principle 1: We will incorporate ESG issues into investment analysis and decision-making processes.
Principle 2: We will be active owners and incorporate ESG issues into our ownership policies and practices.
Principle 3: We will seek appropriate disclosure on ESG issues by the entities in which we invest.
Principle 4: We will promote acceptance and implementation of the Principles within the investment industry.
Principle 5: We will work together to enhance our effectiveness in implementing the Principles.
Principle 6: We will each report on our activities and progress towards implementing the Principles.

27 AUM은 asset under management의 약자이며, 운용자산의 규모를 뜻한다.

그림 1.1 PRI 서명기관 성장 추이

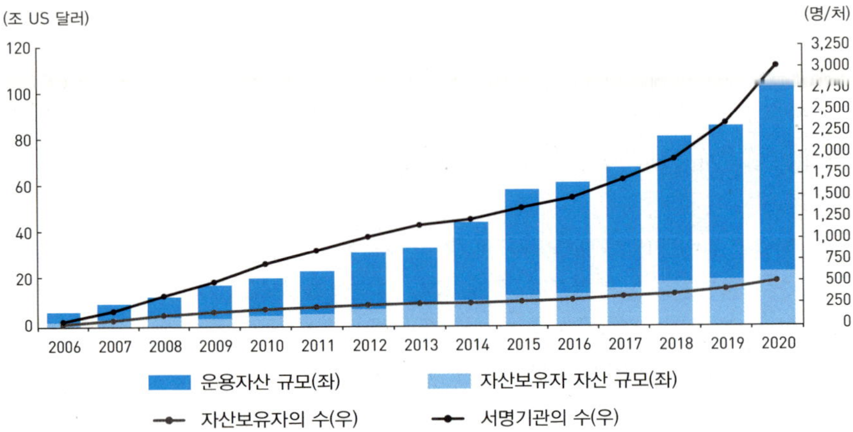

출처: 유엔 책임투자원칙(Principles for Responsible Investment)

PRI에 서명하는 기관투자자들이 지속적으로 급증하는 요인은 무엇보다도 ESG의 확산이다. 투자수익과 리스크에 대한 ESG의 영향력이 지속적으로 커지고 있다. 또한 수탁자 의무fiduciary duty의 변화와 단기주의short-termism 지양과 같은 투자관의 변화도 ESG의 확산에 기여하고 있다. 물론, 경쟁 압력과 자산 위탁자의 니즈 역시 기관투자자에게 ESG에 집중해야 할 당위성을 제공한다(Hill, 2020).

지속가능발전목표Sustainable Development Goals

모든 계획에는 비전과 로드맵이 필요하며, ESG 역시 그 예외가 될 수 없다. 이에 2015년 유엔과 세계 지도자들은 「지속 가능한 발전을 위한 2030 어젠다the 2030 Agenda for Sustainable Development, 이하 '어젠다 2030'」를 수립하여, ESG의 비전과 관련 일정을 포함한 로드맵을 명확히 하였다(United Nations, 2015). 말하자면, 유엔은 2030년까지 '지속 가능한 세계'를 지구상에 실제로 구현하겠다는 대담한 약속을 전 인류와 한 것이다.

유엔은 어젠다 2030을 인류, 지구, 번영[28]을 위한 액션플랜으로 설명하고 있는데(United Nations, 2015), 해당 액션플랜을 구체적으로 실현하기 위한 세부 과제가 바로 「지속가능발전목표Sustainable Development Goals, 이하 'SDGs'」이다. SDGs는 '보다 지속 가능한 미래를 달성하기 위한 청사진'이 될 17개의 상호 연결성 있는 글로벌 목표이며, 이들 17개 SDGs 아래에는 모두 169개의 타깃이 전체 계획을 관리하기 위한 마일스톤으로서 설정되었다.

17개 SDGs는 각각 아래와 같이 빈곤, 불평등, 기후, 번영 등의 세계적인 과제를 해결하고자 한다(환경부, 2015).

1. 모든 곳에서 모든 형태의 빈곤 종식
2. 기아 종식, 식량 안보 달성, 개선된 영양 상태의 달성과 지속 가능한 농업 강화
3. 모든 연령층을 위한 건강한 삶 보장과 웰빙 증진
4. 포용적이고 공평한 양질의 교육 보장과 모두를 위한 평생학습 기회 증진
5. 성평등 달성과 모든 여성 및 여아의 권익 신장
6. 모두를 위한 물과 위생의 이용 가능성과 지속 가능한 관리 보장
7. 모두를 위한 적정 가격의 신뢰할 수 있고 지속 가능하며 현대적인 에너지에 대한 접근 보장
8. 지속적·포용적·지속 가능한 경제 성장, 완전하고 생산적인 고용과 모두를 위한 양질의 일자리 증진
9. 회복력 있는 사회기반시설 구축, 포용적이고 지속 가능한 산업화 증진과 혁신 도모
10. 국내 및 국가 간 불평등 감소
11. 포용적이고 안전하며 회복력 있고 지속 가능한 도시와 주거지 조성

[28] 어젠다 2030에서는 인류, 지구 및 번영을 각각 People, Planet 및 Prosperity 즉, 모두 P로 시작하는 영어 단어로 표현하였다.

그림 1.2 유엔 지속가능발전목표(SDGs) 169개 세부목표 및 지표

출처: 환경부

12. 지속 가능한 소비와 생산 양식의 보장
13. 기후변화와 그로 인한 영향에 맞서기 위한 긴급 대응
14. 지속가능발전을 위하여 대양, 바다, 해양 자원의 보전과 지속 가능한 이용
15. 육상 생태계 보호, 복원 및 지속 가능한 이용 증진, 지속 가능한 산림 관리, 사막화 방지, 토지 황폐화 중지와 회복, 생물 다양성 손실 중단
16. 지속가능발전을 위한 평화롭고 포용적인 사회 증진, 모두에게 정의의 보장과 모든 수준에서 효과적이고 책임성 있으며 포용적인 제도 구축
17. 이행 수단 강화와 지속가능발전을 위한 글로벌 파트너십 재활성화

PRI와 ESG, SDGs의 관계

대부분의 문헌은 ESG를 설명할 때 SDGs를 함께 언급한다. PRI 역시 SDGs가 세계를 2030년까지 지속 가능하게 만들기 위한 프레임워크이며, 세계적인 합의에 기반한다고 설명한다(PRI Association, 2021c). PRI도 SDGs를 수용한다는 의미이다.

또한 PRI의 6개 원칙을 담은 선언의 서문은 "우리는 이 원칙들의 적용이 투자자들을 '더 넓은 사회 목표'에 더 잘 연계시킬 수 있다는 것을 인식한다."고 밝혔는데, 이와 관련해서 PRI는 SDGs가 '더 넓은 사회 목표'의 의미를 가장 잘 나타내고 있으며, '더 넓은 사회 목표'를 정의하는 최초의 '일반적으로 합의'된 프레임워크가 SDGs라고 공식적으로 언급한다(PRI Association, 2021c).

참고 1.3 | **SDGs가 투자자와 연관되는 다섯 가지 측면**[29]

PRI는, SDGs의 중요성을 강조하면서, SDGs가 투자자들과 연관되는 아래의 다섯 가지 측면을 제시하고 있다(PRI Association, 2021c).

1. SDGs는 전 세계적으로 합의된 지속가능성 프레임워크이다.

SDGs는 세계에서 가장 시급한 지속가능성 문제를 의미하는 것이며, 세계적으로 합의된 지속가능성 프레임워크나 다름없다. SDGs는 투자자가 투자활동과 관련된 지속가능성 동향 및 그들의 수탁자 의무를 이해할 수 있도록 지원할 수 있다.

2. 거시적 위험: SDGs는 '유니버설 오너universal owner'[30]에게 불가피한 고려 사항이다.

현대 포트폴리오 이론Modern Portfolio Theory에 의존하는 대형 기관투자자들은 '유니버설 오너'로 간주될 수 있다: 그들의 고도로 분산된 장기 포트폴리오들은 그들이 글로벌 자본시장을 충분히 대표할 정도로 시장의 일정 부분을 효과적으로 확보하고 있으며, 그들의 투자수익은 시장 전체의 지속적인 건전성에 의존한다. 따라서 그들은 지속 가능한 경제와 시장을 촉진하는 방식으로 장기적인 재무성과를 향상시킬 수 있다.

---

29 SDGs에 대한 PRI의 관점은 ESG의 본질과 깊게 연관된다. 이는 뒤에서 다시 언급된다.

30 국민연금과 일본의 GPIF(연금적립금관리운용독립행정법인)이 대표적인 유니버설 오너로 인식된다. 이들은 자산 규모가 거대하기 때문에, 포트폴리오 회사는 물론 그와 관련된 외부효과까지 내부로 수용하게 된다. 따라서 외부효과에 대한 이들의 대응은 주어진 환경 안에서 대응하거나 투자 환경 자체를 변경하여 재무적 및 비금융적 문제를 해결하고 회원 재산의 가치와 효용을 관리한다(Mikulskis, 2019). 구체적으로는, 주주권의 적극 행사, 공공정책에 대한 직접적인 영향력 행사, ESG 고려를 적용한 투자를 통해 외부효과에 대응한다.

SDGs를 달성하지 못하면 모든 국가와 영역에 어느 정도 영향을 미칠 것이며, 따라서 거시적인 금융 리스크가 발생할 것이다. 유니버설 오너들의 포트폴리오는 필연적으로 이러한 증대되고 광범위한 경제적 위험에 노출된다. 많은 경우에 이들 리스크는 주로 그들의 피투자기업들에 의해 발생한다.

3. 거시적 기회: SDGs는 세계경제 성장을 주도할 것이다.

SDGs의 달성은 세계경제 성장의 핵심 동력이 될 것이며, 장기 투자자들은 이를 금융 수익의 궁극적인 구조적 원천으로 인식할 것이다. 장기적으로 경제 성장은 매출과 이익 성장의 원동력이며, 이는 다시 주식과 여타 금융자산으로부터의 수익을 증가시킨다.

SDGs는 우리 환경을 훼손하거나 사회에 불공정한 부담을 지우지 않고 경제 성장이 달성되는 미래를 향한 실행 가능한 모델을 만드는 것을 목표로 한다. 환경 및 정부와의 관계를 수용함으로써 비즈니스 성공을 살펴보고 판단할 수 있는 새로운 전략적 관점을 도출한다.

4. 미시적 위험: 리스크 프레임워크로서의 SDGs

지난 10년 동안 책임 투자는 배제exclusionary 위주의 접근 방식에서 ESG 리스크와 기회를 효과적으로 관리할 수 있는 기업을 식별하는 데 초점을 맞춘 접근 방식으로 발전해왔다. SDGs가 제기하는 과제는 산업, 기업, 지역 및 국가에 걸쳐 재무적으로 중요한, 매우 구체적인 규제, 윤리 및 운영 리스크가 있음을 반영한다.

향후 어느 시점에서는, 환경 훼손이나 사회적 격변 등 현재의 외부 비용의 상당 부분이 기업의 계정에 강한 영향을 미칠 수 있다. 이러한 내부화의 시기와 범위를 둘러싼 불확실성은 투자자들이 직면한 전반적인 리스크 지형의 중요한 구성요소다. SDGs와 하위 타깃은 보다 지속 가능한 세상으로의 이행을 관리하는 공통 수단을 제공하므로 투자자의 ESG 리스크 프레임워크를 강화할 수 있다.

5. 미시적 기회: 자본 할당 지침으로서의 SDGs

보다 지속 가능한 비즈니스 관행, 제품 및 서비스로 전환하고 있는 기업들은 새로운 투자 기회를 제공한다. 투자자들이 지속가능성 과제의 해결책을 제시하는 것이 매력적인 투자 기회가 된다고 믿는다면, 투자자들은 SDGs 테마와 섹터를 명시적으로 공략하는 투자전략을 실행할 수 있다. 기회는 대부분의 자산 형태에서 찾을 수 있는데, 상장 회사, 사모펀드, 벤처 캐피털의 청정 기술 주식, 저탄소 인프라, 녹색 채권, 녹색 부동산, 지속가능 임업과 농업이 그 예이다.

한편 오모리 미츠루 연구원은 ESG와 SDGs는 결국 같은 것이며, 모두 지구의 문제를 보는 프레임워크의 차이에 불과하다고 한다(大森, 2019). 말하자면, ESG의 프레임워크는 세 가지 시점을 가지는 반면, SDGs의 프레임워크는 가장 중요한 17가지 문제를 선정했다는 것이다.

CHAPTER

II

ESG의 다섯 가지 특징

이 장의 목표는 ESG 개념의 혼란을 가능한 한 최종적으로 정리하는 것이다. 이런 혼란상이 경영과 투자활동에 부담을 가중하고 금전적인 손실까지 야기할 수 있음을 누차 강조하였다.

이러한 목적으로 이제 이른바 '심오한 ESG 이론'이 제시된다. 물론 제1장에서도 ESG의 개념을 개괄하였다. 그러나 그것은 ESG에 대한 급한 궁금증을 채우는 수준에 불과하였고, 이 장에서부터 비로소 ESG의 본질을 확인하며, 'ESG란 무엇인가'에 대한 해답을 찾게 된다.

이번 장에서 살펴보게 될 ESG의 다섯 가지 특징은 아래와 같다.

첫째, 투자자가 주도하는 ESG

둘째, 이익과 사회적 가치의 조화를 추구하는 ESG

셋째, 이해관계자 자본주의에 기반한 ESG

넷째, 장기적 시간지평 위에서 고려되는 ESG

마지막으로, 제4차 산업혁명의 기반 위에서 테크노 자본주의의 형태로 구현되는 ESG이다.

특히, 마지막 특징을 제외한 상위 네 가지 특징은 ESG의 본질을 규정한다. 즉, 그러한 특징들이 없다면 ESG가 아니라는 것이다. 이제 ESG의 다섯 가지 특징을 하나씩 살펴보자.

1 투자자 주도

우선 ESG의 주체는 투자자라는 것부터 명확히 하고자 한다. 앞서 ESG의 주체는 투자자이고 CSR의 주체는 기업이라고 말하면서, 이것이 양자의 첫 번째 차이점이라고 설명하였다. 그러나 사실 이러한 입장에 대한 유엔을 비롯한 어떠한 국제 기구 등의 공식적인 선언이나 유권 해석은 존재하지 않는다. 따라서 혹자는 ESG에서 투자자와 기업이 모두 중요한 역할을 담당하므로 ESG의 주체를 CSR과 달리 특별히 투자자라고 특정할 이유는 없다고 주장하기도 한다.

그러나 결국에는 'ESG는 투자자가 주도하는 것'이라고 감히 판단할 수 있는 세 가지 측면의 근거들이 있다. 이들은 각각 (1) 인센티브 구조, (2) 거버넌스G의 존재, (3) 역사적 정황이다. 그런데 이들 근거들은 결국 'ESG를 처음 구상한 사람들은 어떠한 이유로 또는 어떠한 목적을 이루기 위해 어떠한 상황에서 어떠한 과정을 거쳐 ESG를 구상하게 되었나'의 질문으로 귀결되며, 이 질문에 대한 해답을 통해 결국 ESG는 투자자가 주도한다는 결론이 도출된다는 것이다. 그리고 여기서 투자자가 '주도한다'는 표현은 투자자가 'ESG의 비전을 수립하면서 동시에 비즈니스의 현장에서 기업이 해당 비전을 구현하도록 이끌어간다'라는 것을 의미한다.

이제부터, 위의 세 측면을 하나씩 살펴보며 ESG는 투자자가 이끌어가는 것임을 확인해 보겠다.

인센티브 구조

앞서 ESG는 '이익과 사회적 가치를 조화'시킨다고 하였다. 여기서 우리가 인정해야 할 것은 이익과 사회적 가치를 조화시키는 것이 그렇게 쉬운 일은 아니라는 것이다. 이는 세계 굴지의 기업들에게도 난제 중의 난제이다.

사실 대부분의 기업에게는 '돈을 버는' 것이 본의 아니게 '악한' 일이 되는 경우가 많다. 기업을 경영하다 보면 이런저런 부負의 외부효과negative externalities가 발생한다. 이를테면, 화장품 회사의 플라스틱 용기 같은 것들이다. 그렇지만 환경 쓰레기를 줄이기 위해 재활용 또는 바이오 용기를 개발하겠다고 결정하면, 바로 비용 부담이 늘어난다. 이것이 CSR이다. 말하자면 '기업의 사회적 책임'이니 일종의 의무인데, 결국 기업 입장에서는 기왕 의무를 지게 되어 가중되는 어려움이니 열심히 보도 자료를 만들어서 배포하는 것도 따지고 보면 인지상정人之常情이다. 왜냐하면 만에 하나 비용 증가로 주가에 부정적인 영향이 갈 수도 있기 때문이다.

물론 요즘에는 CSR이 평판 리스크를 줄이고 장기적 이익에 도움이 된다고 하니, 언론 플레이를 잘하면 큰 문제는 없을 것이다. 그러나 요즘 같은 시절에도 예외는 있다. 서브프라임 모기지 사태와 그에 이은 대침체Great Recession, 이하 '리먼 사태'[1]와 같은 사변이 일어나서 계속기업going concern의 기반이 위태로워지거나, 사모펀드가 매매 차익을 노리고 단기에 기업 가치를 높이라고 요구한다면, 분기와 반기 단위로 실적을 평가받게 되는 경영자에게는 CSR을 고려할 여유 따위는 없어진다. 더구나, 단기 매매 차익을 노리고 투자하여, 일시적 주가 하락에도 맹렬하게 분노를 표출하는 단기지향 개미투자자까지 상대하다 보면[2] 경영자가 제아무리 사회적 가치를 고려하는 장기지향의 경영 철학을 가지고 있어도 견디기 어렵다.

그러나 앞서 예로 든 화장품 회사가 ESG 투자를 표방하는 투자자와 협력한다면 상황은 달라질 수 있다. 만약 투자자가 해당 회사의 장기적인 성장을 기대하며 환경 보호에 대한 경영자의 비전에 동의한다면, 저렴한 플라스틱 용기 대신 재활용 또는 바이오 용기를 개발하기 위한 R&D 비용 투입에 선뜻 동의하게 될 것이며, 이에 경영자는 안정된 입지 위에서 보다 장기적인 관점을 가지고 제반 경영 이슈들을 살펴보게 될 것이다. 물론 이

1 미국의 투자은행 리먼 브라더스(Lehman Brothers Holdings Inc.)는 2008년 9월 15일 파산하였다. 따라서 2007년 서브프라임 모기지 사태와는 발생 시점이 다르지만, 2007년부터 2009년까지의 일련의 금융위기를 단일 이벤트로 보는 통상의 관점에 따라 편의상 2007년부터 2009년까지의 금융위기를 모두 '리먼 사태'로 통칭하기로 한다.

2 우리나라에서도 특정 회사의 주가가 장기간 횡보하거나 대폭 하락하는 경우, 소수 지분을 보유한 개인투자자들이 해당 기업의 IR 담당자, 기획실 등에 전화를 걸거나, 심지어는 해당 기업의 CEO에게 항의 서한까지 보내어 분노의 감정을 표출하는 경우가 비일비재하다.

경우, 투자자는 단순히 비용 증가를 감수하는 것뿐만 아니라, 개발된 재활용 또는 바이오 용기를 해당 기업의 신성장동력으로 활용할 수 있는 아이디어와 판매 네트워크를 제공할 수도 있다.

이는 결국 이익과 사회적 가치의 조화이며, '착한 일을 하면서 돈을 버는' ESG의 전형적인 모델인데, 이러한 모델을 실제로 구현하여 성공한 기업이 바로 코니카 미놀타 주식회사Konika Minolta Inc.이다. 동 회사는 복합기, 인쇄 관련 시스템과 소모품 및 관련 서비스를 제공하는 일본의 중견 회사인데, 지속 가능한 성장에 대한 특별한 비전을 가졌던 마츠자키 마사토시松崎正年 대표가 2009년 취임하면서부터 본격적인 ESG 경영의 행보를 걷기 시작했다.

코니카 미놀타의 ESG 경영은 모범 사례로 제시될 만한 교과서적인 접근법을 보여주었다. 우선, 골드만 삭스 그룹The Goldman Sachs Group, Inc. 등 ESG를 중시하는 중장기 투자자들과 협력하였다. 투자자의 장기적 지원을 확보하여 보다 긴 호흡에서 경영할 수 있는 환경을 만든 것이다. 그리고 업무 방식의 혁신을 꾀하였는데, 그 대표적인 사례가 환경 부서와 기획 부서가 협업하여 새로운 환경 상품을 개발한 것이다. 이는 비용 센터인 환경 부서가 수익 센터로 변모한 것을 의미한다. 또한 사내의 그린 비즈니스 노하우를 타사에 전파하면서 새로운 수익 모델인 그린 컨설팅 사업으로 발전시키기도 하였다. 이는 ESG 경영이 비즈니스 모델의 혁신에 기여한 인상적인 사례이다. 이후 코니카 미놀타는 대대적인 혁신을 거듭하면서 환경 제품 및 서비스의 급성장을 시현하였고, 신임 대표의 취임 5년 만에 주가를 2배로 끌어올렸다(日経エコロジー, 2017).

이처럼 '착한' 비즈니스를 하기 위해서는 ESG가 CSR보다 유리한 환경을 조성하는 것은 명백해 보인다. 그리고 이러한 양상의 원인으로서 주목해야 할 부분이 바로 투자자의 성향이다. 우선 화장품 회사의 CSR 사례를 보면, 여러 이해관계자들이 기업을 직접 압박할 수 있겠지만, 역시 가장 고민스러운 상대는 투자자였다. 투자자들이 비용 부담을 수반하는 CSR 활동에 대해서 반드시 긍정적인 시각을 가질 것인지 미지수라는 것이다. 만약 단기 투자와 매각으로 시세 차익을 노리는 단기지향 투자자의 영향력이 크다면, 비용 부담이 늘어나는 제반 활동에 제재를 가할 것이기 때문이다.

반면, 코니카 미놀타의 경우에는 골드만 삭스 등 ESG 투자자들이 장기적인 관점에서 해당 기업의 CEO를 비롯한 경영진과 협력하여 대표적인 ESG 인덱스인 다우존스 지속가능경영지수Dow Jones Sustainability Index, DJSI[3]를 의식한 경영을 지원하였고, 실제로 해당 기업은 5년 연속으로 해당 지수에 편입되어 있었다. 특히, 동사의 사업전략에는 '그린 프로덕트Green product', '그린 팩토리Green factory', '그린 마케팅Green marketing' 등 공격적인 친환경 전략이 대폭 채택되었는데, 여기에는 그린 비즈니스에 대한 인식이 남다른 CEO와 지속 가능한 성장에 대한 비전을 가진 투자자 간의 안정적인 협력 관계가 큰 역할을 하였다고 할 수 있다. 즉 코니카 미놀타는 이른바 ESG 경영으로 대대적인 성공을 거두었고, 그 배후에는 장기적 관점에서 투자하는 ESG 투자자가 존재했다는 것이다.

말하자면, ESG의 중심에는 ESG 투자자의 존재가 필수적이며, 이들 투자자가 장기적인 관점에서 여신與信을 통해 기업을 지속 가능한 비즈니스 모델로 이끌어가는 것이 ESG가 추진되는 방식이라고 하겠다. 그리고 이는 투자자의 지원 없이 기업이 독자적으로 이해관계자의 직접적인 요구에 대응하여 사회에 공헌해야 하는 CSR과는 전혀 다른 모델이라고 말할 수 있겠다. 말하자면, ESG와 CSR의 양자는 모두 나름대로 기업이 사회에 선

---

3 1999년 다우존스와 SAM이 만든 우량 기업 주가지수 중 하나다. 기업을 단순히 재무적 정보로 파악하는 데 그치지 않고 지배구조, 사회공헌도 등을 토대로 지속가능경영을 평가해 우량 기업을 선정한다. 이 지수는 2005년 12월 31일을 시작으로 삼고 있으며 기준 지수는 1000포인트다.

한 영향을 미치는 방법인데, 후자의 경우에는 기업이 다양한 이해관계자의 요구에 직접 노출되면서 지속 가능한 성장을 위한 노력 자체가 때로는 지속 가능하지 못하게 될 가능성이 높다는 것이다.

그렇다면 ESG 투자사는 왜 일반적인 투자자에 비해 특별히 사회적 가치를 중시하며 장기적인 관점의 경영에 대한 선호가 높은 것일까? 이에 대한 해답을 찾기 위해서는 이른바 '유니버설 오너universal owners'라는 개념과 이들이 가지는 인센티브 구조를 이해하여야 한다. 유니버설 오너를 이해한다면, ESG는 본질적으로 사회적 가치의 중요성을 인정하며 장기적인 선호를 가지는 투자자가 좌우하는 메커니즘으로 설계되어 있다는 것을 이해하게 될 것이다.

앞서 우리는 화장품 회사의 환경 쓰레기를 언급하며, 부負의 외부효과negative externalities에 대해 언급했다. 물론, 당시에는 사례를 통해 직관적으로 그 의미를 이해할 수 있었기 때문에, 외부효과에 대해 별도로 설명하지는 않았다. 그러나 이제 '유니버설 오너'의 개념을 이해하기 위해서 ESG에 있어서의 외부효과에 대해 간단히 살펴보도록 하겠다.

외부효과externalities란, 어떤 경제 주체의 경제활동이 시장의 거래 메커니즘을 통하지 않고, 아무런 대가나 보상 없이 제3자 또는 사회에 비용이나 편익을 발생시켜 자원 배분의 비효율성을 초래하는 현상이다. 이 경우, 자원 배분의 비효율성이 발생하는 원인은 해당 비용이나 편익이 시장 가격 체계에 반영되지 않기 때문이다. 구체적인 사례를 들어보자.

어떤 화학 공장이 무단으로 폐수를 방류하여 지역 주민들이 악취와 질병의 고통을 겪고 있는데, 이에 대해 해당 공장이 지역 주민에게 어떠한 형태의 보상도 제공하지 않는다면 이는 외부효과가 발생한 전형적인 사례이다. 특히 환경 오염과 같은 부정적인 영향을 부負의 외부효과, 부정적 외부효과 또는 외부불경제라고 부른다. 반면, 과수원 주인이 과일나무를 더 심을 때 인근 양봉업자의 꿀 생산량이 늘어나는 의도되지 않은 결과가 생기면, 이는 아무런 대가나 보상 없이 외부의 경제활동으로 이익을 누리게 되는 것이므로 양봉업자에게는 정正의 외부효과, 긍정적 외부효과 또는 외부경제가 발생했다고 할 수 있다.

ESG와 관련되어 주로 관심의 대상이 되는 것은 흔히 온실가스 배출, 폐수 방류 등의 외부불경제인데, 외부불경제의 문제점은 위에서 언급한 사례를 원용하면, 해당 기업이 주변 환경에 미치는 폐수 방류에 대해 어떠한 대가를 치르지 않으므로, 폐수의 방류량을 최소화할 유인도 없으며, 해당 하천의 오염은 계속 심화된다는 것이다.

한편, 해당 기업 및 그 기업의 투자자의 관점에서는, 만약 해당 기업의 폐수 방류에 대해서 어떠한 정부 규제도 적용되지 않는다고 가정하면, 해당 기업의 폐수 방류는 해당 기업에게 비용 편익 등의 재무적 이익을 가져오고, 평판 리스크 등을 고려하지 않는 가상의 상황에서는 재무성과의 제고에 따른 주가 상승도 기대할 수 있을 것이다. 따라서 해당 기업의 경영진과 투자자들은 공모하여 폐수 방류를 독려하는 상황이 전개될 것이다.

과거 우리나라의 경우에도, 이른바 굴뚝 기업들은 굴뚝으로 매연을 대량으로 방출하면서, 그에 대한 비용은 해당 기업들이 아닌 일반 국민들이 악화된 대기질로 인한 질병 등으로 대신 치르는 사례가 비일비재하였다. 이처럼 대부분의 경우 외부불경제가 발생하면 해당 기업과 그 기업의 투자자들은 자신들이 치러야 할 비용이나 고통을 해당 기업, 즉 '투자 대상'의 외부로 전가할 수 있기 때문에, 이익을 즐기면서 이러한 상황을 조장할 것이다.

그러나 이제부터 설명하게 되는 일군一群의 투자자들은 이러한 외부불경제를 조장할 인센티브가 없다. 거대 연기금이나 국부펀드 등을 포함하는 이른바 '유니버설 오너universal owners'들이 이런 종류의 투자자들인데,

이들은 이론상으로는 막대한 운용자금을 지구 전체에 투자하므로, 외부효과를 통해서 비용을 전가할 수 있는 '외부'라는 영역이 존재하지 않는다. 따라서 유니버설 오너에게 있어서 ESG 요소는 개별 기업의 리스크와 기회를 초월한 의미를 가진다(松田, 2018).

유니버설 오너가 처한 상황을 구체적으로 살펴보자. 일반적으로 유니버설 오너라 하면 우리나라의 국민연금[4]을 비롯한 연기금, 보험사, 국부펀드 등의 자산 보유자들을 의미하며, 이들의 자산을 운용하는 블랙록BlackRock, 뱅가드Vanguard 등의 대형 자산운용사도 유니버설 오너에 준하여 언급된다. 이들 기관투자자들은 사실상 모든 자산 클래스, 모든 투자 및 산업부문, 모든 지역을 대상으로 하는 포트폴리오를 통해 리스크를 광범위하게 분산하고 수익의 극대화를 꾀하고 있다. 그리고 그 결과 전 세계적인 모든 사회적 및 환경적 요소가 이들 기관투자자의 투자 수익성에 영향을 미친다.

표 2.1 세계 자산운용사 순위(총자산 기준, 2019년)

순위	자산운용사	국가	총자산(1조 USD)
1	BlackRock	미국	7.43
2	Vanguard Group	미국	6.15
3	State Street Global	미국	3.12
4	Fidelity Investments	미국	3.04
5	Allianz Group	독일	2.54
6	J.P. Morgan Chase	미국	2.36
7	Capital Group	미국	2.06
8	BNY Mellon	미국	1.91
9	Goldman Sachs Group	미국	1.86
10	Amundi	프랑스	1.62

출처: Statista(2021)

4 국민연금은 통상 유니버설 오너로 인식되고 있으나 아직까지는 일본의 GPIF처럼 스스로를 유니버설 오너라고 공식적으로 선언하고 있지는 않다.

예를 들어, 어떤 연기금이 자동차 회사와 식품 회사에 동시에 투자하였다고 가정하자. 해당 자동차 회사가 폐수를 무단으로 방류하면, 해당 자동차 회사는 별도의 폐수 처리 비용을 지출하지 않으므로 금전적인 이득을 보는 반면, 자동차 회사가 방류하는 폐수는 식품 회사에 공급되는 원료의 품질에 부정적인 영향을 미치고, 식품 회사의 수익성은 하락하게 될 것이다. 따라서 결과적으로 해당 연기금은 자동차 회사가 야기하는 부정적인 외부효과에 따른 재무적인 이득이 동일한 외부효과로 인해 식품 회사에서 발생한 재무적인 손실로 상쇄되는 상황을 경험하게 되면서, 전체 포트폴리오의 재무적인 이득이 대폭 축소되거나 오히려 손실을 보게 되는 상황에 처할 수 있다. 이와 더불어, 만약 자동차 회사가 방류하는 폐수가 식품 회사의 원료에 영구적인 피해를 줄 가능성이 높다면, 해당 연기금은 부정적인 외부효과로 이득을 보려는 해당 자동차 회사를 설득하거나 응징하여서 건전한 환경을 유지해야 하는 인센티브가 발생한다.

한편, 유니버설 오너는 본질적으로 일반 투자자에 비해 장기적인 관점의 투자자가 될 가능성이 높다. 이는 유니버설 오너가 보유한 자금의 특성에 기인하는데, 우선 막대한 자금으로 구성된 유니버설 오너의 포트폴리오는 단기적 상황 변화에 기민하게 대응하여 빠르게 재구성할 수 있는 성격의 것이 아니다. 또한, 유니버설 오너의 대부분은 연기금, 보험사, 국부펀드로서 이들의 자금은 대부분 사회적이거나 공적, 심지어는 정치적인 의미와 목적을 가지고 있다. 우선 연기금과 보험사들은 장기간에 걸쳐 가입자들의 노후를 책임지는 연금이나 보험금을 지급하는 사회적 안전망의 역할을 담당한다. 그리고 국부펀드는 그야말로 국가의 부富를 증식하는 공적인 책임을 부담하며, 해당 자금의 운용에 있어 정치적인 의미가 전혀 없다고 말할 수는 없다. 따라서 이 기관들은 태생적으로 장기간 안정적인 수익을 확보할 수 있는 투자 운용 방식을 채택하게 되며, 만약 이에 실패하면 정치적인 문제까지 발생할 우려도 있다.

표 2.2 세계 연기금 순위(총자산 기준, 2020년)

순위	연기금	국가	총자산(10억 USD)
1	年金積立金管理運用獨立行政法人(GPIF)	일본	1,555.55
2	Government Pension Fund	노르웨이	1,066.38
3	국민연금	한국	637.28
4	Federal Retirement Thrift	미국	601.03
5	ABP	네덜란드	523.31
6	California Public Employees	미국	384.44
7	全國社會保障基金(NSSF)	중국	361.09
8	Central Provident Fund	싱가포르	315.86
9	Canada Pension	캐나다	315.34
10	PFZW	네덜란드	243.84

출처: Thinking Ahead Institute(2020)

표 2.3 세계 국부펀드 순위(총자산 기준, 2021년)

순위	국부펀드	국가	총자산 (10억 USD)	원천
1	Norway Government Pension Fund Global	노르웨이	1,273.54	원유 및 가스
2	中國投資有限責任公司	중국	1,045.72	비(非)원자재
3	Abu Dhabi Investment Authority	UAE	579.62	원유 및 가스
4	Hong Kong Monetary Authority Investment Portfolio	홍콩	576.03	비(非)원자재
5	Kuwait Investment Authority	쿠웨이트	533.65	원유 및 가스
6	GIC Private Limited	싱가포르	453.20	비(非)원자재
7	Temasek Holdings	싱가포르	417.35	비(非)원자재
8	Public Investment Fund	사우디 아라비아	399.45	원유 및 가스
9	全國社會保障基金(NSSF)	중국	372.07	비(非)원자재
10	Investment Corporation of Dubai	UAE	301.53	원유 및 가스

출처: Statista(2021)

말하자면, 유니버설 오너는 지구 전체에 이해관계를 가지는 장기적 투자자이며, 코피 아난은 이러한 이해관계를 고려하여 장기적인 관점에서 지구 전체를 안정적으로 관리할 수단을 유니버설 오너에게 제공한 것이다. 이것이 ESG 체계의 기본적인 구성 및 운영 원리이다.

ESG를 이끌고 있는 PRI는 「유엔 환경계획 금융 이니셔티브UN Environment Programme Finance Initiative, 이하 'UNEP FI'」[5] 및 「유엔 글로벌 콤팩트」와 함께 작성한 연구 보고서인 『Universal Ownership – Why environmental externalities matter to institutional investors유니버설 오너십 – 환경의 외부효과가 기관투자자에게 중요한 이유』에서 다음과 같이 말한다(PRI & UNEP FI, 2011).

> "대형 기관투자자들은 글로벌 자본시장을 대표하는 고도로 다변화되고 장기적인 포트폴리오를 보유한 경우가 많아 사실상 '유니버설 오너'다. 그들의 포트폴리오는 필연적으로 기업에 의한 환경 훼손으로 인해 증가하고 확산되는 비용에 노출되어 있다. 이들은 외부효과를 줄이고 비용에 대한 전반적인 영향을 최소화하기 위해 비즈니스 수행 방식에 긍정적인 영향을 미칠 수 있다. 장기적인 경제적 복지와 수혜자들의 이익이 관건이다. 기관투자자들은 환경영향으로 인한 재정적 위험을 줄이기 위해 집단적으로 행동할 수 있고 또 그렇게 행동해야 한다."
>
> "대형 기관투자자들은 민간기업의 영원한 그리고 보편적인 소유자universal owners이다. 유니버설 오너는 일반적으로 장기적인 관점에서 여러 자산 클래스, 섹터 및 지역에 걸쳐 다양한 투자를 해왔다. 이 정의에 따르면, 잘 분산된 포트폴리오를 보유한 대형 기관투자자는 누구나 유니버설 오너로 볼 수 있다.
>
> 유니버설 오너 가설The Universal Owner hypothesis은 다변화된 대규모 투자 포트폴리오의 성과와 전반적인 경제 사이에 명확한 연관성이 있다는 생각에

[5] UNEP FI는 유엔 환경계획(UNEP)과 금융부문 간의 공공 – 민간 파트너십이다. 전 세계 200여 곳의 주요 금융기관들이 회원으로 등록되어 있다. 동 조직은 금융기관이 지속가능발전의 중요한 기여자임을 인식하여 지속 가능한 발전에 대한 금융기관의 협조와 참여를 독려하기 위해 설립된 국제적 이니셔티브이다. 최근 기후금융과 관련하여 활발한 활동을 전개하고 있다.

> 기초한다. 그것은 '기업의 외부화 비용으로부터 이익을 얻는 포트폴리오 투자자는 포트폴리오의 다른 투자에 부정적인 영향을 미치는 이러한 외부효과로 인해 전체 수익률이 감소할 수 있으며 따라서 전반적인 시장수익률도 감소할 수 있다'고 선언한다. 다각화된 투자자에게는 세금, 보험료, 부풀린 투입요소 가격, 재해의 물리적 비용 등의 비용으로부터 숨을 곳이 없다.
>
> 이론적으로, 유니버설 오너들은 그들이 경제의 일부를 소유하고 있다는 것을 인식하고 따라서 번영하고 지속 가능한 미래를 촉진하기 위해 그들의 행동을 조정한다."

동 보고서는 지속 가능한 미래를 위해 유니버설 오너들의 집단 행동을 촉구하고 있다. 사실 소수의 기관투자자들이 전 세계 자본시장을 이미 과점하여 지배하는 현 상황에서 이들의 집단행동까지 촉구하는 것이 바람직한지 논란이 될 수 있지만, 동 보고서는 이러한 요구에 대한 그 나름의 정당성을 부여하고 있다. 유니버설 오너는 경제 시스템의 부정적인 외부효과에 대해 이해관계가 있으므로, 상황을 개선하기 위한 집단 행동의 인센티브와 책임을 가진다는 것이다.

바로 이러한 인센티브의 관점에서 CSR과 ESG는 현저히 다르다. 우리들의 미시적인 일상에서는 이익과 사회적 가치가 서로 충돌하는 것이 일반적이다. 그리고 CSR의 경우에는 유니버설 오너가 개입하지 않으므로, 이익과 사회적 가치의 상충trade-off 관계가 해소되지 않는다. 따라서 단위 기업의 경영자가 '투자자의 의사와 무관하게' '개인의 신념과 기업의 가치관에 입각하여' 사회적 가치를 추구하는 경제활동을 수행하면, 기업과 투자자의 이익을 '투자자의 의사에 반하여' 침해하게 된다. 그 결과, 투자자는 사회적 가치를 추구하려는 기업의 경영 활동을 저지하려 할 가능성이 높다.

그러나 ESG의 경우에는, 이익과 사회적 가치를 함께 추구할 수밖에 없는 유니버설 오너의 이해관계와 인센티브가 핵심적인 추진 동력이 된다.

따라서 투자자와 기업이 일치 단결하여 '이윤' 동기에 따라 사회적 가치를 고려한 경제활동을 하게 된다. 그 결과, 이른바 '지속 가능'하며 '사회적 가치'가 높은 '착한' 성과를 달성한다. 그리고 놀랍게도 '착한 성과'를 추구하는 과정에서 어느 누구도 자신의 의사에 반하여 사회적 가치의 구현에 대한 특단의 '사명감'을 요구받지 않는다. 이들은 그저 이익만을 추구했기 때문이다.

혹자는 전략적 CSRstrategic CSR 또는 CSVCreating Shared Value[6]를 적용하면 ESG와 마찬가지로 사회적 가치와 이윤 동기를 일치시킬 수 있다고 주장하기도 한다. 그러나 결론적으로 말하면, 전략적 CSR 또는 CSV에서도 전통적인 CSR과 마찬가지로 '사명감'이 필요하다. 전략적 CSR이나 CSV를 통해 이윤을 창출하려는 기업은 더 많은 돈을 벌 수 있는 다른 선택지를 착한 일로 돈을 벌겠다는 '사명감' 때문에 포기하여야 하기 때문이다. 더구나, 전략적 CSR 또는 CSV가 가능한 경우는 일부의 업종에 국한되어 대부분의 기업이 채택하기 어렵다는 현실적인 문제도 있다. 예를 들면, 반도체 제조사에게 전략적 CSR은 상당히 채택하기 어려운 전략 옵션이 될 것이다. 물론, 전략적 CSR의 관점들은 개별 기업이 ESG 경영을 추진함에 있어 좋은 가이드가 될 수는 있을 것이다.

단순하게 생각하면, CSR도 결국은 기업의 사회적 '책임'이자, 의무이다. 따라서 인센티브 구조가 결여되어 있음을 뜻한다. ESG와 달리 투자자가 개입하지 않으므로, 전략적 CSR이든 통상의 CSR이든 간에 경영자는 사회적 가치를 높이기 위해 더 많은 이윤을 창출할 수 있는 기회의 유혹을 이겨낼 수 있는 사명감을 요구받는다는 면에서 양자는 큰 차이가 있다. 즉, CSR과 ESG는 전혀 다르다.

6 CSV에 대해서는 [참고 2.1]을 참조

참고 2.1 | **마이클 포터 교수의 CSV(공유가치창조)**

이윤 창출과 사회적 가치의 증진이 조화되기 어렵다는 문제는 오랫동안 많은 기업들의 딜레마였다. 이 난제를 해결하기 위해 '전략적 CSRStrategic CSR', '창조적 자본주의Creative Capitalism', 'CSR 3.0', '인클루시브 비즈니스Inclusive Business', '사회적 혁신Social Innovation' 등 다양한 개념이 화두로 떠올랐다. 그리고 '공유가치창조Creating Shared Value, 이하 'CSV'' 역시 기존 CSR의 한계를 극복하기 위해 나타났던 경영 패러다임 중의 하나이다.

CSV는 2007년 하버드 경영대학원Harvard Business School의 경영전문지인 『하버드 비즈니스 리뷰Harvard Business Review』에서 발표된 「Strategy and Society: The Link between Competitive Advantage and Corporate Social Responsibility전략과 사회: 경쟁 우위와 기업의 사회적 책임 간의 연결 고리」에서 처음 소개되었다(Porter & Kramer, 2007).

이후, 하버드 경영대학원의 전략 및 경쟁력 연구소장the head of the Institute for Strategy and Competitiveness이자 경쟁 전략의 선구자인 마이클 포터Michael Porter 교수와 하버드 대학의 케네디 스쿨Kennedy School of Government의 비즈니스와 정부를 위한 CSR 이니셔티브의 선임 연구원이자 하버드 경영대학원의 객원 교수인 마크 크레이머Mark Kramer는 자신들이 처음으로 주창했던 CSV의 개념을 후속 논문인 「Creating Shared Value: Redefining Capitalism and the Role of the Corporation in Society공유가치창조: 자본주의와 사회에서의 기업의 역할 재정의」에서 더욱 발전시킨다(Porter, 2011). 'CSV'라는 이름은 이 논문의 제목에서 유래하였다.

해당 논문의 핵심은 이제부터의 기업은 사회 공헌 활동으로서의 CSR이 아닌, 기업의 장기적 성장을 위한 새로운 활동을 필요로 한다는 것이며, 마이클 포터는 해당 활동을 '공유가치창조CSV'로 명명하였다. 보다 구체적으로 말하자면, 기업은 아래의 세 가지 방법으로 기업가치를 창출할 수 있다(Porter, 2011).

- 제품 및 시장 재인식reconceiving products and markets – 사회적 필요는 신상품 개발과 신시장 창조의 기회가 될 수 있음
- 가치사슬의 생산성 재정의redifining productivity in the value chain – 기업은 가치사슬을 통해 투입과 산출의 성과를 개선하면서, 동시에 자연 자원을 관리하고, 경제와 사회의 발전을 촉진

- 로컬 클러스터 개발 촉진enabling local cluster development – 건전한 지역 클러스터는 기업의 생산성을 증진시키며, 지역 클러스터 개발을 통해 기업의 성공과 지역사회의 성공의 연계를 강화한다.

그리고 이러한 마이클 포터의 이론은 앞서 살펴본바, 네슬레 등과의 협업을 통해 실제 비즈니스에 적용되었다.

그러나 CSR 분야에 정통한 학자들은 CSV가 기존 CSR의 이론과 동일한 기초 위에 있으며 CSV가 주장하는 전략적 개념이라는 것들 역시 본질적으로 이미 오래전에 알려진 '전략적 CSR'과 대동소이大同小異하다고 주장한다. 특히 이들은 마이클 포터 등이 CSR을 전략적 인식도 없이 기업 평판을 개선하기 위한 미봉책만을 펼치는 활동으로 폄하하고 선행 연구들을 의도적으로 언급하지 않았다고 비난한다. 따라서 이들 학자들은 CSV는 단지 전략론의 대가로 유명한 마이클 포터의 유명세를 이용한 과장 광고의 결과물이며, 이론의 가치나 독창성에 비해서는 부당하게 높은 평가를 받고 있다고 비판한다.

거버넌스(G)의 존재

ESG라는 개념과 단어가 공식적으로 공표된 것은 2004년 6월 코피 아난이 유엔 글로벌 콤팩트와 함께 『Who Cares Wins — Connecting Financial Markets to a Changing World』라는 이름의 보고서를 발표할 때이다. 본 보고서의 부제인 'Connecting Financial Markets to a Changing World자본시장을 변화하는 세계에 연결하기'에서도 알 수 있듯이 ESG는 애초에 연기금, 국부펀드, 자산운용사 등의 투자자들의 주도적 역할을 상정하여 만들어진 개념이다. 해당 부제에서 ESG는 투자자와 변화하는 세계를 연결하는 연결 고리의 역할을 담당하게 된다는 것을 암시하고 있는데, ESG가 이러한 역할을 담당할 수 있게 된 것은 거버넌스G라는 부속품을 ESG의 설계에 도입하였기 때문이다.

앞서 ESG는 ES+G로 이해하여야 한다고 언급했다. 구체적으로는, 환경E과 사회S의 문제를 해결하거나, 환경E과 사회S 영역의 성과를 내기 위한 수단이 거버넌스G라고 설명하였다. 거버넌스G는 기업의 내부이다. 그리고 기업의 내부를 좌우할 수 있는 것은 기업의 주인과 주인을 대리하는 경영자이다. 결국, ESG의 기본 시스템은 투자자가 거버넌스G를 활용하여 환경E과 사회S의 문제를 해결하는 설계이다. 만약, 환경E과 사회S의 문제를 해결함에 있어서 투자자의 개입을 상정하지 않았다면 코피 아난은 ESG가 아닌 ES를 만들어 발표하였을 것이다.

이를 다른 각도에서 보면, 거버넌스G의 존재로 인하여 투자자 이외의 정부 등 여타 이해관계자나 기업 자신은 ESG 프로세스를 주도할 수 없다는 해석도 가능하다. 우선, 정부는 기업을 규제하거나 처벌할 수 있을 뿐 계획경제를 실시하지 않는 한 경영 의사결정에는 개입하지 못한다. 그리고 여타 이해관계자라 하면 거래선, 직원, 고객 등을 대표적으로 떠올릴 수 있는데, 결국 이들은 기업의 입장에서는 기업 외부의 제3자들이다. 거버넌스의 통제 대상이 기업의 내부임을 고려하면, 제3자는 기업에게 직접적으로 영향력을 미칠 수 없다. 그리고 기업 자신이 거버넌스G를 직접 활용한다는 개념은 논리적으로 성립하기 어렵다. 이는 결국 CSR이고, CSR에서는 '착한' 활동의 인센티브 구조가 취약하다는 것을 우리는 이미 알고 있다.

반면, 투자자는 기업의 주인이다. 따라서 이들은 해당 기업의 내부 업무 프로세스에 직접 개입함에 있어 논리적인 문제는 전혀 없다. 이들은 경영자를 교체하고 해당 기업에 대한 참여engagement를 주도하는 방식으로 일상적인 경영 의사결정에 깊게 간여할 수 있다.

우리는 앞서 ESG가 대표적으로 적용되는 대상은 주식회사라고 하였다. ESG의 창조자가 ESG를 주주와 경영자로 구성된 주인-대리인principal-agent 구조에 기반하여 설계했기 때문이다. 따라서 ESG의 추진 주체가 주주가 아닌 정부나 기업 자체 또는 여타 이해관계자가 되면, ESG의 기본 구조는 형해화形骸化되어 버린다는 것을 다시금 강조하고자 한다. 이는 정부가 ESG를 이유로 종종 기업의 경영 활동에 직접 개입하려 하기 때문이다. 정부와 기업, 또는 정부와 경영자 사이의 직접적인 커뮤니케이션은 ESG의 수단이 아니다.

한편 거버넌스G를 통해 투자자의 입지가 부각되면 현실적으로 유리한 면이 있다. ESG를 통해 지속가능경제의 영역에 투자 자산을 집중하려는 의도를 투자자가 보다 강력하게 관철할 수 있는 것이다. 이는 ESG의 목표로 크게 부각되지는 않고 있다. 그러나 분명히 PRI는 ESG를 통해 지속가능경제의 영역에 집중 투자하겠다는 의도를 공식적으로 밝히고 있으므로 ESG가 추구하는 목표로서 인식될 수 있다.

PRI는 SDGs가 투자자와 연관되는 다섯 가지 측면이 있다고 말하고 있는데, 이 중에서 SDGs에 대한 자산의 배분 및 집중 투입을 언급하는 내용은 다음과 같다(PRI Association, 2021c).

거시적 기회: SDGs는 세계경제 성장을 주도할 것이다.

SDGs의 달성은 세계경제 성장의 핵심 동력이 될 것이며, 장기 투자자들은 이를 금융 수익의 궁극적인 구조적 원천으로 인식할 것이다. 장기적으로 경제 성장은 매출과 이익 성장의 원동력이며, 이는 다시 주식과 여타 금융자산으로부터의 수익을 증가시킨다.

SDGs는 우리 환경을 훼손하거나 사회에 불공정한 부담을 지우지 않고 경제 성장이 달성되는 미래를 위한 실행 가능한 모델을 만드는 것을 목표로 한다. 환경 및 정부와의 관계를 수용함으로써 비즈니스 성공을 보고 판단할 수 있는 새로운 전략적 관점을 도출한다.

미시적 기회: 자본 할당 지침으로서의 SDGs

보다 지속 가능한 비즈니스 관행, 제품 및 서비스로 전환하고 있는 기업들은 새로운 투자 기회를 제공한다. 지속가능성 과제에 대해 솔루션을 제공하여 매력적인 투자 기회를 찾을 수 있다면, 투자자들은 SDGs 테마와 섹터를 명시적으로 공략하는 투자전략을 펼칠 수 있다. 기회는 대부분의 자산 형태에서 찾을 수 있는데, 상장 회사, 사모펀드, 벤처 캐피털의 청정 기술 주식, 저탄소 인프라, 녹색 채권, 녹색 부동산, 지속가능 임업과 농업이 그 예이다.

즉, PRI는 SDGs가 새로운 경제 성장의 원동력이 될 것을 기대하고 있다고 말하고 있으며, 보다 지속 가능한 비즈니스 관행, 제품 및 서비스로 전환하는 기업들이 새로운 투자 기회를 제공하고 있으니, 해당 영역에 대한 명시적인 투자전략을 채택하도록 투자자들에게 권하고 있다. 더불어, SDGs는 자본 할당의 지침a capital allocation guide이 된다고 언급하면서, 자본 할당의 대상 영역의 예시로 '저탄소 인프라, 녹색 채권, 녹색 부동산, 지속가능 임업과 농업'을 들고 있는데, 이는 그린 비즈니스와 제4차 산업혁명의 기술 영역에 대한 투자자들의 주의를 환기시키는 것이다.

이처럼 코피 아난 등은 ESG의 중요한 목적으로서 투자자들이 가용 자원을 SDGs 등 지속가능경제에 '할당allocation'하도록 의도하였음을 숨기지 않고 있다. 따라서 ESG에 있어서 투자자의 존재는 핵심 중의 핵심이라고 볼 수 있다.

역사적 정황

여기서 역사라 함은 코피 아난 전 유엔 사무총장을 비롯한 ESG의 창조자들의 ESG 창조와 관련된 과거 행적과 당시 정황을 의미한다. 따라서 이 '역사'를 읽어내면, ESG의 창조자들이 ESG를 투자자가 이끌어가도록 설계하려는 애초의 의도를 확인할 수 있다. 역사적 정황에 따른 근거는 '제3장 ESG의 역사'에서 상술한다.

2 이익과 사회적 가치의 조화

ESG를 기업의 '착한' 자선사업 정도로 보는 잘못된 인식으로 인해 최근까지도 사회 일각에서 ESG를 이유로 기업에게 '이익을 포기'할 것을 종용하는 일이 있었지만, 결론부터 말하자면, ESG는 그 탄생 시점부터 지금까지도 금전적인 이익의 포기와는 전혀 무관한 개념이다. 특히 고객의 자금을 운용하는 투자자가 납득할 만한 사유 없이 기업에게 '이익의 포기'를 종용한다면, 이는 ESG가 대세가 된 오늘날에도 수탁자 의무 위반이며 용납될 수 없는 행태이다.

오히려 ESG를 처음으로 도입할 당시에, 코피 아난이 가장 고심했던 난제는 재무적인 이익을 최우선적으로 고려해야 하는 투자자가 수탁자 의무를 위반하지 않고 사회적 가치를 반영한 ESG 이슈들을 함께 고려할 방안을 찾아 내는 것이었다. 물론 PRI가 수탁자 의무와 관련하여 "ESG 이슈를 통합하지 않는 투자자는 수탁자 의무를 이행하지 않는 것이며, 소송의 대상이 될 우려가 점점 더 높아진다."[7]고 명쾌하게 선언하는 현재의 상황을 고려하면(PRI Association, 2020a), 격세지감隔世之感이 느껴지지만, 앞서 보았듯이 오늘날에 있어서도 중단기적으로는 이익과 사회적 가치는 일종의 상충관계가 발생하는 것이 사실이다. 따라서 투자의사결정에 있어서, 재무적 이익 이외에 사회적 가치를 함께 고려하는 것은 수탁자 의무를 위반할 소지가 높다고 보는 입장이 ESG 도입 이전 투자업계 주류의 견해였다.

ESG 투자의 수익률

그러나 ESG 투자와 관련된 법적인 문제 이전에 가장 먼저 해결되어야 했던 문제는 ESG 투자의 수익률이었다. 수익률이 낮은 투자방식을 기관

7 "Investors that fail to incorporate ESG issues are failing their fiduciary duties and are increasingly likely to be subject to legal challenge."

투자자들이 채택할 리는 만무했다. 그러나 문제는 '착한' 투자는 수익률이 낮다는 시장의 선입견이었다. '착한' 투자의 선구 격인 SRI는 이미 언급한 대로 사회적 가치를 이익보다 중시하며, 이념을 위해서라면 시장 평균 수익률을 하회하는 투자성과를 용인했다. 게다가 네거티브 스크리닝negative screening이나 매각divestment이 재무적 기준이 아니라 이념을 기반으로 이루어지므로 시장 벤치마크에 비해 평균 수익률이 실제로 낮았던 것이 사실이었다. 이리하여 '착한' 투자의 낮은 성과에 대한 고정관념이 오랜 기간 확고히 자리 잡았다.

따라서 SRI와 마찬가지로 흔히 '착한' 투자로 알려진 ESG 투자에 대해서도 기관투자자들이 선뜻 나서지 못했던 것은 그리 놀라운 일은 아니다. SRI와 같이 ESG 투자도 수익률이 낮을 것으로 여겨졌기 때문이다. 또한 법적으로도 기관투자자가 ESG 투자방식을 적용하는 것이 허용되지 않을 가능성이 높았다. 수탁자 의무 때문이다. 기관투자자가 투자수익이 낮을 것으로 예상되는 투자 방법을 채택한 것만으로도 수탁자 의무를 위반할 소지가 있었기 때문이다. 따라서 기관투자자가 굳이 ESG 투자를 통해 자산을 위탁한 고객에게 재무적 손실을 야기하고, 자신의 입지까지 위태롭게 할 이유는 전혀 없었다.

따라서 이러한 상황을 타개하기 위해 코피 아난이 착수한 최초의 과제는 ESG 투자가 실제로 투자 시장에서 전통적인 투자기법과 최소한 대등한 수익을 거둘 수 있다는 것을 증명하는 것이었다. 그리고 2003년 UNEP FI는 전 세계 12개 자산운용사[8]로 구성된 AMWGasset management working

8 AMWG의 12개 회원사들은 캐나다의 Acuity Investment Management, 프랑스의 BNP Paribas Asset Management, 미국의 Calvert Group Ltd., 미국의 Citigroup Asset Management, 프랑스의 Groupama Asseet Management, 영국의 Morley Fund Management, 일본의 日興 Asset Management, 남아공의 Old Mutual Asset Managers, 이탈리아의 San Paolo IMI Asset Management, 노르웨이의 Storebrand Investments, 브라질의 ABN AMRO Asset Management, 및 유럽의 HSBC Asset Management이다.

group에게 ESG 관점을 결합한 투자방식과 투자성과 간의 관계성에 대한 연구를 의뢰하였다. 그 결과물이 바로 UNEP FI가 2004년 6월에 발표한 『The Materiality of Social, Environmental, and Corporate Governance Issues to Equity Pricing사회, 환경, 기업지배구조의 과제가 지분 평가에 미치는 중요성』이다. 해당 보고서의 결론은 다음과 같다.

> - 환경, 사회 및 기업지배구조 이슈가 장기적인 주주가치에 영향을 미친다는 사실에 대한 합의를 이루었다. 어떤 경우에는 그 영향이 심대할 수 있다.
>
> (…중략…)
>
> 이러한 결과는 해당 이슈의 효과적인 관리가 주주가치 증대에 기여할 것이라는 논지에 대한 강력하고도 독립적인 근거를 제공한다. 따라서 우리는 기본적 재무분석과 그에 따른 투자의사결정에 있어 해당 이슈들이 고려되어야 한다고 생각한다(UNEP FI, 2004).

말하자면, 환경, 사회 및 기업지배구조 이슈를 고려한 투자는 장기적으로 주주가치를 제고할 수 있다는 결론이다.

이렇게 재무성과에 있어서 ESG 투자의 경쟁력이 확인되자, 코피 아난은 ESG 투자를 제도권에 안착시키기 위한 다음 수순으로 돌입한다. ESG 투자의 법적인 기반을 구축하는 것이다. 이는 'ESG 투자는 수탁자 의무의 위반이 아니다'라는 법적 해석론을 확보하려는 시도였다.

수탁자 의무라는 딜레마

PRI는 수탁자 의무fiduciary duty를 보통법Common Law[9]에서 유래한 개

9 PRI에 따르면, 전 세계의 법 체계를 Common Law와 Civil Law로 분류하는데, 이는 국내에서 영미법과 대륙법으로 지칭되는 것과 각각 대응된다. PRI에 따르면 전 세계 약 150여 개국이 대륙법계이며, 80여 개국이 영미법계라고 한다. 호주, 캐나다, 남아프리카 공화국, 영국, 미국 등이 대표적인 영미법계 국가이며, 이들의 경우에는 법원의 판결을 통해 새로운 규제가 생성된다. 반면, 브라질, 중국, EU, 일본 등이 대표적인 대륙법계 국가인데, 이들의 경우에는 새로운 규제를 만들기 위해서는 의회 등에서 법률의 제정이 이루어져야 한다.

념이며, 개별 계약상의 제약이나 별도의 규제를 제외하면 투자의사결정자의 '신중함'을 규율하는 핵심 프레임워크라고 설명한다(PRI & UNEP FI, 2019b). 말하자면, 이는 타인의 금전을 관리하는 자가 자신의 이익이 아니라 수익자 또는 투자자의 이익을 위하여 책임감 있게 행동할 것을 요구하는 의무이다.

수탁자 의무는 우리나라의 「자본시장과 금융투자업에 관한 법률(약칭 '자본시장법')」에서 규정하는 '선량한 관리자의 주의의무(약칭 '선관의무')' 또는 '충실의무' 등과 유사한 개념으로 이해될 수 있다. PRI에 따르면 독일, 일본 등의 대륙법계[10]에서는 영미법계의 수탁자 의무에 해당하는 의무를 법률로서 규율하며, 세부 사항에 대해 국가별로 차별점이 있지만, 대부분의 법률들은 다음의 내용을 공통적으로 포함한다(PRI & UNEP FI, 2019b).

- 수혜자의 이익을 위해 양심적으로 행동해야 할 의무
  (이 의무는 '선량한 관리자(일본)' 또는 '전문적으로(독일)'와 같이 국가에 따라 다양한 용어로 표현됨)
- 수익성을 추구해야 하는 의무
- 명시적 또는 묵시적으로, 포트폴리오 기반의 투자 형태를 적용할 의무
- 유동성 및 특정 범주의 펀드에 있어 선택 가능한 자산의 유형에 대한 제한과 관련된 기타 의무

이에 반하여, 영미법계 국가에서는 법원의 판결을 중심으로 수탁자 의무가 발전해 왔으며, 구체적인 개별 사건에 있어 새로운 사실과 정황이 밝혀지면 수탁자 의무의 재해석을 통해 이에 대응하였다. 예를 들면, ESG 요소를 투자 프로세스에 고려하기 위해 수탁자 의무를 해석하는 새로운 이론들이 발전해왔다(PRI & UNEP FI, 2019b).

수탁자 의무에 있어 ESG와 관련된 논란의 요체는 투자의사결정에 ESG

10 우리나라 역시 대륙법계에 속한다.

또는 비재무적인 요소를 개입시키는 것이 수익자의 이익에 합치하는 것인가에 대한 해석론이다. 특히 이는 수익자의 '이익'의 본질에 대한 근원적인 질문으로 이어진다. 그 이유는 중단기적으로는 금전적 이익과 비재무적 요소 간의 상충 관계가 발생하기 때문이다. 따라서 전통적인 관점에서는 수익자의 이익은 재무적인 이익에 국한되며, 영국과 미국의 규제당국은 고객의 투자금을 비재무적인 목적으로 활용하는 것에 대한 반감이 높았다. 그러나 SRI의 기원이 미국 청교도 시대까지 올라갈 정도로 역사가 오랜 만큼 전통적인 견해에 대한 반론 역시 오랜 역사를 가지고 있다.

영미법의 수탁자 의무

수탁자 의무에 대한 영미법의 견해는 연기금에 대한 규제법과 그 해석론에서 확인할 수 있다. 미국의 연기금은 많은 경우에 「Employee Retirement Income Security Act of 1974근로자퇴직소득보장법, 이하 'ERISA'」의 규율을 받고, 주 단위의 연기금과 뮤추얼 펀드는 주 법률state laws의 규율을 받는다. 그리고 이들 법률들은 각각 연기금과 관련된 수탁자 의무에 대해서 별도의 규정을 가지고 있다.

ERISA는 위탁 자산의 관리자는 수탁자 의무를 부담한다고 밝히면서, 해당 의무의 이행을 위해, 수탁자는 (1) 연금 가입자와 수익자의 이익만을 위해서, 그리고 이익의 제공만을 목적으로 자산을 운용하여야 하며, (2) 대규모 손실의 위험을 최소화하기 위해 신중하게 행동하여야 하고, (3) 이해 상충을 피하여야 할 것을 명시한다(the Department of Labor, 2021).

한편, 미국의 뮤추얼 펀드는 미국 델라웨어Delaware주의 법률에 근거하여 설립되는 경우가 많은데, 동 법률의 수탁자 의무 역시 ERISA의 그것과 동일한 내용을 포함하며, 더불어 수탁자는 예외적인 경우를 제외하면, 모든 수익자에 대하여 공정하고 합리적으로 펀드를 운영할 것을 요구하고 있다(Delaware Uniform Principal and Income Act §61-103(b)).[11]

위에서 나타난 연기금 및 펀드의 수탁자에 대하여 요구되는 의무들은 통상 충성 의무the duty of loyalty, 불편부당성 의무the duty of impartiality 및 주의 의무the duty of care로 구성된다(Hill, 2020).

첫째로, 충성 의무는 수탁자가 수익자만의 최선의 이익을 위해서 행동할 것을 요구한다. 따라서 자기 거래 및 이해 상충은 이 의무의 위반이 된다. 한편 여기서도 앞서 언급한 수익자 이익의 실체가 문제가 되는데, 만약 해당 이익이 재무적 이익만을 의미한다면 논란의 여지는 전혀 없다. 그러나 여기에 ESG 이슈나 심지어는 수익자의 신념까지 개입되면서 논란이 발생한다. 따라서 이러한 논란을 해결하기 위해 '이익' 또는 '충성 의무에 따른' 행동의 의미에 대한 유권해석이 요구되었다.

다음으로, 불편부당성 의무는 하나의 수익자를 다른 수익자보다 우위에 두지 않는 것이다. 이 역시 수익 배분에 있어서는 해결이 쉬우며, ESG 이슈와 관련해서도 연기금의 수익자들이 모두 같은 목표를 가진다면 논란의 소지는 거의 없을 것이다. 그러나 특정 펀드의 수익자 간 성향이나 이해의 다양성이 있다면 불편부당성의 논란이 발생한다. 예를 들면, 우리나라의 전 국민이 의무 가입하는 국민연금의 경우, 가입자의 성향이 다양하므로 주주권 행사나 경영 참여 시 불편부당성 의무를 위반할 소지가 높다.

마지막으로, 주의 의무를 다하는 투자는 주의 깊은 의사결정에 기반한

11 (b) In exercising the power to adjust under §61-104(a) of this title or a discretionary power of administration regarding a matter within the scope of this chapter, whether granted by the terms of a trust, a will, or this chapter, a fiduciary shall administer a trust or estate impartially, based on what is fair and reasonable to all of the beneficiaries, except to the extent that the terms of the trust or the will clearly manifest an intention that the fiduciary shall or may favor 1 or more of the beneficiaries. A determination in accordance with this chapter is presumed to be fair and reasonable to all of the beneficiaries.

신중한prudent 투자를 의미한다. 전통적으로 영미법에서는 '신중한' 수탁자는 "the 'Prudent Man' rule신중한 사람의 원칙"의 규율을 받는다. 이는 수탁자가 '신중한 사람prudent man'으로서 타인의 이익을 관리할 것을 요구하는 원칙이다. 말하자면, 이는 통상의 신중함과 지적 능력을 가진 사람이 자신의 사무나 투자를 처리할 때 사용하는 기능과 주의를 가지고 수탁자가 타인의 사무를 관리하거나 타인의 돈을 투자할 것을 요구하는 것이다. 물론 이 원칙이 시작되었던 1800년대 매사추세츠Massachusetts주에서, 신중한 수탁자는 수익과 원금의 안정성을 고려하여 공격적 투자와 보수적 투자의 선택만 고민하면 되었다(Hill, 2020).

영미법은 앞서 언급했듯이 새로운 사실과 정황에 대하여 새로운 해석론으로 적응하는데, 1952년 경제학자 해리 마코위츠Harry Markowitz가 현대 포트폴리오 이론Modern Portfolio Theory을 소개하면서 새로운 해석론을 전개할 필요가 발생한다. 현대 포트폴리오 이론은 수익은 극대화하면서 위험은 최소화하는 포트폴리오를 구성하는 과정을 설명하는 이론인데, 그 요체는 자산의 분산 및 다변화diversification가 동일 수준의 수익에 있어 더 낮은 위험 또는 동일 위험 수준에 있어 더 높은 기대 수익을 가져오는 우월한 투자성과를 가져올 수 있다는 것이다.

현대 포트폴리오 이론의 등장으로 20세기의 투자 이론과 실무는 중대한 변화를 겪는다. 그리고 이는 '신중한prudent' 수탁자에 대한 법적인 해석론에도 변화를 초래하게 된다. 특히 이러한 해석론의 변화는 새로운 신탁투자법규인 「The Uniform Prudent Investor Act of 1994」에 큰 영향을 미친다. 동 법률에서 수용한 '신중한 사람의 원칙the Prudent Man rule'의 변화된 해석론의 골자는 다음과 같다(National Conference of Commissioners on Uniform State Laws, 1994).

- 개별 투자의 신중성을 결정할 때 신탁계정의 전체 투자 포트폴리오를 고려한다. The Uniform Prudent Investor Act의 기준에 따르면, 수탁자는 취득 당시의 투자가 회계의 전반적인 포트폴리오 목적과 일관되는 한, 개별 투자 손실에 대해 책임을 지지 않을 것이다.
- 리스크와 수익에 대한 고려와 그 상충trade-off 관계는 수탁자의 핵심 고려 사항으로 인식된다.
- 신중한 수탁자 투자의 의무로서 분산diversification이 명시적으로 요구된다.
- 어떤 범주나 투자 유형도 본질적으로 경솔imprudent하다고 여겨지지 않는다. 대신, 신탁계정의 목적과 수익자의 요구에 대한 적합성이 결정 요인으로 인식된다. 결과적으로, 파생상품, 선물 및 여타 투자 수단들은 그 자체로 경솔imprudent한 것으로 간주되지 않는다. 그러나 수탁자가 전반적인 포트폴리오 관리에 있어 더 큰 유연성을 발휘할 수 있도록 허용되고 심지어 장려됨에도 불구하고, 투기와 명백한 위험 부담이 규칙에 의해 승인되는 것은 아니며, 그들은 여전히 비판과 가능한 책임의 대상으로 남아 있다.
- 수탁자는 투자 관리 및 기타 기능을 제3자에게 위임할 수 있다.

요약하면, 신중한 수탁자는 타인 자산을 관리함에 있어서 투자 포트폴리오를 구성하여 투자하여야 하며, 신중함의 판단은 투자 포트폴리오 전체의 수익 여부에 따라 평가되므로 전체 포트폴리오가 신중하게 운용되어 기대했던 재무성과를 달성하면 개별 투자의 손실은 신중함의 결여로 판단되지 않는다는 것이다. 이는 다른 각도로 보면, 개별적으로는 수탁자 의무의 위반이 될 수 있었던 위험한 투자 수단이 투자 포트폴리오의 일부로 편입되면 수탁자 의무에 합치된다고 평가될 수 있는 새로운 상황이 전개되는 것이다. 예를 들면, 원자재나 부동산 투자가 그 자체로는 위험하고 신중하지 못한 투자일 수 있지만, 투자 포트폴리오의 일부로서는 중요하고 신중한 투자 대상이 될 수 있다는 것이다.

따라서 ESG의 관점에서 보면, 본 법률이 비록 명시적으로 ESG 요소를 고려하지는 않았지만, 이전까지 신중함이 결여되었다고 평가되던 ESG 투자 수단도 투자 포트폴리오의 일부로서 고려할 수 있는 가능성을 확인하였다는 면에서 새로운 돌파구를 발견했다고 할 수 있다. 말하자면, 개별적으로는 수익성이 의문시되는 ESG 투자 수단조차도 투자 포트폴리오 전체의 리스크를 낮추는 데 기여한다면 투자 포트폴리오의 구성을 위해 활용할 수 있을 것이며, 심지어는 ESG 투자에 따른 손실이 발생하여도 신중한 수탁자의 입지를 유지할 수 있는 이론적 근거가 생겼다는 것이다.

이후, 지속가능 투자의 확산으로 ESG 요소들에 대한 인식이 높아지면서, 시장에서는 장기적인 관점에서 투자 포트폴리오의 위험을 낮추는 ESG 관점의 투자 수단에 대한 수용도가 높아진다. 그리고 비록 ESG 투자를 명확히 허용하는 해석론은 여전히 부재한 상황이었지만, 일각에서는 위험은 낮추고 수익의 손해는 거의 없는 ESG 관점의 투자 포트폴리오의 구성 방안을 모색하기 시작한다.

한편, 대서양의 건너편에서도 수탁자 의무에 대한 새로운 움직임이 서서히 나타났는데, 영국의 법률위원회the Law Commission[12]는 2014년 7월 『Fiduciary Duties of Investment Intermediaries투자중개인의 수탁자 의무』라는 이름의 보고서를 발표했다(The Law Commission, 2014).

동 보고서는 수탁자 의무의 해석론에 대한 혼란이 있음을 밝히면서, 연구 프로젝트의 주요 배경으로 수탁자 의무가 단기 수익 극대화에 집중되고, 기업 실적에 영향을 주는 장기적 요소를 고려하지 못하는 상황에 대한 이해관계자들의 우려를 들고 있다. 그리고 수탁자 등 투자 관계자들이 겪는 불확실성과 오해를 해소하기 위해 수탁자 의무의 법적 개념을 검토할 것을 법률위원회에 요청하였음을 밝혔다(The Law Commission, 2014). 말하자

12 법률위원회는 법규 개혁을 목적으로 「The Law Commission Act of 1965」에 의해 설립된 독립적 행정 기구인데, 설립 목적은 법 제도의 개혁을 위해 잉글랜드와 웨일스의 법제도를 상시 검토하여 그 결과를 의회에 보고 및 권고하는 것이다.

면, 영국법제하에서 수탁자 의무가 투자 시 ESG 요소를 고려할 수 있을지를 확인하는 것이 연구 프로젝트의 핵심 과제였던 것이다. 그리고 해당 보고서의 결론은 다음과 같다.

> 본 보고서는 투자성과에 대하여 재무적으로 중요한financially important 요소들을 고려해야 한다고 결론 내린다. 윤리적 또는 환경, 사회 또는 거버넌스ESG 이슈가 재무적으로 중요한 경우, 해당요소들을 고려해야 한다(The Law Commission, 2014).
>
> 그러나 재무적인 수익률 추구는 수탁자의 최우선적 관심사가 되어야 하지만, 영국법은 충분히 유연하여 투자에 있어서 (재무적 성과 이외에) 다른 부수적인 이슈들을 고려하는 것을 허용할 수 있다. 우리는 수탁자가 비재무적 요소에 입각하여 투자의사결정을 하는 것을 영국법이 아래의 조건으로 허용하고 있다고 결론 내린다.
>
> - 펀드의 계약자들이 동일한 관심사를 공유한다고 수탁자들이 인식할 만한 충분한 이유가 있으며,
> - 펀드에 심각한 재무적 손실의 위험이 없다(The Law Commission, 2014).

이 결론에 따르면, 수탁자 의무의 최우선 목표는 여전히 수익률의 극대화이므로, 수탁자들은 재무적 요인에 입각하여 투자의사결정을 하여야 한다. 그러나 예외적으로 ESG나 비재무적 요소가 장기적인 관점에서 재무적으로 중요한financially material 영향을 미치거나, 또는 ESG나 비재무적 요인에 따라 투자의사를 결정해도 투자수익에 손실을 초래하지 않는다면, 제한적으로 ESG나 비재무적 요소를 고려하여 투자할 수도 있다는 것이다.

결국 동 보고서는 오늘날의 관점에서 보면, ESG나 비재무적 요소를 고려하는 투자방식에 대하여 과도하게 보수적인 입장을 견지했다고 볼 수 있을지 모르겠다. 그러나 ESG 투자의 역사적인 발전 단계를 고려한다면 해당 결론은 영국법이 ESG 또는 비재무적 요소를 투자 실무에 수용하는 시작점이 되었다는 측면에서 그 의의가 적지 않다고 하겠다.

영국에서 수탁자 의무와 관련한 해석론이 나타나고 1년 뒤인 2015년, 미국에서도 ERISA와 관련하여 노동부가 수탁자 의무에 대한 지침을 공표했는데, 그 내용 역시 영국 법률위원회의 결론과 대동소이大同小異하다.

따라서 ERISA는 수탁자가 의무를 이행하는 과정에서 수익자 등의 경제적 이익을 관련 없는 목표(비재무적 목표)에 종속시킬 수 없다는 명확한 규칙을 확립한다(the Department of Labor, 2015).

노동부는 보험계약자가 비슷한 위험과 수익률을 가진 투자 중 하나를 선택함에 있어 부수적인 효익을 고려할 수 있다고 언급하였지만, 부수적인 효익을 확보하기 위해 기대수익 감소나 더 큰 위험을 기꺼이 감수하려는 수탁자는 ERISA를 위반하는 것이라고 일관되게 주장하였다. 따라서 모든 투자건은 반드시 다른 투자기회를 포기하는 원인이 되기 때문에, 상응하는 위험도를 가진 투자 대안보다 낮은 기대수익률을 제공하거나 상응하는 수익률을 가진 투자 대안보다 더 위험하다면, 해당 투자는 신중하지 못한 것이다(the Department of Labor, 2015).

수탁자 의무와 관련해서는 ESG 요소나 여타 비재무적 요소를 고려하는 것은 가능하나, 다만 그 때문에 경제적 이익을 희생하는 것은 허용되지 않는다는 결론이다.

그러나 이와 동시에, 노동부는 적절한 기간 동안 수익과 리스크에 있어서 동등한 투자 대안을 선택할 때 수탁자는 그러한 부수적인 목표를 투자 선택 시 '타이 브레이커tie-breaker, 최종 승자를 결정짓는 요소'로서 고려할 수 있다는 것을 일관되게 인식하였다(the Department of Labor, 2015).

ESG 요소를 재무적으로 동등한 투자 대안들 사이의 타이 브레이커tie-breaker로 활용할 수는 있다고 언급한다.

2008년 10월 17일, 노동부는 Interpretive Bulletin 94-1을 29 CFR 2509.08-01에서 Interpretive Bulletin 2008-01로 대체하였다. IB 2008-01은 IB 94-1에 규정된 기본적인 법 원칙을 변경하지 않을 것이라고 명시하였다. 그 선언된 내

용은 투자 대상 선정에서 수탁자가 부수적인 비경제적 요소를 고려하는 행위는 거의 일어나지 않아야 하며, 그를 고려하는 경우 ERISA의 엄격한 수탁 표준fiduciary standard을 준수하는 방법으로 문서화되어야 한다는 것을 명확히 하는 것이었다(the Department of Labor, 2015).

ESG 요소 등의 비재무적 요소를 고려하는 것은 매우 제한적으로만 이루어져야 한다는 입장이다.

노동부는 지난 7년 동안 IB 2008-01이 수탁자들에게 ESG 요소를 고려하는 것을 지나치게 억제했다고 보고 있다. 특히, 노동부는 2008년 가이던스로 인해 투자자의 환경, 사회 및 거버넌스 요소를 고려하는 투자전략을, 이들이 투자의 경제적 효익을 평가하고 재무적으로 우월한 투자 대상을 파악하는 경우에도, 활용하지 못하도록 하였고, (…중략…). 일부 수탁자는 2008년 가이던스가 ESG 요소를 고려함에 있어서 수탁자에 대한 보다 높지만 불분명한 법적 기준을 설정했다고 생각한다(the Department of Labor, 2015).

위의 언급은 2015년 당시, 투자의사결정에 있어서 ESG 요소의 수용 여부에 대해 규제당국은 여전히 혼란을 겪고 있었다는 것을 단적으로 보여준다.

그러나 2018년에 미국 노동부는 ESG와 관련해서 ERISA에 대한 견해를 「Field Assistance Bulletin No. 2018-01」에서 피력하면서, 2015년에 밝힌 노동부의 견해가 여전히 유효함을 확인했다. 그리고 ESG에 대한 기존의 보수적인 견해를 다음과 같이 재차 강조하였다.

수탁자는 의사결정 시 문제의 특정 투자 선택에 너무 적극적으로 ESG 요소를 경제적으로 관련된 요소로 취급하지 말아야 한다. 해당 투자가 ESG 요소를 촉진한다거나 긍정적인 시장 트렌드, 산업 성장을 분명히 촉진한다는 사실로부터 해당 투자가 연금투자자나 여타 투자자들에게 신중한 선택이라는 결론이 도출되지는 않는다. ERISA 수탁자는 은퇴 수익을 제공함에 있어 연금플랜의 경제적 이익을 항상 우선시해야만 한다(the Department of Labor, 2018).

즉, 수탁자는 ESG 요소를 제한적으로만 고려해야 하며, 수탁자의 가장 중요한 의무는 여전히 재무적 성과에 있음을 밝힌 것인데, 이러한 노동부의 일관된 견해에 대해서는 ESG의 입지를 과도하게 약화시킨 것이 아닌가 하는 비판이 주된 흐름이다. 그러나 일각에서는 수익자의 경제적 이익이 우선되고, 부수적인 사회적 목표의 촉진이 해당 투자의 지상과제가 아니라는 조건에서는 이 가이던스가 ESG 투자와 모순되는 것은 아니라고 판단하였다(Hill, 2020). 후자의 입장은 말하자면, 해당 가이던스를 통해 ESG 투자가 미국 내에서 그 나름의 합법적 입지를 확보했다는 견해이다.

PRI의 수탁자 의무

이처럼 영미법은 ESG 요소가 재무 수익에 부정적인 영향을 미치지 않는 상황에서만 해당 요소를 수탁자 의무에 지극히 제한적이고 점진적으로 수용해 왔던 상황이었다. 그러나 앞서 확인한바, 2004년 6월 UNEP FI가 주도했던 연구 결과[13]를 통해 ESG가 장기적으로 주주가치를 증대할 수 있고, 기본적 재무분석과 그에 따른 투자의사결정에 있어 ESG 요소들이 고려되어야 한다는 결론이 도출되면서, ESG 요소를 앞서 본 바의 제한적이고 소극적인 방식이 아닌, 보다 전면적이고 적극적인 형태로 각국의 법 체계에 수용하기 위한 다양한 노력이 전개된다. 이러한 노력에 대해서는 이후 코피 아난과 PRI가 추진한 일련의 연구 활동과 그 결과물들을 통해 확인할 수 있다.

PRI는 수탁자 의무에 대한 법적 해석론의 변화를 일종의 세대generation 개념으로 파악하는데, 이른바 지속가능 투자의 제1세대the first generation

13 UNEP FI가 AMWG에게 연구를 의뢰하여 산출한 『The Materiality of Social, Environmental, and Corporate Governance Issues to Equity Pricing(사회, 환경, 기업지배구조의 과제가 주주평가에 미치는 중요성)』이라는 제명의 연구보고서를 말한다.

의 상황에 대해서는 다음과 같이 언급한다.

> 2005년 『프레시필즈 보고서Freshfields Report』[14]에서 가장 잘 설명한 대로, 2000년대 들어 투자자들은 투자의사결정에서 ESG 이슈의 중요성을 이해하기 시작했고, 투자자들은 재무적으로 중요한 ESG 문제를 수탁자 의무의 일부로 통합할 수 있었다. 『프레시필즈 보고서』는 PRI의 출범에 기여했다(PRI & UNEP FI, 2019a).

제1세대는 『프레시필즈 보고서』와 『Fiduciary II』라는 두 개의 보고서로 대표되는, 수탁자 의무가 ESG를 수용하기 시작하는 시기이다. PRI 창립 전인 2005년, 코피 아난과 UNEP FI는 'ESG 투자가 수탁자 의무를 위반하는지' 여부에 대한 법적 분석을 영국에 본사를 둔 법무법인인 프레시필즈 브룩하우스 데린저Freshfields Bruckhaus Deringer LLP, 이하 '프레시필즈'에 의뢰하였다. 이에 프레시필즈는 EU, 호주, 캐나다, 프랑스, 독일, 이탈리아, 일본, 스페인, 영국, 미국 등의 다양한 관할권 내에서 ESG에 입각한 투자 판단의 수탁자 의무 위반 여부를 판단하는 법적 분석을 수행하였는데, 그 결과물이 바로 『A legal framework for the integration of environmental, social and governance issues into institutional investment기관 투자에 대한 ESG 사안의 통합을 위한 법적 프레임워크, 이하 '프레시필즈 보고서'』라는 보고서이다.

동 보고서는 의뢰받은 질문의 내용에 대해서 다음과 같이 밝힌다.

> 첫째, 사적 연기금에 관해서, 둘째 보험회사 자산과 뮤추얼 펀드에 관해서, ESG 이슈를 투자 정책(자산 배분, 포트폴리오 구성, 그리고 주식 또는 채권 선택을 포함)에 접목하는 것이 적극적으로 허용되거나, 법적으로 요구받거나, 법과 규제에 의하여 제약받는가(Freshfields Bruckhaus Deringer, 2005)?

14 『A legal framework for the integration of environmental, social and governance issues into institutional investment(기관 투자에 대한 ESG 사안의 통합을 위한 법적 프레임워크)』라는 제명의 보고서를 뜻한다. 일명 '프레시필즈 보고서(Freshfields Report)'라고 약칭된다.

그리고 당시 여러 관할권에서 수탁자 의무와 관련하여 ESG 이슈에 대한 저항이 나타나는 현상을 다음과 같이 보고한다.

> ESG 이슈가 증권의 재무적 성과에 중요한 영향을 가지고, ESG 관련 리스크의 평가의 중요성에 대한 인식이 높아진다는 증거가 늘어남에도 불구하고, 투자의사결정에서 ESG 이슈를 더 많이 고려하려는 사람들은 자금을 소유한 기관과 그들의 대리인들이 그러한 이슈를 고려하는 것이 금지되어 있다는 믿음에 근거한 저항에 종종 직면한다(Freshfields Bruckhaus Deringer, 2005).

그들은 미국의 상황에 대해 아래와 같이 판단하면서 ESG 이슈의 통합이 수탁자 의무와 일관된다는 전향적인 결론을 내리고, 여타 관할권에 대해서도 ESG 통합의 가능성에 대한 근거들을 제시한다.

> (…전략), 신중한 투자 계획의 맥락에서 ESG 고려 사항이 평가되는 한 ESG 고려 사항이 투자의사결정 프로세스의 일부를 구성할 수 있다는(ESG 고려 사항이 가치, 리스크 및 수익 추정에 영향을 미치는 경우에는 투자의사결정 프로세스의 일부를 구성해야 한다는) 데 의견이 일치하고 있는 것으로 보인다. 몇몇 주법은 더 전향적인 입장을 취한다. (…중략…)
>
> 일상적인 기금 관리 프로세스에 대한 ESG 고려 사항의 통합을 금지할 근거는 없어 보인다. 사실 이것은 (…중략…) 현대 포트폴리오 이론의 수용과 다양한 투자전략의 활용에 대해 수탁자에게 부여된 재량권에 기반하여 나타난 돌이킬 수 없는 결과이다. (…중략…), 판례와 해석론은 미국 법원이 투자 결정의 과제들을 평가하는 데 거의 확실히 현대 포트폴리오 접근법을 적용할 것임을 나타낸다. (…중략…), 현대의 신중한 투자자 규칙은 순수한 이익 극대화 이상의 것을 의미하는 것으로 보인다.
>
> 투자의사결정에 대한 ESG 이슈의 통합이 수탁자의 주의 및 충성 의무와 일관된다는 것을 제시하는 추가적인 증거는 행정부와 연방법원의 지침으로 분류될 수 있는데, 이들 모두 수탁자가 ESG 이슈를 고려할 것을 의무화하거나 권장한다(Freshfields Bruckhaus Deringer, 2005).

최종적으로, 동 보고서는 ESG 고려가 재무성과에 미치는 영향에 대한 인식이 높아지고 있으며, 이러한 정황에 따라 ESG 고려는 수탁자 의무의 관점에서 허용되며 요구된다고 결론 내린다.

> 전통적인 투자분석은 재무성과 측면의 가치에 초점을 맞춘다. 위에서 살펴본 바와 같이, ESG 요인과 재무성과 간의 연관성에 대한 인식이 높아지고 있다. 그러한 정황에 근거하여 보다 신뢰성 있는 예측을 위해 ESG 고려 사항을 투자분석에 통합하는 것은 명백하게 허용되며 모든 관할권에서 요구된다.
>
> 또한 ESG 고려 사항은 수익자 간의 합의(명시적 또는 특정 상황에서는 묵시적)로 특정 투자전략을 요구하는 상황에서 투자 결정과 통합되어야 하며, 의사결정자가 복수의 가치 중립적인 대안들 중에서 선택해야 하는 상황에서 투자 결정에 통합될 수 있다(Freshfields Bruckhaus Deringer, 2005).

2009년에는 프레시필즈 보고서를 잇는 『Fiduciary II』로 알려진 두 번째 연구보고서[15]가 나온다. 이 보고서는 전문가와 펀드 매니저가 ESG 이슈를 고려하지 않으면 소송을 당할 수도 있다는 보다 적극적인 관점을 취한다(UNEP FI, 2009).

- 수탁자는 책임 있는 투자전략responsible investment strategies의 채용을 보다 적극적으로 고려할 의무를 가진다.
- 수탁자는 ESG 이슈를 투자와 소유 프로세스에서 고려하는 것은 책임 있는 투자responsible investment의 한 부분이며, 장기적인 투자에 대한 리스크를 관리하고 기회를 평가하는 데 필요하다는 것을 인식해야 한다.
- 수탁자는 ESG와 그들이 취하는 시스템 리스크의 중요성, 그리고 지속 가능하지 않은 발전의 심각하고 장기적인 비용과 그들 투자 포트폴리오의 장기적 가치에 대한 결과적인 영향을 깨닫게 될 것이다.
- 수탁자는 ESG 이슈를 재무분석에 통합하는 건전한 투자전략을 개발하고, 보다 책임 있고 지속 가능한 비즈니스 실무를 독려하기 위해 기업활동에

15 동 보고서의 공식 명칭은 'Fiduciary responsibility – Legal and practical aspects of integrating environmental, social and governance issues into institutional investment'이다.

참여engage 하도록 자산관리자에게 점증적으로 압력을 가해야 한다.

- 글로벌 자본시장의 정책수립자 역시 기관투자자에 대한 자문인이 자문을 통해 ESG 이슈를 적극적으로 제기해야 할 의무를 가지고 있으며, 책임 있는 투자 옵션이 기본 옵션이 되어야 한다는 점을 명확히 인식해야 한다. 더욱이 정책수립자는 프로세스에 ESG 이슈의 성과에 대한 기업들의 투명성과 정보공개는 물론, ESG 이슈의 접목에 대한 기관투자자와 그 대리인의 투명성과 정보공개를 실현하는 신중한 규제 프레임워크prudential regulatory frameworks를 확고히 해야 한다.
- 마지막으로 민간 기관civil society institutions은 자산시장이 지속 가능하며, 스스로가 지속 가능한 주주권을 제공함에 있어 큰 역할을 담당한다는 인식을 확립해야 한다.

이처럼 수탁자 의무에 있어 ESG에게 확고한 입지를 부여하는 법적 해석론이 확보되었다. 그러나 PRI는 적극적인 해석론에도 불구하고, ESG에 대한 수용도에 있어 국가 간 격차가 발생하여 ESG의 전 세계적 확산이 늦어지는 상황을 우려하였다. 이러한 관점에서 PRI는 2015년부터 시작되는 시기를 이른바 지속가능 투자의 제2세대the second generation로 인식한다. PRI가 바라보는 제2세대의 상황과 활동 성과는 다음과 같다.

> 인식의 증가에도 불구하고, 기후변화 같은 ESG 이슈와 연관되는, 지속가능성에 관련된 위험과 기회를 고려하지 않는 자본시장에서는 실행 측면의 격차가 남아 있다. 2015년에는 『Fiduciary Duty in the 21st Century21세기의 수탁자 의무』 보고서가 ESG 통합이 허용될 뿐만 아니라 필수적이라는 것을 명확히 했다. 동 보고서의 발간 후, 브라질, 프랑스, EU, 온타리오, 남아프리카 공화국 및 영국의 금융규제당국은 법률에 ESG의 요건을 명시하거나 명시할 것을 선언했다(PRI & UNEP FI, 2019a).

제2세대의 대표적인 연구성과는 2015년과 2019년에 각각 발표한 두 개의 『Fiduciary Duty in the 21st Century21세기의 수탁자 의무』 보고서이다.

수탁자 의무의 ESG 통합 여부에 관해서는 2015년에 발표한 『Fiduciary

Duty in the 21st Century21세기의 수탁자 의무』에서 이미 "ESG 문제를 포함한 모든 장기 투자 가치 동인을 고려하지 않는 것은 수탁자 의무의 불이행"이라고 결론을 내렸다. 그러나 동 보고서는, 이러한 결론에도 불구하고, 주요 국가별 관할권역에서 수탁자 의무와 관련된 법적인 이슈가 여전히 논란이 되어 2015년 당시에도 많은 투자자들이 ESG 이슈를 투자의사결정 및 실무에 통합하지 못하고 있다고 판단하였다.

따라서 PRI는 위와 같은 법적인 논란을 일거에 해소하기 위해, 2016년부터 2019년까지 4년간에 걸쳐 진행되는 'Fiduciary Duty in the 21st Century Programme21세기 수탁자 의무 프로그램'이라는 이름의 프로젝트를 수행하였고(PRI Association, 2020a), 이를 통해 다양한 성과를 올렸는데, 그 주요 내용은 아래와 같다(PRI & UNEP FI, 2019b).

- 22개국 124개 서명기관이 서명한 투자자 책임 및 의무에 대한 글로벌 성명서를 공표
- 11개 국가(호주, 브라질, 캐나다, 중국, 프랑스, 독일, 아일랜드, 일본, 남아프리카 공화국, 영국, 미국)에 걸쳐 ESG 문제를 투자 프로세스 및 관행에 완전히 통합하는데 필요한 정책 변경 로드맵을 발표 및 해당 로드맵의 실행 착수
- 수탁자 의무, 보다 넓게는, 투자자 의무에 대한 연구를 중국, 홍콩 특별행정구, 인도, 한국, 말레이시아, 싱가포르의 6개 아시아 시장으로 확대

즉, 2019에 완결된 본 프로젝트의 목표는 세계 주요국의 국내 관할권 내에서 ESG 투자의 법적 근거를 마련하도록 요구하는 것이었으며, 그 성과는 우리나라에서도 국민연금의 스튜어드십 코드stewardship codes 도입, 한국거래소의 'ESG 정보 공개 가이던스' 제정 등으로 나타나고 있다.

한편, 2019년판 『Fiduciary Duty in the 21st Century21세기의 수탁자 의무』에서는 다음의 사항을 수탁자 의무로 규정하고 있다(PRI & UNEP FI, 2019b).

- ESG 이슈를 투자자의 투자 시간지평에 일관되게 투자분석 및 의사결정 프로세스에 통합할 것
- 피투자기업 등에 높은 수준의 ESG 성과를 요구할 것
- 수익자와 저축자들의 지속가능성과 관련된 선호가 재무적으로 중요한지 여부와 상관없이, 해당 선호를 이해하고 통합할 것
- 금융 시스템의 안정성과 복원력을 지지할 것
- 이상의 수탁자 의무를 수행한 결과에 대해 보고할 것

참고 2.2 | **PRI가 말하는 현대적인 수탁자 의무**

타인의 돈을 관리하는 자가 자신의 이익을 위하는 것이 아니라 수익자의 이익을 위해 행동하도록 담보하기 위해 수탁자 의무(또는 이와 같은 의무)가 존재한다. 이 의무들 중 가장 중요한 것은 다음과 같다.

- 충성심loyalty: 수탁자는 다음의 행위를 하여야 한다.
  - 정직하고 성실하게 수혜자 또는 고객의 이익을 위해 행동할 것
  - 수익자 및/또는 고객의 지속가능성 선호가 재정적으로 중요한지 여부와 관계없이, 이들 선호를 이해하고 의사결정에 통합할 것
  - 수혜자와 고객 간의 상충되는 이해관계를 공평하게 균형 잡을 것
  - 이해 상충을 방지할 것
  - 자신이나 제3자의 이익을 위해 행동하지 않을 것

- 신중함prudence: 수탁자는 '보통의 신중한 사람'처럼 충분한 주의, 기능 및 성실성을 가지고 행동해야 한다. 여기에는 다음의 행동이 포함된다.
  - 재무적으로 중요한 ESG 요소를 적절한 시간지평에 일관되게 투자의사결정에 통합할 것
  - 피투자기업 등에 높은 수준의 ESG 성과를 독려하는 능동적인 소유주가 될 것
  - 금융 시스템의 안정성과 복원력을 지지할 것

수탁자들은 고객 및/또는 수익자에게 (지속가능성의) 선호가 투자전략에 통합되는 방법과 그에 따른 잠재적인 위험과 효익을 포함한 자신들의 투자 접근법을 공시하여야 한다.

더불어, 수탁자 의무의 충성과 신중함의 측면이 ESG 이슈의 통합을 요구하는 이유에 대해 아래의 세 가지 주된 이유를 들고 있다(PRI & UNEP FI, 2019b).

1. ESG 통합은 투자활동의 표준이다.
2. ESG 이슈는 재무적으로 중요하다.
3. 정책과 규제 프레임워크가 ESG 통합을 요구하도록 변화하고 있다.

그리고 PRI는 최종적으로 이른바 수탁자 의무의 현대적 정의를 [참고 2.2]와 같이 제시하고 있다.

그리고 ESG 이슈가 투자자의 의무와 책임의 요건인지 여부를 둘러싼 개념적인 논의는 이제 끝났다고 결론 내리고 있다(PRI & UNEP FI, 2019b).

21세기의 수탁자 의무

앞서 보았듯이, 이익과 사회적 가치는 단기적 및 미시적으로는 서로 충돌하는 것이 현실이며, 이는 ESG 투자를 비롯한 모든 지속 가능한 투자활동의 난점이었다. 그러나 장기적으로는 재무적 이익과 사회적 가치는 양립하며, 오히려 사회적 가치가 훼손되면 결국 재무적 이익도 훼손된다는 견해가 오늘날 ESG의 입장이다. 그리고 이러한 관점에서 보면, 결국 수탁자 의무를 다하기 위해서는 ESG 요소를 고려해야 한다는 결론이 도출된다.

한편, 이러한 결론에 도달함에 있어서 영미법의 유연한 해석론의 역할에 주목할 필요가 있다. 실상 지속 가능한 투자에 있어서, 수탁자 의무의 뿌리가 영미법에서 비롯된 것이기도 하지만, 이익과 사회적 가치의 상충을 해결하기 위해 수탁자 의무의 개념을 법적인 해석론을 통해 한 단계, 한 단계씩 점진적으로 확장해 왔던 과정은 향후에도 새로운 영역으로 확산될 가능성이 높은 ESG의 전도를 예측함에 있어 놓칠 수 없는 관전 포인트라고 할 수 있겠다.

결론적으로, 수탁자 의무에 대한 현재의 PRI의 관점은 다음과 같다.

> ESG 이슈를 통합하지 않는 투자자는 수탁자 의무를 이행하지 않은 것이며, 소송의 대상이 될 우려가 점점 더 높아진다(PRI Association, 2020a).[16]

3 이해관계자 자본주의

미국 바이든 행정부의 등장과 함께 이해관계자 자본주의에 대한 관심이 뜨겁다. 2020년 12월 15일 자 미국의 비즈니스 매거진 『Fast Company패스트 컴퍼니』의 인터넷 기사의 제목은 "당신이 진실로 이해관계자 자본주의를 믿는다면, 지금이 그것을 실현시킬 기회이다."[17]이었다. 한편, 2020년 8월 17일 자 『월스트리트저널The Wall Street Journal』에 게재된 사설의 제목은 "바이든의 '주주 자본주의' 공격"[18]이었으며, 부제는 "그것은 퇴직자들을 희생시킬 것이고, '이해관계자들'에게도 피해를 줄 것이다."[19]였다.

최근 ESG 개념의 확산에 따라, 이해관계자 자본주의와 주주 자본주의의 관계를 마치 선악의 대결처럼 단순하게 이해하는 관점이 등장하고 있다. 그러나 이해관계자 자본주의에 대한 견해와 평가들은 여전히 엇갈리고 있으며, 여기에는 그 나름의 이유가 있다. 현 상황을 이해하기 위해 일단 이해관계자 자본주의의 개념부터 살펴보자.

16 Investors that fail to incorporate ESG issues are failing their fiduciary duties and are increasingly likely to be subject to legal challenge.

17 본 기사의 원제명은 "CEOs: If you really believe in stakeholder capitalism, now is your chance to make it real."이다.

18 본 기사의 원제명은 "Biden's Assault on 'Shareholder Capitalism'"이다.

19 원문은 "It would come at the expense of retirees and would hurt 'stakeholders' too."이다.

이해관계자 자본주의의 개념

우선 경영과 경제 용어의 개념을 인터넷상에서 가장 쉽게 확인할 수 있는 자료원인 '인베스토피디아investopedia.com'에 따르면, 이해관계자 자본주의란 아래의 개념을 가진다.

> 이해관계자 자본주의는 기업이 모든 이해관계자의 이익을 위해 봉사하는 것을 지향하는 시스템이다. 주요 이해관계자에는 고객, 공급자, 직원, 주주 및 지역사회가 포함된다. 이 시스템하에서, 기업의 목적은 장기적인 가치를 창출하는 것이며, 다른 이해관계자를 희생하여 이익을 극대화하고 주주가치를 늘리는 것은 아니다(Investopedia, 2020).

더불어, 인베스토피디아는 다음과 같이 말한다.

> 이해관계자 자본주의의 지지자들은 주주뿐만이 아니라 모든 이해관계자들의 이익을 추구하는 것이 모든 기업의 장기적인 성공과 건전성 확보에 필수적이라고 믿는다. 특히 그들은 이해관계자 자본주의가 윤리적인 선택일 뿐 아니라 현명한 사업적 결정이라고 인식한다(Investopedia, 2020).

한편, 제4차 산업혁명은 물론, ESG에도 그 나름의 지분을 가지고 있는 세계경제포럼의 클라우스 슈밥은 이해관계자 자본주의를 다음과 같이 정의한다.

> 기업이 주주들을 위해 단기 이익을 최적화할 뿐 아니라, 모든 이해관계자 및 사회 전반의 요구를 고려해 장기적인 가치 창출을 추구하는 자본주의의 한 형태이다(Schwab, 2021).

이해관계자에 대한 두 가지 정의를 비교해 보면, 다소간 차이를 발견할 수 있다. 인베스토피디아는 이해관계자 각각을 모두 언급하고 각 이해관계자의 개별적인 이익을 증진한다는 의미를 강조하고 있다. 반면, 슈밥은

'모든 이해관계자 및 사회 전반의 요구'라는 표현을 사용하여 이해관계자의 장기 이익을 고려할 때 모든 이해당사자와 사회 전반의 요구를 하나의 묶음으로 고려한다는 입장이다. 따라서 슈밥이 언급하는 이해관계자 자본주의에서는 사회 전반의 필요에 따라 개별 이해관계자의 이익을 조정하거나 제약할 수 있다는 의미도 함께 내포되어 있음을 간과하지 말아야 할 것이다.

현재, 슈밥과 세계경제포럼은 ESG와 제4차 산업혁명에 있어서 실질적인 (또는 실질적인 듯한 외관을 가지는) 영향력을 행사하는 주체이므로 슈밥과 세계경제포럼이 이해관계자 자본주의를 바라보는 견해에 입각하여 ESG와 이해관계자 자본주의를 해석하는 것이 타당할 것이다.

그렇다면 사회 전체의 이익을 구성하는 개별적인 이해관계자는 각각 누구인가? 슈밥은 이해관계자 자본주의를 정의함에 있어서, 마치 '이해관계자'의 의미가 자명하다고 보는 듯하지만, ESG의 관점에서 이해관계자를 고려하기 위해서는 이해관계자들의 면면과 그 특징을 명확히 할 필요가 있다.

비즈니스 라운드테이블The Business Roundtable, 약칭 'BRT'[20]이 2019년에 발표하여 이해관계자 자본주의에 대한 미국 경영자들의 헌신을 선언한 것으로 유명한 「기업의 목적에 대한 선언문Statement on the Purpose of a Corporation, 이하 '2019 BRT 선언문'」에서는 미국 주요 기업의 CEO들이 보는 이해관계자의 목록을 확인할 수 있다(Business Roundtable, 2019). 동 선언문의 원문을 확인하면, 이들 CEO들은 미국 기업의 이해관계자들을 순서대로, our customers, our employees, our suppliers, the communities in which we

20 비즈니스 라운드테이블(The Business Roundtable)은 비즈니스와 관련된 공공정책에 동참하고 영향을 미치기 위해 결성된 미국 굴지 기업 CEO의 연합체이자 비영리단체이다. 현재 주요 회원은 아마존, 애플, 제너럴 모터스 등 미국 주요 기업의 CEO이다.

work, 그리고 shareholders라고 표현했다. 즉, 미국의 경영자들은 고객, 직원, 공급 기업, 자신의 기업들이 활동하는 지역사회 및 주주들을 자신들의 기업과 관련된 이해관계자로 보고 있는 것이다.

그러면, 기업의 이해관계자는 이들이 전부일까? ES+G라는 관점을 적용하면, 이해관계자들은 크게 다음과 같이 셋으로 분류된다.

(i) 기업과 사적 계약관계로 연계된 기업 외부의 주체
(ii) 기업과 공적 관계로 맺어진 기업 외부의 주체
(iii) 기업 내부의 주체

다시 BRT 선언문의 원문으로 돌아가보자. 우선, 고객, 직원 및 공급 기업은 기업과 계약관계로 연결되어 있는 주체들이다. 즉, 이들은 기업과 계약을 맺어, 서로 의무를 부과하고 권리를 주장하는 관계가 구축된다. 고객과는 판매 계약을, 직원과는 고용 계약을, 공급자와는 공급 계약을 체결한다. 그리고 이런 관점에 입각하면, 이해관계자의 범위는 2019 BRT 선언문에서 언급한 대상보다 더 넓어진다. 즉, 융자계약을 체결하는 채권자 내지는 주거래은행도 이해관계자이며, 납품 계약을 통해 판매를 의뢰하는 유통망도 이해관계자의 범주에 추가된다.

반면, 계약에 근거하지 않는 관계도 있다. 대표적으로 2019 BRT 선언문에서 이해관계자로 언급한 지역사회와 주주는 기업과 계약을 맺지 않는다. 지역사회의 경우는 계약 대신 납세 의무나 규제 등으로 기업과 연결된다. 또한 기업은 지역사회의 일원으로서 지역 커뮤니티 활동에 참여한다. 그리고 이런 관점에서는 비록 2019 BRT 선언문에서 언급되지는 않지만, 주권 국가 역시 지역사회와 마찬가지로 납세 의무와 규제 등으로 기업과 관계를 맺는다. 한편, 지역사회를 대폭 확대하면 지구촌 전체도 이해관계자가 될 수 있지만, 이는 일반 기업에게는 현실성 없는 이해관계자가 되므

로 일단 고려하지 않는다.

2019 BRT 선언문은 기업의 출자자이자 주인인 주주를 이해관계자로 언급하고 있는데, 주주는 기업의 내부자이므로 기업의 외부에 존재하는 여타 이해관계자와는 성격이 다르다. 한편 실제로 기업의 내부에서 경영을 직접 수행하는 자는 주주가 아니라 주주의 대리인인 경영자이다. 따라서 비록 기업과 계약관계로 맺어져 있지만, 경영자 역시도 기업의 내부자이자 중요한 이해관계자가 된다. 그리고 주주와 경영자, 그리고 주주가 경영자를 감시하기 위해 세운 기관들인 이사회와 감사 등이 이른바 기업의 거버넌스corporate governance, G를 구성한다.

말하자면, ESG는 어떤 의미에서는 기업의 관점에서 본 이해관계자들의 목록이 될 수 있다. 앞서 살핀 대로 ES+G의 관점을 적용하면 E와 S는 기업의 외부가 되며, G는 기업의 내부가 된다. 그리고 주주를 이해관계자 목록의 가장 나중에 언급한 2019 BRT 선언문과 마찬가지로, ESG에서도 ES를 G에 앞서 언급하면서 기업 외부의 이해관계자를 기업 내부보다 우선한다는 입장을 암시하고 있다. 따라서 ESG가 '이해관계자 자본주의'의 개념을 근간으로 한다는 주장은 타당하다.

그러나 이미 언급했지만, 만약, ESG가 단순히 환경E과 사회S를 위해 '착한' 일을 하자는 개념에 국한되었다면, ESG가 아니라 그저 ES만으로도 충분하였을 것이다. 그러나 ES에 G가 연결되면서, 앞서 말한 유니버설 오너를 포함한 기관투자자가 자본주의의 총아인 주식회사의 내부 역학관계에 개입하겠다는 의도가 명백해진다. 말하자면, ESG는 지속 가능한 세계를 만들기 위하여 투자자 측이 기업의 내부G를 관리 및 통제해야 한다는 개념이 있다는 것이다.

이해관계자 자본주의의 배경 및 자본주의의 유형

이해관계자 자본주의에 대한 이하의 논의를 보다 객관적으로 진행하기 위해 이해관계자 자본주의의 역사와 배경에 대해서는 슈밥의 목소리를 그대로 인용하도록 하겠다. 슈밥은 세계경제포럼의 블로그에서 이해관계자 자본주의의 역사를 다음과 같이 언급한다.

> 이해관계자의 개념은 오래전으로 거슬러 올라간다. 50년 이상이다. (…중략…) 1950년대와 1960년대에는, 어떤 기업과 그 최고경영자가 단순한 주주만이 아니라 기업의 성공에 있어 어떤 '이해관계자'로서 모든 사람을 고려하는 것은 당연한 일이었다.
>
> 그것이 이해관계자 자본주의의 요체이다. 그것은 기업이 주주들을 위해 단기 이익을 최적화할 뿐 아니라, 모든 이해관계자 및 사회 전반의 요구를 고려해 장기적인 가치 창출을 추구하는 자본주의의 한 형태이다.
>
> 이러한 접근 방식은 전후 수십 년 동안 서구 사회에서 흔히 볼 수 있었는데, 그 당시 한 개인이나 단체는 전체 지역사회와 경제가 제대로 기능해야만 잘해 나갈 수 있다는 것이 분명해졌다. 기업과 그들이 속한 지역사회 사이에는 강한 연계가 있었다. 예를 들어, 내가 태어난 독일에서는 그러한 연계가 이사회에 대한 직원들의 참여를 이끌었고, 오늘날에도 계속되는 전통이다. 그리고 자원 공급, 생산 및 판매가 대부분 자기 마을 또는 최소한 해당 지역에서 이루어지면서, 공급 업체 및 고객과의 연계도 존재했다.
>
> 이는 지역 기업이 주변 환경의 일부라는 강한 인식을 심어주었고, 이를 통해 기업과 정부, 학교, 보건 조직 등의 지역 기관 사이에 상호 존중감이 증진되었다. (… 중략…)
>
> 이후 스웨덴, 덴마크, 핀란드, 네덜란드, 벨기에, 독일 등 북유럽과 서유럽의 사회민주주의 국가에서 이해관계자 개념이 가장 두드러지게 채택되었다.
>
> 그것은 무엇보다도 회사 경영진, 직원, 정부를 포함한 노사정 협상으로 이어졌다. 그리고 공교육, 건강 관리, 사회보장을 지원하기 위해 기업과 직원이 공평하게 세금을 출연하는 형태의 복지국가 형성에 기여했다.
>
> 이 시스템은 수십 년이 흐르면서 자리 잡았고, 위에서 언급한 국가들에서 다양한 형태로 계속 이어지고 있다.

그러나 기업의 조직 원칙으로서, 이해관계자 개념은 시카고 대학University of Chicago의 경제학자 밀턴 프리드먼Milton Friedman의 '주주 우선주의' 개념과 정면으로 충돌하였다. 그 주장은 다음과 같다. "기업이 할 일은 사업이다the business of business is business." (또는 문자 그대로 옮기면, "기업의 사회적 책임은 이윤을 창출하는 것이다(the social responsibility of company is to make profits).") 그리고 이해관계자 접근법은 결국 패배하였다.

기업들이 세계화하면서 지역사회와 국가 정부와의 유대관계가 약화되고, 대신 경쟁적인 글로벌 시장에서 주주들의 단기 이익 극대화에 주력하면서 서구 전역에서 주주 자본주의가 표준이 되었다.

동시에 노조, 정부 및 여타 시민사회 이해관계자들이 상당한 힘과 영향력을 상실하고, 더 나아가 이해관계자 모델이 번창할 수 있는 환경이 약화되었다. 이는 이해관계자 개념을 거버넌스 원칙으로 고수하던 나라들에서도, 기업들, 특히 제3차와 제4차 산업혁명에 성공한 기업들이 강해지면서 여타 이해관계자들은 약해졌다는 뜻이다(Schwab, 2021).

일단, 위에서 언급된 바대로, 이해관계자 자본주의의 역사와 그 등장 배경 및 그 부침에 대한 슈밥의 설명은 전반적으로 타당하다.

다만, 위의 설명 중에서 이해관계자 자본주의의 몰락의 책임을 전적으로 이미 사망한 밀튼 프리드먼에게 떠넘기는 대목은 매우 부당하다. 왜냐하면 이해관계자 자본주의의 본격적인 몰락은 레이거노믹스Reaganomics와 대처리즘Thatcherism으로 대표되는 신자유주의의 시작에 따른 것이며, 신자유주의[21]와 같이 국가가 투자자본의 글로벌화를 암암리에 정치적으로 지원하는 형태에 대해서 밀튼 프리드먼은 상당한 반감을 가지고 있었기 때문이다. 물론, 신자유주의의 태동기에 밀튼 프리드먼은 이미 학자로서의 전성기를 지난 상황이기도 하였다.

또한, 슈밥은 기업들이 글로벌화하면서 지역과의 유대가 약화되고 경쟁적인 글로벌 시장에서 생존하기 위해 주주 자본주의로 기울게 되었다고

21 신자유주의는 이론상으로는 국가 개입을 반대하였으나 실상은 정부와의 커넥션이 강하였다.

설명하지만, 실상은 기업들이 글로벌화하기 이전에 미국과 영국의 국내에서는 노조의 파업을 성공적으로 진압하고 산업자본의 금융화를 완성하여 주주 자본주의의 기틀을 확립한 이후에 글로벌 시장으로 진출하여 전 세계를 종횡무진 주유周遊하였다는 것이 올바른 순서이다.

말하자면, 영국과 미국의 기업들은 글로벌화하기 이전에 이미 이해관계자 자본주의를 먼저 버렸고, 그 이후에 주주 이익 극대화를 위해서 글로벌 시장에 나아가 극단의 생산효율성을 추구하며 전 세계의 환경과 노동력을 활용하였다는 사실은 깊이 언급하지 않고 있다는 것이다. 특히 2019년 이해관계자 자본주의에 대한 헌신을 선언했던 것으로 유명한 미국의 주요 경영자들의 모임인 '비즈니스 라운드테이블'이 1997년 이래 끊임없이 주주 우선주의 원칙에 대한 지지를 선언했던 것을 기억하면, 당시의 앵글로·색슨 자본주의가 이해관계자 자본주의에 미친 괴멸적인 영향력을 슈밥이 너무나 간과하고 있다는 생각이 들 수밖에 없다. 참고로, 1997년은 IMF가 우리나라에 이른바 '글로벌 스탠더드'의 도입을 요구하던, 바로 그 시기이다.

그리고 이해관계자 자본주의의 역사에 대한 슈밥의 설명 중에서 특기할 만한 점은 독일을 비롯한 유럽 각국에 이미 이해관계자 자본주의가 존재하고 있었다는 것을 인정한 것이다. 제2차 세계대전 이후 오늘날까지의 이른바 현대적인 개념의 자본주의는, 통속적인 분류법을 따르면 앵글로·색슨 자본주의Anglo-saxon capitalism, 라인 자본주의Rhein Kapitalismus, 노르딕형 자본주의Nordic capitalism, 그리고 이른바 개발독재형 자본주의로 구분된다(김형기, 2006). 여기에 중국의 자본주의를 중국식 국가 자본주의로 인식하는 견해도 있다. 또한 독일, 프랑스 등의 선진 자본주의를 대륙식 자본주의라고 부르면서 생산성이 낮은 남유럽의 자본주의와 차별화하여 유럽 자본주의를 세분화하기도 한다. 앵글로·색슨 자본주의 역시 시대에 따라 다른 흐름을 나타내기도 한다.

이처럼 자본주의는 시대와 지역에 따라 다양한 특성을 보이며 발전해 왔는데, 특히 주주 자본주의와 이해관계자 자본주의라는 관점에서 보면, 일부 유형은 주주 자본주의적 특성이 강한 반면, 일부 유형은 이해관계자의 주도권이 강한 자본주의로 볼 수 있으며, 이해관계자의 영향력이 높은 경우에도 '그 이해관계자가 누구인가'에 따라 또 다른 세부 분류가 가능하다.

그리고 이렇게 다양한 자본주의 중에서 가장 대표적으로 비교되는 자본주의가 앵글로·색슨 자본주의와 앞서 슈밥이 언급한 유럽식 자본주의이다. 여기서 유럽식 자본주의라 함은 통상 앵글로·색슨 자본주의의 대척점에 있는 자본주의 모델을 의미하며, 흔히 '라인 자본주의'로 지칭된다. 프랑스의 경제학자인 미셸 알베르Michel Albert에 따르면, 라인 자본주의로 분류되는 자본주의는 라인강 연안, 스위스, 네덜란드, 스칸디나비아, 그리고 멀리는 일본의 자본주의까지도 포함한다고 한다(하성식, 2019).

라인 자본주의는 영미권에서는 '사회적 시장경제the social market economy'라고 불리기도 하는데(Claridge, 2017), 말하자면 시장경제 기반의 자본주의 시스템을 복지국가 등 사회적 정책과 융합한 자본주의 모델이라는 것이다. 말하자면, 순수한 시장경제가 아닌 정부가 개입하여 시장기능을 조정한 자본주의 경제라는 개념이다. 사실 서구의 모든 국가에서 중앙은행과 재무당국의 시장개입이 일상화되어 있는 오늘날의 자본주의에서는 정부의 시장개입이 특별할 것이 없지만, 정부의 시장개입이 반자본주의적이라고 주장하던 신자유주의[22]의 관점에서는 라인 자본주의는 상당히 이질적인 개념이라는 것이다.

---

22 시장개입에 대한 반대는 신자유주의적 이념에 불과하였고, 실제로는 신자유주의의 극성기에 있어서 전 세계 선진국의 신자유주의 정부들조차도 금융과 실물시장개입은 비일비재하였다.

라인 자본주의의 특성으로는 노사공동결정제도 등 독일 특유의 노사 간 협력체계와 독일의 사회보험제도 및 과거 초인플레이션 경험에 입각하여 확립된 중앙은행Bundesbank의 확고한 위상 등 독일의 경제체제를 특징짓는 여러 요소들이 언급되고 있다. 따라서 라인 자본주의는 주주만이 아니라 다양한 이해관계자의 이익을 중시하며, 기업을 장기적인 목표를 가지고 자본과 노동을 결합시키는 사회 공동체라는 시각으로 바라본다(하성식, 2019).

라인 자본주의는 시장의 효율과 사회적 연대를 결합한 모델로 인식되고 있다. 이는 제조 기술의 안정적 확보를 위한 인적 자본 관리에 주력하는 자본주의로서, 경영성과 관리의 호흡이 길고, 은행 등 간접금융을 통한 안정적인 자금 공급이 기반이 된다. 따라서 경영자들은 수시로 교체되지 않고 노조와 장기적인 협력 관계를 유지하면서 장기적인 관점에서 기술 축적에 전력을 경주할 수 있다. 또한 금융부문은 독자적인 수익 창출 기능보다는 실물 부분을 지원하는 역할에 중점을 둔다.

반면, 앵글로·색슨 자본주의는 지역적으로 미국, 영국, 아일랜드 등이 주도하는데, 라인 자본주의와 상당히 상반되는 특성을 가진다. 철저한 시장 중심의 자원 분배를 지향하고 기업가 정신의 고양과 노동시장의 유연성을 강조하고 있는 것이 특징이다. 그러나 시장기능에 개입하여 자원 배분에 대한 간섭을 야기하는 국가 차원의 사회적 안전망 제공에 대해서는 원칙적으로 소극적인 입장을 취하고 있다.

앵글로·색슨 자본주의는 전통적으로 단기 수익과 주주의 이익에 집중하는데, 최근 시장 반응이 빠른 첨단 기술에 주력하면서 이러한 경향은 더욱 강화되었다. 따라서 빠른 시장 변화에 적응하기 위해 구조조정이 상시 가능한 제도적 인프라가 확충된다. 또한 자본시장이 발전하여 주주가 강력한 권한을 행사하는 기업 거버넌스가 정착했고, 적대적 인수합병이 사회적으로 권장된다. 그리고 앵글로·색슨 자본주의는 제조업의 생산성 저하와 금융화를 통해 금융자본 중심의 신자유주의적 경제 시스템으로 변화하면서 리먼 사태와 월가 점령 시위Occupy Wall Street로 대표되는 '1 대 99'의 사회를 만들었다.

이러한 관점에서 보면, 영국, 미국, 아일랜드 등의 앵글로·색슨 자본주의에서는 ESG를 통해 전파되는 이해관계자 자본주의가 혁명적인 변화일 수 있겠지만, 이미 노동자 및 지역사회와 안정적인 관계 위에서 비즈니스를 영위하던 라인 자본주의 국가들에게는 이해관계자 자본주의가 전혀 새삼스러울 것이 없는 것이다.

더욱이 EU의 안전망 안에서 유럽 나름의 독자적인 경제 이념을 구현할 수 있는 독일 등 유럽 국가들과 달리, 앵글로·색슨 자본주의에 그대로 노출된 일본의 경우에는 최근에 ESG로 인하여 이해관계자 자본주의의 이념이 오히려 후퇴하고 이해관계자를 지지하는 경제 시스템이 붕괴하는 기묘한 양상까지 나타나고 있다.

이미, 1997년 IMF 금융위기 이후 이른바 '글로벌 스탠더드'를 자의 반 타의 반으로 도입했던 우리나라의 입장에서는 새삼스러운 일인지는 모르지만, 일본에서는 2015년 일본 기업 거버넌스 코드의 적용 이후 종신고용제, 연공서열제, 주거래은행 등을 기반으로 하는 일본식 경영 시스템이 서서히 붕괴하고 있다. 즉 일본은 1997년에 한국에 도입되었던 '글로벌 스탠더드'가 ESG를 계기로 이제서야 도입되기 시작하는 것이다. 그런데 문제는 이들 일본식 경영 시스템이라는 것이 알고 보면, ESG를 계기로 새롭게 도입되는 '글로벌 스탠더드'보다 오히려 이해관계자에 친화적이라는 것이다. 말하자면, 일본에서는 ESG와 일본의 기업 거버넌스 코드가 오히려 일본의 전통적인 '이해관계자 자본주의'를 약화시키고 '주주 자본주의'를 강화하고 있다.

이러한 일본의 아이러니한 현실을 이해하기 위해 잠깐 일본식 경영 시스템을 살펴보자. 마츠다 치에코 교수에 따르면, 일본은 전통적으로 경영자와 주주의 관계보다는 경영자와 '주주 이외의 이해관계자'와의 관계가 더 강했다고 한다. 말하자면, 한편에는 소위 '메인뱅크main bank, 주거래은행 거버넌스'라고 불리는 채권자와의 관계가 있고 다른 한편에는 종신고용제로 대표되는 직원과의 관계가 있다. 그리고 이 두 가지는 전후 일본이 한때 미국에 이어 세계 2위의 경제 강국으로 성장할 수 있었던 원동력으로서 마치 차의 두 바퀴나 다름없었다고 한다(松田, 2018).

그러나 이러한 시스템은 2015년에 세계 최대의 연기금인 일본의 GPIF가 PRI에 서명하고, 같은 해에 일본의 기업 거버넌스 코드가 처음으로 제정되면서 서서히 붕괴되기 시작하는데, 이를 마츠다 교수는 일본 기업이 5개의 지뢰를 만났다고 표현하였다(松田, 2018). 이들 5개의 지뢰 중에서 위의 일본식 경영 시스템에 직접 연결되는 내용이 바로 '주주의 권리 및 평등성의 확보'와 '주주 이외의 이해관계자와의 적절한 협동'이라고 하였는데, 이는 결국은 각각 '소수 주주의 보호'와 '종업원의 입지 변동'을 야기할 것이라고 마츠다 교수는 주장한다(松田, 2018).

구체적으로 살피면, 마츠다 교수는 우선 일본의 '소수 주주의 보호' 정책으로 이득을 보는 것은 '개미' 투자자로 불리는 일반인들이 아니라 헤지펀드와 같은 서구의 투자 전문가들이라고 주장한다(松田, 2018). 소수 주주의 보호 정책이란 간단히 말하면 기존 대주주의 지배력과 자본력을 보호하고 지지하는 상호출자제도와 주거래은행의 보호막을 제거하는 것이다. 그런데 이들 보호막을 약화시켜도 매매 차익에만 집중하는 소위 '개미' 투자자들에게는 그다지 의미가 없다. 이들 '진짜' 개미들은 경영권이나 의결권에는 큰 관심이 없으며, 투자대상기업의 경영에 불만이 있으면 매각하여 해결한다. 그러나 서구의 글로벌 자본은 개별 기업의 경영에 직접 개입하거나 공격하여 이익을 창출하는 투자패턴을 적극 활용하기 때문에, 이들이 소수 주주로서 보호를 받으면 일본 기업의 경영권은 무방비 상태로 약탈 위협에 노출된다는 것이다.

한편, '종업원의 입지 변동'의 의미를 보다 현실감 있는 언어로 말하자면, 종신고용제와 연공서열제의 붕괴로 고용의 안정성이 취약해진다는 것이다. 현재 일본 고용시장의 변화에 대한 우리나라 행정부와 언론의 관심은 매우 높다. 2019년 우리나라 고용노동부는 자체 블로그에 "종신고용이 사라진 일본, 고용시장에 새 바람이 분다."라는 제목의 기사를 게재하면서 4차 산업시대로의 이행에 따른 당연한 변화라는 긍정적인 인식을 보이고 있다(고용노동부, 2019). 국내 언론들 역시 도요타 자동차, 미쓰비시 그룹, 소니 등에서 종신고용제나 연공서열제를 포기했다는 기사를 끊임없이 내보내고 있다.

일본의 일본식 종신고용제는 퇴직 때까지 직원을 해고하지 않고 연봉을 성과보다는 근무연수에 따라 올리는 방식을 취하는데, 이러한 인사 원칙이 사라지면서, 회사는 직원을 '우리 사람'이 아닌 '피고용인'으로 인식하며, 직원 역시 '우리 회사'라는 개념을 버리고 있다. 이러한 변화가 직원에게 어떠한 영향을 미칠지에 대해서는 일본 내에서도 여러 가지 의견이 있는데, 일각에서는 종신고용제와 연공서열제의 붕괴가 여성과 외국인 고용에 유리한 환경을 만들어 준다는 견해를 제시한다. 또한 일본의 한 경제 전문가는 종신고용제가 일본 중산층 붕괴의 원인이라고 하며, 아래와 같이 발언하였다(조선일보, 2020).

> (종신고용제로 인해) 서구권과 비교해 고위 임원들의 연봉이 평사원에 비해 크게 높지 않지만, 일본의 엘리트들은 이런 평등한 급여 규모에 만족하며 살아왔다. (…중략…)
>
> 노동력 부족이 심각했던 1950~1960년대에 만들어진 종신고용제가 '상위 1% 소득자'를 만들어내는 데 장애물이 되고 있다.

이 논리가 정확하다면, 현재 일본 고용시장의 변화는 결국 '부익부 빈익빈'을 야기하는 방향으로 변화하고 있다는 것이며, 이러한 변화에 ESG와 일본의 기업 거버넌스 코드가 일조하고 있다는 결론이 된다.

주주 자본주의와 이해관계자 자본주의 간 대립의 역사

앞서 슈밥도 언급했지만, 이해관계자 자본주의의 역사는 지금부터 50년 이상을 거슬러 올라가야 할 정도로 오래 되었다. 미국에서는, 앞서 말한 밀튼 프리드먼의 이전 시대에도 『The Modern Corporation and Private Property현대 기업과 사유 재산』의 저자이며 변호사이자 뉴딜 정책의 설계자인 아돌프 벌Adolf Berle과 하버드 대학의 법학교수인 메릭 도드Merrick Dodd가 이해관계자 자본주의와 주주 자본주의를 놓고 공방을 벌인 '벌-도드 논쟁the Berle-Dodd debate'이 한 시대를 풍미했다. 이때에는 1931년부터 1954년에 걸친 오랜 논쟁 끝에 이해관계자 자본주의가 승리를 거두었다. 그리고 일단 끝난 듯한 논쟁은 1970년에 밀튼 프리드먼이 비교적 짧은 기고문을 『뉴욕 타임즈The New York Time Magazine』에 올리면서 재연再燃된다.

그 기고문이 바로 그 유명한 「The Social Responsibility of Business is to Increase Its Profits기업의 사회적 책임은 이윤을 창출하는 것이다」이다(Friedman, 1970). 주주 자본주의에 대한 확고한 지지 입장을 다소 과격하게 주장한 이 기고문은 이후 이른바 '프리드먼 독트린A Friedman doctrine'으로 불리면서, ESG의 본격화 이후로 끊임없이 회자되는데, 앞서 슈밥이 이해관계자 자본주의 몰락의 최고의 원흉으로 그를 지목했듯이, 노벨 경제학상에 빛나는 이 석학은 이 짧은 기고문으로 인하여 끊임없이 무덤에서 소환되고 있다.

프리드먼의 주장은 한마디로 요약하면, 기업 및/또는 비즈니스의 사회화나 정치화에 반대한다는 것이다. 기업이 이윤 이외의 다른 동기, 특히 사회적 가치나 정치적 가치에 입각하여 활동하면, 개별 기업을 비롯한 전체 경제 시스템에서 일어나는 자원의 분배가 정치화되고 왜곡된다는 것이다.

프리드먼은 결코 사회적 책임의 중요성을 부인한 적은 없다. 그저, 그는 사회적 책임은 정부, 법원 또는 의회의 몫이기 때문에 이들 통치 기관들이 법인세와 기업 규제를 부과하여 해결하면 될 일이고, 기업과 시장은 사회적 책임과는 철저히 분리되어야 한다고 생각했던 것이다. 기업과 시장의 단계에서 이윤 극대화 이외의 정치적 목적으로 자원과 경제적 이익을 배분하면, 두 가지 문제가 발생한다. 첫째, 국가나 사회의 경제적 하부구조가 흔들릴 수 있다. 자원이 가장 생산적인 방식으로 쓰이지 못하게 되기 때문이다. 그리고, 둘째, 경제적 이익을 배분함에 있어서 공정성에 대한 신뢰가 흔들릴 수 있다. 정치적 가치에 입각한 이익의 분배는 여전히 그 기준의 모호성을 제거하기 어렵기 때문이다.

이런 관점에서 프리드먼은 기업의 사회적 책임이라는 개념을 사회주의적이라고 주장한 것이다. 그는 결코 '사회적 책임'을 논하는 것 자체를 사회주의적이라고 하지 않았으며, 그가 사회주의적이라고 인식했던 것은 '기업의' 사회적 책임이다. 그는 기업이 사회적 책임을 지게 되면, 시장이 정치화되는 결과를 야기하고, 결국 정치가 경제적 이익의 분배를 책임지는 공산주의나 사회주의로 변질될 것이라고 판단했다.

또한, 프리드먼의 주장의 중요한 근거가 주인-대리인principal-agent 이론이라는 것을 언급할 필요가 있다. 프리드먼의 주장은 대리인인 경영자가 기업의 주인인 주주의 이익을 최우선 목표로 삼아야 한다는 계약관계가 존재한다는 사실에 기초한다. 따라서 대리인인 경영자가 주주의 이익 이외의 사회적 책임을 추구하는 것은 있어서는 안 되는 주인-대리인 간의 이해 상충의 발현이며, 계약 위반이라는 것이다.

이러한 관점에서 프리드먼은 기업의 사회적 책임은 이윤 극대화에 있다고 말한 것인데, 분명히 프리드먼의 논리는 가정이 과도하게 추상적이어서 결론에도 현실성을 결여한 부분이 존재한다. 그러나 프리드먼의 주장은 시장경제 시스템이 안정적으로 유지되기 위해서 필요한 근본원리가 무엇인지를 명확히 하고, 그것을 벗어나지 말아야 한다는 것을 강조한 것에 중요한 의미가 있다. 따라서 앞서 말한 논리의 약점들을 이유로 프리드먼을 사회적 책임을 도외시하고 이윤 극대화 내지는 주주의 이익만을 중시하는 냉혈한 악마로 몰아가는 것은 분명히 과도하게 편파적인 왜곡이라고 판단된다.

참고 2.3 | **프리드먼 독트린(A Friedman doctrine)의 내용 요약**

기업의 사회적 책임에 대한 밀튼 프리드먼의 주장을 『The Social Responsibility of Business is to Increase Its Profits기업의 사회적 책임은 이윤을 창출하는 것이다』에 기술된 프리드먼의 목소리로 들어 보자. 이하는 동 기고문의 주요 내용이다.

프리드먼은 기업의 사회적 책임social responsibilities of business이란 말이 비현실적이라고 말한다. 왜냐하면 책임을 지는 것은 사람인데, 기업은 인위적인 사람an artificial man이므로 인위적인 책임artificial responsibilities을 질 수밖에 없겠지만, 결국은 무의미한 표현이라고 말한다. (말하자면, 사람만이 책임감을 느낄 수 있으며, 법인이 어떠한 감정을 지닐 수는 없다는 뜻으로 해석된다.)

그리고 기업에게 책임을 부과한다면, 해당 책임을 지는 사람은 통상 경영자일 것인데, 이들의 책임은 자신을 고용한 고용주, 즉 주주를 위해 법과 윤리 등 사회 규범 내에서 가능한 한 많은 돈을 버는 것이라고 한다. 물론, 병원이나 학교 등의 특수한 법인은 이윤 이외의 다른 목표를 가질 수 있다고도 언급한다.

프리드먼은 경영자는 선행을 하고 싶으면, '기업의 사회적 책임'이라고 하면서 고용주의 돈을 쓸 것이 아니라, 자신의 호주머니에서 돈을 꺼내는 것이 정당한 행위라고 말한다. 경영자는 주주의 대리인이므로, 고용주의 돈이나 고용주를 위해서 투입해야 할 시간과 에너지를 자신의 책임을 위해서 사용할 권리는 없다고 한다.

프리드먼은 만약 경영자가 '사회적 책임'을 위해 회사의 돈을 쓰면, 이는 경영자가 사회적 이익을 위해 타인의 돈을 쓰는 것이라고 말한다. 이로 인하여, 주주의 이익이 감소하면 주주의 돈을 쓰는 것이고, 이윤의 감소로 상품 가격을 인상하면 고객의 돈을 쓰는 것이며, 직원의 임금에 불리한 영향이 가면, 직원의 돈을 쓰는 것이라고 말한다.

마찬가지로, 프리드먼은 경영자가 '사회적 책임'에 따라 행동할 때, 경영자가 임의로 주주나 고객 등에게 '과세課稅'하는 결과가 되며, 징수한 세금을 어디에 지출할지도 임의로 결정하게 되므로, 민주사회의 기본 원리인 견제와 균형이 작동하지 않는 이른바 '대표 없는 과세'가 발생한다고 한다.

프리드먼은 경영자가 '사회적 책임'에 따라 행동하는 것은 결국, 경영자가 아무런 근거가 없이 사실상의 공무원으로 행세를 하는 것이나 다름없다고 말한다. 이때 프리드먼은 이 경영자가 공무원으로서 전혀 선출되지도 임명되지도 않은 무자격자인 것도 언급한다. 말하자면, '기업의 사회적 책임'에 따른 지출이라는 것은 결국 시장 메커니즘이 아닌 정치적 관점에서 자원을 배분하는 반反자본주의적인 행위라는 것이다.

그리고 프리드먼은 시장의 영역은 만장일치의 원칙에 입각하고, 정치의 영역은 다수결의 원칙이 지배한다고 말하면서, 특별한 예외를 제외하고는 각각의 영역에 이질적인 원칙들의 적용이 있어서는 아니 된다고 한다. 말하자면, 시장의 영역에서는 거래의 자유가 보장되어야 하며, 시장의 영역에 다수결의 원칙이 적용되면 시장 메커니즘이 정치화되는 양상이 나타날 수 있다고 경고하였다. 그리고 기업의 이익을 위한 행위를 기업의 사회적 책임으로 포장하는 경향의 위험성을 경고했다.

한편, 프리드먼이 기업의 사회적 책임에 반대함에 있어 전혀 '정치적 배려' 없이 격렬한 표현을 사용했던 만큼, 그에 대한 반대 견해도 다양한 논리를 동원하여 열띤 반론을 펼친다. 예를 들면, 기업을 일종의 사회의 한 구성원이나 정치적 실체로 보는 관점 같은 것이다.

사실 이런 관점은 존 메이너드 케인스John Maynard Keynes까지 거슬러 올라간다. 알다시피, 1930년대 케인스는 고용 증대를 통한 경기 부양을 위해 미국 정부의 재정 지출을 요구했는데, 당연히 여기서 활용된 수단은 기업이었다. 케인스는 1928년 『The End of Laissez-faire자유방임의 종언』에서 회사가 단순한 투자자의 도구가 아니라 '사회적 구조의 필수적 부분'이 되어가고 있다고 주장했다(Elson & Goossen, 2017). 케인스는 기업을 대리인으로 보았지만, 그럼에도 불구하고 직원과 여러 이해관계자들에 대한 책임을 가지고 있다고 생각했다. 케인스는 대공황과 미국 기업에 대한 신뢰의 상실을 경험하였고, 따라서 민간기업의 기본 책임이 이윤 창출에 있음에도 불구하고 여전히 사회에 대한 책임을 부여받고 있음을 강조하였던 것이다.

케인스와 같은 시대를 살던 사람들은 이와 비슷한 시각을 많이 가지고 있었는데, 예를 들면 변호사이자 경제학자인 가디너 민즈Gardiner C. Means 등은 거대 기업을 지배하는 소수의 사람들이 통제하는 조직은 민간기업의 영역을 훨씬 넘어서는 사회 기관이 되었다고 주장한다. 왜냐하면 그들이 손에 쥐는 경제력은 수많은 개인에게 해를 끼치거나 이익을 주고, 여러 지역에 영향을 미치며 무역의 흐름을 바꾸고, 어떤 공동체에는 파멸을 가져오고 어떤 공동체에는 번영을 가져오는 엄청난 힘이 되었기 때문이라고 한다(Sherwood & Pollard, 2019).

한편, 일각에서는 프리드먼의 주장과는 달리, 주주의 관심이 오직 재무적 이익에만 있는 것은 아니라고 말한다. 이들은 투자자가 재무적 이익 이외에도 기업에 대한 사회적이고 윤리적인 관심사를 가진다고 말한다(Hart & Zingales, 2017). 사실, 기업이 비윤리적인 활동으로 인하여 재무적 이익에 큰 손실을 입는 사례는 비일비재하다. 그리고 때로는 기업활동으로 인한 사회적 또는 환경적 피해의 해결책을 기업만이 가지는 경우도 있다(Hill, 2020). 예를 들어, 태안반도에서 일어난 원유 유출 사건과 같은 사례에서는 개인들은 당연히 그 피해를 원상 복구할 수 있는 자금력은 물론 정보, 기술 등 제반 자원 면에서 기업에 미치지 못한다. 혹자는 이 경우 정부나 의회가 개입할 수 있을 것이라고 주장하겠지만, 정부나 의회는 비상시에도 준수해야 할 최소한의 법적 절차나 합의의 과정들이 있어, 대응의 속도에 있어서 기업에 비할 바가 못 되며, 정부조차도 기술이나 노하우에 있어서 기업보다 열위에 있는 것이 일반적이다. 더욱이, 정부나 의회 등 기업 외부의 이해관계자의 대응은 사후 처리에 국한될 뿐, 사전적인 대응은 전적으로 기업의 책임일 수밖에 없다.

물론, 기업의 사회적 책임을 중시하는 위의 견해에 대한 결정적인 반론이 프리드먼의 입장에서 다시금 제기될 수 있다. 우선, 기업의 사회적 책임을 다하기 위해 경영자가 주주, 직원, 고객 등으로부터 징수한 세금을 "어떠한 기준으로 어디에, 어떠한 방식으로 배분할 것인가?"라는 질문에 대한 대답은 여전히 명확하지 않다는 것이다(Hill, 2020). 그리고 경영자에게 '기업의 사회적 책임'과 관련한 광범위한 재량권을 부여한 이후에 주주가 사실상 경영자에 대한 통제력을 제대로 행사할 수 있는가에 대한 현실적인 의문도 존재한다. 경영자의 배임 행위에 대한 통제가능성의 문제이다. 경영자가 수행한 사회적 활동에 대한 성과 관리의 어려움도 제기될 수 있다. 그리고 마지막으로, 프리드먼은 결코 모든 가치를 저버리고, 이해관계자를 착취하면서, 단기 이익 극대화를 추구하라고 말한 적은 없다. 그는 기업이 사회적 규범과 법을 준수할 것을 명확히 요구하였으며, 오히려 지역사회에 기여하여 사업 경쟁력을 강화하는 기업활동의 예시를 통해 기업이 이해관계자를 배려하여 안정적인 경영환경을 확보하는 것이 장기적인 관점의 이윤 극대화를 위해 바람직하다고 명확히 말하고 있다.

이해관계자 자본주의와 주주 자본주의의 조화

앞서 살펴본 두 가지의 대립되는 견해들은 사실 각자 나름의 존재 이유가 있으며, 하나가 다른 하나보다 논리적으로 우월하다고 말하기 어렵다. 말하자면, 기업이 사회적 책임을 이유로 사회화 내지 정치화되는 것에 대한 프리드먼의 경고는 분명히 경청할 만한 것이다. 설령 시장의 사회화에 대하여 이념적으로 크게 공감하는 입장이라고 하더라도, 경제적 이익의 배분이 사회적 내지 정치적으로 이루어지면 국가와 사회의 경제적 하부구조에 균열이 갈 수 있다는 주장에는 분명히 납득할 만한 점이 있을 것이다. 반면, 기업은 이미 단순히 돈을 버는 조직 이상의 사회적 입지를 가지고 있으며, 기업이 사회와 환경에 미치는 외부효과에 대해 법인세를 내는 것 이상의 능동적인 책임을 질 수밖에 없는 여러 이유들에 대해서도 이미 살펴보았다.

아마도 투자 실무적으로는 이해관계자 자본주의와 주주 자본주의 간의 상충 관계는 큰 의미가 없을 것이다. 앞서 본 대로, PRI가 "수탁자는 비재무적 요소를 통합하지 않으면 소송에 걸릴 수도 있다."고 경고했기 때문에, 투자자들은 이제는 기업에게 어떠한 형태로든 사회적 책임을 고려하도록 요청할 것이기 때문이다. 그리고 투자 실무와 기업 경영에서 여하한 방식이든지 사회적 책임을 고려해야만 하는 상황이 되었으므로, 이런 관점에서는 ESG로 인하여 이해관계자 자본주의가 주주 자본주의에 승리를 거두었다고 간단히 결론을 내려도 무리는 없을 듯이 보인다.

그러나 조금만 시야를 더 넓히면, ESG가 오히려 이해관계자의 입지를 약화시키는 일본의 사례와 ESG 도입 이전부터 이해관계자에 대한 배려가 넘치던 유럽의 자본주의도 있다. 유럽과 일본의 경제가 세계 시장에서 차지하는 비중을 감안할 때, 이들을 단순히 ESG 적용 사례의 예외anomaly로서 치부하고 넘어가기는 어려울 것이다. 또한, 사기행위로 고소당한 미국의 바이오 벤처회사 테라노스Theranos Inc.[23]의 경우처럼, 사회적 가치나 비

[23] 테라노스는 혁신의 아이콘으로 최고의 인기를 누리다가 CEO의 사기행각으로 파산에 이른 미국의 바이오 벤처기업이다. 일반인도 직접 피 한 방울만 뽑으면 스스로 다양한 신체검사를 할 수 있게 하는 테라노스의 상품과 기술은 언론의 스포트라이트와 막대한 투자금을 끌어들였다. 더욱이 의료비 부담에 시달리는 미국인에게 이들의 사업은 사회적 가치를 추구하는 사회사업으로 인식되었다. 본문의 내용은 테라노스와 그 CEO인 엘리자베스 홈즈(Elizabeth Holmes)가 자신의 사기행각에 대한 내부 고발을 숭고한 이념에 대한 사악한 저항으로 취급하여 억압하고, 사회경제적으로 부정적 파장을 일으켰던 상황 전반을 말하는 것이다.

전을 재무적 이익의 우위에 두고 이루어진 투자활동과 경영행위가 사회에 미친 부정적 영향을 고려하면, ESG가 절대적으로 주주나 기업의 이익을 도외시하는 경제관을 대변한다고 말할 수는 없을 것이다.

앞서 이미 보았듯이 ESG는 이익과 사회적 가치가 조화되는 개념이다. 재무적 이익과 비재무적 가치를 함께 고려하는 것이 ESG 관점의 수탁자 의무임을 이미 보았다. 그리고 일본에서는 ESG가 주주가치를 강화하는 양상도 확인했다. 따라서 비록 바이든이 ESG를 계기로 주주 자본주의를 끝낼 것이라고 말했다 하더라도, 이는 앵글로·색슨 자본주의에 있어서의 주주 자본주의의 종말을 의미할 뿐이며, 바이든의 발언을 근거로 ESG가 근본적으로 주주 자본주의와 대척점에 있다고 결론을 내릴 수는 없을 것이다.

ESG도 결국은 자본주의를 전제로 한다. 따라서 만약 ESG가 주주와 주주의 이익을 배제한다면, 이는 자가당착自家撞着이다. ESG를 도입하여도, 경제 주체들은 돈을 벌어야 한다. 그렇다면, 이익과 사회적 가치의 조화를 추구한다는 ESG 관점의 자본주의의 본질은 무엇인가? ESG 관점의 자본주의는 결국 '인간의 얼굴과 따뜻한 심장을 가진' 자본주의가 되어야 할 것이다. 말하자면, 건실한 경제의 하부구조 위에서 모든 이해관계자를 온전히 배려하는 자본주의이다. 이는 결국 주주 자본주의를 통한 경제적 토대의 구축과 이해관계자 자본주의를 통한 분배 정의의 실천을 통해서 달성되는 것이다.

그리고 그 결과는 각자에게 각자의 몫을 돌려주는 것이다. ESG로 인하여 미국에서 나타나는 이해관계자 자본주의의 흐름도, 일본에서 강화되는 주주 중심의 경제 환경도 모두 주주와 여타 이해관계자 사이에서 서로 우위를 차지하려는 투쟁의 양상이 아니라, 단지 주주를 포함한 모든 이해관계자들에게 각자 향유하여야 할 정당한 몫을 확인하고 돌려주려는 노력의 발로라고 할 수 있다.

「마태복음」 22장 21절에서는 "가이사의 것은 가이사에게, 하나님의 것은 하나님에게 바치라."라고 하였다. 역시 각자가 각자의 정당한 몫을 가져가는 것이 정의가 실현되는 첩경이라 말할 수 있겠다.

4 장기적長期的 시간지평

ESG의 다섯 가지 특징 중에 앞선 세 가지 특징을 이미 확인하였다면, 기본적으로 ESG의 개념은 장기적 시간지평a long-term time horizon을 전제로 하고 있다는 것에 대해서는 이미 눈치채고도 남음이 있을 것으로 생각된다.

이미 앞에서도, 영미법이 수탁자 의무에 ESG 관점을 통합할 때 비재무적 요소가 재무적으로 중요하다고financially material 평가하게 되는 전제가 장기간a long-term time frame에 걸친 영향이었다는 것을 확인하였다. 그리고 UNEP FI가 ESG의 투자성과를 확인했던 AMWG의 중요성material 연구 보고서에서도 "환경, 사회 및 기업지배구조 이슈가 장기적인 주주가치에 영향을 미친다."라고 언급했던 것도 확인했다(UNEP FI, 2004). 또한, 슈밥은 이해관계자 자본주의를 "(…전략) 모든 이해관계자 및 사회 전반의 요구를 고려해 장기적인 가치 창출을 추구하는 자본주의 (후략…)"라고 정의하였다(Schwab, 2021). 더불어, PRI는 끊임없이 ESG와 관련하여 '장기long-term'라는 표현을 자체 웹사이트와 여러 문헌에서 반복하고 있다. 이러한 언급들은 이미 말한 대로 ESG가 장기적 시간지평을 전제로 하기 때문에 도출되는 자연스러운 귀결이다.

시간지평 단기화의 요인, 그 하나

그러나 장기적 시간지평은 ESG만의 독자적인 특징은 아니다. 시쳇말로 "오늘만 장사 하나?"라는 우스갯소리가 있다. 장삼이사張三李四의 흔한 점포들도 장기적인 시각으로 장사를 하는데, 거대 기업들의 비즈니스가 추구하는 목표가 단기 이윤일 수는 없다. 실상 특별한 전제가 없다면, 경제학과 경영학 등에서 말하는 기업의 이윤 극대화는 장기적인 이윤을 극대화하거나, 기업가치의 극대화를 의미한다. 앞서 밀튼 프리드먼이 기업의 목표가 이윤 창출이라고 주장할 때에 그가 말한 이윤을 당연히 장기적인 이윤으로 보아야 한다고 주장한 여러 근거들 중의 하나도 이것이다.

회계학에서는 이를 '계속기업 가정going concern assumption'이라고 하는데, 이는 투자 원금의 회수를 위해 청산하는 일회성 사업이 아니라, 지속적인 재투자를 통해 장기간 생존하면서 기본적인 생산활동을 반복적으로 영위하는 기업이라는 가정에 따라 회계 정보가 산출된다는 의미이다. 또한 기업가치를 산정함에 있어서도 장기간에 걸친 기업의 존속을 전제로 하는데, 예를 들면 현금흐름할인discounted cash flow, DCF 분석의 기법은 여러 해에 걸친 현금 흐름을 이자율로 할인하여 각각 현재 가치로 환원하는 방식을 활용한다. 따라서 이 역시 현재의 기업가치가 미래의 수익을 모두 고려하는 장기적 관점을 반영한다.

한편, 장기적 시간지평은 경제학이나 회계학 등에서 등장하는 추상적 개념만은 아니다. 투자 실무에서도 과거 해마다 손실을 거듭했던 아마존amazon.com, Inc.이나, 현재 손실을 거듭하는 팔란티어Palantir Technologies[24]와 같은 하이테크 기업들이 상식을 벗어나는 주가 수익비율price earning ratio, PER을 기록하는 것 역시 주식투자자들이 해당 기업들의 가치를 장기

24 빅데이터 분석 기업. 한때 미국에서 4번째로 비싼 비상장 스타트업, 즉 유니콘으로 일컬어졌다.

적 관점에서 평가하기 때문이다. 따라서 ESG의 도입 이전에도 기업을 평가하는 관점은 기본적으로 장기적인 시각에 입각한 것이었다.

그러나 이러한 원론적인 관점과는 달리, 경영 실무나 투자 실무는 오히려 전통적으로 분기나 연 단위의 단기적인 실적 평가에 집중해 온 것도 사실이다. 직원의 KPI는 일 년 단위의 성과에 기반하며, 이는 경영자의 평가도 예외는 아니다. 투자 실무에 있어서도 주가가 단기적 실적 요인에 따라 변동하는 경우가 허다하다. 물론 기관투자자들 역시 주가의 단기적 부침에 대응하여 결산기에는 주저 없이 이른바 윈도 드레싱window dressing을 한다. 불법적인 수단을 제외한 모든 수단을 동원하여 단기적인 시장 변화에 그야말로 임기응변으로 대처하는 것이다.

물론, 경영과 투자 실무에 있어 분기 단위의 실적 평가 및 관리는 그 나름의 장점이 있다. 하루가 쌓이고 쌓여서 영원이 되는 것처럼, 단기적인 실적이 건실하다면 장기적인 성과 역시 안정적 기반에 오르게 된다는 것이 사계斯界의 통념이었고, 미래 예측이 가능하던 시기에는 실제로도 그러하였다. 과거 우리나라의 경우에도 경제 환경이 항상 안정적이지는 않았지만, 그럼에도 불구하고 과거의 방식대로 오늘 열심히 그리고 꾸준히 일하면 내일은 더 부유해질 수 있다는 소박한 믿음을 가졌던 때가 있었고, 실제로 많은 경우에는 부유해졌다. 따라서 이런 세상에서 장기적인 이익을 가장 확실하게 확보하는 데에는 단기적인 이익을 철저하게 관리하는 것 이상의 방법이 없었다.

이렇게 전 세계인의 경제관이 서서히 단기화되면서, 산업자본의 수익성은 지속적으로 낮아지고 이는 다시 투자자본의 단기화 경향을 촉진하는 악순환이 진행된다. 그리고 한탕을 노리던 글로벌 투자자본은 결국 극단적으로 판돈을 키우게 된다. 이것이 바로 인터넷 버블과 블랙 스완으로 불리는 리먼 사태이다. 이후, 우리가 알던 세상은 서서히 붕괴하기 시작하는데, 이때부터 더 이상 어제 하던 대로 오늘 일하면, 내일도 좋은 날을 기대할 수 있을 거라 생각할 수 없는 시대가 되어 버렸다. 이것이 그간 아무런 문제없이 작동하던 단기적인 경영 관리와 투자 행태가 언제부터인가 시장에 부적응 현상을 일으키고 지속적으로 실패를 가져오게 되었던 이유이다.

그런데 이처럼 기업환경의 안정성이 낮아지고 앞날이 불투명해지면서 놀랍게도 기업들은 오히려 단기주의 경영에서 벗어나 장기적인 호흡의 경영에 점점 더 높은 관심을 기울이게 되었다. 이러한 상황이 벌어지는 이유로는, 우선 단기적인 성공이 장기적인 생존을 보장해 주지 않는다는 사실이 명확해지고 있기 때문이다. 리먼 사태와 유럽발 금융위기와 같은 일련의 위기상황들이 상시화되고 기후변화와 미중 패권경쟁 등 앞으로 다가올 위기가 미칠 영향을 거의 가늠할 수 없게 되었기 때문에, 기업으로서는 분기 단위의 호실적을 만들어 내는 것보다는 단기적인 출혈을 감수하더라도 장기적인 관점에서 안정적인 재무적 기반과 본원적 경쟁력을 갖추는 것이 시급하다는 인식이 높아지게 되었다. 그리고 이는 기업들과 기관투자자들이 ESG에 주목하게 되는 중요한 요인들 중의 하나가 된다.

케이 리뷰Kay Review의 진단

ESG로 가는 길을 닦았던 중요한 문헌들에서, 단기주의와 투자 경로의 문제에 대하여는 영국 정부의 의뢰로 작성되었던 이른바 『케이 리뷰Kay Review』가 주목할 만한 견해를 제시한다. 『케이 리뷰』는 2012년에 영국 정부Department of Business, Innovation and Skills의 요청에 따라 옥스포드 대학을 비롯한 영국 유수의 대학에서 경제학을 가르쳤던 교수이자 경제학자인 존 케이John Kay가 작성하여 2012년 7월에 발간한 보고서인데, 원래의 제명은 'The Kay Review of UK Equity Markets and Long-term Decision

Making영국 주식시장과 장기적 의사결정에 관한 케이 리뷰'이다(Kay, 2012).

케이 교수는 당시 영국 주식시장의 경향성과 그것이 상장 기업의 실적에 미치는 영향을 검증하였는데, 이하는 동 보고서의 내용이다.

- 사업에서의 단기주의는 유형 자산이든, 상품 개발, 직원의 역량 및 평판과 같은 무형자산이든 간에 과소투자 하는 경향과, 비즈니스의 근본적인 운영 능력을 희생하면서 구조조정, 재무 재설계 또는 인수합병에 초점을 맞춘 전략을 채용하는 경영진의 활동 과잉의 경향으로 특징지워진다.
- 우리는 잘못된 장기 결정을 한 기업의 다양한 사례를 살펴보았으며, 주식시장이 이러한 경영 판단상의 오류를 조장하는 방식으로 변화했다고 생각한다. 우리는 기업의 의사결정에 대한 주식시장의 영향이 기업의 장기적 이익에 이로운지 해로운지를 결정하는 것은 주주참여engagement의 양amount이 아니라 질quality이라는 결론을 내린다.
- 영국 주식시장은 더 이상 영국 기업들의 신규 투자를 위한 중요한 자금원이 아니다. 영국의 대부분의 상장 기업들은 자체적인 기업 프로젝트를 위한 충분한 자금을 일상적인 영업활동을 통해 창출한다. 주식시장에 접근하는 비교적 소수의 영국 기업은 신규 투자 자금을 조달하기보다는 초기 단계 투자자에 대한 유동성 제공 수단으로 종종 신규 상장을 활용한다. 우리는 자본 배분에 있어서 주식시장의 주된 역할은 기업 간의 자본 배분이 아니라 기업 내 자본 배분의 감시와 관련이 있다고 결론을 내린다. 따라서 건전한 거버넌스와 스튜어드십을 증진하는 것은 영국 주식시장의 부수적이 아니라 중심적인 기능이다.
- (…전략). 우리는 영국 대형 보험사와 연기금의 지분 감소 및 외국인 지분 증가를 야기한 금융시장의 세계화로 인하여 영국 주식의 보유 구조에 있어 분산화fragmentation가 증대되었다는 것을 알게 되었다. 이러한 분산화는 참여engagement 인센티브와 개별 주주의 통제 수준을 낮추었다.
- 동시에 전문성과 효율성의 강화에 대한 욕구와 투자사슬investment chain에 대한 신뢰와 자신감의 하락에 의하여 주식 투자에 있어 중개 활동의 폭발적인 증가가 야기되었다. 중개업의 발달은 투자자들의 비용 증가와 인센티브의 잘못된 조정 가능성 및 기업이나 최종 투자자가 아닌 중개자의 관점으로 시장의 효과성을 파악하는 경향성의 증대로 이어졌다.

(…중략…)

- 규제 정책은 시장 구조 및 경쟁의 본질과 효과성의 문제에 거의 관심을 기울이지 않았으며, 대신 시장 행태를 통제하는 지엽적이고 종종 대증적인 규칙을 만들어 많은 지출을 야기하고 제한적인 성공만을 거두었다. 규제는 부적절한 영업 인센티브에 따른 행위를 통제하려는 시도보다는 적절한 인센티브를 제공하는 시장 구조의 확립에 초점을 맞춰야 한다. 우리는 덜 강압적이고 더 효과적인 규제의 미래, 시장 참여자의 인센티브에 새로이 중점을 두는 상품 및 주식 투자사슬이 그들의 요구를 충족하고 그들의 이익을 증진한다는 확신을 투자자와 기업들에게 줄 수 있는 신뢰 관계의 창출을 기대한다.

『케이 리뷰』는 영국의 주식시장이 단기주의를 선호하는 경향이 농후하며, 주식시장의 단기주의가 결국 기업의 단기지향적 경영을 조장하였다고 판단한다. 또한 주식시장의 주된 역할은 시장 차원의 자원 배분이 아니라 기업 내부의 자원 배분이라고 하면서, 투자 영역이 기업 내부의 거버넌스G 영역에 참여engagement하여야 한다고 주장한다. 그러나 투자자 참여의 필요성에도 불구하고 참여의 양量보다는 질質이 중요하며, 투자자의 참여의 질이 낮으면 오히려 기업의 단기주의를 조장하는 등의 문제를 야기할 수 있다고 주장한다. 말하자면 기업이 단기 이익을 추구하도록 만든 원흉은 단기 이익만을 추구하던 투자자들이라는 주장이다.

또한『케이 리뷰』는 시장이 단기주의에 빠지게 된 원인에 대하여도 기술한다. 동 보고서는 개인들의 자금이 연기금, 보험회사에 집중되고, 이는 다시 자산운용사에 위탁되는 일련의 투자사슬investment chain이 형성되면서 단기적인 인센티브에 좌우될 수밖에 없는 연금 컨설턴트, 애널리스트, 운용 전문가들의 입김이 강화되는 상황에 주목하였다. 즉 투자사슬 내 플레이어의 투자성과가 분기나 반기 단위로 평가되기 때문에 투자사슬 내부에 단기주의적 인센티브 구조가 구축되면서 시장 전체의 단기주의를 조장했다는 것이다.

단기주의의 원인에 대한 위 보고서의 진단과 더불어 주목할 부분은, 기관투자자에 있어서의 스튜어드십의 규범화와 장기적인 관점에 기반한 경영 참여engagement의 필요성을 명확히 한 것이다. 특히 오늘날의 주식시장의 핵심 기능은 오히려 기업 내부의 거버넌스에 개입하는 역할이라는 관점은 개별 기관투자자의 역할에 있어서도 근본적인 변화를 요구하는데, 말하자면 기관투자자에게 있어 기업과의 참여 활동은 더 이상 자산 운용의 부수 업무가 아니라 오히려 핵심 업무가 되는 것이다. 『케이 리뷰』에 따르면 기관투자자는 과거에는 좋은 기업을 감별해 내는 역할만 수행하면 되었지만, 이제는 좋은 기업을 길러내는 경영 컨설턴트의 역할까지 담당하게 된 것이다.

장기 투자와 중요성materiality 개념

『케이 리뷰』는 기관투자자가 스튜어드십에 기반하여 기업에의 참여 활동engagement을 수행하는 것은 이념적으로 투자의 호흡을 비교적 장기적으로 가져가려는 입장에 입각한 행태라고 본다(Kay, 2012). 이는 기관투자자가 단기 실적에 따라 주식을 매각하는 투자 행태와 상반되는, 보다 능동적인 형태의 투자활동이라는 것이다. 따라서 PRI는 스튜어드십을 "수익 및 고객과 수익자의 이익의 기반이 되는 공통의 경제적, 사회적 및 환경적 자산의 가치를 포함하는 전반적인 장기적 가치를 극대화하기 위한 기관투자자의 영향력 활용"[25]이라고 정의한다(PRI Association, 2021a).

ESG는 시간과의 싸움이다. '착한' 일을 하면서 동시에 '돈'도 벌고자 한다면, 일반적으로 장기적 시간지평 위에서 투자를 고려해야 한다. 다음 분

25 "the use of influence by institutional investors to maximise overall long-term value including the value of common economic, social and environmental assets, on which returns and clients' and beneficiaries' interests depend"

기에 바로 성과를 내려면 ESG를 고려하기 어렵다. ESG를 실천하려면 오늘 뿌린 '착한' 일이 씨앗이 되어 꽃을 피울 때까지 오랜 시간을 기다리는 농부의 마음이 되어야 하는 것이다. 한편, 당연한 귀결이지만, 부정적인 ESG 요소가 부정적인 재무적 효과를 야기하기까지도 오랜 시간이 걸린다. 그리고 선뜻 이해하기 어렵겠지만, 후자의 경우, 즉 오랜 시간이 걸려 금전적 손실이 발생하는 경우가 재무적 이익의 실현에 오래 걸리는 경우보다 오히려 더 나쁠 수도 있다.

영란은행Bank of England의 은행장 마크 카니Mark Carney는 기후변화에 따른 재무 리스크를 관리할 때 모순이 발생한다고 한다. 기후변화는 현세대의 시간지평 너머에서 그 부담이 미래 세대에게 나타난다는 것이다. 그리고 일단 기후변화로 재무적 리스크가 실현되는 시점에는, 기후변화의 문제점을 바로잡을 적기는 이미 지나버린 상황일 것이라고 한다(Bank of England, 2018).

그런데 여기서 우리가 주목해야 할 것은 ESG 요소가 장기간의 시간지평 위에서 재무적 이익 또는 손실과 연결되는 모습이다. 이는 앞서 ESG의 중요한 특징 중 하나였던 '이익과 사회적 가치의 조화'가 단순한 구호나 철학적 이념이 아니라, 우리가 체험할 수 있는 실질적인 결과물로 구현되는 양상을 설명하는 것이다. 물론 이에 대한 반론이 없을 수 없다. 말하자면, ESG 요소라는 것은 결국 '금전'과 무관한 비재무적 요소이니 이것을 재무적 이익이나 손실과 등가로 간주할 수는 없다는 견해가 그것이다. 타당한 견해이다. 그래서 결론부터 말하자면, 그러한 이유 때문에 ESG에는 '장기적 시간지평'의 개념이 개입된다는 것이다.

이는 절대로 비재무적 요소를 재무적 요소로 간주하는 것을 의미하지 않는다. 비재무적 요소는 재무적 요소가 아니다. 적어도 당장은 재무적 요소가 아니라는 말이다. 다만, 일정 시간이 지나면 비재무적 요소들이 재무적 요소로 바뀌는 상황을 우리는 종종 경험한다. 예를 들면 공장에서 폐수가 무단 방류되면, 환경이 훼손되면서 사회적인 비용이 지출되고, 결국 그것은 개인적인 비용 부담으로 이어진다. 이 부분을 간과하지 않고 평가하는 것이 ESG이다. 그리고 이것이 지금껏 반복해서 나타나던 '재무적으로 중요한financially material'이라는 표현의 현실감 있는 의미이다.

[그림 2.1]을 보자. X축(수평축)은 시간의 축이다. X축에서는 왼쪽에서 오른쪽으로 진행하면, 현재에서 미래로 흐르는 시간의 경과를 나타낸다. Y축(세로축)은 ESG 과제의 특성이다. 원점은 ESG 요소가 발생한 직후, 즉 ESG 요소의 발생 초기이다. 따라서 원점에서 세로축을 따라 위로 올라가면 ESG 요소의 재무적 특성이 강화된다. ESG 요소는 통상 비재무적 요소로 불린다. 따라서 ESG 요소의 발생 초기에는 재무적 특성이 크게 나타나지 않는다. 또는 다른 의미로는 해당 ESG 요소에 대해 '사회가 크게 반응하지 않는다.'라고 이해할 수도 있다. 재무적 특성이 큰 것과 '사회가 크게 반응하는 것'이 반드시 같은 의미는 아니지만, 우리의 삶에서는 대부분 돈 문제에 격렬히 반응하는 것을 자주 목격한다. 더구나 사회가 크게 반응하

그림 2.1 시간의 경과에 따른 ESG 요소의 특성 변화

출처: 水口剛(2017)에서 인용하여 부분 수정

면 손해배상, 벌금, 주가 폭락 등을 통해 돈 문제로 귀결되는 것이 일반적이다.

그리고 ESG 요소의 발생 직후인 원점에서 출발하여 X축을 따라 오른쪽으로 이동하자. 이제 해당 ESG 요소의 재무적 특성이 시간의 흐름에 따라 강해지는 것을 확인할 수 있다. 해당 ESG 요소가 사회적인 물의를 크게 일으켜서 주가 폭락을 야기하든지, 벌금이나 손해배상 문제를 일으킬 것이다. 이처럼 [그림 2.1]은 ESG 요소들이 많은 경우 시간의 경과에 따라서 재무적인 기회나 리스크로 바뀌어 가는 양상을 도식화하여 나타내고 있다.

물론, 기후 변동과 노동력 착취의 이슈가 비재무적인 리스크에서 재무적인 리스크로 바뀌어 가기까지 걸리는 시간은 각각 다르다. 그러나 어찌되었든, 대부분의 비재무적 리스크는 일정한 기간이 경과하면 즉 장기적 시간지평에서는 좋든 나쁘든 재무적인 영향을 미치게 된다는 것이 ESG의 관점이다. 그리고 이처럼 장기적 시간지평의 위에서 재무적 요소로 바뀔 수 있는 비재무적 요소를 '재무적으로 중요financially material'하다고 설명한다. 눈썰미가 좋은 분들은 '재무적으로 중요한'이라는 표현을 이미 앞에서 여러 번 접하였다는 사실을 기억할 것이다.

후술하겠지만, 기업은 ESG 공시 등과 관련한 기업정보를 제공할 때에는 '재무적으로 중요한' 정보들을 선별하여 투자자들에게 제공하여야 한다. 이때 해당 정보의 '재무적 중요성'을 중요도materiality라고 말한다. ESG 공시에서의 중요도는 회계상의 '중요도'와 동일한 의미로 이해하면 된다. 따라서 해당 요소들이 비록 비재무적 요소이지만 기업의 재무적인 실적에 미치는 영향력의 규모나 비중이 크다면 중요한material 정보가 되어 ESG 공시에 반영되어야 한다. 회계의 영역에서는 중요성이 높은 정보는 엄격한 방법으로 회계 자료에 반영되지만, 중요성이 낮은 정보는 생략하거나 간략한 방법으로 반영하는 것이 인정된다. ESG 공시에서도 이와 유사한 관점에서 비재무적 요소의 중요도materiality를 평가한다고 이해하면 될 것이다.

사실, ESG 공시나 ESG 평가에서 다시 언급해야 할 일이지만, 어떠한 ESG 요소가 중요한 것으로 판단되는지를 질문한다면, 기업마다 다르다고 대답할 수밖에 없다. 왜냐하면, 같은 비재무적인 요소라도 기업의 상황이나 전략에 따라서 다르게 평가될 수밖에 없기 때문이다. 예를 들면, 두 기업이 모두 나무를 심었다고 가정할 때, 해당 식림 활동이 기업의 경영전략과 직접 연계되는 경우에는 ESG 평가에서 높은 평점을 획득할 근거가 되지만, 해당 활동이 단지 기부활동의 일환으로 이루어진 경우에는 그것이 재무적으로 중요하다고 평가되기는 어려울 것이다. 이것이 중요도materiality의 실체이다.

한편, 일각에서는 재무적으로 중요한financially material 것만 반영하면 상당수의 ESG 요소가 중요하지 않다고 평가될 우려가 있다는 견해도 있을지 모르겠다. 그러나 앞서 ESG의 주체가 투자자라고 말했던 것을 기억하면, 여기서 중요도는 개별 기업 차원의 평가라기보다는 기관투자자, 특히 유니버설 오너의 관점이라는 것을 이해하게 될 것이다. 말하자면 개별 기업은 기관투자자로부터 자금을 제공받는 입장임을 감안하여 ESG 공시에 있어 ESG 요소들의 중요성을 평가하게 될 것이다.

앞서 유니버설 오너는 지구 전체에 이해관계를 가지는 '장기적인' 투자자라고 하였다. 연기금, 보험사, 국부펀드 등이 대표적인 유니버설 오너들이다. 이미 언급한 대로 연기금과 보험사들은 장기간에 걸쳐 가입자들의 노후를 책임지는 연금이나 보험금을 지급하는 사회적 안전망의 역할을 담당하고, 국부펀드는 그야말로 국가의 부富를 증식하는 공적인 책임을 부담하기 때문에 각각 사회적이고 정치적인 책임을 부담한다. 따라서 태생적으로 오랜 기간 동안 안정적으로 수익을 확보하기 위한 투자전략을 채택하게 된다. 만약 장기적인 수익 기반이 붕괴되면 정치적인 책임을 부담해야 할 수도 있다. 또한 유니버설 오너들의 운용 자금 규모가 너무나 막대하여 단기적인 상황에 따라 기민하게 대응하는 것이 불가능하다는 현실적인 한계도 있다.

결국 유니버설 오너들은 위에서 언급한 본질적 및 상황적 특성 때문에 지구 전체가 오랜 기간 안정되기를 누구보다 바랄 수밖에 없다. 그리고 유니버설 오너들이 투자사슬의 최상단에 존재하는 한, 이론적으로는 지구상의 비재무적 요소들 중에 재무적으로 중요하지 않은 요소는 단 하나도 없다고 볼 수 있다.

5 테크노 자본주의

앞서, 테크놀로지는 ESG의 본질을 규정하지는 않는다고 하였다. 즉, 테크놀로지와의 관계성이 ESG를 이론적 또는 이념적으로 떠받치는 요소는 아니라는 것이다. 그러나 이념이 아닌 현실적 차원에서는 ESG와 테크놀로지는 불가분의 관계이다. 혹자는 동의하지 않을 수도 있지만, 아마도 오늘날 지속가능 기술sustainable technologies, 지속가능성을 구현하는 기술이 없었다면, 누구도 감히 ESG를 내세워서 사회적 가치를 추구하는 동시에 돈을 벌 수 있다고 주장하지는 못했을 것이다. 그런 선택지는 이전에는 존재하지 않았기 때문이다. 지금 유럽과 미국은 탄소중립을 실현하기 위해 탄소국경조정제도, 즉 이른바 '탄소국경세'의 도입을 공식화하고 있다. 그런데 아무리 지구 생태계가 경각에 달려 있다고 하여도, 만약 유럽과 미국이 탄소 포집 및 저장 기술 등을 비롯한 일련의 탈탄소 기술technologies for decarbonization을 확보하지 못하였다면 감히 탄소국경세를 도입할 리가 만무하다. 이것이 현실이다.

지구를 살리기 위한 탈성장degrowth

오늘날 지구를 지키기 위해 호기롭게 탄소국경세의 도입을 발표하는 유럽과 미국의 환경 대응도 오래지 않은 과거에는 우리의 상상력 수준을 크게 벗어나지 못하였다. 말하자면, 이들이 지구를 지키기 위해 취할 수 있는 행동은 다음의 두 가지였다. 하나는 일단 경제활동으로 환경이 오염되면, 누군가가 사후적으로 그 문젯거리를 치우는 것이다. 지구를 지키기 위해 경제활동을 포기할 수는 없으니 어쩔 수 없다는 것이다. 그러나 상황이 점점 심각해지자 보다 극단적인 해결책을 들고 나온 사람들이 등장한다. 바로 환경주의자들이다.

환경주의자들은 인류의 풍요가 언제나 환경에는 부정적이라고 주장했다.[26] 그리고 그것은 사실이었다. 따라서 이들은 이러한 저주를 풀기 위해 아주 단순하고 강력한 해결책을 제시한다. 바로 탈성장degrowth이다. 말하자면, 적게 만들고 적게 먹으며 적게 쓰면 그만큼 환경 오염도 적어진다는 것이다. 이러한 해결책을 메사추세츠 공과대학Massachusetts Institute of Technology, MIT 교수인 앤드루 맥아피Andrew McAfee는 자신의 저서 『More From Less』에서 'CRIB'이라고 부른다. 말하자면 환경주의자들은 덜 소비하고Consume less, 재활용하고Recycle, 제약하고Impose limits, 귀농하면Back to land, 인류는 환경 오염을 해결할 수 있다는 발상을 하였다는 것이다.[27]

26 1971년 생물학자 폴 얼리치(Paul Ehrlich) 와 물리학자 존 홀드런(John Holdren)은 『사이언스(Science)』에 'I=P×F'라는 방정식을 제시했다. I는 한 사회가 환경에 미치는 부정적인 총영향(Impact), P는 인구(Population) 크기, F는 1인당 요인(Factor)을 뜻했다. 나중에 F는 풍요(Affluence(1인당 GDP))와 기술(Technology(다양한 방식으로 측정되는 기술))의 곱으로 대체되었다. 따라서 방정식은 'I=P×A×T'가 되었고, IPAT 모델이라고 불리게 되었다. 이 모델은 인구와 풍요가 언제나 환경에는 나쁜 소식이라는 의미를 담고 있었다(McAfee, 2020).

27 본서는 ESG의 기술적 특성을 밝히면서 앤드루 맥아피의 저서인 『More from Less: The Surprising Story of How We Learned to Prosper Using Fewer Resources—and What Happens Next』의 일부를 발췌 및 인용하였음을 사전에 밝힌다. 저자들은 그의 관점에 대부분 동의하는 바이다.

그리고 많은 이들은 환경주의자들의 주장에 동조하게 된다. 이들의 주장은 그 실천이 어렵다는 점만 제외하면, 일견 논리적으로 느껴졌기 때문이다. 일단 덜 소비하면consume less 덜 오염시킬 것은 자명하다. 여기서 덜 소비한다는 것은 소비증가율을 줄이는 것이 아니라, 소비의 절대량을 줄여야 한다는 것이다. 물론 매우 고통스러울 것이다. 여기에 더하여 재활용recycle을 하면, 자원 고갈을 해결할 수 있다. 그리고 민주주의 국가에서는 실현하기 어렵지만 출산과 생산에 제약을 가하는impose limits 해법이 있다. 마지막으로 전 인류가 기술을 떠나서 땅으로 돌아가면back to land 더 이상 환경을 오염시키지 않을 것이라고 주장했다. 즉, 귀농하자는 것이다(McAfee, 2020).

탈물질화의 기적

그러나 맥아피 교수는 이러한 환경주의자들의 견해가 과거에는 타당하였을 수도 있지만 더 이상은 그렇지 않다고 말한다. 그는 언제부터인가 인류는, 최소한 선진국의 국민들은 점차 덜 쓰면서 더 많이more from less 얻고 있다고 한다. 그리고 점차 공기와 물을 덜 오염시키고, 온실가스를 덜 배출하고, 생명체의 종의 다양성이 다시 늘어나고 있다고 주장한다. 그는 그 원인으로 '기술 발전technological progress', '자본주의capitalism', 환경 오염 등에 대한 '대중의 인식public awareness' 및 '반응하는 정부responsive government'를 지목하였다. 맥아피 교수는 인류는 이러한 원인에 기인하여 과거 영속적인 상충 관계에 있던 '경제의 성장'과 '환경의 보전'을 이제는 동시에 달성할 수 있게 되었다고 말한다(McAfee, 2020). 그리고 그는 자신의 이러한 주장을 뒷받침하기 위해 하나의 그래프를 제시한다.

[그림 2.2]는 1900~2015년 동안 미국에서 가장 중요한 5대 금속[28]의 연

28 가장 중요한 금속이란, 미국이 가장 많은 돈을 쓴 금속을 뜻한다.

그림 2.2 미국 GDP와 주요 금속 소비량(1970년=1 기준 인덱스)

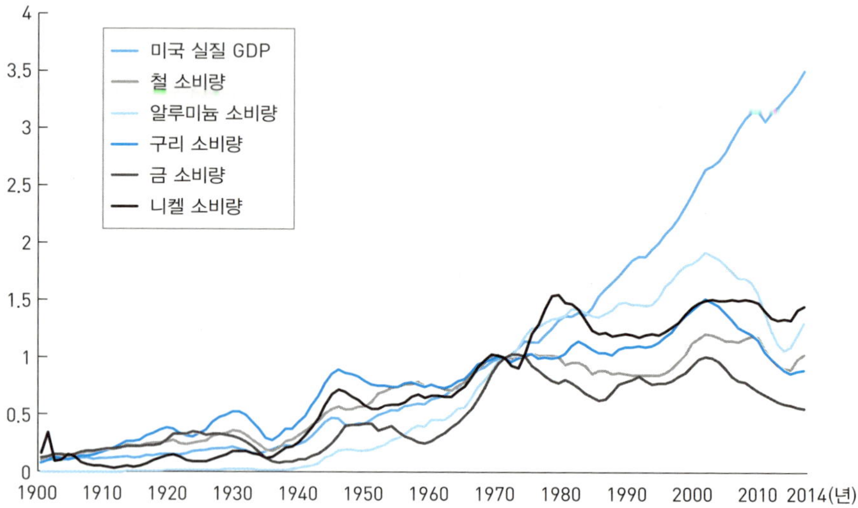

출처: McAfee(2020)

간 총소비량 및 미국의 실질 GDP를 함께 나타낸 그래프[29]이다. 여기서 나타나는 미국의 금속 연간 총소비량은 미국인 1인당 연간 소비량이 아니라, 모든 미국인들의 연간 총소비량이다. 즉, 한 해에 특정 금속을 총 몇 톤이나 쓰는가를 나타낸다.

[그림 2.2]는 매우 인상적인 정보를 제공한다. 우선 이 금속들은 대략 2000년대에 들어서면서 미국에서 그 사용량이 정점을 지나고, 이후 그 소비량은 오히려 서서히 줄어드는 추세를 나타낸다. 반면, 금속의 소비량이 정체되는 상황에서 미국의 실질 GDP는 안정적으로 성장하고 있다. 정확히는 2007년에 미국의 5대 금속은 최대 사용량을 기록한 이후 2015년까지 사용량의 정점을 회복하지 못하였다. 그리고 이러한 양상은 다른 자원에서도 발생한다.

29 1970년 데이터를 기준(1970년=1)으로 하여 각 데이터를 인덱스로 바꾼 수치이다.

그림 2.3 미국 실질 GDP와 에너지 총소비량 및 CO_2 배출량(1970년=1 기준 인덱스)

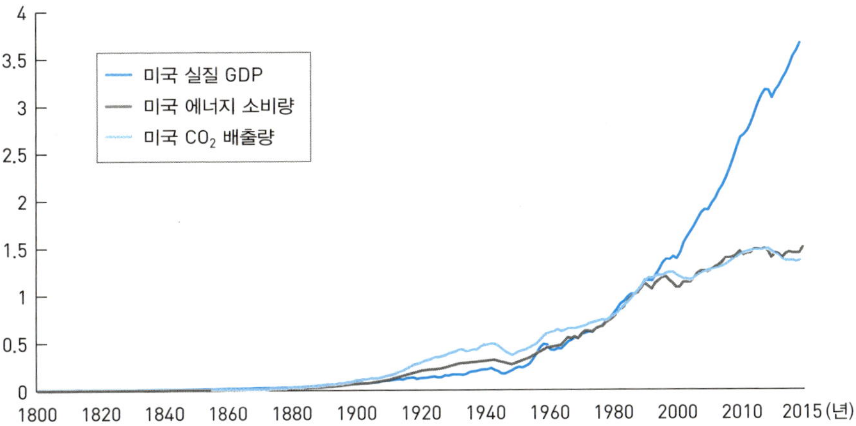

출처: McAfee(2020)

[그림 2.3]은 1900~2015년 동안 미국의 에너지 총소비량과 지구 온난화의 원흉인 이산화탄소CO_2 배출량 및 미국의 실질 GDP를 함께 나타낸 그래프[30]이다. 여기서도 미국의 실질 GDP와 에너지 소비량 및 CO_2 배출량 간의 괴리가 점점 더 확대되는 양상을 확인할 수 있다. 정확히는 2007년에 미국의 에너지 소비량과 CO_2 배출량이 각각 정점을 찍고 2017년까지 모두 완만한 하락세를 보였다. 반면 동 기간에 미국의 실질 GDP는 15.5%의 상승세를 시현하였다.

이는 놀라운 변화이다. 경제가 성장하면 자원과 에너지의 소비량도 함께 증가한다는 것이 일반적인 통념이고, 실제로 오랜 기간 그런 양상이 이어져 왔었는데, 2007년을 기점으로 미국에서는 경제가 성장하는 동안, 에너지와 자원의 소비량, 심지어는 CO_2의 배출량까지 오히려 감소하고 있었다는 것이다.

30 1970년 데이터를 기준(1970년=1)으로 하여 각 데이터를 인덱스로 바꾼 수치이다.

맥아피 교수는 이러한 현상을 탈물질화dematerialization라고 지칭하며, 미국의 경제는 탈물질화 단계로 이미 진입하여 자원을 '더 적게 쓰고 더 많이 more from less' 거두어들이는 경제로 바뀌었다고 주장한다. 미국에서 나타나는 탈물질화의 기적은 결코 물건을 덜 소비해서 나타나는 것은 아니다. 오히려 미국인은 과거 어느 때보다 더 높은 소비성향을 지속적으로 나타내고 있다. 다만, 기술의 발달로 인해 더 적은 자원으로 물건을 만들 수 있게 된 것이 차이를 만들었다. 예를 들면, 전자 부품들이 끊임없이 작아지면서, TV, 라디오, 전화기, 카메라, 계산기, 녹음기 등이 모두 스마트폰에 들어갈 수 있게 되었다. 말하자면 그만큼 물건을 많이 만들 필요가 없어진 것이다. 또한, 음악, 영상, 책, 그림 등이 모두 디지털화하여 물리적인 저장 장치가 지속적으로 소형화하고 있다. 클라우드 등 가상화 기술도 물질의 소모를 줄인다. 더욱이 소셜미디어나 전자상거래 등의 발달로 사람들의 온라인 활동 비중이 늘면서 에너지 소모와 온실가스 배출을 일으키는 오프라인 활동의 비중이 줄어드는 것도 긍정적인 영향이다. 이처럼 지구상에서 가장 소비성향이 높은 미국에서 나타난 탈물질화는 철저하게 테크놀로지와 이익을 추구하는 자본주의의 인센티브 시스템이 만들어낸 기적이다.

그리고 이러한 탈물질화 경향은 미국만의 양상은 아니라고 한다. 영국에서도 탈물질화 경향이 이미 데이터로 실증되었으며, 여타 서구 선진국의 경제 역시도 탈물질화 단계로 접어 들었을 것으로 추측하고 있다. 반면 인도와 중국 등은 아직 탈물질화 단계에 들어서지 않았을 것이라고 말한다. 그러나 개발도상국 역시도 조만간 탈물질화 경향을 경험하게 될 것으로 확신하고 있다(McAfee, 2020).

한편, 이에 덧붙여, 맥아피 교수는 환경주의자들의 'CRIB 전략', 즉 덜 소비하고Consume less, 재활용하고Recycle, 제약하고Impose limits, 귀농하는Back to land 전략이 앞서 목격했던 탈물질화 경향에 거의 영향을 미치지 못하였다는 것을 언급하고 있다. 이는 ESG와는 다소 연관성이 낮은 주제이지만, 지속 가능한 세계를 구현하는 전략에 몇 가지 시사점을 제공하므로 간단히 언급하도록 하겠다.

우선, C 전략, 즉 덜 소비하는consume less 전략은 거의 실행에 옮겨진 적이 없다고 한다. 생산물의 총소비량은 끊임없이 늘었고, 인류는 과거에도 그랬지만, 앞으로도 어떠한 형태로든 탈성장degrowth을 받아들일 가능성이 거의 없어 보인다고 한다. R 전략, 즉 재활용하는recycle 전략은 많이 채용되었지만, 재활용이 자원을 덜 소모하게 하지는 않는다고 한다. 상식에 반하는 듯하지만, 맥아피 교수에 따르면 재활용은 자원을 저렴하게 하는데, 통상 가격이 저렴해진 자원은 더 많이 소비되는 경향이 있다고 한다. 결국, 재활용은 자원의 소모를 오히려 촉진하는 효과도 있다고 한다. 반면, 제약을 가하는impose limits 전략은 성과를 거두기도 하였다고 한다. 물론 출산에 제약을 가하는 비인도적인 행위가 중국에서 실제로 행해졌는데, 그 효과는 미지수이고 일반적으로는 실행할 수 없는 전략이지만, 일부 동물의 포획 금지나 오염 물질에 대한 제약 등은 효과를 거두었다고 한다.

마지막으로 가장 인상적인 것은 귀농하는back to land 전략인데, 맥아피 교수는 귀농하거나 자연으로 되돌아가는 것은 환경에 오히려 나쁜 영향을 미친다고 한다. 그 이유로는 우선 전통적인 농업 방식은 자원 이용의 효율이 떨어진다는 사실을 언급한다. 같은 양의 농작물을 산출하기 위해 지금보다 더 많은 양의 토지, 물, 비료를 사용하게 되어 환경에 부담을 줄 것이다. 또한 도시에서는 이동거리가 짧아지고 에너지 효율이 높은 주거환경을 이용하는 데 반하여 시골에서는 그와 반대의 상황이 벌어지기 때문이다. 그래서 환경을 보호하고자 한다면, 인간은 오히려 자연에서 멀리 떨어지는 것이 바람직하며, 차라리 도시의 고층 아파트에 사는 편이 지구에게 부담을 적게 미치는 생활방식이라는 것이다.

세 가지 성장 방식과 세 가지 경제

우리는 미국 등 선진 제국諸國에서 자본주의와 테크놀로지를 통해 경제 성장과 동시에 탈물질화가 가능함을 확인하였다. 말하자면, 경제적 가치와 사회적 가치 간의 상충trade-off에 대한 기존의 고정관념이 깨진 것인데, 이러한 변혁을 통해 새로운 경제관을 창출하려는 이념이 바로 ESG이다. ESG가 창조하는 새로운 경제관을 이해해보자.

경제적 가치와 사회적 가치 간의 상충trade-off 관계에 입각하면 우리가 이해하는 경제관은 크게 (1) 고전적 자본주의 (2) 탈자본주의 (3) 지속가능 경제로 대별될 것이다. '고전적 자본주의'란 우리들이 익히 알고 있는 통상의 경제체제인데, 극단적으로 말하자면, 만약 환경과 사회를 고려하여 이익이 줄어들면, 환경과 사회에 대한 영향을 고려해서는 안 된다는 경제관이다. 흔히 경제적 이익을 최우선에 두고 생산 요소를 착취하는 전형적인 자본주의이다. 너무 자극적으로 표현하였지만, 언제나 수지타산을 고려해야 하는 기업의 입장이기도 하고, 우리의 일상이기도 하다. 환경과 인권 운동가들이 말하는 '나쁜' 자본주의이다.

이런 '나쁜' 자본주의에 대한 비판에서 환경과 인권 운동가들이 주장하는 '착한' 자본주의가 등장하는데, 이것이 바로 '탈자본주의'이다. 말하자면, '나쁜' 자본주의에 대한 반정립anti-thesis[31]이다. 요즘은 ESG 경제를 '착한' 자본주의라고 부를지도 모르겠지만, '착한' 자본주의의 전형적인 모습

31 정립(thesis), 반정립(anti-thesis) 및 종합정립(synthesis)의 개념은 흔히 정반합(正反合)으로 알려진 헤겔(Georg Wilhelm Friedrich Hegel)의 변증법에 따른 것이다. 본디 변증법은 자기 부정을 통해 자신의 주장을 입증하려는 그리스 철학의 추론 기법인데, 이를 존재의 논리에 적용한 것이 헤겔이다. 정립은 존재나 명제를 내세우는 것인데, 내재된 모순을 모르고 있는 단계이다. 반정립의 단계는 정립의 모순을 부각하여 정립에 반대하는 존재나 명제를 내세우는 단계이다. 그리고 정립과 반정립의 충돌로 제3의 종합정립으로 나아간다. 종합정립의 단계에서는 정립과 반정립의 모순들이 함께 부정되고 조화되면서 긍정적인 측면을 중심으로 새로운 명제나 존재로 발전적으로 종합 및 통일된다.

은 탈자본주의다. 탈자본주의의 환경과 사회에 대한 대응은 두 가지로 나타난다. 하나는 기업활동에 따른 부負의 외부효과(외부 불경제)를 최소화하기 위해 기업활동을 축소하거나 기업이 외부 불경제를 보상하여 해당 비용을 전적으로 내부화하고 이 과정에서 필연적으로 발생하는 금전적인 출혈을 기업이 감수하도록 요구하는 것이다. 그리고 다른 하나는 극단적인 형태인데, 환경과 사회를 착취하는 기업활동에 전면 반대하여 전근대 사회로 복귀하거나 공산주의 혁명을 통해 자본주의를 전복하는 방식을 동원할 수도 있다.

탈자본주의자들의 이러한 경향성 때문에 탈자본주의의 지지자들은 스스로를 선한 투사로 여기는 반면, 외부에서는 '반기업적' 또는 '좌파적'이라는 인식을 가지게 된다. 물론 많은 경우에는 실제로도 그러한 경향성이 존재하기도 하는데, 이는 이들이 필연적으로 기업의 이익과 상충되는 주장을 내세우기 때문이다.

그런데 이처럼 서로 대립하는 '착한' 자본주의자와 '나쁜' 자본주의자는 놀랍게도 하나의 측면에서는 의견의 일치를 본다. 그것은 "환경과 사회에 대한 이익을 고려하면 기업의 재무적 이익이 줄어든다."는 것이다. 물론, 일부 탈자본주의적인 관점에서는 예를 들면 기부활동을 하면 단기적 이익은 줄어들지만 장기적 이익이 늘어난다고 주장하기도 한다. 그러나 설령 이에 동의한다고 하더라도 장기적 이익의 발생 여부를 확인하거나 그 이익 규모를 측정하기 어렵고, 또한 일반적으로는 재무적 이익을 적극적으로 추구하여 기부활동을 하기보다는, 평판 리스크에 따른 잠재적 손해를 회피하려는 경우가 대부분이다.

이처럼 탈자본주의자들 역시도 환경과 사회에 대한 이익을 고려할 때 손실을 감수해야 한다는 입장이므로, '착한' 일에 있어 효과성을 높이기 위한 새로운 경제관이 등장하게 된다. 지속가능경제다. 말하자면, 이는 고전적 자본주의와 탈자본주의의 종합정립synthesis이다. 지속가능경제는 사회적 가치와 이익에 대해서 앞선 '나쁜' 자본주의 및 '착한' 자본주의와 다른 관점을 가진다. 그것은 환경과 사회를 고려하면 주주의 이익을 늘리게 되므로, 돈을 벌고자 한다면 환경과 사회를 위한 활동을 적극적으로 추구해야 한다고 한다. 그리고 이러한 사업 행위를 우리는 ESG 투자와 ESG 경영이라고도 한다.

이처럼 지속가능경제는 우리의 경제활동에 있어서의 모든 모순들을 일거에 해결할 수 있는 완벽한 경제체제다. 이론상은 그렇다. 현실은 어떨까? 2021년 1월 전기자동차 회사로 알려진 테슬라Tesla, Inc.는 창사 16년 만에 처음으로 연간 흑자 전환에 성공하였다. 그런데 이 흑자 전환의 일등공신은 전기자동차의 판매가 아니라 캘리포니아 주정부가 탄소 무배출 차량에 제공하는 탄소배출권이었다.

탄소중립에 관한 테슬라의 관심은 여기에 그치지 않는다. 2021년 1월 테슬라 CEO 일론 머스크Elon Musk는 '최고의 탄소 포집 기술'에 1억 달러의 포상금을 걸겠다고 트윗하였다. 바로 'X프라이즈 탄소 제거XPRIZE Carbon Removal' 챌린지인데, 이 대회는 4년 동안 지속되며, 참여 팀은 하루에 최소 1기가톤을 제거할 수 있도록 작동하는 탄소 제거 시제품을 구축해야 한다. 1기가톤은 항공모함 1만 대가 뿜어내는 것과 같은 양이라고 한다. 이러한 막대한 포상금을 걸었던 일론 머스크의 노림수는 무엇일까? 아마도 자선 사업은 아닐 것이다. 혹자는 화성을 테라포밍terraforming[32]하기 위해 탄소 포집 기술의 개발이 필요하다고 한다.

PRI는 다음과 같이 말한다(PRI Association, 2021c).

---

[32] 지구 이외의 다른 천체의 환경을 지구의 대기, 기후 및 생태계와 유사하게 변화시켜 인간과 지구의 생물이 생존할 수 있도록 만드는 활동을 말한다.

거시적 기회: SDGs는 세계경제 성장을 주도할 것이다.

SDGs의 달성은 세계경제 성장의 핵심 동력이 될 것이며, 장기 투자자들은 이를 금융 수익의 궁극적인 구조적 원천으로 인식할 것이다. 장기적으로 경제 성장은 매출과 이익 성장의 원동력이며, 이는 다시 주식과 여타 금융자산으로부터의 수익을 증가시킨다.

SDGs는 우리 환경을 훼손하거나 사회에 불공정한 부담을 지우지 않고 경제 성장이 달성되는 미래를 향한 실행 가능한 모델을 만드는 것을 목표로 한다. 환경 및 정부와의 관계를 수용함으로써 비즈니스 성공을 살펴보고 판단할 수 있는 새로운 전략적 관점을 도출한다.

미시적 기회: 자본 할당 지침으로서의 SDGs

보다 지속 가능한 비즈니스 관행, 제품 및 서비스로 전환하고 있는 기업들은 새로운 투자 기회를 제공한다. 투자자들이 지속가능성 과제의 해결책을 제시하는 것이 매력적인 투자 기회가 된다고 믿는다면, 투자자들은 SDGs 테마와 섹터를 명시적으로 공략하는 투자전략을 실행할 수 있다. 기회는 대부분의 자산 형태에서 찾을 수 있는데, 상장 회사, 사모펀드, 벤처 캐피탈의 청정 기술 주식, 저탄소 인프라, 녹색 채권, 녹색 부동산, 지속가능 임업과 농업이 그 예이다.

결국 PRI가 말하는 것의 하나는, SDGs는 인류가 지속 가능한 세계를 만들기 위한 중요한 과제이자, 동시에 침체에 빠진 세계경제를 일으킬 뉴 프런티어이자 새로운 먹거리라는 것이며, 다른 하나는 ESG 투자는 SDGs를 통해 이익을 창출하기 위해 중요한 수단이 될 것이고, 마지막으로 전 세계 기관투자자들의 사실상의 카르텔인 PRI는 ESG 투자를 통해 그와 관련된 테크놀로지와 비즈니스에 금융 자원을 집중적으로 투입할 것임을 약속하고 있다.

CHAPTER

III

ESG의 역사

"역사는 반복된다."는 명언을 기억하지 않더라도, 어느 학문에서든, 역사적 접근법은 현재를 살피고 미래를 예견하기 위한 중요한 단초를 제공하며, ESG의 영역도 예외는 아니다. 따라서 ESG와 관련된 여러 의문점을 해소하기 위해서는 ESG의 역사를 확인하는 것이 큰 도움이 될 것이다. 특히 ESG를 주도하는 주체들이 어떠한 의도를 가지고, 어떠한 과정을 거쳐 ESG를 창조하고 ESG를 주류 경제의 영역으로 이끌었는지 세밀하게 살펴보도록 하자.

1 하이퍼 글로벌라이제이션[1] 초(超)세계화 이전의 상황

대부분의 지식인들은 통상 사회와 환경 등의 문제가 18세기 중엽의 산업혁명으로부터 시작되었다고 한다. 그에 따른 논리적 귀결로 별다른 고민 없이 이들을 자본주의의 모순이라고 규정한다. 그러나 18세기 영국 도시들의 비참함은 산업혁명의 결과가 아니었다. 산업혁명 이전부터 인간은 갖가지 질병과 기근, 그리고 노예 노동에 시달리고 있었다. 영국 노동자의 임금과 삶의 질을 개선한 것은 오히려 산업혁명이었다(McAfee, 2020).

물론, 우리는 현재의 경제체제가 올바른 것임을 주장하는 것은 아니다. 다만, 문제의 원인을 정확히 파악해야 한다는 것을 강조하고자 한다. 문제의 원인은 자본주의가 아니라 인류 문명이다.

1 하이퍼 글로벌라이제이션(hyper-globalization)은 하버드 대학의 케네디 스쿨(the Kennedy School of Government at Harvard)에서 국제정치경제학과 교수로 재직한 대니 로드릭(Dani Rodrik)이 자신의 저서 『The Globalization Paradox(세계화 역설)』에서 제시한 개념이다. 그는 1990년대 후반에 시작하여 21세기 초반까지 진행되었던 세계화 추세가 변화의 규모, 범위, 속도에 있어서 전례가 없는 수준이었다고 평가한다. 대니 로드릭은 하이퍼 글로벌라이제이션을 '지나친 세계화(Globalization gone too far)'로 지칭한다.

인간의 조건

이른바 국가 체제를 근간으로 하는 고대 문명은 예외 없이 노예 노동을 근간으로 성장했다. 만리장성 같은 거대한 건축물은 물론, 아이작 뉴튼Sir Isaac Newton의 만유인력의 법칙과 같은 정신문명까지도 노예 노동이 없나면 나타날 수 없었을 것이다. 최소한 ESG의 S사회의 문제는 노동력 착취에 의지하지 않을 수 없었던 인류 문명의 본질에 따른 문제이며, 자본주의를 포기해도 해결이 불가능하다. 이를 해결하고자 나타났던 공산주의 체제 역시 노동력 착취와 계급 간 불평등 등 소위 자본주의적이라고 규정했던 모순을 내부에서 겪었음은 주지의 사실이다.

반면, 환경 문제는 위에서 언급한 대로 산업혁명으로 인해 인간의 삶의 질이 높아지면서 본격적으로 악화된다. 즉, 인간의 삶의 질과 환경의 상충trade-off 관계가 부작용을 일으키게 된 것이다. 그러면 환경 문제는 자본주의를 포기하면 해결 가능할까? 자본주의를 포기해도 80억 인구는 전 지구를 개간하고 나무를 베어 땔감으로 쓸 것이다.

인류의 역사는 끊임없는 확장과 착취, 그리고 충돌의 역사이다. 산업혁명 이전에도 유럽인은 대항해 시대를 시작으로 식민지 개척에 혈안이 되어 지구 전역에 피의 참화를 일으켰다. 아메리카 대륙에서는 황금을 찾아 카우보이들이 서부의 뉴 프런티어로 퍼져 나갔다. 그리고 1989년 베를린 장벽과 소련이 붕괴하면서 맥도날드McDonald's를 앞세운 서구 자본은 동구권이라는 또 다른 뉴 프런티어로 퍼져 나갔다.

흥행, 비평 등 모든 측면에서 성공적이었던 영화 매트릭스Matrix에서 매트릭스를 지키는 스미스 요원은 인류를 해방시키려는 주인공 네오에게 다음과 같이 말한다.

내가 그간 여기서 지내면서 깨달은 걸 말해주마. 너희 종을 분류하려다가 떠

> 올랐어. 너희는 사실 포유류가 아니라는 걸 깨달았지. 지구상의 모든 포유류는 본능적으로 환경의 자연적인 평형 상태를 만드는데, 너희 인간은 그렇지 않아. 인간은 어떤 지역으로 이동해서 번식하고 번식하여 모든 자연 자원을 바닥내지. 너희가 생존하는 단 하나의 방법은 또 다른 장소로 퍼져나가는 거야. 이 행성에 같은 패턴을 따르는 또 다른 생명체가 있지. 그게 뭔지 알아? 바이러스야. 인간은 질병, 지구의 암이지. 너희는 병원체고, 우리는... 치료약이야(The Matrix, 1999).

물론, 인간은 코로나 바이러스와는 다르다. 인권과 환경을 위해 저항하고 고뇌했던 수많은 영웅들의 기록이 역사 속에 남아 있다. 예를 들어, 인권 운동의 역사를 거슬러 올라가면, 마틴 루터 킹Martin Luther King, Jr. 목사부터 로마 시대 스파르타쿠스Spartacus의 저항까지도 언급할 수 있고, 흔히 근대화의 산물이라고 알려진 환경 문제 역시 로마나 그리스 또는 중국이나 인도의 고대문명에서도 많은 고민거리가 되었다. 고대나 중세 사회에서는 도시의 위생이 종종 큰 문제를 일으켰는데, 아테네가 역병 때문에 펠로폰네소스 전쟁에서 스파르타에게 패하고, 유럽 인구의 30%가 흑사병으로 사망한 것은 유명한 사례이다. 중국에서는 통상 기상 이변과 경작지의 유실 등이 국가적인 사변으로 증폭되기도 하였다. 그러나 환경 문제의 경우, 인권 운동과는 달리 유럽의 산업혁명 이전까지는 어떠한 지적 활동의 대상이 되거나 사회 운동으로 발전하지는 않았다.

산업혁명부터 1990년대 후반까지

이러한 지적 활동의 초기 사례로는, 1798년에 발간된 맬서스Thomas Robert Malthus의 저작인 『인구론An Essay on the Principle of Population』이 있다. 식량은 산술급수적 성장원칙을 따르므로 기하급수적으로 늘어나는 인구가 식량을 초과할 수밖에 없고, 그 해결책으로 불임이나 인류의 죽음을 통한 인구 통제 시스템이 작동한다는 그의 견해는 오늘날에도 매우 유명한데, 실상 많은 이들의 비웃음의 대상이 되어 왔다. 그러나 인류의 자원 수요가 2020년까지는 지구 생태계의 재생 능력의 약 75%를 초과하고, 2030년까지는 100%를 넘어서면서 사실상 두 개의 지구가 필요하다는 유럽위원회European Commission의 최근 예측을 고려하면 맬서스의 견해를 쉽사리 비웃음으로 넘겨 버리기 어려운 것이 현재 인류의 상황이다(European Commission, 2020).

한편, 앞서 인류의 환경과 사회 문제의 원인을 모두 산업혁명과 자본주의로 돌리는 견해가 부당하다는 의견을 제시하였다. 그러나 한 가지 인정해야 할 것은 산업혁명과 자본주의는 대량으로 자원을 투입하고 생산하는 일에 전례 없이 능률적이었다는 면이다. 따라서 인류 문명에 상존하고 있던 다양한 문제들이 본격적으로 확대 재생산되기 시작했던 계기가 산업혁명이었던 것은 분명한 사실이다. 그리고 노예제나 식민주의, 생물종의 남획, 환경 오염 등에 대한 혐오가 광범위하게 퍼져나가기 시작했던 계기도 산업혁명과 자본주의의 성장이었다.

그리고 이러한 흐름은 1970년 4월 22일 미국에서 개최된 최초의 '지구의 날Earth Day' 행사로 이어진다. 지구의 날은 환경 오염 문제의 심각성을 일깨우기 위해 제정된 날로 유엔이 정한 '세계 환경의 날' 등과는 달리 순수한 민간 운동이며, 오늘날까지 환경주의 운동에 강력한 영향을 미쳤다(McAfee, 2020). 2020년 4월 22일, 지구의 날은 탄생 50주년을 맞이했다.

한편, 인권 등 사회 이슈와 관련해서는 사회적 책임 투자socially responsible investment, 즉 SRI가 사회적인 반향을 일으켰다. SRI의 기원은 미국 식민 초기까지 거슬러 올라가는데, 1758년에 퀘이커 필라델피아 연례회의the Quaker Philadelphia Yearly Meeting는 회원들이 노예 매매에 참여하는 것을 금지하였다. 이후 1960년대에도 마틴 루터 킹 박사가 흑인 커뮤니티의 경제적인 지위를 높이기 위해 오퍼레이션 브레드배스킷Operation breadbasket 등 사회적 의의를 가진 경제 개발 프로젝트를 이끌었다.

SRI의 가장 극적인 사례는 남아프리카 공화국 정부의 인종 차별 정책, 즉 아파르트헤이트Apartheid[2]에 대한 저항이었다. 1977년, 아프리카계 미국인 목사 리언 설리번Leon Sullivan은 제너럴 모터스General Motors의 이사회 멤버였는데, 당시 제너럴 모터스는 남아프리카 공화국에서 흑인들의 최대 고용주이기도 했다. 이에 설리번은 남아프리카 공화국에 사업장을 가진 기업들에 대한 행동 강령을 입안하고 해당 기업들이 동 강령을 준수할 것을 강력히 요구하였다. 해당 행동 강령은 고용 조건에 있어서의 인종 차별 금지가 핵심 내용이며, 후일 설리번 원칙Sullivan principles으로 알려진다. 이후, 아파르트헤이트에 대한 보도와 정치적 압력의 증가로 인해, 미국의 공적 연기금 및 대학이나 종교와 연관된 연기금들은 남아프리카 공화국의 투자 건에서 이탈하였고, 남아프리카 공화국 내 사업장을 운영하는 기업의 약 75%는 아파르트헤이트 중단을 요구하는 헌장 초안을 마련해야 했다.

이처럼 환경과 사회적 문제들에 대한 선구적인 활동이 서구 사회를 중심으로 일어나면서 해당 이슈들에 대한 지식인들과 일부 대중의 관심을 크게 불러일으켰다. 일부는 인류의 미래에 대해 지극히 비관적인 관점을 가지기도 하였다. 그러나 이 당시는 여전히 전통적인 경제관의 입지가 강했던 시절이었고, 환경이나 인권 이슈가 경제 발전을 저해할 것이라는 우려도 높았다. 심지어 「청정공기법The Clean Air Act of 1970」 수정안과 관련하여 일부의 미국 의원들은 환경 보호와 경제 성장이 상충trade-off 관계에 있

2 아파르트헤이트(Apartheid)는 과거 남아프리카 공화국 백인 정권의 유색 인종에 대한 차별 정책이다. 동 정책은 1948년 국민을 반투(순수한 아프리카 흑인)와 유색인(혼혈 인종) 및 백인으로 구분하는 1950년의 주민등록법으로 공식화되었으며, 1994년 넬슨 만델라가 대통령으로 당선되면서 철폐되었다.

기 때문에 "경제가 성장하려면 하천의 악취가 풍기도록 해야 한다."는 의견을 피력했다고 한다(McAfee, 2020). 이는 사실 과거 우리나라에서 공장 굴뚝에서 나오는 연기를 보며, 경제 성장의 희망을 느끼던 세대에게는 꽤 익숙한 논리이기도 하다.

당시는 환경과 사회 문제에 대해 사회 전체의 공감대가 미처 형성되기 전이었다. 따라서 환경과 사회 문제를 타개하기 위한 선구적인 활동들은 산발적으로 이루어지며 개별적인 성과를 거두는 데 그쳤고, 1990년대 후반 하이퍼 글로벌라이제이션의 본격화 이전까지는 이러한 활동이 전 지구적인 규모로 조직화되지 못하였다.

2 신자유주의의 부상과 반세계화 투쟁

1990년대 후반 하이퍼 글로벌라이제이션 시대가 본격화되면서, 환경 피해, 노동 착취, 아동 노동 등도 전 지구적 이슈가 되었다. 이에 각국의 비정부단체이하 'NGO'들은 환경과 인권 문제를 세계화의 부정적인 결과물로 인식하고 전 세계적인 연대를 통한 반反세계화 투쟁에 나선다. 지금도 회자되는 '나이키 스웻샵sweatshop 스캔들'과 '시애틀 전투'가 이때 등장하는 이야기들이다.

신자유주의의 부상

그러나 이 흥미진진한 이야기를 하기 전에 서구 글로벌 자본의 세계 정복의 과정을 간략히 살펴보자. 1980년대 미국의 로널드 레이건Ronald Reagan 대통령과 영국의 마거릿 대처Margaret Thatcher 수상은 각각 스태그플레이션과 영국병이라는 내부의 종양을 성공적으로 제거하고, 대외적으로는 소련과 공산주의의 종말을 이끌어낸다. 그 과정에서, 영미의 제조 기반은 붕괴되고 금융업 중심의 산업 구조 개편이 완성된다. 결국 구미 경제권에서는 이때부터 금융자본이 주도하는 금융화金融化, financialization가 본격화된다. 이것이 공공 부문 매각과 인력 구조조정으로 악명이 높은 신자유주의의 시작이다.

신자유주의는 자유 무역 및 단일화된 글로벌 자본시장으로 대표되는 개방된 경제 시스템과 사유재산권의 강화를 경제적 이념으로 삼고, 이를 기반으로 이윤 극대화에 집중하는 경제 및 사회 이념이다. 신자유주의는 이윤 극대화를 추구하므로, 지적 재산권을 강화하는 반면, 이윤 추구의 걸림돌이 되는 노동권과 환경권 등을 억압하는 경향이 농후했다.

신자유주의는 앵글로·색슨 자본주의의 총아였다. 1980년대 초반에는 영국, 미국, 뉴질랜드, 호주 등 영미계 선진국들을 중심으로 신자유주의가 퍼져나가기 시작했다. 그리고 앞서 말했듯이 1980년대에 영미의 금융자본은 자국의 좌파와 제2세계의 소비에트 블록, 자국 내 산업자본 등 모든 저항 세력과 경쟁 세력을 성공적으로 제압하였고, 이때부터 영미의 신자유주의는 전 세계 자본주의의 성공 모델이자 이른바 '글로벌 스탠더드'가 된다.

한편 유럽의 금융자본도 그 나름의 특색을 가지는 '유럽식' 자본주의를 버리고 빠르게 '글로벌 스탠더드'를 받아들이며, 앵글로·색슨이 주도하는 신자유주의 조류에 적극적으로 동참하였다. 유럽의 금융자본은 이후 영국과 미국 못지않은 하이퍼 글로벌라이제이션의 첨병으로 활약하며 전 세계적인 이윤 극대화에 몰두한다. 반면, 세계화의 조류에 어두웠거나 금융 역량이 약했던 제3세계와 동아시아의 호랑이들 및 일본은 세계화된 서구 자본의 본격적인 공격을 받으며, 강제로 '개항開港'이 되어 '글로벌 스탠더드'를 받아들이거나 장기간의 경제 침체에 빠지게 된다.

바로 'IMF 금융위기'를 통해 우리나라 국민에게 극명하게 각인되었던 서구 자본주의의 해결 방식이 '개항開港'의 전형적인 전개 과정과 결과였다. 국제통화기금IMF과 세계은행은 위기에 빠진 개발도상국에게 구제금융을 제공하면서 그 대가로 '글로벌 스탠더드'라는 명목으로 신자유주의의 정책과 제도를 받아들이도록 요구하였다. 그러한 요구의 결과, 우리나라의 산업과 금융시장에 대한 모든 보호막이 제거되고, 우리나라 경제에 대한 해외 자본의 지배력이 급격히 강화되는 결과를 야기하였다. IMF 금융위기와 관련된 저간의 사정에 대해서는 우리 모두의 기억이 여전히 생생할 것으로 믿는다.

그런데 지금 ESG의 역사에 대해 논의하면서 신자유주의의 전 세계적인 확산 및 전개 과정을 꽤 상세히 설명하는 이유에 대해 간단히 첨언하겠다. 단도직입적으로 말하자면, ESG는 여러 의미에서 신자유주의와 꽤 연관이 깊다. 그 하나는, ESG는 신자유주의의 몰락과 그에 따른 영미 금융자본의 반성에서 태어난, 말하자면 신자유주의라는 정립these에 대한 이른바 반정립anti-these으로서의 의의를 가진다. 다른 하나는 ESG 역시 앵글로·색슨 자본주의가 만들어 낸 새로운 '글로벌 스탠더드'라는 것이다. 즉, 영미 금융자본이 '신자유주의'라는 오랜 상품을 폐기하고 새로이 개발한 '신상품'이 ESG라는 것이다. 그리고 마지막으로 ESG가 전 세계적으로 전파되는 과정에서 과거 신자유주의의 '글로벌 스탠더드'가 전파되는 방식을 연상시키는, 묘한 '기시감旣視感'을 느끼게 된다는 것이다. 실제로, 플라자 합의Plaza Accord[3]에 뒤따르는 버블 붕괴와 1997년의 아시아 금융위기를 겪으면서도 개항의 압력을 버텨내던 일본은 현재 ESG라는 '흑선黑船'에 의해 문

3 플라자 합의(Plaza Accord)는 1985년 미국, 프랑스, 서독, 일본, 영국의 재무장관 등이 외환시장에 개입해 미국 달러를 일본 엔과 독일 마르크 등 세계 주요 통화에 대해 절하시키기 위해 뉴욕 플라자 호텔에서 체결한 합의이다.

호가 본격적으로 열리고 이제서야 이른바 '글로벌 스탠더드'를 받아들이기 시작하고 있다. ESG에 의한 일본의 '개항'에 대해서는 후술한다.

아무튼, 신자유주의의 가장 큰 업적은 세계화이다. 영미의 글로벌 금융자본은 이윤 극대화를 위해 세계적인 산업 구조 재편에 나선다. 서구의 생산 설비는 저임 노동력을 찾아 아시아 등으로 이전되어 제조 가치사슬의 세계화가 나타난다. 그 결과, 서구의 제조업 기반은 붕괴되고, 미국 노동계급의 실업이 만성화되기 시작한다. 이윤 극대화를 위해 신흥 개발국의 노동 착취도 본격화된다. 반면, 월 스트리트는 이윤 극대화에 성공하여 돈잔치를 즐기게 되고 계층 간 부의 불평등이 극심해진다.

서구 투자자본의 글로벌화로 인해 나타나는 현상은 다양하지만, 환경 및 인권 운동과 관련되어서는 다음의 특징이 나타난다. 그 하나는, '소수 특권층과 착취당하는 다수 대중'의 대립 구도가 구미에서 이때부터 부각되기 시작한다. 신자유주의의 초기인 1980년대, 서구 세계는 풍요를 구가했다. 더구나 공산주의 진영의 갑작스러운 붕괴로 서구 세계는 무한한 승리감과 자신감에 도취되었다. 따라서 환경과 인권을 기치로 내건 저항 세력은 글로벌 자본의 지배로 인한 노동 계층의 붕괴가 가시화되는 1990년대 후반이 되기까지 대중의 시야에서 벗어날 수밖에 없었다.

다른 하나는, 금융자본의 글로벌화로 인해 전선戰線이 전 세계적으로 확대되었다는 것이다. 금융자본의 글로벌화 이전에도 비서구권에 대한 서구 자본의 착취는 만연했다. 그러나 해당 서구 자본의 본질이 금융화되어 글로벌라이제이션의 흐름이 전례 없이 가속화되면서, 서구 대중은 비로소 머나먼 동남 아시아의 노동 이슈에 반응하고 연대하는 글로벌한 시각을 가지게 되었다. 결국, 환경과 인권 운동의 글로벌화는 역설적이지만 서구 자본의 글로벌화에 힘입은 바가 컸다.

나이키 스웻샵 스캔들

이러한 시대 분위기 속에서 서구의 대중은 드디어 글로벌화 세력에 대한 분노를 폭발시킬 계기를 발견하게 된다. 이것이 이른바 나이키 스웻샵 스캔들Nike sweatshop scandal이다.

나이키 스웻샵 스캔들을 설명하기 전에 우선 나이키의 비즈니스 모델에 대한 설명이 필요하다. 나이키는 마이클 조던Michael Jordan, 타이거 우즈Tiger Woods 등 스타 마케팅으로 유명한 스포츠 용품 기업이다. 이처럼 마케팅 역량이 우수한 나이키는 대폭적인 비용 절감을 위해 본사에는 마케팅과 디자인 기능만 남기고, 생산 부문은 한국, 그리고 이후에는 동남 아시아 저개발국에 외주를 주어 저임금 노동의 이익을 취하는 비즈니스 모델을 만들었다.

스웻샵sweatshop이란, 말하자면 노동 착취 공장이다. 여전히 스웻샵의 이미지가 명확히 떠오르지 않는다면, 바로 우리나라의 '작업반장' 즉 '십장' 시스템을 떠올리면 되겠다. 당시 나이키가 동남아 공장들의 생산성 저하에 고심하다가 찾아낸 해결책이 우리나라의 '작업반장'이었다고 한다. 그리고 당시 문제가 된 나이키 스웻샵 중에는 실제로 한국 기업이 소유한 작업장도 있었다(Kanungo et al., 2012).

나이키 스캔들의 문제가 된 동남아 하청 공장의 실상은 서구인들에게는 놀라울지 모르겠으나, 한국인들에게는 꽤 익숙한 모습일지도 모르겠다. 동남아 공장에서는 불법적인 시간외근무, 저임금, 언어 학대, 신체적 폭행 등이 자행되었고, 나이키는 이를 방관했던 것이다. 더불어, 현지 하청공장이 하루에 2달러의 임금을 주고 나이키에는 켤레당 5달러에 납품하였는데, 나이키는 이를 180달러에 판다는 사실이 전 세계에 알려지게 되었다.

이에 서구의 소비자들은 분노했다. 나이키의 유명한 광고 카피인 "Just Do It"은 "Just Boycott It그냥 사지 마"으로 바뀌었고, 나이키 매장 앞의 항의 시위는 언론의 좋은 먹잇감이 되었다. 결국 1997년 나이키의 매출과 주가가 떨어지기 시작한다. 1998년 마침내 나이키 창업자 필 나이트Phil Knight는 해당 사건에 대해 공식적으로 사과하면서 하청업체 관리와 노동 관행을 획기적으로 바꾸겠다고 약속했다. 그리고 본 사태 이후 나이키의 행보 변화는 매우 주목할 만하다. 비록 이후에도 하청업체 관리와 노동 관행을 바꾸기까지 상당한 시간이 걸리고 꽤 진통이 있었지만, 현재 나이키는 '흑인의 목숨도 소중하다Black Lives Matter, BLM' 운동을 지지하는 광고, 심지어 일본에서는 재일 한국인 차별을 비판하는 광고 등 충격적인 매체 활동을 통하여 브랜드 액티비즘brand activism의 선봉에 서고 있다.

시애틀 전투와 세계화의 신新전략

나이키 스웻샵 스캔들은 이처럼 글로벌 자본에 대한 서구 대중의 분노가 글로벌한 관점에서 영향력을 미치기 시작하는 중요한 계기가 되었다. 그리고 2년 후 전 세계는 시애틀에서 드디어 국제적으로 연대하는 '탈경제脫經濟' 세력의 부상을 목격하게 된다. 이것이 바로 이른바 '시애틀 전투the Battle of Seattle'라고 불리는 1999년 '시애틀 WTO 시위1999 Seattle WTO protests'이다.

세계무역기구the World Trade Organization, 이하 'WTO'는 전 세계적인 자유 무역을 촉진하기 위한 국제 기구로서 전신인 「관세 및 무역에 관한 일반협정General Agreement on Tariffs and Trade, 이하 'GATT'」을 해체하고 이를 발전적으로 승계하는 형태로 1995년 1월 1일에 출범했다. 그리고 WTO의 창립 멤버가 된 130여 개의 가입국들은 자유 무역을 저해하는 관세와 비관세 장벽의 일체 철폐에 의기투합하고 있었다. 따라서 WTO는 세계화의 대명사나 다름 없었으며, 선진 7개국 정상회담the Group of Seven, G7과 함께 전 세계의 '구경제舊經濟' 시스템을 이끌어 가던 양대 축을 구축하였다.

창립 당시의 WTO는 당시 최전성기를 구가하면서 기세 등등하던 신자유주의의 나팔수이자, 세계 무역의 공식적인 기획 본부였다. WTO의 두 번째 사무총장이었던 레나토 루지에로Renato Ruggiero는 WTO의 무역 자유화 정책들이 '다음 세기(21세기)의 조반에 세계의 빈곤을 뿌리 뽑을 잠재력'을 지니고 있다면서 "이는 불과 몇십 년 전만 해도 유토피아적인 생각이었지만 이제는 현실적인 가능성이 됐다."고 선언했다(장하준, 2002). 이처럼 신자유주의적 가치가 모든 문제의 해결책이라는 과감한 결론에까지 이르면서, WTO는 세계화에 지장을 초래하는 어떠한 요소들과도 거의 타협하지 않으려 하였다(국경없는 금융포럼, 2019).

WTO의 강경한 입장은 특히 환경 문제에서 여러 이슈를 만들었다. 대표적인 사례로는 참치-돌고래 사건Tuna-Dolphin GATT cases과 새우-바다거북 사건Shrimp-Turtle case을 들 수 있다. 참치-돌고래 사건에서는, 돌고래 보호를 위해 참치잡이 어선들의 유자망 사용을 금지하는 미국의 해양포유동물보호법 등을 멕시코가 위반했다는 이유로 미국이 수입금지조치를 내리자, WTO 패널은 해당 조치가 GATT 제11조 제1항을 위반한다는 결론을 내렸다. 또한, 새우-바다거북 사건에서도, WTO는 바다거북 보호 장치를 장착하지 않는 새우잡이 선단을 제재하기 위해 동남아 국가의 새우에 대한 미국의 수입제한조치 역시 GATT 제20조 예외조항에 부합되지 않는다고 판단했다(국경없는 금융포럼, 2019).

이러한 일련의 판결들을 통해, 전 세계 환경주의자들과 WTO 간의 대립각은 보다 날카로워졌다. 더욱이 WTO의 부상을 개별 국가의 주권을 무력화시키는 세계 단일 정부의 등장으로 이해하는 견해까지 등장하면서, WTO는 신자유주의로 피해를 입었다고 믿는 전 세계 활동가activists들의 공공의 적이 되었다.

이런 일련의 상황 속에서 1999년에 미국 워싱턴주 시애틀에서 일어난

반反WTO 및 반反세계화 시위는 4만 명이 집결하여 11월 30일부터 12월 3일까지 장장 나흘에 걸쳐 일어난 폭동 그 자체였다. 만약 이 시위의 목표가 11월 30일에 개최 예정이었던 WTO 각료회의를 저지하려던 것이었다면, 시위는 성공적이었다. 시위자들은 오전 7시 30분부터 팔장을 끼고 '인간 사슬'을 만들어 워싱턴 컨벤션센터 등의 출입구를 가로막고 출입자를 저지하였고, 각국 대표단들은 입장조차 못하는 상황이 벌어져 각료회의 개막식까지 취소되었다(중앙일보, 1999). 이 시위의 참가자는 노동조합, 환경단체, 농업인 단체, 학생 단체, 종교 단체, 좌파 정당과 무정부 단체까지 다양했으며, 비폭력, 불복종 시위로 시작한 시위의 양상은 시간이 지나면서 점차 폭력 시위로 번져가게 되었다. 이들의 주장은 결국 경제가 글로벌화하면, 노동자는 착취당하고 환경은 돌이킬 수 없이 파괴되며 사회는 황폐화된다는 것이었다.

이 시위의 여파는 컸다. 이후 엄격한 보안 조치가 취해져 더 이상의 불상사는 없었지만, WTO의 위상은 속절없이 추락했다. 개발도상국은 선진국이 밀어붙이는 신자유주의 어젠다에 극렬하게 저항하였고, 미국은 WTO를 중심으로 한 다자주의multilateralism 대신 WTO에 구속되지 않는 양자 간 무역협정으로 시선을 돌리면서 WTO는 점차 유명무실하게 되었다. 결국, 이른바 세계 단일 무역시장을 추구하는 전면적인 세계화의 흐름은 막을 내렸다.

재미있는 것은, 비록 음모론의 영역이지만 WTO를 중심으로 하는 세계 단일 무역시장의 구도를 좌절시키는 것이 미국의 진정한 의도였다는 시각도 있다. 당시 시애틀 폭동을 바라보는 전 세계의 일반적인 견해는 세계화를 사실상 이끌어가는 미국에서 반反세계화 폭동이 일어나서 국제 사회에서 미국의 지도력이 손상받을 것으로 전망하였다. 그러나 EU나 일본 등의 일각에서는 NGO들의 대규모 시위가 사전에 예정돼 있었다는 점을 들어 미국이 이번 협상에서 소기의 성과를 거두기 위해 시위를 어느 정도 '묵인' 한 것이 아니냐는 의구심을 가지기도 하였다.

그리고 역시 미국의 이후 행보는 WTO라는 다자주의의 굴레에서 벗어나 개발도상국을 각개격파로 압박하거나 자유무역협정Free Trade Agreement, 이하 'FTA'[4] 등 지역별 무역협정을 활용하여 협상력의 우위를 충분히 활용하는 전략으로 선회하였다. 이와 함께 선진국들은 이때부터 정부 중심으로 단일한 세계 시장을 만든다는 요란한 세계화 전략을 버리고, 오히려 그간 정부의 그림자 속에서 조용히 이익을 취하던 기업이나 금융자본이 국제 사회의 전면에 나서도록 하는 보다 세련된 전략을 취하기 시작했다.

한편, 이에 대한 반작용으로 중국의 부상과 더불어 인도, 브라질, 러시아, 남아프리카 공화국 등 영향력이 높아지는 일부 개발도상국이 연대하는 움직임도 활발해졌다. 이들이 이른바 BRICs[5]이다. 2001년, BRICs가 2050년까지 세계의 경제를 이끌어 갈 것이라는 전망을 골드만 삭스의 짐 오닐Jim O'Neil이 발표한 것을 기점으로, 전 세계의 글로벌 기업들은 더 이상 본사 소재지 국가에 의존하지 않고, 국가와 대등한 국제 사회의 일원인 다국적 기업으로 부상하면서 이들 BRICs에 대대적으로 침투하게 된다.

이처럼 1990년대부터 2000년대 초반까지, 신자유주의의 가치를 전면에 내세운 서구 금융자본이 전 세계의 자원과 노동력에 대한 장악력을 강화함에 따라, 그간 산발적으로만 존재감을 보여주던 환경 및 인권 액티비즘,

4 자유무역협정(FTA)은 협정을 체결한 국가 간에 상품·서비스 교역에 대한 관세 및 무역 장벽을 철폐함으로써 배타적인 무역 특혜를 서로 부여하는 협정이다. FTA는 그동안 유럽연합(EU)이나, 북미자유무역협정(NAFTA) 등과 같이 인접 국가나 일정한 지역을 중심으로 이루어졌기 때문에 흔히 지역무역협정(RTA: Regional Trade Agreement)이라고도 부른다.

5 2000년대를 전후해 빠른 경제 성장을 거듭하고 있는 브라질·러시아·인도·중국·남아프리카 공화국의 신흥 경제 5국을 일컫는 경제용어. 'BRIC'이라는 용어는 2001년 당시 골드만삭스 자산운용의 회장인 짐 오닐이 『Building Better Global Economic BRICs』라는 출판물에서 만든 것으로 알려진다.

즉 탈경제 세력 역시 전 세계적인 반反세계화 네트워크로 거듭나는 모습을 보여 주었다. 그러나 BRICs와 인터넷 버블 등의 뉴 프런티어의 등장이 인류의 끝없는 욕망을 충족시켜 주는 새로운 장미빛 희망이 되면서, 시애틀 전투 등의 화려한 이벤트로 잠시 주목을 받던 탈경제 세력은 언제나 탐욕스러운 세계인의 뇌리에서 서서히 잊혀져 갔다.

3 지속가능경제로의 첫걸음

스탠포드 대학 교수이자 세계적인 석학 프랜시스 후쿠야마는 1992년 『The End of History and the Last Man역사의 종언』이라는 인상적인 저작에서 민주주의와 자유 시장경제가 승리함으로써 사회제도의 발전이 종결되었다고 주장하였다. 이는 신자유주의가 최종적으로 승리하였음을 과감히 선언한 것이었다. 그리고 이후 신자유주의는 승승장구하며 개발도상국의 문호를 개방하고 후진국의 노동력과 자원을 장악하면서 '글로벌 스탠더드'로서 전 세계를 사실상 정복하다시피 하였다.

그러나 신자유주의의 '글로벌 스탠더드'로서의 지위는 오래 가지 않았다. 신자유주의의 착취적인 본질에서 야기되는 내부 모순은 앞서 본 1999년 시애틀 WTO 시위로 극명하게 드러나게 되었다. 시애틀 WTO 시위 당시, 코피 아난 유엔 사무총장은 "부자 나라들이 간신히 경쟁을 뚫고 수출에 성공한 가난한 나라들의 제품에 보복관세를 부과함으로써 타격을 주고 있다."고 비난했다. 또한 그는 "상품을 충분히 상호 수출할 수 있어 행복한 처지인 선진국들은 개발도상국들로부터 완제품이 아닌 원료만 수입하기를 바라고 있다."면서 "그 결과 개발도상국 제품에 매기는 관세가 선진국 제품에 부과되는 것보다 네 배나 높은 실정"이라고 말했다(중앙일보, 1999).

유엔 글로벌 콤팩트

이처럼 1990년대 말부터 2000년대 초반은 개발도상국에게 지극히 착취적인 시자유주의의 민낯에 대한 비판이 전례 없이 높아지고 있었던 시기였다. 그러나 물극필반物極必反, 즉 사물의 전개가 극에 달하면 반드시 반전한다고 하듯이, ESG의 작은 씨앗이 뿌려진 시기 역시 1990년대 말이었다. 코피 아난은 1999년 1월 다보스 포럼에서 "글로벌 시장에 인간의 얼굴을 부여하는 공유 가치와 원칙에 대한 전 지구적 약속a global compact을 시작"할 것을 제안하였다(United Nations Secretary-General, 1999).[6] 그리고 코피 아난의 전 지구적 약속a global compact에 대한 구상과 제안은 2000년 7월에 뉴욕 유엔본부에서 「유엔 글로벌 콤팩트UN Global Compact」를 발족하는 것으로 결실을 이루게 된다.

유엔 글로벌 콤팩트는 전 세계 기업들이 지속 가능하고 사회적으로 책임 있는 정책을 채택하도록 장려하고 그 이행에 대해서 보고하도록 요구하는 구속력 없는 유엔 산하의 협약a non-binding UN pact이다. 콤팩트compact란 '협약' 또는 '맹약'을 의미하는 영어 단어인데, 유엔 글로벌 콤팩트는 '인권', '노동', '환경' 및 '반부패' 분야의 10대 원칙[7]에 합의하고 자주적

6 "This year, I want to challenge you to join me in taking our relationship to a still higher level. I propose that you, the business leaders gathered in Davos, and we, the United Nations, initiate a global compact of shared values and principles, which will give a human face to the global market."

7 유엔 글로벌 콤팩트의 10대 원칙은 다음과 같다(UN Global Compact Network Korea, 2020).
[인권] 원칙 1. 기업은 국제적으로 선언된 인권 보호를 지지하고 존중해야 하고,
원칙 2. 기업은 인권 침해에 연루되지 않도록 적극 노력한다.
[노동] 원칙 3. 기업은 결사의 자유와 단체교섭권의 실질적인 인정을 지지하고,
원칙 4. 모든 형태의 강제 노동을 배제하며,
원칙 5. 아동노동을 효율적으로 철폐하고,
원칙 6. 고용 및 업무에서 차별을 철폐한다.
[환경] 원칙 7. 기업은 환경 문제에 대한 예방적 접근을 지지하고,
원칙 8. 환경적 책임을 증진하는 조치를 수행하며,
원칙 9. 환경친화적 기술의 개발과 확산을 촉진한다.
[반부패] 원칙 10. 기업은 부당 취득 및 뇌물 등을 포함하는 모든 형태의 부패에 반대한다.

으로 서명한 기업들이 해당 원칙을 기업의 운영과 경영전략에 내재화시켜, 지속가능성과 기업시민의식 향상에 동참하도록 권장하고, 이를 위한 실질적인 방안을 제시하는 세계 최대의 자발적 기업 시민 이니셔티브이다(UN Global Compact Network Korea, 2020).

2000년 7월 26일 유엔 글로벌 콤팩트 발족식장에서는 전 세계의 46개 기업들이 자발적으로 서명하였는데, 이들 창립 멤버의 면면을 보면 대부분 서구의 다국적 기업들[8]이었고, 서구 이외의 기업은 단 4곳[9]뿐이었다. 한편, 우리나라 민간기업의 제1호 서명은 한참 뒤인 2006년까지 기다려야 했으니,[10] 우리나라 기업들은 세계적인 조류에 상당히 둔감했다고 할 수 있다.

유엔 글로벌 콤팩트에는 현재 전 세계 160여 개국에 걸쳐 8,000여 개의 기업 회원과 4,000여 개의 비영리단체가 참여하고 있다(United Nations Global Compact, 2019). 유엔 글로벌 콤팩트의 공식 목표는 "전 세계의 비즈니스 활동에 있어서 10대 원칙을 주류에 편입시키고, 밀레니엄 개발 목표Millennium Development Goals와 SDGs 등의 포괄적인 유엔의 목표 달성을 지원"하는 것이다(UN Global Compact Network Korea, 2020).

유엔 글로벌 콤팩트는 CSR이나 ESG와 관련된 유엔의 여타 이니셔티브와는 다른 그 나름의 독특한 특성을 가지고 있었다. 유엔 글로벌 콤팩트에

---

8 볼보(Volvo Car Corporation), 유니레버(Unilever plc), UBS 그룹(UBS Group AG), 로열 더치 셸(Royal Dutch Shell plc), 나이키(Nike, Inc.), 도이체 텔레콤(Deutsche Telecom AG), 도이체 방크(Deutsche Bank AG), 다임러(Daimler AG), 크레딧 스위스(Credit Suisse), BT Group plc, BP plc, 바이엘(Bayer AG), 바스프(BASF SE) 등이다.

9 브라질의 화장품 메이커 '나투라(정식 명칭은 Natura Cosméticos S/A)'와 파키스탄의 설탕 제조대기업 '세리(Seri Sugar Mills, Ltd.)', 중국의 섬유기업 '溢達集團(Esquel Group of Companies)', 그리고 남아프리카 공화국의 전력공사 에스콤(Eskom)이다.

10 우리나라에서는 기업이 서명하기 전에 NGO인 한국국제봉사기구가 2003년에 서명 1호를 기록했다. 한국 기업 중에서는 2005년에 한국전력공사(KEPCO)가 서명 1호가 되었고, 공사가 아닌 순수 민간기업으로서는 2006년에 미래에셋대우가 서명 1호가 되었다.

서 공식적으로 밝힌 대로, 유엔 글로벌 콤팩트는 기업 시민의 자발적 이니셔티브로서 법적 강제력을 가지고 있지 않다. 유엔 글로벌 콤팩트는 국제적인 원칙에 기반한 규칙 체계로서, 기업 관행을 감시하거나 기업의 비자발적 순응을 강요하는 어떠한 강제 수단도 없다고 밝히고 있다. 유엔 글로벌 콤팩트는 기업 및 투자자들 간의 네트워크로서, 약속된 10대 원칙[11]이외에는 기업이 따라야 할 특정한 기준이나 행동 수칙이 정해져 있지는 않다. 또한, 유엔 글로벌 콤팩트는 자신들은 배움과 경험 또는 지식의 상호 공유를 위한 포럼이며, 규제 조직이나 특정 이념의 홍보 수단은 아니라는 입장을 밝히고 있다(UN Global Compact Network Korea, 2020).

따라서 유엔 글로벌 콤팩트는 본질적으로 실질적인 성과를 거두기 어려운 구조적인 한계를 가진 조직이었다. 즉, 이 협약은 어디까지나 회원들의 자주적인 서명에 기반한 순수한 의미의 약속이고, 서명을 해도 기업에게는 하등의 법적인 의무는 부과되지 않았으므로, 벌칙도 없었고 정량 목표 역시 부과될 수 없었다. 즉, 유엔 글로벌 콤팩트의 느슨한 조직 구조 및 운영 방식을 통해서는 현실적으로 어떠한 변화도 가져올 수 없다는 비판을 피할 수 없을 것이다.

그러나 이처럼 일견 효과성을 결여한 듯한 유엔 글로벌 콤팩트의 구조적인 특성을 고안한 것은 유엔 글로벌 콤팩트의 창립 당시의 상황을 돌이켜 보면, 상당히 영리한 기획이었다. 우선 유엔 글로벌 콤팩트는 유엔 회원국이 아닌 기업 회원 등 민간 주체를 대상으로 하였으므로, 유엔의 여타 이니셔티브와는 달리 유엔의 공식 회의에서의 승인이 불필요하였고, 덕분에 코피 아난의 요청만으로도 비교적 손쉽게 추진되었다. 또한 특별한 법적 의무를 기업 회원들에게 부과하지 않았기 때문에, 기업 회원들의 참여

11 창립 초기에는 9개 원칙이었고, 2004년에 반부패 원칙이 추가되어 현재의 10개 원칙이 확정되었다.

를 쉽게 독려할 수 있었다.

특히, 이것이 획기적인 시도였던 것은, 이전까지 유엔은 각 회원국의 정부 대표만을 상대로 활동을 전개하였는데, 유엔 글로벌 콤팩트를 계기로 유엔은 역사상 최초로 기업과 직접 접촉하는 소통의 장場을 마련하였기 때문이다. 물론, 이는 앞서 언급한 대로, 각국 정부들이 세계화에 대한 저항의 흐름을 읽고 서서히 기업의 배면背面으로 숨어들어 가던 당시의 정황과도 맞물리는 것이기는 하였다. 여하간, 유엔 글로벌 콤팩트는 유엔이 국가가 아닌 글로벌 기업을 국제 사회의 일원으로 받아들이는 첫 시도가 되었고, 이를 통해 형성된 유엔과 기업, 기관투자자 등 민간 주체와의 직접 협력 모델은 이후 유엔이 ESG를 전 세계 금융시장의 주류로 자리 잡도록 하는 과정을 주권국가 간 이해 상충, 또는 주권국가에 대한 저항 등의 불필요한 소음과 최대한 절연시켜 순조롭게 추진할 수 있었던 핵심적인 장치가 되었다는 측면에서 중요한 의의를 가지고 있다고 하겠다.

MDGs와 절반의 성공

현재, ESG의 핵심적인 추진 기관인 SDGs와 PRI의 구조를 함께 고려해 보면, 각각 ESG의 실행 목표와 해당 목표들을 실행시킬 프레임워크로 대별할 수 있음을 이해할 수 있다. 아마도 이러한 문제 해결 시스템은 코피 아난이 특정 어젠다를 해결하기 위한 기본 접근법인 것으로 보인다. 그것은 앞서 언급한 유엔 글로벌 콤팩트라는 문제 해결 프레임워크에 대해 부과된 구체적인 해결 과제가 바로 「밀레니엄 개발 목표Millennium Development Goals, 이하 'MDGs'」이기 때문이다.

코피 아난은 유엔 글로벌 콤팩트의 출범과 유사한 시기인 2000년 9월에 MDGs를 공식적으로 발표하였는데, MDGs는 2000년 9월에 열린 유엔 밀레니엄 정상회의the Millennium Summit of the United Nations in 2000에서 채택된 「유엔 밀레니엄 선언United Nations Millennium Declaration」을 기반으로 마련된 8개의 범세계적인 의제들[12]이다. 이들 의제들은 2015년까지 국제 사회가 달성해야 하는 목표들인데, 8개의 목표들은 도합 21개의 세부 타깃으로 측정되며, 각 목표들의 달성 일정까지 설정되어 있다. 이들 8개 목표는 2016년 이후 SDGs로 계승되어 오늘에 이른다.

코피 아난은 MDGs를 달성하기 위해 유엔 사무국을 비롯하여 유엔의 모든 역량과 직능을 동원하여 개발도상국에의 원조를 강화하는 한편, 유엔 회원국들에게 기부와 기술 원조의 확대를 요청했다. 또한 MDGs와 관련한 역량을 확충하고자 하는 NGO에 대한 자금원조방안을 마련하여, 국가나 국제 기구의 영향이 미치기 어려운 영역에 대한 NGO의 참여를 시도하였다(夫馬, 2020).

이처럼 코피 아난은 현명하게도 지속 가능한 세계의 구현을 위한 실행 목표와 해당 목표를 달성하기 위한 실행 조직을 거의 동일한 시점에 함께 구축하였다. 따라서 코피 아난은 함께 고안해 낸 두 개의 제도적 장치를 하나로 연결하는 구도를 상정하였을 것으로 추측된다. 그러나 오늘날의 ESG의 관점으로 보면, 당시의 이러한 아이디어에는 몇 가지 결함이 있었다.

그 하나는 유엔 글로벌 콤팩트와 MDGs는 각각 상호 간 연결되기 어려운 구조를 가지고 있었다는 것이다. 일단 유엔 글로벌 콤팩트는 기업 주도의 네트워크였다. 따라서 유엔 글로벌 콤팩트와 MDGs를 연결한다는 것은 기업이 글로벌한 문제들을 해결하도록 유도한다는 것인데, 결론부터 말하자면 MDGs는 기업이 주도권을 가질 수 없는 영역이었다. 당시는 빈곤 타파, 환경 오염 등의 사회 문제를 비즈니스의 기회로 활용하는 ESG와 같은

---

12 MDGs의 8개 목표는 아래와 같다(United Nations, 2020).
(1) 절대 빈곤 및 기아 근절, (2) 보편적 초등 교육 실현, (3) 양성 평등 및 여성 능력의 고양, (4) 아동 사망률 감소, (5) 모성 보건 증진, (6) AIDS, 말라리아 등 질병 대응, (7) 지속 가능한 환경 확보, (8) 개발을 위한 글로벌 파트너십 구축

해결 방안을 상정하기 어려운 시기였다. 따라서 기업이 MDGs를 해결하는 주요 형태는 대부분 본업이 아닌 기부활동에 국한될 수밖에 없었으며, 결국 MDGs 해결의 주체는 국가, 국제 기구, NGO가 될 수밖에 없었다.

더불어, 세계화에 반대하는 목소리가 전 세계에서 봇물처럼 터져 나오는 당시 상황에서 다국적 기업이 섣불리 유엔 활동의 영역에서 스포트라이트를 받는 것이 기업 이미지에 오히려 부정적인 영향을 미칠 가능성이 있었던 것도 또 하나의 이유이다. 물론, 당연히 기업이 자신의 이윤을 포기하여 글로벌 사회 문제를 해결하는 방식을 탐탁히 여길 리도 만무하다.

결론적으로 말하자면, 유엔 글로벌 콤팩트와 MDGs를 설립한 코피 아난의 노력에 대한 평가는 훌륭한 시작이자 절반의 성공으로 요약될 수 있겠다. 앞서 언급했듯이 유엔과 민간기업이 글로벌한 문제의 해결을 위해 최초로 만나는 협력의 장場을 만든 것만으로도 유엔 글로벌 콤팩트는 높이 평가되어야 하며, 이러한 활동 모델은 이후 유엔과 기관투자자가 직접 소통하며 협력하는 ESG 활동 모델의 초석을 놓은 것이라고 말할 수 있다. 그러나 아직 ESG에 기반한 '지속가능경제' 모델이 등장하기 전이었던 당시 상황에서 MDGs에 대한 기업의 대응은 CSR 수준에 머무를 수밖에 없었기 때문에, 유엔 글로벌 콤팩트와 MDGs가 연결되는 활동 모델은 구조적인 측면에서 역부족일 수밖에 없었다고 판단하여야 할 것이다.

4 인식의 전환과 ESG의 맹아萌芽

앞서 언급했던 대로, ESG는 코피 아난에 의해 처음 시작되었다. 그러나 코피 아난이 ESG보다 먼저 시도했던 글로벌 사회 문제의 해결 방안은 유엔 글로벌 콤팩트와 MDGs의 연계였다. 그리고 결과적으로 유엔 글로벌 콤팩트와 MDGs를 활용한 해결책은 큰 성과를 거두지는 못했다. 해당 방식은 산업자본인 기업이 환경과 사회의 문제를 해결하는 이니셔티브를 쥐는 방식, 즉 CSR에 의존하는 방식을 채택했기 때문이었다.

그리고 코피 아난 역시도 기업의 CSR을 활용하는 대안의 본질적인 한계, 즉 산업자본의 인센티브 구조가 글로벌 사회 문제가 야기하는 부負의 외부성을 해결하기에는 부적절하다는 점을 이미 알고 있었던 것으로 보인다. 왜냐하면 유엔 글로벌 콤팩트와 MDGs의 체계를 구축한 시점은 2000년이었는데, 이후 얼마 지나지 않은 2004년, 코피 아난은 관심의 초점을 산업자본에서 기관투자자, 즉 금융자본으로 이동시키는 공식적인 행보를 보였기 때문이다.

ESG의 탄생

유엔 글로벌 콤팩트와 MDGs가 탄생한 지 4년 뒤, 코피 아난은 유엔 글로벌 콤팩트를 기반으로 「Who Cares Wins 이니셔티브」[13]를 출범시킨다. 해당 이니셔티브의 공식 어젠다는 자산 관리, 유가증권 중개, 관련 투자 리서치 등 금융투자업 전반에 ESG를 통합하기 위한 가이드라인과 권고안을 만드는 것이었다. 그리고 Who Cares Wins 이니셔티브는 2004년 6월 『Who Cares Wins』[14]라는 이름의 보고서를 통해 다음과 같이 선언한다.

> "보다 글로벌화되고 상호 연결되며 경쟁적인 세계에서 환경, 사회 및 기업 거버넌스environmental, social, and corporate governance 이슈가 관리되는 방식은

13 「Who Cares Wins 이니셔티브」는 스위스 정부와의 협력을 통해 코피 아난 당시 유엔 사무총장과 유엔 글로벌 콤팩트가 2004년에 창설한 조직이다. 해당 조직은 창립 시점에서 도합 약 6조 미국 달러 이상의 자산을 대표하는 23개 금융기관의 지지를 받았으며, 이들 중에는 국제금융공사(International Financial Corporation, IFC)와 세계은행(World Bank Group)도 포함되어 있었다.

14 해당 보고서의 공식적인 제명은 'Who Cares Wins — Connecting Financial Markets to a Changing World'이다.

성공적인 경쟁에 필요한 전반적인 기업 경영의 질의 일부분이다. 이러한 이슈와 관련하여 더 나은 성과를 내는 기업은 예를 들어 리스크를 적절히 관리하고, 규제 조치를 예상하거나, 새로운 시장에 접근함으로써 주주가치를 증대하는 동시에, 그들이 활동하는 사회의 지속 가능한 발전에 기여할 수 있다. 더욱이, 이러한 이슈는 회사 가치의 점점 더 중요한 부분인 평판과 브랜드에 강한 영향을 미칠 수 있다(The Global Compact, 2004)."

이것이 바로 ESG의 공식적인 첫걸음이다. 즉, 위의 선언문은 'Environmental, Social, and Governance환경, 사회 및 거버넌스'가 공식적으로 언급된 최초의 문헌이며, 해당 문헌에서는 Environmental, Social, and Governance를 통합한 'ESG'라는 용어도 처음으로 등장한다.

그리고 ESG가 대중 앞에 공식적으로 모습을 드러낸 지 2년 후인 2006년에는, ESG의 총본부라고 할 수 있는 PRI가 유엔의 지원을 받으며 설립되기에 이른다. PRI는 유엔이 최초로 전 세계 자본주의를 주도하는 기관투자자를 중심으로 창설한 조직인데, PRI의 창설을 추진한 공식 주체는 유엔 글로벌 콤팩트와 UNEP FI였다. 이후 PRI에 서명한 기관투자자들이 자신들의 투자 프로세스에 ESG의 관점을 통합하기 시작하면서, ESG 투자는 금융투자업에서 서서히 그 외연을 넓히기 시작하였다.

이처럼, ESG의 공식화로부터 PRI의 출범까지, 코피 아난과 유엔 글로벌 콤팩트를 포함한 국제 사회 전반의 공식적인 행보만을 살펴보면, 코피 아난은 애초에 금융 투자 프로세스와의 통합을 염두에 두고 ESG를 구상하였던 것으로 보인다. 더불어, 유엔 글로벌 콤팩트가 PRI의 창립 주체가 되고, 유엔 글로벌 콤팩트 설립 후 단 4년 만에 ESG가 공식화된 상황을 고려하면, 유엔 글로벌 콤팩트와 MDGs를 통한 시행착오를 발판으로 ESG를 도입한 것이 아니라, 유엔 글로벌 콤팩트는 설립 당시부터 ESG의 도입을 위해 기획되었다고 판단할 여지도 있다.

이러한 역사적 사실들을 미루어 보아, 앞서 제2장에서 언급했던, "ESG의 주체는 투자자"라는 견해에도 수긍이 가는 면이 있을 것으로 생각한다. 그러나 투자자가 선도하는 ESG의 특성을 더욱 극명하게 드러내는 것은 PRI의 출범을 위해서 물밑에서 이루어진 사전 준비 과정이다. 해당 준비 과정은 ESG의 이론적 기반을 공고히 하려는 것이었는데, 모든 관심의 초점은 ESG와 '금융투자산업' 간의 정합성에 놓여 있었다.

'돈을 버는' ESG 투자

코피 아난은 '착한 일을 하면서 돈을 버는' ESG 투자가 CSR에 비해 우수한 인센티브 구조를 가진다고 판단했을 것이다. 그러나 ESG 투자를 시장에서 확산시키기 위해서는, 기관투자자가 ESG 투자를 했을 때 실제로 투자 시장에서 충분한 투자수익을 창출할 수 있는지 사전에 확인할 필요가 있었다.

전통적인 구경제舊經濟의 기관투자자들은 전반적으로, 특정 투자 대상을 배제하여 투자 유니버스universe를 축소하는 '착한' 투자들은 본질적으로 투자성과가 낮을 수밖에 없다는 고정관념이 강하였다. 그리고 실제로도 특정 투자 대상을 포트폴리오에서 제거하는 SRI의 배제divestment 기법은 성과가 전반적으로 낮았다. 더불어, 법적 측면에서도 기관투자자가 투자성과가 낮은 ESG 투자를 적용하는 경우, 수탁자 의무의 위반으로 판단될 여지도 있었다. 따라서 기관투자자들을 ESG 투자로 유도하기 위해서는 그 투자성과가 전통적인 투자기법의 그것과 최소한 대등하다는 것을 보여주어야 할 필요가 있었다.

그리고 이를 증명한 보고서가 바로 UNEP FI가 2004년 6월에 발표한 『The Materiality of Social, Environmental, and Corporate Governance Issues to Equity Pricing사회, 환경, 기업지배구조의 과제가 지분 평가에 미치는 중요성』이다. 2003년 UNEP FI의 의뢰에 따라 전 세계 12개 자산운용사로 구성된

AMWGasset management working group가 수행했던, ESG 이슈를 통합한 투자방식과 투자성과 간의 관계성에 대한 연구이다. 그리고 그 결론은 다음과 같다(UNEP FI, 2004).

1. ESG 기준은 장단기적으로 주주가치에 영향을 미친다.
2. 정부는 국가 및 국제 금융 공시 프레임워크에 이러한 기준을 포함하도록 의무화하고 표준화하여 ESG 분석의 장벽을 낮출 수 있다.
3. 증가하는 투자자 수요에 대응하여 ESG 기준의 재무분석을 수행하기 위한 혁신적인 기법이 개발되고 있다.
4. EU의 증권사들은 ESG 리서치에 대한 수요에 점점 더 적극적으로 대응하고자 하며, 대응 역량도 강화되고 있다.
5. 본 연구보고서에 대응하여, 미국과 캐나다의 증권사들은 유럽 거래처의 조사 결과에 관심을 가질 가능성이 높으며, 그 결과 향후 섹터 보고서에서 이러한 유형의 리서치를 수행할 수 있다.

다시 말하면, ESG 기준을 적절한 방식으로 재무분석에 반영하면 장단기적으로 주주가치 상승에 기여할 수 있으며, 이를 위해서 금융 공시 프레임워크의 표준화 및 의무화가 실현될 필요가 있다는 결론인 것이다.

이 시점부터 ESG의 역사가 사실상 시작되었다고 할 수 있으며, 궁극적으로는 이를 계기로 그간 상상의 영역이었던 '지속가능경제'가 실제로 펼쳐지는 새로운 시대의 문이 열렸다고 말할 수 있다.

2005년은 코피 아난에게는 무척이나 바쁜 한 해였다. 일단, ESG가 투자의 세계에 존재할 근거를 마련했다고 판단한 코피 아난은 2005년부터 ESG의 본격적인 확산을 위한 후속 작업에 신속히 돌입한다. 우선, 캘리포니아 주직원 퇴직연금California Public Employees' Retirement System, CalPERS 등 대형 기관투자자 20개 사를 소집하여 기관투자자를 대상으로 한 투자 원칙의 수립 구상을 전하고, 이후 유럽과 미주 각 지역의 굴지의 기관투자자와 해당 투자 원칙의 상세를 논의하였다.

ESG 투자의 '합법화'

그리고 이러한 후속 작업의 중요한 마무리를 장식한 것은 바로 ESG 투자가 법적 의무인 '수탁자 의무'를 위반하는지 여부에 대한 법적 기반을 구축하려는 시도였다. 그리하여 2005년, UNEP FI와 코피 아난의 의뢰로 영국에 본사를 둔 법무법인인 프레시필즈는 해당 이슈에 대한 법적 분석에 들어가고, 그 결과물이 바로 앞서 살펴보았던 프레시필즈 보고서이다.

프레시필즈는 EU, 호주, 캐나다, 프랑스, 독일, 이탈리아, 일본, 스페인, 영국, 미국 등의 다양한 관할권 내에서 ESG에 입각한 투자 판단의 수탁자 의무 위반 여부를 판단하는 법적 분석을 수행하였다. 동 보고서의 결론은 다음과 같다.

> 전통적인 투자분석은 재무성과 측면의 가치에 초점을 맞춘다. 위에서 살펴본 바와 같이, ESG 요소와 재무성과 간의 연관성에 대한 인식이 확산되고 있다. 그러한 정황에 근거하여, 그에 따라, 보다 신뢰성 있는 예측을 위해 ESG 고려 사항을 투자분석에 통합하는 것은 명백하게 허용되며 모든 관할권에서 요구된다.
>
> 또한 ESG 고려 사항은 수익자 간의 합의(명시적 또는 특정 상황에서는 묵시적)로 특정 투자전략을 요구하는 상황에서 투자 결정과 통합되어야 하며, 의사결정자가 복수의 가치 중립적인 대안들 중에서 선택해야 하는 상황에서 투자 결정에 통합될 수 있다(Freshfields Bruckhaus Deringer, 2005).

프레시필즈 보고서의 이러한 해석론을 기반으로 마침내 ESG는 전 세계 금융시장에서 공식적인 시민권을 확보하게 되었다. 이후, 수탁자 의무와 관련한 ESG의 법적인 입지는 전술한 대로 지속적으로 강화되어 왔고, 이제는 ESG를 고려하지 않는 투자는 수탁자 의무의 위반이 될 여지가 있다는 결론에까지 이르고 있다.

UNEP FI는 프레시필즈 보고서 등으로 세계 주요국에서 ESG 투자에 대한 법해석론 측면의 걸림돌을 제거하면서, 마침내 책임 있는 투자 원칙the principles for responsible investment을 전 세계에 발표하기 위한 사전 준비를 모두 마무리한다.

PRI의 설립

2006년 4월 PRIPrinciples for Responsible Investment가 발족한다. PRI는 직역하면, '책임 투자를 위한 원칙들'이며, 이름 그대로 6개의 투자 원칙인데, PRI의 실체는 전 세계 기관투자자들이 책임 투자에 관한 6개 원칙을 실천하기 위해 협력하는 기관투자자들의 글로벌 네트워크이다. PRI는 자신들이 유엔의 후원을 받고 있으나, 유엔의 산하 기구는 아니라는 점을 명확히 하고 있다. 한편, PRI의 운영은 런던에 소재한 책임투자원칙협회PRI Association가 담당하고 있다.

PRI는 ESG를 포함한 전 세계 기관투자자의 책임 투자 전반의 흐름을 주도하고 있으며, 이미 언급한 대로 전 세계 ESG 활동의 사실상의 총본산이다. 따라서 PRI에 서명하고 PRI의 6개 원칙을 받아들인다는 선언을 하여야 시장에서 인정받는 기관투자자로서 자리매김이 가능한 것이 2021년 현재의 추세이다. 말하자면, PRI에 서명한 투자자만이 '공식적'인 ESG 투자자로 인정되는 것이다.

PRI 서명회원은 서비스 형태별로 자산운용사investment manager, 자산보유자asset owner, 서비스 제공 기관service provider 등 3가지로 나뉜다. 서비스 형태별 서명기관 수는 2021년 3월 현재 자산운용사 2,780개, 자산보유자는 607개, 서비스 제공 기관 418개이다. 지역별로는 2021년 3월 현재 유럽(영국 및 아일랜드 제외) 1,396개, 미국 755개, 영국 및 아일랜드 662개, 캐나다 184개, 오세아니아 214개, 일본 94개, 중국 56개, 기타 아시아(일본 및 중국 제외) 139개 등 3,805개 회사이다. 우리나라는 11개 회사가 서명했다(PRI Association, 2021d).

참고 3.1 | **PRI가 제공하는 PRI에 대한 공식적 정보**

PRI에 대한 공식적 소개 내용은 아래와 같으며, PRI 홈페이지의 'About the PRI'의 내용에 기반한다(PRI Association, 2020b).

PRI의 정체성

PRI는 책임 투자를 지지하는 세계 최고의 기구이다. PRI의 활동 목표는 아래와 같다.

- ESG 요소의 투자 측면의 의미를 이해함
- ESG 요소를 투자 및 소유권 결정에 통합함에 있어 PRI에 서명한 투자자 회원의 국제적 네트워크를 지원함

PRI는 아래 주체와 영역의 장기적 이익을 위해 활동한다.

- PRI에 서명한 투자자 회원the signatories
- 투자자 회원이 활동하는 금융시장과 경제, 그리고 궁극적으로는 환경과 사회 전체

PRI는 독립적이다. PRI는 수익률을 높이고 위험을 보다 잘 관리하기 위해 책임 있는 투자를 활용하도록 투자자를 독려하나, 그 자신의 수익을 위해 활동하지 않는다. PRI는 전 세계의 정책 입안자들과 협력하나, 어떤 정부와도 무관하다. PRI는 유엔의 지원을 받으나, 유엔의 산하 조직은 아니다.

6개의 책임투자원칙the six Principles for Responsible Investments

6개 책임투자원칙은 ESG 이슈를 투자 실무에 통합하기 위한 가능한 조치의 메뉴를 제공하는 자발적이고 열정적인 일련의 투자 원칙의 모음이다.

이 원칙은 투자자를 위해 투자자가 만들었다. 이를 실행함에 있어, 회원들은 보다 지속 가능한 글로벌 금융 시스템을 만드는 데 기여한다. 이 원칙은 전 세계의 전문적으로 관리되는 투자활동의 대다수를 대표하는 세계적인 서명자 기반을 유치했다. 이하는 6개 책임 원칙이다.

1. 우리는 ESG 이슈들을 투자분석 및 의사결정 과정에 반영한다.
2. 우리는 능동적인 투자자가 되며, ESG 이슈들을 소유권 정책 및 실행에 반영한다.
3. 우리는 피투자기업에게 ESG 이슈에 대한 적절한 정보공개를 요구한다.

4. 우리는 본 원칙들에 대한 금융산업 내의 수용 및 실행을 촉진한다.
5. 우리는 본 원칙 시행의 효과성 증진을 위해 상호 협력한다.
6. 우리는 본 원칙 시행에 관한 우리 각자의 활동과 진전 상황을 보고한다.

PRI의 미션

"우리는 경제적으로 효율적이고 지속 가능한 글로벌 금융 시스템이 장기적인 가치 창출의 필수 요소라고 생각한다. 그러한 시스템은 장기적이고, 책임 있는 투자에 대한 이익을 창출하며, 환경과 사회 전반에 혜택을 줄 것이다.

PRI는 6개 원칙의 채택과 그 실행에 있어서의 협력을 장려하고, 우수한 거버넌스, 무결성 및 책임성을 증진하며, 시장 관행, 구조 및 규제에 있어서의 지속 가능한 금융 시스템에 대한 장애물을 해결함으로써, 지속 가능한 글로벌 금융 시스템을 달성하기 위해 노력할 것이다."

PRI의 시작

2005년 초, 당시 유엔 사무총장 코피 아난은 세계 최대의 기관투자자들을 초청하여 책임 있는 투자원칙the Principles for Responsible Investment, PRI의 개발 프로세스에 동참하도록 요청하였다. 12개국의 20개 금융기관을 대표하는 전문가들은 이 원칙에 참여하고 개발하는 활동과 관련하여 투자 산업, 국제 조직, 시민 사회의 70인 전문가 그룹의 지원을 받았다.

PRI는 2006년 4월 뉴욕 증권거래소에서 출범했다. 이후, 서명기관의 수는 100개에서 3,000여 개 이상으로 증가했다.

이처럼 PRI 서명기관의 수가 급격히 증가함에 따라, PRI는 서명기관의 책임 투자에 대한 활동 수준을 높이고, PRI의 위상을 강화하기 위해 2018년부터 PRI 서명기관에 대한 최소 자격 요건을 부과하고, 해당 요건에 미달하는 경우 2년간의 유예 및 시정 기간 이후 재평가를 거쳐 PRI 회원 자격을 박탈하는 조치를 도입하였다. 이에 따라, 2020년에 5개의 금융회사가 PRI 회원 자격을 박탈당하였다. 이러한 조치는 현재 PRI가 글로벌 금융 시장에서 사실상의 권력 기관의 하나로서 입지를 확고히 하고 있음을 보여주는 장면이라고 하겠다.

이처럼 3,805개의 서명기관을 자랑하는 오늘날에 비하면, 2006년 4월 27일, PRI가 뉴욕 증권거래소에서 51개 창립 멤버와 서명식을 거행하던 모습은 다소간 초라하게 보일 수도 있을 것이다. 그러나 이들 51개 창립 멤버들의 면면을 보면, 모두 당시 서구의 유력한 연기금과 보험사, 그리고 자산운용사들이었고, 서명 당시 자산보유자들(연기금, 보험사 등)의 운용자산 총액은 2조 달러를 상회하던 수준이었기 때문에, PRI는 제 나름의 위엄을 갖추면서 첫걸음을 떼었다고 말할 수 있을 것이다.

그러나 해당 자산 규모는 당시 전 세계 운용자산 총액의 극히 작은 부분이었을 뿐이고, 이들 서명기관의 입장에서도 전례가 거의 없는 실험인 ESG에 대해서 불투명한 전망을 가졌던 것으로 보인다. 예를 들면, 앞서 UNEP FI의 연구 워킹 그룹에 참여하여, ESG 투자가 주주가치 상승에 기여할 수 있다는 연구 결과를 보고한 닛코에셋매니지먼트Nikko Asset Management Co. Ltd.조차도 PRI에 실제로 서명한 시점은 PRI의 설립 후 1년 뒤인 2007년 10월이었다(夫馬, 2020).

그러나 그 무엇보다도 ESG의 확산에 걸림돌이 되었던 것은 언제나처럼 인간의 끝없는 탐욕이었다. 더욱이 당시 전 세계는 골디락스 경제Goldilocks economy의 달콤한 꿈속에 영원히 빠져 있을 것만 같았던 시대였다. 미국은 연방준비제도the Federal Reserve, 이하 'Fed'의 공격적인 금리 인하로 부동산 버블과 그에 기반한 파생상품이라는 가공의 뉴 프런티어를 창조해 내었고, BRICs를 비롯한 신흥국들은 그들 나름대로 골드만삭스의 부추김을 받으며 폭발적인 성장의 단맛을 즐기고 있었다.

이러한 상황에서, 앞서 시애틀 전투로 세계화의 흐름을 바꾸었던, 세기말에 나타났던 반反성장degrowth과 '탈경제'의 저항은 어디에도 발붙일 수 없었으며, ESG라는 '지속가능경제'의 탄생에 대해 누구도 관심을 두지 않았던 것은 너무나 당연했다.

이제 막 태어난 ESG가 금융시장에 제대로 뿌리를 내리기 위해서는 하늘의 도움이 간절히 필요했던 시절이었다.

5 ESG 세계화와 그레이트 리셋

과학문명이 눈부시게 발달한 21세기 초에 천운天運이나 천명天命을 언급한다는 것은 시대착오적일 것이다. 그러나 코피 아난의 공표 후 난항을 겪던 ESG는, 탄생 후 바로 1년 뒤인 2007년에 하늘이 내린 기회를 만나게 되는데, 이것이 바로 리먼 사태이다. 리먼 사태 이후 ESG는 이른바 '신자유주의의 종말'이라는 시대적 흐름 속에서 거침없이 성장하였고, 급기야는 2019년 말 글로벌 팬데믹까지 마주하면서, '그레이트 리셋'의 첨병이 된다.

리먼 사태로 인한 각성

코피 아난이 2004년에 ESG라는 개념을 만들면서부터 2006년에 PRI를 만들 때까지, 일련의 과정을 진행할 때 어떠한 생각을 하고 있었는지는 범인凡人의 입장에서 추측하기 어렵다. 당시는 전 세계인 모두가 '지속가능경제'나 '지속 가능한 세계' 따위에 관심을 가질 이유가 없던 시절이기 때문이다. 리먼 사태 이전까지, 선진국과 개발도상국을 막론하고 전 세계는 급격한 경제 성장의 과실을 누리거나 그 희망에 들떠 있었고, 심지어 미국에서는 소득, 직장, 자산이 없어도, 심지어는 죽은 사람이나 애완견에게도 부동산 대출[15]이 나오던 시대였다.

15 일명 NINJA 대출. No Income, No Job, No Asset의 경우에도 제공된 부동산 대출이다. 2001년부터 미국의 주택담보대출시장이 급팽창하면서 대출 경쟁이 극단까지 치달으며 나타난 양상이다.

전 세계인이 떠들썩한 잔치판에서 흥겨워하던 이 시절에, 한때 잠시 주춤하던 신자유주의와 '글로벌 스탠더드'가 누구도 넘볼 수 없는 위세를 떨치던 2007년부터 전 세계는 탐욕의 대가를 치르게 된다. 2007년 2월, 세계 굴지의 은행인 HSBC는 자사 실적 악화의 원인으로 미국의 서브 프라임 모기지 이슈를 제기한다. 곧이어, 같은 해 4월 미국 2위의 서브 프라임 모기지 대출 회사인 뉴센츄리 파이낸셜New Century Financial Corporation이 파산 신청을 한다. 그리고 4개월 뒤인 같은 해 8월에 프랑스 최대 은행인 BNP 파리바BNP Paribas S.A.는 서브 프라임 부실로 인한 신용 경색을 이유로 자사의 3개 자산유동화증권 펀드에 대한 자산 가치 평가 및 환매를 일시 중단한다. 그리고 2008년 전 세계는 굴지의 투자 은행인 베어스턴스The Bear Stearns Companies, Inc.와 리먼 브라더스Lehman Brothers Holdings Inc.가 연이어 몰락하는 미증유의 이벤트를 목도하며 경악하게 된다(Reuters, 2008).

그리고 주지하는바, 리먼 사태의 파국을 마주한 전 세계 기업들은 바로 생존 모드에 돌입하는데, 이때 막 태어났던 '지속가능경제'의 관점에서는 몇 가지 주목할 만한 변화가 일어난다. 우선 말할 것도 없이 대대적인 비용 절감이 단행되면서 당연히 CSR 관련 예산도 대대적으로 삭감되거나 집행이 정지된다. 당시에는 기업의 핵심 역량에까지 부정적인 영향을 미칠 수 있는 R&D 예산 삭감, 인력 구조조정 및 자산 유동화 조치까지 대대적으로 감행하여 가능한 한 최대로 현금을 짜 내던 시절이었다. 그러니 회사의 이익 창출에 전혀 기여하지 못하는 CSR 예산이 삭감 0순위에 오르게 된 것은 당연한 일이었다. 물론, 이는 우리나라의 상황만은 아니었다. 사태의 진앙지인 미국은 물론, 유럽, 일본 등 전 세계에서 동일한 상황이 벌어지고 있었다.

그러나 문제는 일단 급한 불을 끄고 난 이후였다. '지속가능경제'의 전도가 양洋의 동서東西에 따라 크게 바뀌기 시작한 시점이 바로 이때였다.

2011년 9월 미국 뉴욕의 월 스트리트의 주코티 파크Zuccotti Park에 소수의 시위대가 모였고, 이들은 "우리는 99%이다We are the 99%."라고 외치기 시작했다. 이것이 바로 미국을 비롯하여 전 세계적으로 들불처럼 번졌던 월가 점령 시위Occupy Wall Street였다. 이 시위의 목적은 2008년 글로벌 금융위기 이후 심화된 미국 사회의 빈부 격차 문제를 지적하고 금융회사들의 부도덕성에 항의하려는 것이었다. 여기서 "우리는 99%이다."의 의미는 자신들은 미국 전체 부富의 50%를 장악하고 있는 미국 최고 부자인 상위 1%에 저항하는 나머지 99%의 미국인을 대변한다는 뜻이다(Wikipedia, 2021).

이 시위는 부도덕한 금융권과 이를 방조한 정부와 의회를 부富의 불평등과 부조리의 원인으로 지목했는데, 이 시위를 촉발한 정황은 리먼 사태로 인해 빈사의 상태에 몰린 미국의 금융회사와 기업들에게 국민의 혈세로 마련된 막대한 구제금융이 제공되었고, 이후 해당 회사들의 CEO와 임직원들이 천문학적인 연봉과 보너스 파티를 벌였다는 사실이 알려진 것이었다. 말하자면, 리먼 사태를 계기로 미국민의 99%인 일반 시민들은 미국 내에 1%의 특권층이 존재하며, 이들 1%의 특권층이 99%의 자신들을 착취하고 있다는 사실을 뼈저리게 느끼게 되었다는 것이다. 그리고 이러한 관점은 유럽의 대중들도 함께 공유하고 있었는데, 이는 리먼 사태의 여진餘震이 유럽에 집중되면서, 유럽이 오히려 리먼 상태의 충격을 미국보다 더 크게 받았던 것도 원인이 되었다.

이처럼 괴멸적인 금융위기와 구조조정에 따른 대량 해고 사태를 경험한 서구 대중은 구조적 불평등의 원흉인 글로벌 금융자본과 세계화 세력에 대한 분노를 폭발시키고, 서구 사회 전반에는 반자본주의의 분위기가 팽배하게 된다. 이러한 상황에서 산업자본과 금융자본을 막론한 서구의 다국적 기업들은 모두 전전긍긍하면서 고개를 낮추는 한편, 적극적인 비용절감 활동의 와중에도 CSR의 역할을 오히려 확대하는 예상치 못한 대증요

법을 채택하였다.

예를 들면, 금융위기의 그림자가 이미 짙게 깔려 있던 2007년에 세계 최대의 소매 체인인 월마트WalMart는 '서스테이너빌리티Sustainability 360'이라는 행동 계획을 발표하고 설정된 환경 목표의 달성을 위해 매년 5억 달러라는 막대한 금액을 투자하기로 하였다(WalMart, 2008). 또한 글로벌 소비재 기업인 유니레버Unilever plc는 2009년에 환경과 사회에 관한 정량 목표key performance index를 채택할 것을 공표하고, 조달 재료에 대한 환경 인증을 확보하는 등의 친환경적 행보를 강화하였다(Unilever, 2010). 또한, 스페인 기업을 대상으로 한 연구 보고서에 따르면, CSR 보고서를 발행한 대기업의 비율이 리먼 사태 전의 40%에서 리먼 사태 후에는 51%로 증가하였다(Benau, Sierra, & grima, 2013).

이러한 당시 서구 기업들의 행보에는 그 나름의 이유가 있었는데, 리먼 사태라는 엄혹한 경영환경 속에서 당시의 기업들은 이미 언급한 대로 대중의 분노를 피하기 위해 '착한 기업'의 이미지가 필요했을 뿐 아니라, 실제로도 '지속 가능'한 경영에 대한 필요를 강하게 느꼈다. 2008년 당시 글로벌한 입지를 자랑하던 다국적 기업들도 세계 굴지의 금융회사들이 잇달아 무너져 내리는 믿기지 않는 아마겟돈의 상황을 직접 목격하면서, 자사의 글로벌한 입지가 지속 가능한 것인지 여부를 재확인해야 할 필요를 느꼈으며, 금융 환경의 악화로 인한 생존의 위기를 겪으면서 환경과 사회의 안녕이 중요함을 현실감 있게 받아들이게 되었다.

리먼 사태 이후 엄혹한 구조조정과 뼈를 깎는 비용 삭감을 진행하면서도, 동시에 사회의 신뢰를 회복하고 지속 가능한 경영 기반을 확보하기 위하여, 서구의 산업자본과 금융자본은 환경 및 사회와의 조화로운 관계를 유지하면서 이윤을 창출해야 하는 딜레마를 해결해야만 했다. 이는 결국 오늘날 우리가 이해하는 '착한 일을 하면서 돈을 버는' ESG 경영과 ESG 투자로 자연스럽게 발전하게 되는 밑거름이 되었다.

대표적 사례를 들자면, 글로벌 식품 기업인 네슬레Nestle는 2008년 CSR 보고서의 명칭을 전년도까지의 'The Nestle concept of corporate social responsibility기업의 사회적 책임에 대한 네슬레의 개념'에서 'The Nestle Creating Shared Value Report네슬레의 공유가치창조'로 바꾸었다. 해당 보고서의 첫머리는 다음과 같이 기술한다.

> 기업이 장기적으로 성공하려면 주주뿐 아니라 사회를 위해서도 가치를 창출해야 합니다. 우리는 이를 공유가치창조Creating Shared Value라고 부릅니다. 그것은 자선 사업이나 부수적 활동이 아니라 우리의 사업전략의 근본적인 부분입니다. 간단히 말해, 주주와 회사를 위한 가치를 창출하기 위해서는 우리가 있는 지역의 사람들을 위한 가치를 창출해야 합니다. 여기에는 우리를 위해 공급하는 농부들, 직원, 소비자, 우리가 활동하는 지역사회를 포함합니다(Nestle, 2008).

이는 단지 ESG의 이름을 원용하지 않았을 뿐, 바로 ESG의 개념이나 다름없다. 지속가능 경영[16]을 현실로 구현하고자 하였던 것이었다.

이처럼 리먼 사태는 지속가능 투자가 본격화되는 중요한 계기가 되었다. 서구의 글로벌 자본은 월가 점령 시위로 대표되는 일반 대중의 분노와 금융 규제당국의 응징과 같은 외부적 압박에 대응하여야 했으며, 내부적으로도 리먼 사태를 통해서 지속 가능한 경제 시스템의 필요성을 자각하게 된다.

서구의 금융시장에 이른바 '임팩트 투자impact investment', '지속가능 투

16 네슬레의 공유가치창조(Creating Shared Value)가 바로 마이클 포터(Michael Porter)의 CSV이다. 당시 네슬레는 포터의 CSV를 실제로 경영에 적용하고 있다고 다양한 경로로 언급하고 있었다(Nestle, 2011). 네슬레는 '착한 일을 하면서 돈을 번다'는 개념을 추구하며, 자신의 활동은 CSR과 다르다는 것을 강조하기 위해 CSR이란 용어를 CSV로 굳이 바꾸었던 것으로 보인다. 물론 CSV와 전략적 CSR이 상호 대동소이한 개념이라는 것은 제2장에서 이미 설명하였다.

자sustainable investment', '사회적 책임 투자socially responsible investment', '가치 투자value investing'[17] 등 용어들이 본격적으로 확산되기 시작한 때가 바로 리먼 사태를 전후한 시점이다. 또한 각종 국제 포럼의 화두는 '지속 가능한 경제 시스템sustainable economic systems' 또는 '지속 가능한 금융 시스템sustainable finance systems'이 되었고, 이러한 추세에 따라 2010년 서울 G20 정상회의2010 G20 Seoul Summit의 핵심 어젠다로 '강하고 지속 가능한 균형 성장 프레임워크Framework for strong, sustainable, and balanced global growth'가 제시되면서 지속가능성 개념이 강하게 부각되었다.

반면, 비서구권의 '지속가능경제'는 서구권과 정반대의 길을 걸었다. 일단, 리먼 사태 직후, 비서구권에서도 당연히 리먼 사태의 충격에서 벗어나기 위해 적극적인 구조조정과 감원, 비용 절감 등 절박한 자구 활동이 급박하게 진행되었다.

그러나 비서구권, 특히 동아시아의 선도 국가들은 리먼 사태의 충격을 신속하게 극복하기 시작했다. 심지어 우리나라는 V 자 반등까지 경험하기도 하였다. 당시 미국은 세계 금융위기의 진앙지였고, 유럽은 미국과 파생상품 거래가 많았던 터라 경제 시스템 자체의 붕괴까지 우려되던 상황이었지만, 금융산업이 뒤처진 반면, 제조업과 무역을 성장 동력으로 삼는 동아시아 국가들은 기존의 산업 기반을 온전히 유지할 수 있었기 때문이다.

더불어 우리나라를 비롯한 동아시아의 산업자본과 금융자본은 리먼 사태의 순전한 피해자로서 도덕적인 비난의 타깃이 되지도 않았다. 오히려 강건한 제조업 역량을 바탕으로 국가 경제의 신속한 회복을 선도한 공로를 인정받기도 하였다. 이러한 상황에서 리먼 사태의 원죄를 짊어진 글로벌 금융자본과는 달리, 동아시아 산업자본은 '지속가능경제'라는 환상에 얽매일 필요가 없었고, 계속되는 비용 절감의 압력 속에서 CSR은 애물단

17 이 경우의 가치(value)는 사회적 가치(social value)를 의미한다.

지로 취급받았다.

이 당시 우리나라 기업들의 CSR 활동은 일종의 '의무 방어전'의 성격이 강했다. CSR 예산을 적극적으로 삭감하거나 강하게 통제하는 반면, 이른바 '김장 김치 만들기 행사'나 '사랑의 연탄 나르기 행사'에서 임직원이 인증 사진을 찍고 보도 자료를 배포하며, 이후 해당 보도 자료를 세련된 'CSR 보고서'로 재생산하는 루틴이 정착되게 된다. 현시점에서 보면, 굴지의 기업들의 이러한 활동 양상은 결코 존경받을 수 있는 행태는 분명히 아니었다. 그러나 어떤 의미로는 지극히 영리하고 효율적인 대응이라고 평가할 수도 있을 것이다. 불행인지 다행인지 당시의 우리나라 기업들은 '지속가능경제' 없이도 잘해 나가고 있었기 때문이다.

기후변화 대응과 SDGs

리먼 사태로 서구 글로벌 자본의 탐욕에 전 세계의 비난이 집중되는 상황에서, '지속가능경제'에 대한 각성이 서서히 나타나고 있었지만, 환경과 사회 문제에 대한 세계 각국 정부의 대응은 일관성을 결여하고 있었다.

1992년에 채택되고 1994년에 발효한 「기후변화에 관한 유엔 기본협약 United Nations Framework Convention on Climate Change, UNFCCC, 약칭 '유엔 기후변화협약'」은 애초에 법적 구속력이 없었던 상징적인 협의체였다. 그런 상황에서 각국별로 온실가스 배출 목표를 설정하여 규제하기로 합의하였던 「교토 의정서 Kyoto protocol」[18] 역시 효력을 미처 발생하기도 전인 2001년에

18 「기후변화협약에 대한 교토의정서(Kyoto Protocol to the United Nations Framework Convention on Climate Change, 이하 '교토 의정서')」는 온실가스 배출을 제한하기 위한 회원국 간의 협약으로 지구 온난화를 규제하고 방지하기 위한 유엔의 기본 협약인 기후변화협약의 구체적 이행 방안이며, 1997년 12월 일본 교토에서 개최된 제3차 기후변화협약 당사국 총회에서 채택되었다. 의정서가 채택되기까지 온실가스의 감축 목표와 감축 일정, 개발도상국의 참여 문제로 선진국 간, 선진국·개발도상국 간의 견해차로 심각한 대립을 겪었지만, 2005년 2월 16일 공식 발효되었다.

당시 전 세계 이산화탄소 배출량의 28%를 차지하고 있던 미국이 자국의 산업 보호를 이유로 탈퇴하면서 유명무실하게 되어 버렸다. 더욱이 지구 온난화에 대한 온실가스의 영향 또는 지구 온난화 자체에 대한 회의론도 여전히 높은 상황이었다.

그러나 2007년부터 지구 온난화에 대한 회의론은 점차 잦아들기 시작한다. 기후변화에 관한 과학적 분석을 수행하는 유엔의 전문 기관인 「기후변화에 관한 정부 간 협의체Intergovernmental Panel on Climate Change, 이하 'IPCC'」는 2007년 『제4차 평가보고서the fourth assessment report』[19]에서 회의론이 주장하는 가능성을 인정한다고 하여도, 지난 50년간 발생한 지구 온난화의 대부분은 전문가의 견해에 따르면 90% 이상의 확률로 인간 활동에 기인한다는 결론을 내린다(IPCC, 2007). 지구 온난화에 대한 회의론은 현재까지도 남아 있지만, 지구 온난화의 이슈화 저지를 위해 자금을 제공하던 엑슨 모빌ExxonMobil이 2008년 해당 활동을 중지하기로 선언하는 이벤트가 발생하기도 하면서 회의론자들의 영향력은 서서히 약해져 오고 있다.

물론 이후에도 교토 의정서에서 캐나다가 추가적으로 탈퇴하고 일본이 미국과 중국의 불참에 항의하는 일련의 사태가 벌어지면서 환경 이슈에 대한 국가 간의 협력이 지속적인 난항을 겪는다. 그러나 앞서 살펴본바 WTO 주도의 세계화가 좌초한 이후, 유엔 글로벌 콤팩트를 계기로 유엔과 민간기업이 직접 협력하는 협력 모델이 구축되었고, 해당 협력 모델은 지속적인 성공을 거두었다. 따라서 현재 글로벌 어젠다를 추진하는 주역은 국제 사회에서 끊임없이 충돌하는 주권 국가들이 아니며, 유엔과 민간기업, 특히 유엔과 다국적 기업 또는 글로벌 투자자본 간의 협력 관계에 주목하여야 한다.

19 IPCC는 본 보고서를 통해 기후변화 심각성을 전파한 공로로 앨 고어(Al Gore)와 함께 2007년 노벨평화상을 공동으로 수상한다.

대표적인 사례가 글로벌 금융회사의 기후금융이다. 영국계 다국적 금융사인 HSBC는 2005년 탄소중립을 선언했다. HSBC는 2008년에 그룹 전체가 78만 7,000톤의 탄소를 배출했으며, 이에 상응하는 탄소배출권을 구입했다(전은협, 2009). 구입비용은 각 계열사들이 분담하였다. 또한 기후변동에 따른 금융 리스크를 고려하기 위해 4개 사업부문장으로 구성된 기후 비즈니스 회의Climate Business Committee를 설립하였다. 2011년에는 석탄 정책을 채택하여 이산화탄소를 다량 배출하는 화력발전소 투자 안건에 자금을 공급하지 않기로 결정하기로 하였다(夫馬, 2020). 한편 도이체방크Deutsche Bank AG는 녹색금융과 관련한 여신 금리에 대한 실무상 우대 정책을 채택하였고, 녹색금융 융자적격자를 선별하기 위한 SMSsustainability management system을 구축하였다. 또한 네덜란드의 협동조합은행인 라보은행Rabobank Group은 그룹 전체적으로 4.5%의 투자금을 녹색금융에 할당하였으며, 정부와 함께 그린펀드계획Green Fund Scheme을 운영하여 개인에 대한 정부의 세제 혜택과 녹색사업에 대한 인증 활동을 진행하였다(녹색금융협의회, 2009).

그리고 비록 기후 이슈를 둘러싼 국가 간 협력은 난항을 거듭하는 와중에서도, '지속가능경제'를 향한 물밑의 움직임은 한 치의 오차도 없이 진행되었다. 앞서 MDGs의 수립과 함께 약속된 일정이 2015년에 종료되면서 해당 연도에 MDGs를 계승하는 SDGs가 2030년에 지속 가능한 미래를 실현한다는 청사진인 어젠다 2030과 함께 발표되기에 이른다. 따라서 SDGs는 2030년을 기한으로 하여 향후 15년간 국제 사회의 공통 목표로 자리매김하게 되었다.

SDGs는 MDGs와 비교할 때 지속 가능한 세계를 달성하기 위한 보다 진화된 활동 목표로 이해할 수 있다. MDGs가 사실상 개발도상국을 대상으로 상정한 목표였다면, SDGs는 선진국, 개발도상국 및 저개발국 등 모든 국가들의 상황을 고려한 인류 전체의 번영을 위한 계획이라는 측면에서 보다 포괄적이다. 따라서 MDGs도 유의미한 목표를 제시하였지만, SDGs는 이를 보다 확대하고, 국가별 상황에 따라 유연하게 적응시킬 수 있는 진화된 의제라는 측면이 차별점이라고 하겠다(환경부, 2021). 예를 들면 우리나라의 경우에도 「한국형 지속가능발전목표」, 즉 K-SDGs를 수립하여 SDGs를 우리나라의 상황에 적응시키는 유연함을 발휘하도록 하고 있다.

참고로, K-SDGS는 모두가 사람답게 살 수 있는 포용 사회 구현, 모든 세대가 누리는 깨끗한 환경 보전, 삶의 질을 향상시키는 경제 성장, 인권 보호와 남북 평화 구축, 지구촌 협력과 같은 5대 전략을 세웠으며, 이를 실현하기 위한 17개 목표와 119개 세부 목표, 236개의 지표들(제4차 기본계획 기준)을 설정하여 정부 기관은 물론 지방자치단체와 시민단체, 전문가, 이해관계자 그룹 등 다양한 집단에서 노력하고 있다(환경부, 2021).

한편, 앞서도 언급했듯이, SDGs는 PRI와 함께 연계되는 ESG 과제들이

그림 3.1 국가 지속가능발전목표(K-SDGs) 심볼

출처: 환경부 홈페이지(http://www.me.go.kr)

다. MDGs는 투자자본의 연계가 명확히 설정되지 않은 상황에서 추진되었기 때문에 사실상 기업의 기부활동 중심으로 운영될 수밖에 없었지만, SDGs는 기관투자자의 네트워크인 PRI와 함께 사업을 추진하게 되므로 SDGs의 각 목표들은 각각 사업화가 가능하다고 평가된다. 실제로 2017년 글로벌 컨설팅 업체 딜로이트Deloitte Tohmatsu LLC는 SDGs와 관련된 글로벌 시장 규모를 2017년 당시 시점에서 최소 730조 원에서 8,300조 원[20]에 육박할 것으로 추산하였고(한일산업협력기술재단, 2019), PRI는 SDGs를 달성하기 위해서 2019년부터 2030년까지 매년 5조에서 7조 달러가 소요되며, 동 기간에 파리 협정에서 설정한 지구 평균 온도 기준을 충족하려면 매년 최소한 1조 5,000억 달러의 투자기회가 창출될 것으로 예상했다(PRI & UNEP FI, 2019b).

기후금융, 파리협정 그리고 바이러스

SDGs가 공표된 2015년은 인류가 지구를 위해 작지만 중요한 족적을 남긴 한 해였다. 앞서 보았듯이, IPCC가 기후변화의 위험성을 지속적으로 알리고 있었지만, 지구의 미래를 위한 국가 간 협력은 난항을 거듭하고 있었다. 이에 G20은 기후금융의 영역을 통해 새로운 협력 방안을 모색하기 시작하는데, 2015년 10월 G20의 재무장관들과 중앙은행 총재들은 금융안정위원회Financial Stability Board, 이하 'FSB'에 금융회사들이 기후변화에 대응할 수 있는 방안에 대한 검토를 요청한다. 그리고 이에 따른 대응으로 FSB는 기후 관련 리스크에 적절히 대응하기 위해서는 정보의 투명화가 절실하다는 판단에 입각하여, 2015년 12월 「기후변화와 관련된 재무정보 공개를 위한 태스크포스Task Force on Climate-related Financial Disclosures, 이하

20 당시 딜로이트는 엔화를 기준으로 시장 규모를 추정하였고, 해당 추정치는 최소 70조 엔에서 최대 800조 엔 수준으로 평가했다.

'TCFD'」를 발족한다.[21]

한편, 이를 기점으로 동년 11월 프랑스 파리에서 열린「제21차 유엔 기후변화협약 당사국 총회The twenty-first session of the Conference of the Parties, 통칭 'COP21'」에서는 마침내 196개 회원국의 총의를 모아 동 회의의 폐막일인 2015년 12월 12일 지구 온난화에 있어서 역사적 전환점이 될 것으로 기대되는「파리협정Paris Agreement」[22]이 채택된다.

해당 협정은 기존의 기후변화와 관련한 국제적 합의와는 달리, 지구 평균 온도가 산업화 이전 수준 대비 섭씨 2도보다 상당히 낮은 수준으로 유지되도록 온실가스 배출량을 줄이자는 구체적인 감축 목표를 설정하였다. 그리고 더 나아가, 섭씨 2도 증가에 따른 해수면 상승 등의 제반 리스크를 고려하면, 각국은 온도 상승 폭을 섭씨 1.5도 이하로 제한하기 위해 노력해야 한다는 '노력 목표'까지 설정하였다(WWF, 2018). 또한 체약 당사국들은 자주적으로 이산화탄소 배출량의 삭감 목표를 설정하고 서로 목표 달성을 위한 진전 상황을 체크하기로 하였다(夫馬, 2020). 이렇게 3년 전에 공중분해 되다시피 한 교토 의정서를 대신할 새로운 국제 협약이 탄생하게 된다.

비록 2017년 8월 트럼프 행정부가 파리협정을 탈퇴하겠다는 의사를 표시하고, 2019년 11월에 미국이 실제로 탈퇴하는 등의 진통이 있었지만, 여전히 전 세계 200여 개국이 파리협정을 이행하고 있으며, 2020년 대통령 선거에서 트럼프를 꺾은 바이든은 대통령 취임 첫날인 2021년 1월 20일, 미국의 파리협정 재승인을 위한 행정명령에 서명하였다.

기후변화에 대한 국가 간 협력이 본 궤도에 오르고 SDGs가 국제 사회의 새로운 목표로 설정된 2015년이 지나고, 이듬해인 2016년 1월 ESG의

---

21 이후 TCFD는 기관투자자 및 금융부문 전반과 기업 등에 대한 리스크와 기회를 분석하여, 국제적으로 공인될 수 있는 정보공개 프레임워크를 개발하고, 2017년 6월 29일에 최종권고안 및 관련 추가 지침을 발표하였다(WWF, 2018).

22 언론에서는 흔히 '파리기후변화협약'이라고 하나, 공식 명칭은 단순히 'Paris Agreement'이다.

역사에 기록될 또 하나의 중요한 연구가 PRI에 의해서 시작된다. 이는 PRI와 UNEP FI가 추진하는 4년 기한의 프로젝트였는데, 그 목표는 투자의사결정과 실무에 ESG 이슈를 통합함에 있어서 마지막 과제인 수탁자 의무의 합법화를 달성하는 것이었다.

수탁자 의무에 관해서는 2015년에 발표한 『Fiduciary Duty in the 21st Century21세기의 수탁자 의무』에서 이미 "ESG 문제를 포함한 모든 장기 투자가치의 동인을 고려하지 않는 것은 수탁자 의무의 불이행"이라고 결론 내렸다. 그러나 이러한 결론에도 불구하고, 해당 보고서는 주요 국가별 관할권에서 수탁자 의무와 관련된 법적인 논란이 여전히 존재하여 2015년 시점에서도 많은 투자자들이 ESG 이슈를 투자활동에 통합하지 못하고 있다고 판단하였다. 따라서 PRI는 ESG의 법적 위상에 대한 논란을 일거에 해소하기 위해, 2016년부터 2019년까지 4년간에 걸쳐 진행되는 「Fiduciary Duty in the 21st Century Programme21세기 수탁자 의무 프로그램」이라는 이름의 프로젝트를 수행하였다(PRI Association, 2020a).

2019년에 완결된 본 프로젝트의 목표는 세계 주요국의 국내 관할권 내에서 ESG 투자의 법적 근거를 마련하도록 요구하는 것이었다. 특히 투자자본이 피투자기업을 선도하여 지속 가능한 세계를 구현하려는 ESG의 관점을 고려하면 동아시아 금융의 센터인 홍콩과 더불어 동아시아의 제조업 강국에서 ESG의 입지를 확보하는 것이 초미의 관심사였을 것이다. 그리고 그 성과는 우리나라에서도 국민연금의 스튜어드십 코드 도입, 한국거래소의 'ESG 정보 공개 가이던스' 제정 등으로 나타났다.

이후, 본 프로젝트의 완료 이듬해인 2020년에 PRI의 최소 요구 조건에 미달하는 5개 서명기관이 PRI에서 퇴출되면서, PRI는 글로벌 금융시장의 사실상의 권력 기관이자 전 세계 금융기관의 유일무이한 네트워크로 자리매김하였다. 그리고 동아시아를 포함한 전 세계 주요국 관할권에서의 합법적인 지위를 획득하면서, ESG의 세계화가 완성된다. 이에 2020년은 ESG의 사실상의 원년이 되었다.

그리고 2020년을 ESG의 원년으로 보아야 하는 또 하나의 이유가 있다. 바로 코로나19이다. 2019년 말부터 나타난 글로벌 팬데믹은 인류가 그동안 잊고 있었던 환경과 사회의 지속가능성을 새롭게 인식하게 된 계기가 된다. 그리고 ESG는 코로나19로 인해 리먼 사태 이후 또다시 천재일우千載一遇의 기회를 만나게 된다. 말하자면, 리먼 사태로 인해 ESG가 글로벌 금융시장에서 시민권을 확보했다면, 2019년 말부터 시작된 글로벌 팬데믹은 ESG에게 글로벌 금융시장을 지배하는 권력을 주었다고 말할 수 있다.

다보스 포럼의 창립자 클라우스 슈밥은 그의 최근 저서 『Covid-19: The Great Reset』[23]에서 기후변화 행동주의와 불평등 확대부터 성적 다양성과 미투MeToo에 이르기까지 여러 많은 문제들로 인해 이해관계자 자본주의와 ESG 고려의 중요성에 대한 관심이 높아지기 시작한 때에 마침 코로나19가 창궐하였다고 말한다. 그리고 코로나19로 인해 사람들은 엉망이 된 세상에서 혼자만 안녕할 수 없으며, 전 지구적인 관리가 개인적 관리만큼 중요하다는 것을 인식하였고, 따라서 이해관계자 자본주의, 순환경제, ESG 전략 등이 보다 강력하게 추진되어야 할 이유가 생겼다고 말한다(Schwab, 2020).

그리고 코로나19가 창궐한 지 1년을 훌쩍 넘은 지금 시점에서 ESG가 글로벌 팬데믹으로부터 받은 혜택에 대한 여러 증거들이 시장 데이터를 통해 나타나고 있다. 예를 들면 세계적인 금융정보 서비스 회사인 모닝스타Morningstar, Inc.가 2020년 12월 31일 자로 집계한 자료에 따르면, 2020년 한 해 동안, 미국 투자자들이 이용할 수 있는 지속 가능한 개방형 펀드

---

23 국내 번역서의 제명(題名)은 '클라우스 슈밥의 위대한 리셋'이다.

그림 3.2 미국 지속가능펀드 성장 추이(청산 펀드 제외, 2020년 12월 31일 현재)

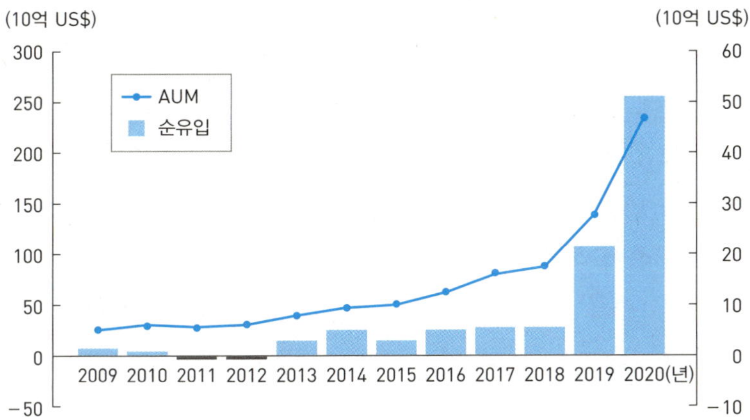

출처: 모닝스타(Morningstar)

sustainable open-end funds 및 지속 가능한 상장지수펀드sustainable ETF[24]로의 순유입 규모는 511억 달러에 달했는데, 이는 2019년 순유입 규모인 214억 달러의 거의 두 배에 육박하고, 2018년의 순유입 규모인 54억 달러의 거의 10배에 달하는 규모이다(Morningstar Research, 2021b).

이제 ESG는 메인스트림이 되었다. 우리는 부지불식간에 이미 시작한 '지속가능경제'의 한가운데에 들어서 있다. 그리고 우리들 대다수는 아직 깨닫지 못하고 있지만, 이는 사실상 불가능을 가능하게 한 기적의 역사가 현실로 이루어진 것에 다름 아니다.

인류의 지난 역사를 돌이켜 보면, 인류에게는 오직 두 가지의 선택지만이 있었다. 과학 기술과 문명의 끝없는 성장을 즐기면서 그로 인한 파멸의 운명을 그대로 받아들이거나, 아니면 인류의 파멸을 피하기 위해 과학 기

24 ETF는 Exchange Traded Fund의 약자로 상장지수펀드라고 한다. ETF는 기초 지수의 성과를 추적하는 것이 목표인 인덱스 펀드로, 거래소에 상장되어 있어서 개별 주식과 마찬가지로 기존의 주식계좌를 통해 거래할 수 있다.

술과 문명의 발전 및 경제 성장을 자발적으로 거부하고 자연의 잔혹한 힘에 스스로를 내어 맡기는 우울한 양자택일의 막다른 길로 달려갈 수밖에 없는 듯이 보였다.

그러나 이제 인류는 제3의 길을 걷기 시작한다. 이 길은 과학 기술과 문명의 성장이 인류의 삶의 조건을 개선하면서, 동시에 어머니 가이아Gaia[25]의 영원한 안녕을 최고의 가치로 삼는 지속 가능한 성장의 길이다. 이를 통해 인류는 유사 이래 최초로 인간다운 삶의 진정한 모습을 발견하고 누릴 수 있는 기회를 가지게 되었다. 그리고 ESG는 '나와 환경', '이익과 가치'의 모든 모순을 아우르는 통합의 원리를 통해 지속 가능한 세계의 새로운 시대로 나아가는 나침반이 될 것이다.

2021년, 이어 제로Year Zero, 제0년의 세상에서, 우리는 지금 이러한 이상향으로 가기 위해 인류 역사의 모든 누적된 오류를 삭제하려는, 힘겹지만 위대한 리셋the Great Reset의 시간을 지나가고 있다.

25 그리스 신화에 등장하는 '대지'의 의인화된 여신 또는 대지 그 자체이다. '만물의 어머니'이자 '신들의 어머니'이다.

CHAPTER

IV

ESG 경제 시스템

이로써 ESG의 이념과 역사를 살펴보는 여정이 모두 마무리되었다. 이는 우리가 지속가능성과 ESG의 이상과 꿈을 이해하게 되었음을 뜻한다. 그리고 이제는 그러한 이해를 바탕으로 ESG 경제의 현실을 다시금 돌아보고자 한다. 이상과 현실은 언제나 다르다. 따라서 우리는 그 간극의 현상現狀을 확인하고 우리의 ESG가 나아갈 방향에 대한 작은 실마리를 찾고자 한다.

1 ESG 경영

앞서 ESG의 주체는 투자자라고 하였다. 그러나 환경, 인권 등 우리가 매일 피부로 접하는 우리 사회의 문제를 해결하는 주체는 어디까지나 기업이다. 말하자면, 투자자가 그린 ESG 경제의 청사진을 우리의 삶에서 현실로 구현하는 주체는 기업이며, 기업이 주도하는 ESG 경영의 성패가 ESG 경제의 관건이라고 말할 수 있다.

가치창조 프로세스

그렇다면 성공적인 ESG 경영이란 무엇인가? 일단 기업이 이익과 사회적 가치를 함께 창출하였다면 ESG 경영에 성공한 것이다. 그러나 문제는 방법론이다. 기업은 사회적 가치와 이익을 어떻게 창출하고 파괴하는가? 이 질문에 입각하여 ESG 경영의 실체를 파악해 보자.

[그림 4.1]을 보자. 그림은 국제통합보고평의회International Integrated Reporting Council, 이하 'IIRC'[1]가 2021년 1월 국제 통합보고 프레임워크로 제안

1 국제통합보고평의회는 규제 기관, 투자자, 기업, 회계 전문가, 학계 및 NGO로 구성된 글로벌 연합체로, 가치 창출 등에 대한 통합보고와 통합사고를 통해 지속 가능한 자원 배분과 기업활동을 지원하는 것을 목표로 하고 있다.

그림 4.1 IIRC의 가치창조 프로세스

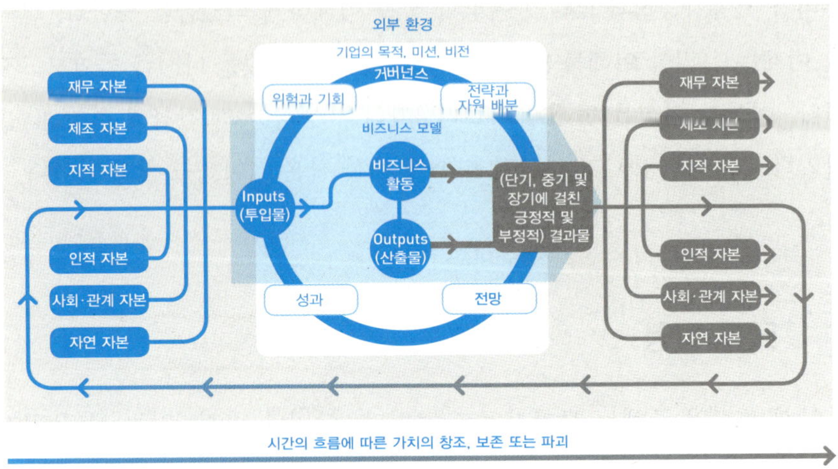

출처: Integrated Reporting 홈페이지(https://integratedreporting.org)

한 '가치창조 프로세스'[2]이다(IIRC, 2021). 본 프로세스는 ESG의 5대 공시 체계인 IIRC, CDP, CDSB, GRI 및 SASB가 함께 만든 통합 기업 공시 시스템의 프로토타입에도 원용되고 있다(WEF & Deloitte, 2020).

가치창조 프로세스란 말 그대로 기업이 경영 활동을 통해서 새로운 가치를 만들어 내는 메커니즘을 도식화한 것이다. 그림에 따르면 기업은 다양한 자본을 투입하여, 단기, 중기 및/또는 장기의 비즈니스 활동을 통해 이를 제품, 서비스, 부산물 및 폐기물 등의 긍정적 또는 부정적 산출물로 전환하는 비즈니스 모델business model을 보유한다. 그리고 기업의 비즈니스 모델은 기업의 목적, 비전 및 미션을 기반으로 외부 환경과 영향을 주고받으며, 거버넌스의 통제하에서 기회와 위협, 전략과 자원 배분, 성과 및 전망 등과 연계되고 있다.

2 IIRC의 국제통합보고 프레임워크 자료에 따르면, 그림의 정확한 명칭은 '가치가 창조, 보존 또는 파괴되는 프로세스(process through which value is created, preserved or eroded)'이다.

여기서 주목할 것은 기업이 이용하는 자본의 구성과 성격 및 해당 자본을 이용하고 산출하는 방식이다. 그림에 따르면 ESG의 가치 창출 프로세스는 재무 자본financial capital, 제조 자본manufactured capital, 지적 자본intellectual capital, 인적 자본human capital, 사회·관계 자본social and relationship capital 및 자연 자본natural capital의 6개 자본을 활용한다(IIRC, 2021). 이는 일반적인 자본 개념이 ESG의 관점에서 확장된 것이며, 각 자본들은 결국 환경E, 사회S 및 거버넌스G를 조달의 원천으로 삼는다. 각 자본의 내용은 다음과 같다.

- 재무 자본: 기업은 돈을 벌기 위해 돈을 쓴다. 재무 자본은 제품 생산이나 서비스 제공을 위해 투입되며, 채권, 주식, 보조금 등의 파이낸싱이나 운용 및 투자활동으로 조달된다. 즉, 주주와 채권자가 자금의 주된 출처이다.
- 제조 자본: 생산이나 서비스 제공을 위해 사용되는 물적 인프라 중에서 자연 자본을 제외한 인공적인 것들이다. 건물이나 장비는 물론, 도로, 항구 등의 기간시설도 포함한다. 제조 자본은 통상 다른 기업이 만든 물건이지만, 자체 제작한 것도 해당된다.
- 지적 자본: 조직의 지식에 기반한 무형자산이다. 무형자산은 다시 특허나 저작권과 같은 권리, 라이선스, 소프트웨어 등의 지적 재산intellectual property과 암묵지, 시스템, 절차, 프로토콜 등의 조직 자본organizational capital으로 나눌 수 있다.
- 인적 자본: 사람의 역량, 경험, 혁신 의욕을 의미한다. 구체적으로는 기업의 경영 프로세스와 전략을 이해하고 수립하며 실행하는 능력, 리더십, 관리 및 협력의 역량, 충성심, 윤리 의식, 제품, 서비스 및 프로세스의 개선에 대한 동기 부여 등이 관건이다.
- 사회·관계 자본: 지역사회, 이해관계자 그룹 및 여타 네트워크에서의 제도, 관계, 정보 공유 역량을 의미한다. 구체적으로는 공통의 규범, 가치 및 행태나 브랜드 및 명성 등을 포함한다.
- 자연 자본: 기업의 제품이나 서비스를 제공하기 위한 모든 환경 자원과 프로세스를 의미한다. 이는 공기, 물, 토지, 광물, 산림 및 생물의 다양성과 생태계의 건전성을 포함한다.

IIRC는 경영의 모든 투입물inputs을 6개의 자본으로 본다. 이들 6개 자본의 조달처는 많은 경우에 기업의 외부에 존재하는데, 이들이 바로 ESG가 크게 관심을 두는 이해관계자이다. 여기서 독특한 것은, ESG의 경영관에서는 전통적인 경영관과 달리 사회적 관계와 자연을 자본으로 인정하며, 해당 자본 역시도 외부의 이해관계자로부터 조달한다고 이해한다는 점이다. 전통적인 경영관에서는 사회의 평판은 그저 주어진 외부 환경일 뿐이며, 물과 공기를 끌어 쓸 때에 누구의 허락도 필요 없었다. 아무튼, 경영의 시작은 이해관계자로부터의 자원 조달 활동이 된다.

이후, 해당 자본은 모두 기업 내부의 비즈니스 모델의 영역으로 전달된다. 비즈니스 모델은 일종의 생산을 위한 블랙박스인데, 블랙박스 안의 '비즈니스 활동business activities'이 투입된 자본을 처리processing하여 산출물outputs을 만든다.

그런데 이 '산출물'은 아직도 기업 내부에 있다. [그림 4.1]에 따르면, 기업이 외부 환경에 직접 영향을 미치는 경로는 경영 활동의 '산출물outputs'이 아니라 '결과물outcomes'이다. 산출물과 결과물은 다르다. 산출물outputs은 기업이 생산하기로 의도한 바 그대로의 제품이나 서비스이다. 그러나 결과물은 [그림 4.1]에서도 나타나듯이 기업의 제품이나 서비스와 더불어, 비즈니스 활동business activities 자체가 외부에 미치는 영향, 즉 비즈니스 활동의 '부산물by-products'도 포함한다. 그리고 이들 결과물은 기업이 의도한 바가 아니기 때문에 항상 긍정적인 영향만을 의미하지 않는다. 시멘트 생산 과정에서 발생하는 환경 공해 등이 부정적인 부산물의 사례가 될 것이다.

여기에서 전통적인 경영관과 ESG 경영관 사이에 또 하나의 견해차가 드러난다. 전통적 경영관에서는 기업은 외부 환경에 산출물outputs을 통해 영향을 미친다는 관점을 가진다. 만약 생산활동에 의해 환경공해가 발생한다면, 이는 법인세나 벌금 또는 여타 비용의 문제로 바로 치환해 버리고, 그 결과 환경 공해와 같은 외부효과는 기업활동의 방정식에서 사라져 버린다.

그러나 ESG 관점에서는 기업은 산출물outputs이 아니라 결과물outcomes을 통해 외부 환경에 영향을 미친다. 다시 말하지만, 결과물outcomes은 산출물outputs과 부산물by-products을 모두 합친 것이다. [그림 4.1]에 따르면 부산물이라 함은 '비즈니스 활동'이 만들어낸 영향 중에서 산출물 이외의 것들이다. 따라서 기업이 전혀 의도하지 않았던 영향들도 산출물에 포함한다. 즉, ESG 관점에서는 기업이 전혀 의도하지 않았던 환경공해 같은 외부효과는 기업활동의 방정식에 그대로 존재감을 유지하며 산출물과 함께 외부 환경, 정확히는 외부 환경 내의 6개 자본에 영향을 미친다.

그리고 기업 내부의 비즈니스 모델에서 만들어진 산출물outcomes이 외부 환경의 6개 자본에 영향을 미치는 방식은 창조creation, 보존preservation 및 침식erosion이다. 이런 관점에서 흔히 가치창조 프로세스라고 부르는 [그림 4.1]의 원래 명칭이 '가치가 창조, 보존 또는 파괴되는 프로세스process through which value is created, preserved or eroded'가 되었던 것이다.

이런 관점에서는, 모든 것이 모든 것을 만들어낸다. 전통적인 경영관에서는 생산된 제품outputs을 판매해야 돈을 번다. 그러나 ESG 경영관에서는 기업 외부의 재무 자본에 영향을 미치는 것은 산출물outputs과 부산물by-products을 합친 결과물outcomes이므로 때에 따라서는 생산된 제품 이외에도 생산활동이 환경에 미치는 영향으로 돈을 벌 수도 있게 되는 것이다. 이것이 앞서 보았던 코니카 미놀타와 테슬라의 사례이다. 코니카 미놀타는 이산화탄소 저감 등 사내의 그린 비즈니스 노하우를 새로운 수익 모델인 그린 컨설팅 사업으로 발전시켰고, 테슬라는 탄소배출권 판매로 흑자 전환에 성공했는데, 이들에게 이산화탄소 저감 활동이란 원래는 그저 부산물by-products이었을 뿐이다.

그리고 기업이 외부 환경에 미친 영향은 긍정적이든지 부정적이든지 다시 6개 자본을 해당 기업 내부에 재투입하는 과정을 통해 마침내 해당 기업으로 돌아온다. 만약 기업이 제품을 생산하면서 자연 자본을 훼손하면, 결국 그 훼손된 자연 자본은 제품 생산에 부정적인 영향을 미친다. 이것이 'garbage in, garbage out'[3]의 원리이며, [그림 4.1]에 나타난 피드백 루프의 의미이다.

이러한 이유로 ESG는 기업들에게 끊임없이 6개 자본의 공급자인 이해관계자를 배려할 것을 강조하고 있는 것이다. 이해관계자 자본주의는 결코 선행만을 강조하는 것이 아니다. 기업에는 결코 기업과 무관한 외부 환경이나 외부효과란 존재하지 않으며, 이해관계자에 대한 배려는 결국 기업 자신에 대한 배려라는 사실을 실천하는 것이 ESG 가치창조 프로세스의 핵심이 될 것이다. 그리고 ESG 정보공개와 ESG 평가는 기업이 가치창조 프로세스의 존재를 외부에 알리고, 평가받는 시스템으로 이해하면 충분할 것이다.

2 ESG 정보공개

앞서, ESG 경영의 성패가 ESG 성패의 관건이라고 하였다. 그러나 거의 예외 없이, 측정되지 않는 것은 관리될 수 없다. 따라서 경영의 ESG 수준도 측정되어야 할 터인데, 문제는 데이터이다. 데이터가 없으면, 측정과 관리가 불가능하다. 이에 ESG의 데이터를 생산하는 ESG 정보공개의 중요성이 크게 부각된다.

3 무가치한 투입물을 넣으면 무가치한 산출물이 나온다.

정보공개 표준의 선정

그런데 ESG 정보공개의 중요성이 부각되면서, 처음 당면하는 문제는 수많은 정보공개 표준 중 무엇을 선택할 것인가이다. 현재로서는 ESG 정보공개의 방법은 다양하며, 최상의 해법은 각 기업의 역량, 환경, 보고 대상, 수집 가능 데이터 등 여러 요인에 따라 다를 것이다.

우선 대표적인 정보공개 표준을 살펴보도록 하겠다.

표 4.1 ESG 정보공개 표준

표준 명칭	주제 특화 여부	산업 특화 여부	스탠더드, 프레임워크, 가이드라인	주요 보고 대상
Global Reporting Initiative(GRI)	경제, 환경 및 사회에 걸친 다중 스탠더드	범용	스탠더드	다중 이해관계자 그룹
Integrated Reporting	모든 재무 및 비재무 이슈를 포괄하는 프레임워크	범용	프레임워크	투자자 및 다중 이해관계자 그룹
Sustainability Standards Board(SASB)	경제, 환경 및 사회에 걸친 다중 스탠더드	산업별 특화	스탠더드	규제 기관
International Standards Organisation(ISO)	주제별 특화 스탠더드	범용	스탠더드	다중 이해관계자 그룹
The Global ESG Benchmark for Real Assets(GRESB)	경제, 환경 및 사회에 걸친 다중 지표	부동산	스탠더드 (지표)	투자자
CDP(舊 the Carbon Disclosure Project)	기후변화, 수자원, 삼림 등의 주제에 특화	산업별 특화	프레임워크	투자자 및 고객
Task Force on Climate-related Financial Disclosures(TCFD)	기후변화에 특화	산업별 특화	프레임워크	투자자, 채권자 및 보험사

이처럼 여러 표준들이 난립하는 상황에서 최적의 ESG 정보공개 프레임워크를 선정하기 위해서 가장 먼저 고려해야 할 것은 정보공개의 이유이다. 대부분의 경우, ESG 정보공개를 고려하는 가장 큰 이유는 규제 준수이며, 부가적으로 투자자 유치를 염두에 두고 있을 것이다. 따라서 이들 목적에 부합하는 프레임워크를 선정하는 것이 정석이다. 그러나 때로는 ESG 정보를 통해 해당 기업의 잠재 역량이나 운영 프로세스의 병목을 파악할 수도 있다. 그 결과 신사업의 가능성이나 리스크 회피의 기회를 가지게 될 수도 있다. 이러한 관점에서는 재무적 및 비재무적 요소를 통합적으로 고려하는 IIRC의 통합보고 프레임워크가 유리한 면이 있다. ESG 정보공개를 과도하게 의무 방어전 차원으로 대응하지 않는 것이 바람직하다.

그리고 ESG 정보공개의 방법을 선정함에 있어 각 프레임워크의 현실을 이해할 필요가 있다. 대부분의 프레임워크는 비재무적 요소와 재무적 요소 사이의 연계와 그 간극을 이해하는 도구이다. 그러나 당연한 말이지만, 모든 프레임워크가 동일하게 태어난 것은 아니다. 예를 들면 SASB는 재무적으로 중요한 ESG 요소를 우선시한다. 반면, GRI는 ESG 요소가 이해관계자 및 사회와 경제에 미치는 영향에 주목한다. 따라서 GRI 보고서는 특정 이해관계자에게 중요한 이슈에 관한 별도의 마케팅 보고서와 중복될 가능성이 있다.

한편, 여러 프레임워크의 특성을 이해하는 또 다른 방법은 제반 프레임워크들을 '데이터 - 스토리'의 연속체continuum로 이해하는 것이다. 이는 여러 프레임워크의 정보 특성과 그 정보가 누구를 대상으로 하는지에 초점을 맞추는 분류법이다.

예를 들면, 보고에 주안점을 두는 프레임워크는 데이터에 중점을 두기 때문에 전체 프로세스가 종료되면 점수나 등급을 산출하는 경향이 있다. 반면, 가이던스 프레임워크는 ESG 스토리를 구성하고 그에 관련된 서사敍事

참고 4.1 SASB와 GRI의 비교

GRIGlobal Reporting Initiative는 1997년에 미국 환경 단체 세리즈CERES, Coalition for Environmentally Responsible Economics가 유엔환경계획UNEP과 협약을 맺고 설립한 단체이다. 현존하는 표준 중에서 가장 대중적이고 포괄적이다. 대부분의 기업이 GRI를 표준으로 지속가능성 보고서를 작성한다. GRI는 1997년부터 오랜 기간 가장 대표적인 지속가능성 표준으로 여겨졌다.

그러나 2011년에 SASB가 등장하면서 어느덧 GRI와 함께 기업 비재무공시의 양대 산맥이 되었다. SASB는 미국 재무회계기준위원회FASB가 기업의 비재무공시의 문제점을 보완하기 위해 만든 것인데, ESG 요소를 재무적 성과에 연계하여 보고하기 위한 국제 표준이라는 특징이 있다. 이들은 특히 금융계에 초점을 두고 있는데, 그 궁극적인 목표는 미국 증권거래소에 제출하는 재무제표 등에 ESG 요소가 통합되는 것이다. 구체적으로는, 기업 보고서에 공시되어야 하는 비재무정보의 정의와 기준을 세우고, 투자자들이 연차보고서와 연계해서 비재무정보를 볼 수 있도록 하며, 동종 산업군 내의 타기업과 비교하여 성과를 볼 수 있도록 해달라는 요구사항에 철저히 맞추고 있다. 블랙록에서 기업들에게 SASB 기준 적용을 권고하기도 하면서, 시장에서 탄탄한 입지를 차지하고 있다.

SASB는 각 산업별(현재 77개)로 별도의 기준이 존재하는데, 중요성 지도materiality map를 통해 각 산업별 이슈를 사전적으로 설정한다. GRI 표준의 경우 주제별로 표준을 수립하여 보고 기관이 중요 이슈를 직접 선정하도록 하는 것과 대비된다. 따라서 SASB는 산업별 중요 ESG 이슈와 관련된 지표만을 요구하므로 정보 요구가 매우 간결하다. 반면, GRI는 지표 이외에도 내부 지침, 평가 등의 정황 정보와 자세한 설명을 요구한다.

SASB는 투자자를 최우선적인 정보공개의 대상으로 인식하기 때문에, ESG와 재무성과와의 관련성을 중요시한다. 따라서 재무적으로 중요한 ESG 요소에 관심을 집중한다. 반면, GRI 표준은 이해관계자 및 경제, 사회, 환경에 미치는 영향의 크기에 따라 중요성을 평가한다. SASB는 금융, 재무 및 경제적 리스크에 대한 비중이 높아 관련 지침과 지표가 다양하다. 반면, GRI는 금융, 재무에 특화된 고려를 하지 않는다.

를 만들도록 한다. 따라서, 전체 연속체 내에서 보고 프레임워크는 데이터에 치우치고, 가이던스 프레임워크는 스토리에 치우쳐 위치한다.

연속체상의 또 다른 차별점은 보고 대상이다. 보고 대상은 기업의 보고를 받는 자이거나 기업의 정보를 확인하려는 자이다. 이들은 주로 투자사, 직원, 고객, 더 넓게는 정부나 지역사회도 포함된다.

연속체의 데이터 쪽에는 대개 투자자, 정부 기관, 평가기관 등이 존재한다. 규제 기관이나 평가기관들은 데이터나 기업의 평점에 집중하는 경향이 강하다. 반면, 직원, 고객, 또는 환경주의자 등은 데이터보다는 기업의 ESG 스토리에 더 집중한다. 이들은 데이터-스토리 연속체에서 스토리 쪽에 치우쳐서 투자자, 정부 기관 등의 반대쪽에 자리 잡는다.

일단 프레임워크의 특성과 ESG 정보공개의 목표를 개략적으로 파악한 이후, 기업의 구체적인 정황을 고려해야 한다. ESG 정보공개의 대상audiences, 동기drivers 및 소요 자원resources이다.

우선, ESG 정보공개의 대상audiences을 파악해야 한다. 기업이 누구에게 접근해서 어떠한 정보를 알려야 할지를 이해해야 한다. 정보공개의 대상은 단일한 그룹이 아니며, 이들은 ESG 활동의 여러 측면 중에서 각자의 관심 영역이 있다. 예를 들면 투자자들은 직원들과는 다른 관심사를 가지고 있다. 정보공개와 보고는 많은 자원이 소모되므로 보다 민감한 이해관계자에게 가장 관련성이 높은 내용을 효과적으로 보고하는 것이 중요하다. 따라서 접근하고자 하는 이해관계자 집단의 우선 순위를 정하고, 그에 부합하는 ESG 정보를 발신한다면, 기업의 ESG 활동에 대한 큰 반향과 공감을 불러일으킬 수 있다.

한편, ESG 활동에 힘을 실어주는 동기drivers나 원인을 이해하고 그에 부합하는 프레임워크를 선정하여야 한다. 일반적인 동기는 투자자들의 평가나 정부나 준정부 기관의 규제 내지는 준규제에 대응하려는 것이다. 한편, 규제 기관 이외에도 투자자, 채권자, 보험사들도 비재무적 리스크가 투자의 재무 안정성과 실행 가능성에 미칠 수 있는 영향을 인식하면서, ESG 정보공개에 대해 보다 강하게 요구하고 있다.

ESG 정보공개는 기업이 가치 창출의 스토리를 전하고 비재무적 리스크와 기회의 관리 방안을 선언하는 핵심적인 소통 창구가 될 수 있다. 특히, 기업이 비즈니스 모델 및 가치 창출 전략을 반영하여 비재무적 이슈를 일상의 비즈니스 활동에 통합하는 지침이 될 수도 있다.

이는 단순한 일은 아니다. 예를 들면, 정보공개 표준을 준수하려 할 때 전략 부서와 의견이 대립될 수 있다. 일반적으로 규제 기관과 투자자는 더 많은 내부 정보를 원하나 전략 부서는 공개되는 정보의 수준과 양을 가능한 한 낮은 수준으로 유지하고자 한다. 대립되는 양자의 견해 모두 타당한 요구이며, 이를 해결하기 위해서는 정보공개의 목적이나 동기를 명확히 하여야 한다.

마지막으로, ESG 정보공개는 상당한 기업 자원resources을 소모하며, 단기적으로는 비생산적일 수 있다. 따라서 앞서 확인된 정보공개의 동기나 목표에 따라 소요되는 자원의 성격을 확인하고, 그 현황을 파악하며, 그 조달 방안을 사전에 마련하는 것이 중요하다. 소요 자원을 내부 또는 외부에서 조달할 것인지, 그리고 특히 기업 전략을 수립할 때 활용했던 인력과 자원을 ESG 정보공개에도 투입할 수 있을지 확인할 필요가 있다.

만약 자원이 제한되어 있는 경우, 이상하게 들릴 수도 있겠지만, ESG 정보공개 프레임워크에 맞추어 기업 전략을 수립하는 것이 오히려 유리할 수도 있다. 자원의 중복 투입이나 소모의 가능성을 낮출 수 있기 때문이다. 물론 부족한 자원을 외부에서 조달할 수도 있다. 예를 들어, ESG 컨설턴트를 활용하면, 인력을 보충하고 전문 지식과 기술로 기업의 역량을 업그레이드할 수 있다.

정보공개의 최근 트렌드

주지하는 바와 같이, ESG 정보공개의 영역은 현재 매우 혼란스럽다. 게다가 각 프레임워크들이 업데이트되기라도 한다면, 지속가능성 보고서를 작성하는 실무자의 입장에서는 현실적으로 괴롭기 짝이 없는 일이 된다. 그래서 프레임워크의 통합에 대해 많은 논의가 있었지만, 대부분 논의에 그쳤고 성과는 부진했다. 이런 상황에서, 2021년에 들어 ESG 정보공개 영역에서 나타나는 변화는 새로운 부담이기도 하지만 한편으로는 기존의 골칫거리를 해결할 전기가 될 수도 있을 듯하다. 다음이 바로 새로이 나타나는 ESG 정보공개의 최신 트렌드이다.

우선 전 세계의 정책 입안자들은 ESG 정보공개에 대한 요구를 점점 더 강화하고 있다. 예를 들어, EU는 2021년 EU 내에서 500인 이상을 고용하는 기업의 ESG 정보공개를 의무화하는 'Non-Financial Reporting Directive비재무 보고 지침'을 강화한다. 더불어, 미국 행정부도 새로운 ESG 의무화 조치를 도입할 가능성이 높다. 또한, 2020년에 ESG 투자 펀드 쪽에 40조 달러에 달하는 기록적인 자금 유입이 나타나면서, 블랙록 등의 주요 자산 운용사들은 각 기업들에게 ESG 정보공개 수준을 보다 높이라는 압력을 더 하고 있다.

이런 상황에서 ESG의 정보공개 프레임워크를 통합하려는 시도가 본격화되고 있다. 저간의 경과를 살펴보면, 5대 프레임워크인 GRI, SASB, CDP, CDSB 및 IIRC가 프레임워크 통합을 시도하기 위한 협력을 선언하였고, 여기에 ISO, IFRS, FASB의 세 기관이 추가적으로 참여하여, 현재 이들 8개 기관으로 구성된 Corporate Reporting Dialogue기업보고 협의체, 이하 'CRD'가 ESG 정보공개 프레임워크의 통합 작업을 주도하고 있다. 이들은 그동안 유럽위원회the European Commission, 증권 감독기관, 투자 기관 등으로부터 정보공개 스탠더드를 통합하라는 압력을 지속적으로 받아왔다.

이러한 요청에 부응하여, 최근 프레임워크의 통합은 물론 정보공개 관련 조직의 통합까지 추진되고 있다. SASB와 IIRC는 2021년 중반까지 합병하고 'Value Reporting Foundation가치보고재단'으로 이름을 바꾸겠다는 계획을 2020년 11월 발표했고, 여기에 CDSB 또한 합병에 참여할 움직임을 보이면서 기관 간 통합이 가시화되고 있다.

특히 최근 CRD가 CDP, CDSB, GRI, IIRC 및 SASB의 프레임워크를 통합한 '종합기업보고시스템a comprehensive corporate reporting system'의 프로토타입을 발표하면서 통합 프레임워크에 대한 기대감이 높아지고 있다. 이 통합 프레임워크는 일단은 프로토타입이지만, 재무정보의 공시 규준인 IFRS와 FASB가 CRD에 참여하고 지지하면서 재무 및 비재무정보의 통합으로 발전하게 되면, 보다 현실적인 지지 기반을 확보할 수 있을 것으로 보인다.

그림 4.2 The Corporate Reporting Dialogue의 통합보고 프레임워크 보고서

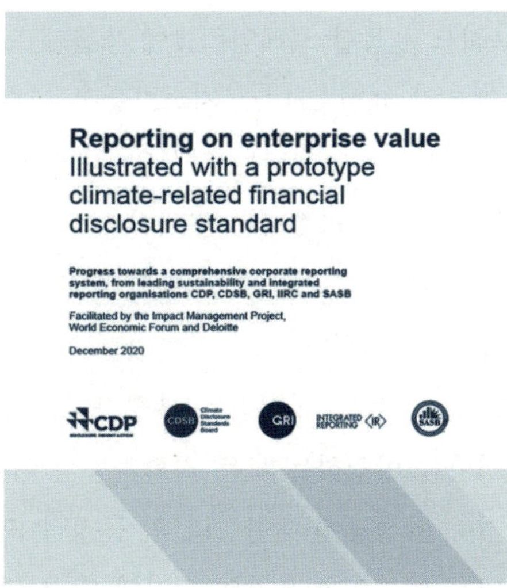

출처: The Corporate Reporting Dialogue 홈페이지(https://corporatereportingdialogue.com/)

따라서 현 단계에서 ESG 정보공개에 대한 기업들의 가장 적절한 대응은 이미 가시화되기 시작한 통합 프레임워크의 골자를 파악하는 것일 듯하다. 비록 현 단계의 프레임워크는 프로토타입에 불과하지만, 조만간 확정될 통합 프레임워크 역시 동일한 관점을 채용할 것이 거의 확실하기 때문이다. 따라서 본 프로토타입의 기본 기조를 확인하고 그에 따른 대응 방향을 사전에 마련하면 통합 프레임워크의 단계로 보다 부드럽게 이행할 수 있을 것으로 생각한다.

통합 프레임워크에서 가장 두드러지는 사항은 앞서 보았던 가치창조 프로세스의 채용이다. 현재 GRI 등 일부 프레임워크는 비재무적 이슈를 진공 상태에서 평가할 뿐이며, 비재무 이슈가 재무가치의 창출로 연계되는 과정에 대해서는 침묵하고 있다. 그러나 새로운 통합 프레임워크는 비재무적 이슈가 기업가치를 창조하거나 잠식하는 프로세스를 보다 명시적으로 제시하고자 한다. 즉, 가치창조 프로세스의 각 영역별 역할과 해당 영역들이 상호 연계되는 과정을 보여주면서 ESG 요소들이 재무성과로 이어지는 과정을 세부적으로 보여주고자 한다(WEF & Deloitte, 2020).

그리고 이러한 목적으로 통합 프레임워크에 새롭게 도입되는 개념이 바로 '렌즈lens'이다. 렌즈란 표현 그대로 지속가능성 이슈를 보는 '눈'이다. 즉, ESG 사안이 재무성과로 연계되는 양상의 차별성이라는 '렌즈'를 통해 ESG 정보를 구분하여 제시하겠다는 것이다. 그리고 해당 차별성에 따라서, 이 '렌즈'는 대형 렌즈big lens, 중형 렌즈middle lens, 소형 렌즈small lens의 세 가지 유형으로 구분된다.

우선, '대형 렌즈big lens'는 긍정적이든 부정적이든 간에 이해관계자에 대한 기업의 모든 영향을 반영하는 모든 지속가능성 이슈를 포괄한다. 이 보고 형태는 지속 가능한 성장에 대한 기업의 긍정적 또는 부정적 기여를 알고자 하는 가장 넓은 범위의 이용자의 평가와 결정을 전달하기 위해 고안되었다.

통합 프레임워크에서는 대형 렌즈를 통한 보고 형태를 '지속가능성 보고Sustainability reporting'라고 지칭한다. 지속가능성 보고를 통해 이용 가능한 정보는 가장 넓은 범위의 지속 가능한 성장 조건 및 목표의 맥락에서 설정되며, 재무적인 고려는 크게 개입되지 않는다. 지속 가능성 보고에는 지속가능성 요소들의 영향과 그 개선을 위한 마일스톤 등이 포함되며, 더불어 기업의 경영 방식 및 전략과 같은 정황 정보가 제공된다.

다음으로, '중형 렌즈middle lens'는 기업가치에 영향을 미치는 지속가능성 문제에 대한 보고를 다룬다. 본 보고 형태는 금융자본의 제공자가 향유하는 금융 수익과 관련된다는 측면에서는 '재무적financial'이지만, 반드시 '화폐 단위'로 측정되는 것은 아니다. 이는 또한 재무 자본 이외의 5개 자본을 포함하므로, 재무 자본과 이들 5개 자본과의 연계 양상을 다룬다. 이 보고 양태는 통합 프레임워크에서 '지속가능성 관련 재무공시Sustainability-related financial disclosure'로 지칭된다. 이는 재무 자본의 제공자에게는 중요한material 정보이다.

마지막으로 '소형 렌즈small lens'는 이미 재무제표에 금전 가치로 평가된 이슈들에 대한 보고이다. 따라서 재무제표로 공시되는 재무성과는 물론이며, 기업가치에 직접 영향을 미친 지속가능성 문제도 포함될 수 있다. 통합 프레임워크에서는 이 보고 양태를 '재무회계 및 공시Financial accounting and disclosure'라고 지칭한다. 이는 재무 자본의 제공자에게 중요한material 정보이다.

이처럼 통합 프레임워크는 지속가능성 이슈의 평가에 있어서 재무성과와의 연계 상황을 매우 민감하게 고려한다. 그리고 이러한 경향성은 가치 창조 프로세스에서 다음과 같이 나타난다.

[그림 4.3]에서 회색 상자 속의 설명은 대형 렌즈big lens를 통한 지속가

그림 4.3 통합 프레임워크의 가치창조 프로세스

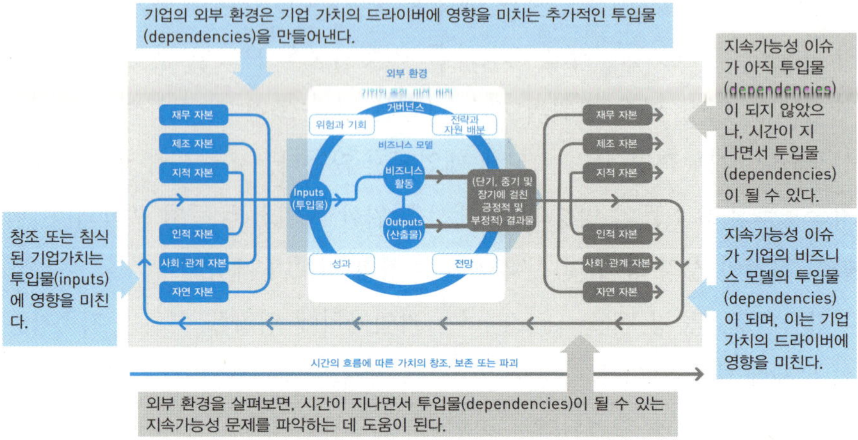

출처: The Corporate Reporting Dialogue 홈페이지(https://corporatereportingdialogue.com/)

능성 보고의 정보이다. 이는 해당 기업의 지속가능성과 관련된 전반적인 상황 정보를 제시하므로, 당장은 기업가치와는 직접 관계는 없을 것이다. 그러나 이들 중 일부는 조만간 기업가치에 영향을 줄 수 있는 이슈들이므로 예의 주시해야 할 것이다.

그리고 같은 그림의 청색 상자 속의 설명은 중형 렌즈middle lens를 통한 지속가능성 관련 재무공시의 정보이다. 이는 현재 직접 재무성과의 변화에 영향을 주는 정보들이다. 따라서 대형 렌즈의 정보와는 차별화된 방식으로 해당 정보가 공개되어야 한다.

한편, 통합 프레임워크는 국제회계기준위원회International Accounting Standards Board, 약칭 'IASB'의 재무보고 개념 체계가 재무 자본의 제공자에 대한 지속가능성 관련 재무공시에 어떻게 적합한지를 관찰하여 반영한다. 본 통합 프레임워크는 재무회계 기준과 지속가능성 관련 재무공시 기준의 개발에 있어 프레임워크의 공통적인 구성요소를 식별하고, 이를 지속가능성 관련 재무공시에 구체적으로 반영하는 방안을 제시한다.

[그림 4.4]는 재무공시에 대한 IASB의 개념을 통합 프레임워크에 적용한 것이다. 이에 따르면, 제1 계층Tier 1은 기업가치 보고라는 전체 목적에 예속되는 재무회계 및 공시와 지속가능성 관련 재무공시를 통합하는 구성요소다. 제2 계층Tier 2은 재무회계 및 공시 고유의 구성요소와 지속가능성 관련 재무공시에 필요한 적응요소이다. 그리고 마지막 단계Tier 3는 제2 계층의 두 구성요소가 기업가치 보고에 반영되기 위해 재차 결합되는

그림 4.4 IASB의 재무공시 개념도의 적용

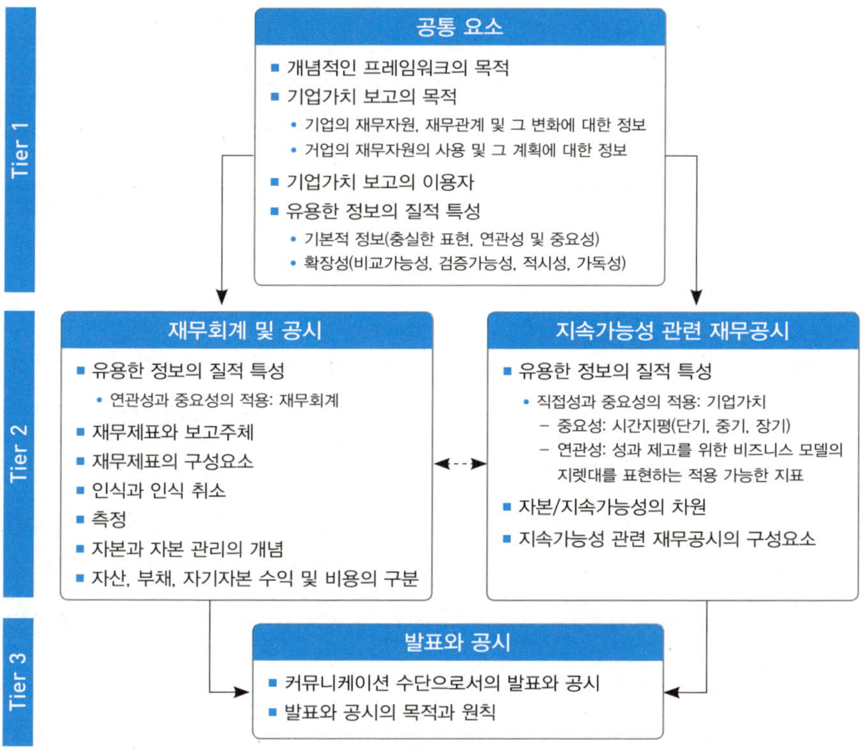

출처: The Corporate Reporting Dialogue 홈페이지(https://corporatereportingdialogue.com/)

상황을 나타낸다. 한편 이 그림은 점선을 통해 재무회계 및 공시와 지속가능성 관련 재무공시의 상호 연결성을 반영한다.

마지막으로, 통합 프레임워크는 지속가능성 관련 재무공시의 표준이 IFRS 재단과의 협력 활동과 연계될 수 있도록 설정된다.

말하자면, 향후에는 단순히 환경과 사회와 관련된 정보를 기업이 제시하는 것에서 끝나는 것이 아니라, 기업의 ESG 활동이 어떠한 형태로 중단기 또는 장기적 시간지평 내에서 재무성과에 어떻게 연결되는지를 보여주어야 한다는 부담이 발생할 것이다. 그리고 이러한 방식은 결국 재무정보와 비재무정보를 하나의 보고서로 통합하는 통합보고서의 형태로 진화할 것으로 예상된다.

이러한 통합보고서의 기본 흐름은 이미 앞서 살펴본 IIRC의 가치창조 프로세스가 제시하고 있는데, 이 경우, ESG 요소와 재무성과의 연계를 크게 고려하지 않고, 지속가능성 보고서와 재무 보고서를 분리하여 발간하던 상당수의 기업들은 상당한 진통을 겪을 수도 있을 것으로 예상된다.

통합보고서의 실무

재무 요소와 비재무적 요소가 함께 기업의 가치를 창조하므로 양자를 단일한 보고서에서 통합된 맥락으로 보고한다는 개념은 리먼 사태의 다음 해인 2009년 「국제 지배구조 네트워크International Corporate Governance Network, 이하 'ICGN'」가 처음으로 수면 위로 부각시켰다고 할 수 있겠다. ICGN은 기업지배구조와 스튜어드십의 표준을 수립하고 적극적인 주주행동주의에 대한 기관투자자들의 국제적 연대를 강화하기 위해 1995년에 창립된 기관투자자 중심의 세계적인 단체이다.

2009년 ICGN은 『Statement and Guidance on Non-financial Business Reporting비재무 사업 보고에 관한 선언문 및 지침』을 발표하였다. ICGN은 해당 보

고서에서 다음과 같은 입장을 선언한다(ICGN, 2009).

> (…전략). (정보에 입각하여 투자할) 의무를 적절히 수행하기 위해 주주와 투자자는 피투자기업에 의한 종합적인 재무적 및 비재무적 공시를 요구한다.
> (…중략). 이들 이슈(기후 이슈)와 공급망 관리, 인적 자원, 환경 관리 시스템 등을 포함한 다른 이슈는 기업의 성과와 가치 평가에 영향을 미치는 새로운 종류의 변수로서 인식되는 것들이다. 모든 것이 장단기 가치 창출 및 파괴에 직접적인 영향을 미칠 수 있다.
> (…중략). 그러나, 그것(비재무적 공시)은 고립되어 고려되어서는 안 된다. 모든 공시가 회사의 전략적 목표 달성 능력에 영향을 미칠 수 있는 재무적 및 비재무적 위험을 통합하여 고려하는 것이 중요하다. (후략…)

그리고 2013년 IIRC는 『국제 통합보고 프레임워크The International Integrated Reporting Framework, 흔히 The International 〈IR〉 Framework로 표현』를 발표했다. 앞서 보았듯이 본 보고 프레임워크의 특징은 재무적 및 비재무적 요소를 하나의 통합보고 프레임워크 안에 통합하는 것이 특징인데, 이는 비재무적 요소를 재무적 요소와 분리하여 다루기 용이한 여타 프레임워크와는 차별화되는 특성이다. 따라서 재무성과에 연계되는 지속가능성 요소를 부각시킨다는 측면에서는 다른 프레임워크에 비하여 우월하다고 할 수 있다. 이런 이유로 본 보고 프레임워크는 앞서 살펴본 CRD의 통합보고 프레임워크에 큰 영향을 미쳤고, 미래의 보고 프레임워크는 IIRC의 국제 통합보고 프레임워크와 유사한 형태가 될 가능성이 높다.

그런데 문제는 이 통합보고 프레임워크라는 것이 기업에서 쉽게 다룰 만한 물건이 아니라는 것이다. 이는 시간 경과에 따른 조직의 가치 창출 능력에 영향을 미치는 다양한 요인들, 특히 재무적 및 비재무적 요소 간의 연계성과 상호 의존성을 고려하는 '통합적 사고'에 입각한 보고 프레임워크이다. 말하자면 '통합적 사고'가 가능해야 이 프레임워크를 활용한 보고를 시도할 수 있다는 것이다. 이것이 그간 IIRC의 보고 프레임워크가 GRI

나 SASB 등에 비해 선호되지 않았던 원인이기도 하다. 그러나 앞서 보았듯이 이제는 서서히 통합보고서에 대한 수요가 높아질 가능성이 있으므로 이에 대한 대비가 필요하다.

그런데 현실적으로 통합보고서의 작성 역량을 어떻게 확보할 것인가의 문제가 기업의 입장에서는 참으로 난감하다. 단기간에 ESG 정보공개 담당자에게 '통합적 사고'를 기르라고 '지시'한다고 해결될 일도 아니다. 따라서 이러한 현실적인 고충이 발생할 것을 이해하기에, 미봉책이지만 통합보고서의 작성에 활용할 만한 참고 자료를 하나 제시하고자 한다.

『價値協創[4]のための統合的開示·対話ガイダンス』가 그것이다. 이는 2017년에 일본의 경제산업성이 만들었던 통합보고의 지침이다. 그 명칭의 의미는 우리말로 번역하자면, '가치를 협력하여 창조하기 위한 통합적 공시 및 대화 가이던스' 정도가 될 것이다.

본 가이던스는 앞서 통합보고 프레임워크의 프로토타입이 등장하기 전에 나타났다. 그러나 기본적으로는 해당 프로토타입의 기반이 되는 IIRC의 통합보고와 개념적 기반을 공유하고 있으므로, 향후 통합보고서의 작성에 있어 참조할 만한 부분이 있을 것으로 예상한다.

본 가이던스는 어디까지나 기업가치를 향상시키기 위해 투자자와 기업이 어떠한 면에 초점을 맞추어 논의를 진행해야 하는지를 밝히는 대화 가이드의 기능이 있다. 따라서 정해진 틀에 답을 달아서 끝내는 형태로 공시자료를 만들어 내는 편리함을 기대할 수는 없다. 그러나 인재와 기술, 고객 기반 등 재무제표에 표현되지 않는 무형자산에 대한 투자가 재무성과의 제고에 연계된다는 관점 등이 제시되어 있으므로, 경영의 현실에 더욱

4 참고로 '協創(협창)'이란 일본어 사전에도 없는 단어인데, '서로의 개성이나 가치관을 인정하고, 연결하여 서로 의지함으로써, 한층 더 힘을 발휘하는 구조'를 의미한다. 일본의 공공기관이나 산업계에서 종종 쓰는 단어이며, '협동하여 창조'한다는 의미 정도로 이해하면 될 것이다.

그림 4.5 価値協創のための統合的開示·対話ガイダンス의 전체 개념도

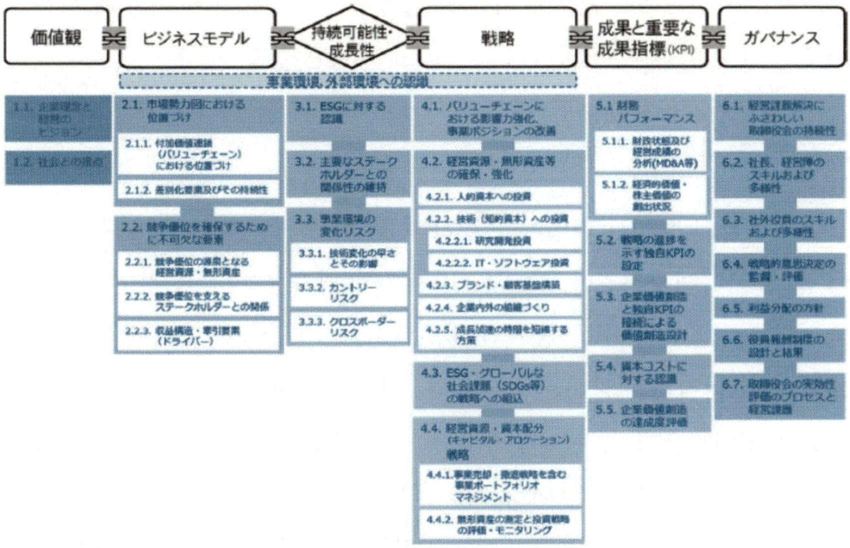

출처: 일본 경제산업성(2017)

부합한다. 따라서 본 가이던스는 앞서 살펴본 IIRC의 통합보고서나 향후 등장하게 될 통합 정보공개 프레임워크와 일맥상통하는 관점을 견지한다고 평가할 수 있겠다.

3 ESG 평가

투자의 영역에서 ESG 등급의 역할은 신용평가의 그것을 방불케한다. ESG 중심의 인덱스 펀드와 같이 설계되고 구조화된 상품은 ESG 등급에 기반하여 품질을 관리한다. 대부분의 ESG 포트폴리오는 그 나름의 정당성과 입지를 과시하기 위해 ESG 데이터와 평가를 활용하고 있다. 또한 주식 평가에 있어서 ESG 등급의 영향력은 점점 더 커지고 있으며, 유가증권

시장 전체에 대한 ESG 등급의 히트맵heat maps이 제공되기도 한다. 헤지 펀드와 사모펀드들은 ESG에 따른 별도의 리스크 프로파일을 통해 투자 기회를 찾기도 한다.

ESG 평가 시장의 생태계

비재무적 관점에서 기업들을 평가하고 선별하려는 시도는 이미 1980년대 초기부터 시작되었다. 초기의 비재무적 평가는 사회적 가치를 이익보다 우선시하였던 순수한 동기의 발로였고, 이익만을 추구하던 당시의 조류 속에서 입지를 확보하기 어려웠다. 더구나, ESG 정보공개 체계가 전무하던 시절이었으므로, 비재무적 평가의 선구자들은 평가에 활용될 적절한 데이터를 구하는 데 많은 어려움을 겪었다.

물론, 오늘날의 ESG 평가기관은 막강한 권력자이다. 이들은 연기금, 국부펀드 등 대규모 자금의 수익성에 영향을 미칠 뿐만 아니라, ESG 정보공개의 요구가 높아지면서, 기업의 전략적 결정에도 영향을 미치고 있다. 따라서 일부 기업에서는 지속가능성 부서나 ESG 전문가가 ESG 평가를 고려하여 비즈니스 전략에 개입하기도 한다. 또한 금융회사와 ESG 평가기관 간에 제휴 관계가 형성되어 시장의 여론을 형성하고, 지수, 상장 요구사항, 채권 등급 및 대리투표에 영향을 미치고 있다.

따라서 자연스럽게 수많은 ESG 평가기관이 난립하였고, 이것이 평가와 정보의 품질에 부정적인 영향을 미쳤던 것도 저간의 사정이다. 다소 오래된 데이터이기는 하지만, 2017년 당시 글로벌 시장에는 650개 이상의 회사들이 ESG와 관련된 리서치 활동을 수행했는데, 이 중에서 150여 개 회사가 ESG 등급을 산정했다고 한다(Sherwood & Pollard, 2019). 이들은 고객 충성도, 의학 등의 전문화된 서비스를 제공하는 조직부터 ESG의 모든 분야를 망라하는 글로벌 대형 평가기관까지 다양하다. 최근에는 ESG 평가기관들의 합종연횡合從連橫이 활발하다고 하니, 이러한 난립상이 어느 정도 해소는 되었겠지만, ESG 평가 시장이 앞서 본 ESG 정보공개 영역 이상으로 복잡한 시장인 것만은 사실이다.

다만, 지속적인 인수 및 합병으로 인해 최근에는 서서히 동 업계의 선두주자들이 드러나고 있다. 우선, 전방위적 플레이어로는 Bloomberg L.P., MSCI Inc., RepRisk AG, Sustainalytics, Thomson Reuters이 대표적이며, CDP, ISS-Oekom, South Pole Group, Trucost Limited, VigeoEIRIS 등의 전문 기업들도 주목받고 있다. 이들 평가기관들은 인수 및 합병으로 몸집을 불리거나, 다른 ESG 데이터 회사와 파트너십을 맺으면서 비즈니스를 확장하고 영향력을 강화하고 있다. 더욱이, 여기에 스탠더드 앤드 푸어스S&P Global 또는 舊 Standard & Poors, 피치Fitch Ratings, 무디스Moody's Investor's Services 등의 신용평가기관들까지 가세하여 상황은 여전히 복잡하다. 특히 무디스는 앞서 언급한 VigeoEIRIS를 인수하였다. 이처럼, 향후에도 업체 간 결집과 제휴, 몸집 불리기 등을 통해 동 분야의 통합은 더욱 진전될 것이며, 그 결과 소수의 업체만이 생존할 것으로 전망하고 있다.

ESG 평가기관의 기능은 흔히 신용평가사의 그것과 비교되지만, 비즈니스 모델에 있어서는 상반된다. 신용평가의 비용은 신용정보의 이용자가 아니라 평가를 받는 기업이 신용평가사에게 지불한다. 반면, ESG 평가의 비용은 ESG 정보의 이용자가 ESG 평가기관에게 지불하며, 여기에 ESG 평가를 받는 기업은 간여하지 않는다.

즉, 자금의 흐름이 서로 다른데, 이는 각각 정보의 신뢰성에 다른 방식으로 영향을 미칠 수 있다. 우선 신용평가의 경우에는 평가를 받는 자가 평가를 하는 자에게 비용을 지불하므로 평가를 받는 기업이 평가 결과를 왜곡할 수 있다는 비판이 끊임없이 제기되어 왔다. 바로 리먼 사태나 IMF 금융위기 당시 신용평가사의 평가가 일관되지 못해 경제위기를 더욱 악화시켰다는 비판이 바로 그러한 견해이다. 반면, ESG 평가의 경우는 평가를 받는 기업이 평가 과정에 개입할 가능성은 낮지만, ESG 정보를 이용하는 투자자가 ESG 평가기관과 담합하여, 평가를 받는 기업의 가치를 부당하게 훼손하거나 과대평가할 여지는 있다.

ESG 평가기관은 자산운용사, 컨설팅 업체, 증권거래소, 지배구조 관련 서비스 제공자, 투자 리서치 회사 등의 주요 데이터 이용자들과 전략적 네트워크를 형성한다. 그리고 이러한 결속 관계를 통해서 지속가능성 데이터를 투자 프로세스나 제품에 쉽게 연계시킬 수 있다. 반면 이러한 상황은 특정 데이터 공급자와의 유착 관계로 이어질 수 있어 기업 분석의 독립성과 중립성에 제약 요소로 작용할 수 있다. 따라서 기업이 단일한 ESG 평가기관에 의존하기보다는 복수의 ESG 평가기관의 서비스를 함께 이용하는 것이 바람직하다는 견해도 있다.

ESG 평가기관에 따라 다양한 서비스가 제공된다. 그러나 통상 대형 업체일수록 더 좋은 서비스를 제공한다는 인식이 있다. 물론, 특화 영역에 탁월한 역량을 발휘하는 전문 평가기관이 존재하므로, 크기나 유명세만으로 그 역량을 가늠한다는 것은 매우 부적절하다. 그러나 한편으로는 수많은 ESG 평가기관이 난립하여, 좋은 평가기관을 선별하기가 곤란한 상황에서는, 유명세나 외형에 기대어 평가기관을 판단하는 것을 그저 탓하기도 어렵다. 아직은 전 세계의 ESG 평가 시장이 혼란스럽기 때문이다.

ESG 평가의 실무

ESG 평가기관의 평가 방식은 각양각색이다. 업계 기준을 세우거나 기업을 분류함에 있어서 큰 차이가 있을 수 있다. 예를 들어, 도박 산업에 속하는 기업을 제외할 때 원리주의적 관점을 취해야 할지 여부가 차별점이 된다. 호텔 및 금융회사는 전통적으로 도박 산업으로 분류되지는 않는다. 그러나 도박 산업의 가치사슬과 연계되어 수익을 창출할 수 있다. 따라서 이에 대한 평가기관의 관점에 따라 투자자가 가지는 기업의 이미지가 달라질 수 있다.

그러므로 ESG 평가기관의 다채로운 스펙트럼을 염두에 두면서, 평가기관을 선정할 때에는 통상 다음의 사항에 유념해야 한다.

- 분석 대상: 어떤 회사, 부문, 지역을 분석하는가?
- 분석 범위: 지속가능성의 어떤 측면을 관찰하는가?
- 데이터 원천: 데이터를 어디서 얻는가? 예를 들어, 일부 평가기관은 주로 회사가 제공하는 정보를 사용하고, 다른 제공자들은 미디어 자료원, 심지어 블로그에도 접근한다.
- 프로세싱 및 출력: 기초 데이터를 어떻게 처리하고, 분석을 업데이트하고, 제시하는가?

ESG 평가의 실무는 ESG 평가기관마다 다양하다. 다만, 주요 평가기관의 사례를 통해 개괄적인 사항들을 이해할 수는 있다. [참고 4.2]는 주요 ESG 평가기관의 하나로 인정받는 MSCI의 서비스 운영 프로세스에 대한 설명이다.

참고 4.2 | **MSCI의 ESG 평가 프로세스(MSCI, 2020)**

데이터 원천

ESG 리스크와 기회에 대한 기업의 노출도와 관리 현황을 평가하기 위해 다음의 출처에서 데이터를 수집한다.

- 국제투명성기구Transparency International, 미국 환경보호청, 세계은행 등과 같은 학계, 정부 및 NGO의 데이터 세트에서 추출된 세그먼트 또는 지리적 영역 단위의 매크로 데이터 세트
- 기업의 공시 및 정보공개(10-K, 지속가능성 보고서, 정기총회 보고서 등)
- 정부 데이터베이스, 1600개 이상의 미디어, NGO, 특정 기업에 대한 기타 이해관계자 자료원

데이터 제공자 커뮤니케이션과 피드백 프로세스

MSCI는 표준화되고 체계적인 데이터 검토 프로세스의 일환으로 기업과 대화를 적극적으로 추구한다. MSCI는 설문 조사나 질문지 발행, 기업과의 일반적인 인터뷰를 수행하지 않으며, 기업이 발신한 데이터 중에서 다른 이해관계자에게 공개석으로 제공되지 않는 것은 당사의 분석에서 수용하거나 고려하지 않는다. 일반적으로 기업은 연간 ESG 등급 작업 업데이트보다 약 6~8주 앞서 통지를 받는다. 또한 해당 기업은 업데이트가 완료되면 자동 알림도 수신한다. 분석의 동적 특성에 따라, 기업은 언제든지 데이터 제공자 포털을 통해 MSCI의 수집 데이터에 접근할 수 있다. 기업은 연례 ESG 등급 검토 프로세스뿐만 아니라 연중 언제든 질문을 하고 피드백을 제공할 수 있다. MSCI는 적시에 기업 프로파일을 업데이트하기 위해 최선을 다하고 있다. 또한 본 프로세스는 기업이 제공하는 최신 정보에 기반한 평가보고서의 수시 업데이트를 위해 수립되었다.

모니터링 및 업데이트

기업은 체계적이고 지속적으로 모니터링되며, 이에는 이슈와 거버넌스 이벤트의 일간 모니터링을 포함한다. 새로운 정보는 주 단위로 보고서에 반영되며, 점수의 중요한 변화는 분석보고서와 평점 재산정을 촉발한다. 기업은 최소한 연 단위로 심층 분석의 대상이 된다.

품질 관리

분석의 각 단계마다, 공식적인 심층 품질 관리 프로세스가 진행된다. 여기에는 데이터 및 분석보고서의 품질 검사, 산업과 시장의 등급 및 보고서 관리, 예외 설정이나 정보 처리 및 주요 등급 변화에 대한 ESG 평가 방법론 위원회의 승인이 포함된다. ESG 평가 방법론 위원회는 논쟁의 여지가 있는 사례와 모델 변경 이슈를 다룬다.

연례 협의

매년 11월, MSCI는 각 산업에 할당된 주요 문제와 그 가중치를 검토한다. 또한 본 프로세스는 부각되는 이슈와 중요도가 하락한 이슈를 파악한다. 본 프로세스의 일부로서, MSCI는 각 산업별 핵심 이슈의 선별 및 새로운 핵심 이슈의 제안에 대해 고객들과 협의한다.

마찬가지로, ESG 평점의 산정방식 역시 평가기관마다 다양하다. ESG 평점 산출의 논리적 프로세스를 주요 ESG 평가기관 중 하나인 서스테이널리틱스Sustainalytics의 사례를 통해 확인해 볼 수 있다.

참고 4.3 | **서스테이널리틱스(Sustainalytics)의 ESG 리스크 평점 산정방식** (Sustainalytics, 2019)

서스테이널리틱스의 접근법은 이차원 모델 구조a two-dimensional model architecture이다. 첫째는 기업이 중요한 ESG 위험에 노출되는 정도를 반영하는 익스포저exposure의 차원이고, 둘째는 기업이 노출을 얼마나 잘 관리하고 있는지를 반영하는 관리management의 차원이다.

익스포저는 기업에 잠재적인 경제적 위험을 초래하는 ESG 관련 요인의 집합으로 간주할 수 있다. 익스포저를 고려하는 또 다른 방법은 ESG 리스크에 대한 기업의 민감성 또는 취약성이다. 중요한 ESG 이슈와 익스포저 점수exposure scores를 산업 수준에서 평가한 후 회사 수준에서 세분화한다.

ESG 리스크 평가의 두 번째 차원은 관리management이다. 이는 기업이 노출되는 ESG 리스크를 얼마나 잘 관리하고 있는지를 보여주는 회사 차원의 일련의 집중, 행동 및 성과로 볼 수 있다.

이러한 개념하에서 서스테이널리틱스가 실제로 평점을 구하는 산식의 대강을 살펴보면 다음과 같다.

서스테이널리틱스는 최종적으로 기업의 노출된 리스크company exposure에서 관리된 리스크managed risk를 제하여, 미관리된 리스크unmanaged risk를 산출하고, 이를 평가 대상 기업의 ESG 리스크 평점으로 활용한다(식 ①, ② 참고).

① 미관리된 리스크 = 노출된 리스크 − 관리된 리스크

② 최종 ESG 리스크 평점 = 미관리된 리스크

여기서 노출된 리스크는 산업 리스크 노출subindustry exposure을 기반으로 해당 산업에 속한 특정 기업의 고유한 베타issue beta를 곱하여 산정한다. 베타는 해당 기업의 고유한 리스크 특성이다. 이 베타에 영향을 주는 요소는 기업의 상품 및 서비

스와 그 생산 프로세스, 기업의 재무지표, 개별 사건이나 사고, 지정학적 리스크를 들 수 있다. 기타 정성적 분석결과도 베타에 반영된다(식 ③ 참고).

③ 노출된 리스크=산업별 리스크 노출×특정 기업의 베타

한편, 관리된 리스크는 관리 가능한 리스크manageable risk에 해당 기업의 ESG 관리 점수management score를 곱하여 산정한다(식 ④ 참고).

④ 관리된 리스크=관리 가능한 리스크×ESG 관리 점수

서스테이널리틱스의 모델에서는 각 산업 및 기업의 리스크는 관리 가능한 리스크와 관리 불가능한 리스크로 구분되는데, 관리 가능한 리스크를 산정하기 위해서는 관리 가능한 리스크 요소manageable risk factor, mrf를 반영한다(식 ⑤ 참고).

⑤ 관리 가능한 리스크=노출된 리스크×mrf

한편 산업별 잠재적 ESG 이슈들에 대한 리스크 노출이 결정된다. 평가는 부눈별 연구팀의 전문성을 활용하여 통합적으로 진행된다. 평가에 사용되는 요소로는 기업의 과거 기록, 이산화탄소 배출과 같은 구조화된 외부 데이터, 회사의 보고서 및 제3기관의 조사가 있다. 평점은 연 단위로 갱신된다. 평가 결과에 따라 중요한 ESG 이슈뿐만 아니라 중요한 ESG 이슈에 대한 해당 기업의 관리 수준을 평가하기 위한 일련의 지표는 시간이 지남에 따라 달라질 수 있다.

그런데 이런 딱딱한 공식들을 활용해서 글로벌 평가기관들은 어떠한 채점평을 내리는 것일까? 아쉽게도 국내기업에 대한 평가 결과의 수집과 공개에는 현실적인 어려움이 있다. 따라서 우리와 상황이 비슷한 일본 기업에 대한 글로벌 평가기관들의 평가를 2차 자료원을 통해 확인해 보면, 그 내용은 다음과 같다.

우선, FTSE[5]는 일본 기업의 ESG에 대한 대응에 관해 "정보공개가 전체

5 FTSE International Limited는 런던증권거래소(London Stock Exchange)의 자회사로 약 25만여 개에 달하는 금융시장 지수를 전 세계에 공급하는 영국의 금융시장 지수 및 금융 데이터 서비스 제공사이다. FTSE 지수는 미국의 모건 스탠리 캐피털 인터내셔널(MSCI) 지수와 함께 세계 2대 투자지표의 위상을 가지고 있다. FTSE는 Financial Times Stock Exchange의 약자이다.

적으로 약한 경향이 있다."고 언급하며, "식목 활동이나 기부활동 등 기업의 경영전략과 직접 관계가 없는 '착한 일'의 정보공개는 있어도 업무에 직결되는 환경 보전 활동이나 사회적 배려에 이어지는 정보공개는 전체적으로 적다."고 지적한다. 또, 투자자를 지향하는 정보공개의 성격보다는 "사내 교육과 소비자와의 커뮤니케이션을 위한 포지셔닝이 강하다는 인상을 받고 있다."고 언급한다.

한편, MSCI[6]는 "일본 기업의 정보공개에 있어서 기업에 따른 차이를 볼 수 없다."라고 지적하면서, 그 원인으로 "보고서의 가이드라인에 따라서 공시하는 것이 출발점이 되고 있다."라고 설명한다. ESG 요소들은 각 기업의 전략과 연결되므로 개별 기업의 전략이 다르다면, 당연히 ESG에 대한 설명이나 강조점이 달라야 한다는 것을 지적하는 것이다. 더불어 "일본 기업은 대부분 일본어만으로 공시를 한다."라고도 언급한다.

이슈와 과제

현재, ESG 평가기관의 서비스가 ESG 생태계에 필수 불가결한 요소라는 것에 대해서는 반론이 거의 없지만, 서비스의 품질이나 안정성에 있어서는 여전히 우려가 많다.

우선 ESG 평가 프로세스의 불투명성에 대한 지적이 항상 제기된다. ESG 평가 프로세스는 일종의 블랙박스이다. 기업과 관련된 정보가 투입되면 이후 어떠한 데이터 처리 과정을 거치고 어떻게 기업을 분석하여 ESG 평점을 산정하는지 밝혀져 있지 않다. 물론 이들 평가기관은 기업 분석 기법이 사업 기밀이라고 주장한다. 그러나 동일한 기업이 한 평가기관에서 높은 평점을 받고, 다른 평가기관에서는 낮은 평점을 받는 상황에 대해서 논란이 발생하지 않을 수 없다.

6 미국의 금융시장 지수 공급사인 MSCI Inc.(舊 Morgan Stanley Capital International)를 말한다.

물론 모든 평가기관들이 동일한 기준을 적용하여 동일한 평가 점수를 내놓을 수는 없으며, 그러한 행태가 바람직하지도 않다. 다만, 시장에서 요구하는 것은 동일 기업에 대한 ESG 평가 기준과 평가 점수의 통일이 아니며, ESG 평점에 대한 예측 가능성이 확보되어야 한다는 것이다. 평가의 예측가능성과 평가 점수의 통일은 전혀 다른 차원의 이야기이다. 평가의 예측가능성이 확보되면, 비록 동일 기업에 대한 평가 점수의 차이가 나타나도 혼란이나 반발은 크게 나타나지 않을 것이다.

향후 ESG가 더욱 확산되면, ESG 평가의 불투명성이 시장을 교란할 가능성은 더욱 높아질 것이다. 현재는 ESG의 확산 초기이므로 두드러진 문제는 없다. 그러나 과거 스탠더드 앤드 푸어스, 무디스, 피치 등의 주요 신용평가사가 1997년 동아시아 금융위기나 리먼 사태 당시에 불투명한 신용평가를 통해 시장에 큰 혼란을 야기했던 상황과 유사한 사태가 발생할 위험은 상존한다. 어떤 면에서는 ESG 평가는 비재무정보이므로, 재무정보에 근거한 신용평가 이상으로 심각할 혼란을 야기할 가능성이 있다. 수치로 추정이 가능한 재무정보의 경우에는 시장참여자들이 그들 나름의 추정치를 산정하여 반발이나 견제도 가능하지만, 기업의 ESG 수준은 정성적 요소들이 대부분이므로 수치화된 결과물에 대해 해당 ESG 평가기관 이외의 누구도 쉽게 반발하기 어렵기 때문이다.

과거 1997년 동아시아 금융위기와 리먼 사태 당시, 이른바 3대 신용평가사들은 금융위기가 눈앞에 닥칠 때까지 전혀 반응하지 않다가, 일단 금융위기가 현실화되면서 갑작스럽게 신용 평점을 연이어 급락시켜서 금융위기를 오히려 심화시켰다. 더구나, 한 신용기관이 산정한 평점을 다른 신용기관들이 추종하면서 암묵적인 신용평점의 카르텔까지 형성하는 양상이 나타났다.

이러한 양상이 ESG 평가의 영역에서 나타나지 않을 것이라 단언하기 어렵다. 더욱이, 앞서 말했듯이 수치화하기 어려운 비재무적 정보의 특성에 따라 이러한 혼란의 발생 가능성은 오히려 더 높을 것으로 예상된다. 예를 들어, 이들 ESG 평가기관들이 담합하여 특정 기업의 ESG 평가 점수를 부당하게 낮춘다면, 현재로서는 평가 점수의 부당함에 대해 반박할 근거나 논리를 확보하기 어려우며, 설사 상당한 시일이 걸려 해당 평점의 부당성이 확인되고 문제가 시정되었다고 하더라도, 해당 기업은 이미 재무적으로 상당한 충격을 받은 뒤일 것이다. 아무튼 현재로서는 ESG 평가기관의 전횡에 대한 통제 수단은 전혀 없다.

다음은, ESG 평가기관 선정 시의 어려움이다. 일부 평가기관은 스스로 올라운드 플레이어라고 주장할지도 모르지만, 많은 사용자들은 대부분의 평가기관들이 각자 나름대로 우수한 영역과 취약한 영역을 가질 것이라고 판단한다. 물론 특정 분야에 전문화된 ESG 평가기관들도 있다. 따라서 "누가 가장 우수한 평가기관인가?"라는 질문에 대한 대답은 데이터의 사용 목적에 따라 다르게 된다. 그래서 만약 ESG 평가 시장에 대한 정보가 불투명하다면, 일단 대형 평가기관을 선정하면서 동시에 특정 영역에 전문화된 평가기관의 서비스도 함께 활용하는 방안도 의미 있는 대안으로 고려할 수 있을 것이다.

그리고 데이터 원천의 문제도 제기된다. 앞서 MSCI는 기업이 공식적으로 발표한 데이터에 대한 의존도가 높으며, 설문조사나 인터뷰 및 비공식적인 경로를 통해 수집한 데이터의 활용에는 지극히 소극적인 입장을 보인다. 그러나 다른 평가기관의 경우에는 전혀 다른 비중으로 각 데이터 원천을 활용할 것이다. 각 평가기관마다 데이터 원천이 다른 것 자체를 문제시할 수는 없다. 그들 나름의 분석 노하우와 철학이 있을 수 있기 때문이다. 다만, ESG 평점을 활용할 때에는 이러한 상황을 염두에 두어야 한다. 그리고 ESG 평가기관 역시도 명확한 방법론을 채용하지 않거나 부정확한 데이터 원천에 의존하지 않는지 지속적으로 자체 모니터링이 이루어져야 한다.

4 ESG와 자본시장

2021년에도 ESG 투자는 전년도 이상의 열기를 뿜어내며 국내외 자본시장에서 화제의 중심이 되고 있다. 국내에서는 ESG가 주요한 주식 테마로 자리 잡았고, 해외에서는 블랙록의 ICLNiShares Global Clean Energy ETF 등 재생 에너지 ETF가 최근 높아지는 증시의 변동성에도 불구하고 가히 폭발적인 성장세를 보이고 있다. 이미 오래전부터 ESG는 주요 미디어의 주목을 받으면서, 그 영향력은 하루가 다르게 확대되는 듯하다. 그런데 ESG의 자본시장 내의 입지와 영향력의 실상은 우리가 체감하는 것과 마찬가지일까? 일단 그 규모와 성장세부터 확인해 보자.

영연방과 미국의 약진, 일본의 급성장

전 세계 ESG 투자시장은 현재 성장 가도에 들어서 있다. 그리고 지역별로는 유럽, 미국, 영연방국가 및 일본이 ESG의 선도국이다. 이들 지역의 점유율 합계는 거의 100%에 달한다. 특히 유럽은 글로벌 ESG 시장을 선도하는 전통의 강자이다. 다만, 유럽의 성장세가 다소 둔화되었다는 평가는 있다. 반면 영연방국가들과 미국 및 일본의 성장세는 여전히 인상적이다. 특히 ESG 도입 초기인 일본의 ESG가 가히 폭발적인 성장세를 보여주고 있다. 2020년 말 현재 글로벌 ESG 투자시장의 단면을 글로벌 금융정보회사인 모닝스타의 데이터를 통해 확인해 보자.

모닝스타의 데이터에 따르면 2020년 4분기 전 세계 ESG 펀드의 전체 규모는 전 분기의 규모인 826억 달러 대비 88% 성장한 1,523억 달러에 달하였다. 이 중에서, 유럽의 비중은 79.3%로 압도적이며, 미국은 13.4%를 차지하고 있다(Morningstar Research, 2021a).

유럽과 미국을 제외한 지역에 있어서의 ESG의 성장세도 전 분기보다

표 4.2 글로벌 지속가능펀드 2020년 4분기 실적

지역	2020 4Q 순유입액		자산		펀드	
	10억 USD	전체 %	10억 USD	전체 %	10억 USD	전체 %
유럽	120.8	79.3	1,342.8	81.3	3,196	77.0
미국	20.5	13.4	236.4	14.3	392	9.4
아시아(일본 제외)	5.0	3.3	25.4	1.5	208	5.0
호주/뉴질랜드	1.2	0.8	19.8	1.2	126	3.0
일본	3.7	2.4	17.7	1.1	138	3.3
캐나다	1.2	0.8	10.2	0.6	93	2.2
총계	152.3		1,652.3		4,153	

출처: Morningstar Research(2021)

높았는데, 캐나다, 호주, 뉴질랜드, 일본 및 아시아 지역을 모두 합친 규모는 111억 달러를 기록하였다. 전 분기에 해당 규모는 90억 달러를 기록하였는데, 최근의 상승분은 주로 일본 시장의 성장에 기인한다(Morningstar Research, 2021a).

그림 4.6 분기별 글로벌 지속가능펀드 순유입액

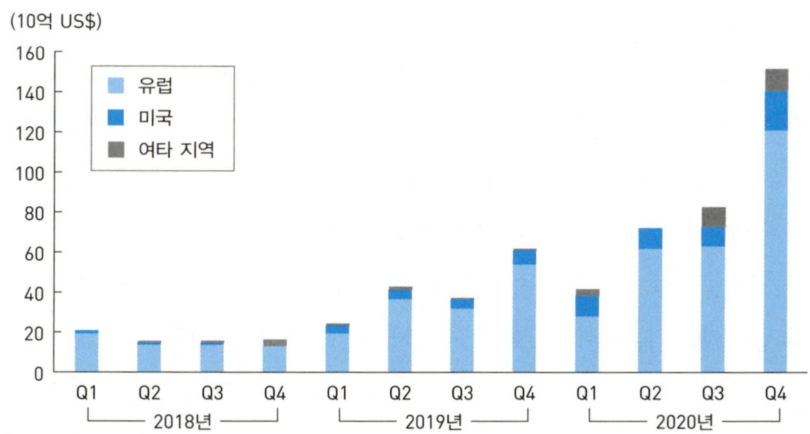

출처: Morningstar Research(2021)

참고 4.4 | 모닝스타의 글로벌 지속가능펀드 개념과 지역 구분

모닝스타의 ESG 펀드 개념은 비교적 엄격한 기준에 입각한다. 글로벌 지속가능펀드의 유니버스에는 오픈 엔드 펀드와 ETF가 포함되는데, 이들은 전망치, 팩트시트 또는 여타 방식을 통해 지속가능성 목표를 설정하거나 투자 선택에 ESG 기준을 적용한다고 주장한다. 지속 가능한 펀드에는 무기, 담배, 화석연료 등에 대한 네거티브 스크리닝 방식만을 적용하는 펀드는 배제되며, 투자 대상을 선택할 때 ESG 이슈를 명확한 방식으로 통합하지 않는 펀드도 점점 배제되고 있다. 말하자면, 지속가능펀드에서 전통적인 SRI나 그린워싱의 우려가 있는, 즉 명색만 ESG인 펀드는 제외하는 엄밀한 기준을 채택하였다는 것이다.

세계 시장은 유럽, 미국 및 기타 세계의 세 지역으로 나뉜다. 이 보고서에는 캐나다, 호주, 뉴질랜드, 일본에 대한 보다 세분화된 데이터가 있다. 중국, 홍콩, 인도, 인도네시아, 말레이시아, 싱가포르, 대만, 태국, 한국은 상대적으로 자산이 적기 때문에 하나의 그룹으로 통합되었다.

모닝스타에 따르면, ESG 펀드에 대한 강력한 유입 경향은 코로나 팬데믹 발생 이후 ESG 이슈에 대한 투자자들의 높은 관심을 반영한다. 팬데믹이 야기한 혼란으로 여러 이해관계자들을 고려하는 지속 가능하고 회복력이 높은 비즈니스 모델의 구축이 중요하다는 인식이 높아졌다. 한편, 2020년 1분기 지속가능펀드의 평균 실적이 시장 평균을 상회하여 지속가능성 투자전략과 수익성 간의 상충trade-off에 대한 일부 투자자의 우려를 잠재우는 데 도움이 되었다(Morningstar Research, 2021a).

기록적인 순유입, 기존 자산의 재편성 및 자산시장 전반의 성장세 등에 힘입어, 지난 3년간 지속 가능한 펀드의 자산규모는 전 세계적으로 꾸준히 증가해왔다. 이에 전 세계 지속가능펀드의 자산총액은 2020년 4분기에 1만 2,820억 달러에서 1만 6,520억 달러로 증가했다. 특히, 유럽은 지속가능 투자의 오랜 역사와 우호적인 규제환경에 힘입어, 전 세계 지속가

그림 4.7 분기별 글로벌 지속가능펀드 자산총액

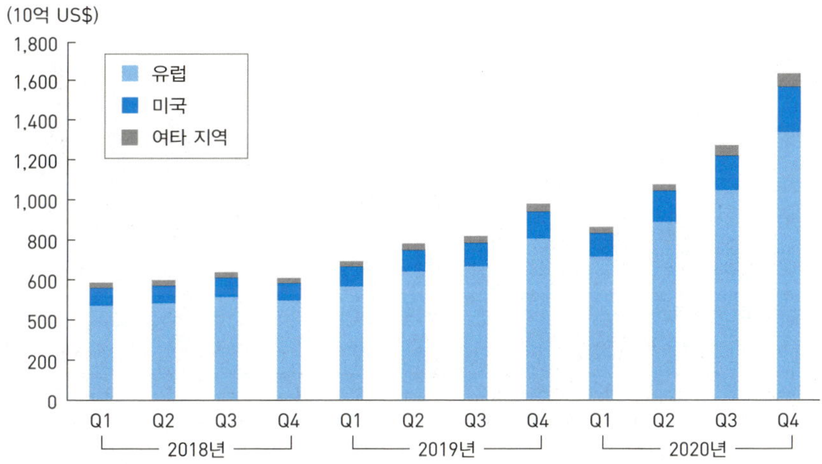

출처: Morningstar Research(2021)

능펀드의 80%에 육박하는 자산규모를 보유하면서 해당 영역을 지배하고 있다. 유럽은 현재 3,196개의 지속가능펀드와 위험관리 및 수익성 제고를 위해 ESG 요소를 부분적으로 통합한 다수의 펀드를 보유하여, 현재까지 가장 발전되고 다변화된 ESG 시장이 되었다(Morningstar Research, 2021a).

2020년 4분기에도 전 세계 모든 지역에서 신규 펀드의 지속적인 증가세가 이어졌다. 2020년 4분기의 전 세계 신규 펀드 출시 건수는 역대 최다인 196건으로 전 분기의 182건을 능가했는데, 이는 사상 최다의 신규 펀드가 출시된 유럽 시장의 성장세에 힘입은 바 크다. 2020년 12월 말 현재 전 세계에서 신규로 출시되었거나 기존 펀드를 재구성하여 출시된 지속가능펀드는 총 4,153건이다(Morningstar Research, 2021a).

한편, 「Global Sustainable Investment Alliance글로벌 지속가능 투자 연합, 이하 'GSIA'」에서도 지속가능 투자 현황에 관한 가장 종합적인 자료로 인정받는

그림 4.8 분기별 글로벌 지속가능펀드 신규출시 건수

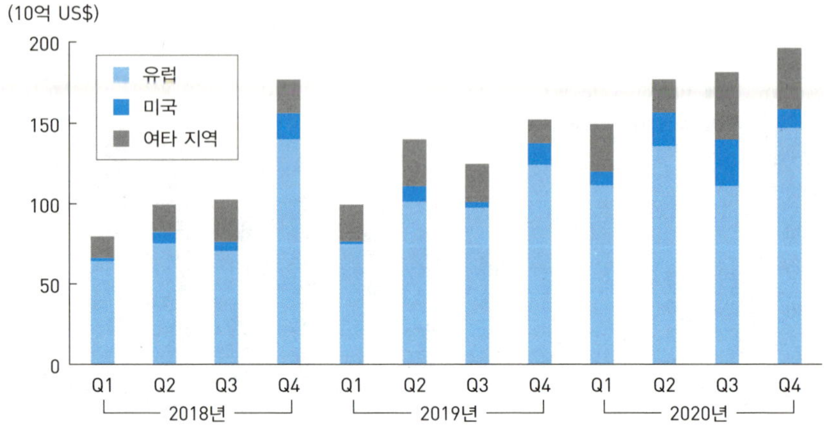

출처: Morningstar Research(2021)

『Global Sustainable Investment Review글로벌 지속가능 투자 리뷰』가 2년마다 출간되는데, 2017년 말의 현황을 제시하는 2018년 보고서가 GSIA가 제시하는 가장 최근의 글로벌 ESG 시장현황 데이터이다.

본 자료에서는 지속가능 투자를 ESG 투자와 동일한 의미로 사용하는데, 다만 앞서 살펴보았던 모닝스타 자료와는 달리 SRI 등을 제외하지 않고 보다 포괄적인 분류방식을 적용하였다. 따라서 모닝스타의 데이터보다는 다소 과대평가된 수치들이 제시되고 있다. 이처럼 ESG 투자와 관련된 통계를 확인할 때에는 ESG 투자의 정의를 확실히 파악하고 그 편차를 감안하여 현황을 인식하여야 통계에 따른 착시현상을 예방할 수 있을 것이다. 물론 우리는 여기서 어느 한쪽의 수치가 부정확함을 의미하는 것이 아니라, 그저 양자가 서로 다를 수밖에 없음을 강조하려는 것뿐이다.

GSIA의 2018년 보고서에 따르면, 2017년 말 현재 통상 5대 시장으로 불리는 유럽, 미국, 일본, 캐나다, 호주 및 뉴질랜드에서의 ESG 투자 자산은

표 4.3 글로벌 지속가능 투자자산 현황(2016~2018년) (단위: 10억 US 달러)

지역	2016년	2018년
유럽	12,040	14,075
미국	8,723	11,995
일본	474	2,180
캐나다	1,086	1,699
호주/뉴질랜드	516	734
총계	22,838	30,683

출처: GSIA(2018)

도합 30조 7,000억 달러에 달하며, 2015년 말에 비해 34% 증가하였다. 지역별로는 앞서 본 것과 같이 유럽이 14조 달러로 전체 ESG 자산의 절반에 육박하고 있으며, 그 뒤를 미국이 따르고 있는데 미국의 전체 금융자산 규모가 훨씬 크다는 것을 감안하면 유럽이 그간 ESG 투자를 선도했음을 인식할 수 있을 것이다(GSIA, 2018).

동 보고서는 ESG 투자자산이 여전히 증가하고 있으며, 다만, 지역적인 편차가 나타나고 있음을 보여준다. 가장 인상적인 것은 지난 4년간 308%의 증가세를 기록한 일본이다. 2014~2016년 사이 일본은 6,692%의 성장세를 기록하기도 하였다. 반면 여타 지역은 미국을 제외하고는 모두 2016~2018년 사이의 성장세가 그 이전 2년간의 성장세보다 낮아졌다. 특히 유럽 지역의 성장 둔화가 두드러진다. 반면 미국은 최근 2년간의 성장세가 과거에 비해 더 높으므로 비교적 안정적인 성장세를 현재까지는 유지하고 있다고 평가할 수 있겠다(GSIA, 2018).

앞서 5대 시장의 ESG 투자자산의 규모가 30조 7,000억 달러에 이른다고 하였는데, 이는 해당 지역의 전체 운용자산의 약 26%를 차지하는 수준이다. 따라서, ESG 투자는 이제 메인스트림 시장의 일부이지만, 반면, 투

표 4.4 지역별 ESG 투자자산의 성장 추이(2014~2018년 지역 통화 환산)

지역	2014년	2016년	2018년	기간별 성장률		CAGR
				2014~2016년	2016~2018년	
유럽	€9,885	€11,045	€12,306	12%	11%	6%
미국	$6,572	$8,723	$11,995	33%	38%	16%
캐나다	$1,011	$1,505	$2,132	49%	42%	21%
호주/뉴질랜드	$203	$707	$1,033	248%	46%	50%
일본	¥840	¥57,056	¥231,952	6692%	307%	308%

주: 캐나다는 캐나다 달러, 호주 및 뉴질랜드는 호주 달러를 각각 적용
출처: GSIA(2018)

자자의 주류는 여전히 ESG를 고려하지 않고 있다고도 평가할 수 있다.

지역별로 보면, 총자산 대비 ESG 투자의 비율은 유럽을 제외한 여타 지역에서 모두 증가했다. 유럽에서는 전체 운용자산의 49%가 ESG 투자 자

그림 4.9 2018년 지역별 ESG 투자자산의 비중 추이

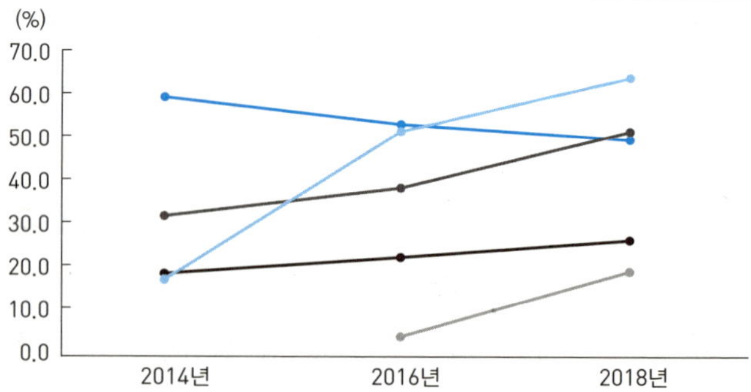

	2014년	2016년	2018년
유럽	58.8	52.6	48.8
미국	17.9	21.6	25.7
캐나다	31.3	37.8	50.6
호주/뉴질랜드	16.6	50.6	63.2
일본		3.4	18.3

주: 2014년에는 일본 데이터가 여타 아시아 지역과 통합되었기 때문에 별도 제공되지 못하였음
출처: GSIA(2018)

산으로 분류되고 있고, 캐나다와 호주 및 뉴질랜드는 전체 투자 자산의 절반 이상을 ESG가 차지하였다. 반면 미국에서는 ESG 투자 자산의 비중이 아직 26% 정도에 머무르고 있으며, 일본에서도 18% 수준이므로, 글로벌 ESG 투자는 성장기의 초입에 들어섰다고 평가할 수 있다. 한편, 유럽에서 ESG 자산의 비중이 낮아지는 이유는 ESG 투자에 대해 여타 지역보다 엄격한 기준과 정의를 적용하기 때문이라고 GSIA는 평가한다(GSIA, 2018).

유럽은 최근의 정체에도 불구하고 글로벌 ESG 투자시장의 거의 절반을 점유하고 있다. 미국 역시도 40%에 달하는 점유율로 세계 시장을 양분하고 있다. 앞서도 확인했지만, 근래 가장 괄목할 만한 성장세를 보인 일본은 2016년 이후 ESG 투자자산 비중이 4배로 증가하며 세계 제3위의 입지를 차지한다. 캐나다, 호주 및 뉴질랜드 역시 견조한 성장세를 발판으로 각각 4위와 5위를 점하고 있다.

그림 4.10 2018년 지역별 ESG 투자자산 시장점유율

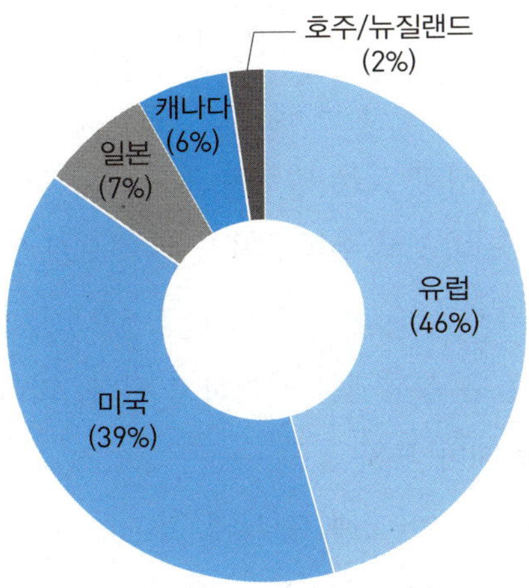

출처: GSIA(2018)

한편, GSIA와 모닝스타의 자료에서 영국 데이터가 별도로 제시되지는 않고 있지만, 캐나다, 호주, 뉴질랜드 등 영연방국가들이 글로벌 ESG 투자시장을 선도하는 양상이 인상적이다. 더욱이 미국과 함께 세계 금융시장을 선도하는 영국이 ESG 투자의 이념과 규제 프레임워크를 형성함에 있어 선도적인 역할을 담당했음을 고려하면, 글로벌 ESG 투자시장에서 영국을 비롯한 영연방국가들의 영향력이 현저함을 인식할 수 있다. 현재 이러한 양상에 대해서는 어떠한 문헌도 별도로 언급하거나 그 이유를 분석하고 있지는 않다. 참고로 현재 세계 ESG 투자의 본산인 PRI의 본부는 영국 런던에 소재하고 있다.

ESG 투자전략의 지역별 양상

ESG 투자의 지역별 현황과 함께, 채택된 ESG 전략의 비중을 살펴보면, 현재 ESG 투자에 있어 글로벌 및 지역별 시장의 질적 수준을 파악할 수 있다. 현재 [그림 4.11]에 의하면, ESG 전략의 주류는 여전히 네거티브 스크리닝negative/exclusionary screening이고 총 19조 8,000억 달러가 해당 전략으로 관리되고 있는데, 성장세는 비교적 낮은 편이다. 또한 역성장 중이지만, 규범 기반 스크리닝norm-based screening으로 관리되는 4조 7,000억 달러 역시 사실상 네거티브 스크리닝과 같은 범주로 평가하는 것이 타당하다. 이들은 ESG 투자전략 중에서도 비교적 수익성이 낮은 것으로 알려져 있다.

한편, ESG 통합ESG integration 전략으로 17조 5,000억 달러가 관리되고 있는데, 69%의 비교적 높은 성장세를 시현하고 있다. 더욱이 비록 아직 규모는 작지만 지속가능성 테마 투자sustainability theme investing, 포지티브 스크리닝positive/best-in-class screening, 임팩트 투자impact/community investing 등 적극적인 형태의 ESG 투자가 지난 2년간 높은 성장률을 기록하고 있어 네거티브 스크리닝 등 전통적인 책임 투자 형태를 대체할 수 있을지 주목되고 있다.

그림 4.11 ESG 투자전략의 글로벌 시장 내 성장 추이(2016~2018년)

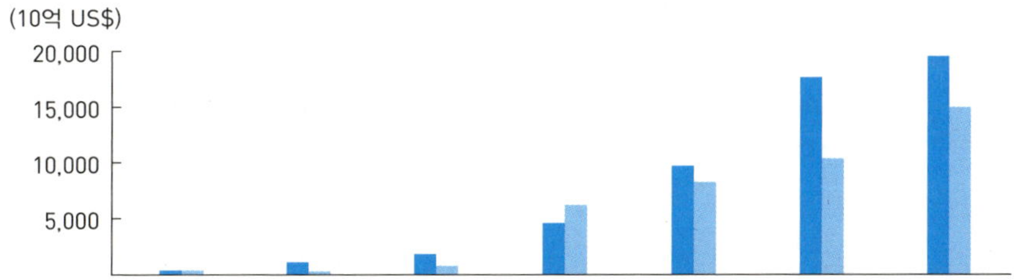

	임팩트 투자	지속가능성 테마 투자	포지티브 스크리닝	규범 기반 스크리닝	기업 참여 및 주주 행동	ESG 통합	네거티브 스크리닝
■ 2018년	444.26	1,017.66	1,847.87	4,679.44	9,834.59	17,543.81	19,770.96
■ 2016년	248.47	276.16	818.01	6,195.40	8,385.17	10,353.20	15,063.57
성장률(%)	79	269	125	−24	17	69	31
CAGR(%)	33.7	92.0	50.1	−13.1	8.3	30.2	14.6

출처: GSIA(2018)

참고 4.5 | **GSIA의 ESG 투자전략 분류 및 정의(GSIA, 2018)**

ESG 투자의 유사 용어가 많고 혼란스러운 만큼, ESG 투자전략의 분류체계 역시 각양각색이다. 본서에서는 분석의 편의상 GSIA가 채용하는 ESG 투자전략의 분류체계 및 그 정의를 그대로 적용하기로 하였다. 이하는 2018년판 『Global Sustainable Investment Review』에서 제시하는 ESG 투자전략과 그 정의이다.

1. 네거티브 스크리닝negative/exclusionary screening: 특정 산업, 기업 및 영업방식과 관련된 펀드 또는 포트폴리오의 ESG 요소에 입각한 배제
2. 포지티브 스크리닝positive/best-in-class screening: 업계 동종 업체 대비 긍정적인 ESG 성과를 보인 산업, 기업 또는 프로젝트에 대한 투자
3. 규범 기반 스크리닝norm-based screening: OECD, ILO, UN 및 유니세프 등이 제시하는 국제규범의 최소 기준에 입각한 투자 스크리닝
4. ESG 통합ESG integration: 재무분석에 대한 환경, 사회 및 거버넌스 요소의 체계적이고 명시적인 방식의 통합

5. 지속가능성 테마 투자sustainability themed investing: 지속가능성과 관련된 테마 또는 자산(예: 청정에너지, 녹색기술 또는 지속 가능한 농업)에 대한 투자
6. 임팩트 투자impact/community investing: 전통적으로 서비스가 부족한 개인이나 지역사회에 사본이 집중 투입되는 경우, 사회 또는 환경 문제를 해결하기 위한 목표 투자 및 명확한 사회적 또는 환경적 목적을 가진 기업에 제공되는 재정적 지원
7. 기업 참여 및 주주 행동corporate engagement and shareholder action: 직접적인 기업 참여(즉, 회사의 고위 경영진 및/또는 이사회와의 커뮤니케이션), 주주제안서의 제출 또는 공동 제출, ESG 지침에 따른 대리투표 등을 포함한, 기업행동에 영향을 미치기 위한 주주권의 행사

일부 자산이 복수의 전략으로 관리될 수 있어 7개 전략을 채용한 ESG 투자자산의 합계는 전체 자산총액보다 많아지게 된다. 해당 보고서에서는 적용된 ESG 전략의 질적 수준을 고려하지 않고 ESG 전략 채택 여부를 판단하였다.

상기 투자전략을 선진적, 후진적으로 표현하는 기준은 사실상 수익성이 많이 결부된 관점이다. 예를 들면, 네거티브 스크리닝 전략과 규범 기반 스크리닝 전략은 재무적 관점보다는 가치관에 기반한 배제전략을 주로 채택하므로 수익성에 부정적이며 낙후된 전략으로 평가된다. 다만, 사회적 가치관을 투자업무에 반영하기는 상대적으로 용이하기 때문에 ESG 개념이 탄생하기 이전부터 SRI에 적용되었던 역사가 오랜 투자전략이다.

따라서, 단순한 관점에서는 포지티브 스크리닝, 지속가능성 테마 투자, 임팩트 투자 등은 상대적으로 선진적인 ESG 투자전략으로 인식할 수 있다. 이들은 앞선 '낙후된' ESG 투자전략에 비해 수익성과 사회적 가치의 조화를 용이하게 달성할 수 있다는 평가를 받는다.

마지막으로 기업 참여 및 주주 행동 전략은 별도의 ESG 투자전략으로 보기 어려우나, 시장에 미치는 현실적인 영향이 크고 독특하기 때문에 별도로 분류하여 관찰할 필요가 있다. 특히 금융산업이 취약한 반면, 제조업 강국인 우리나라와 일본에게는 중요한 시사점을 제공한다.

그림 4.12 전략 및 지역별 ESG 투자 자산 현황(2018년)

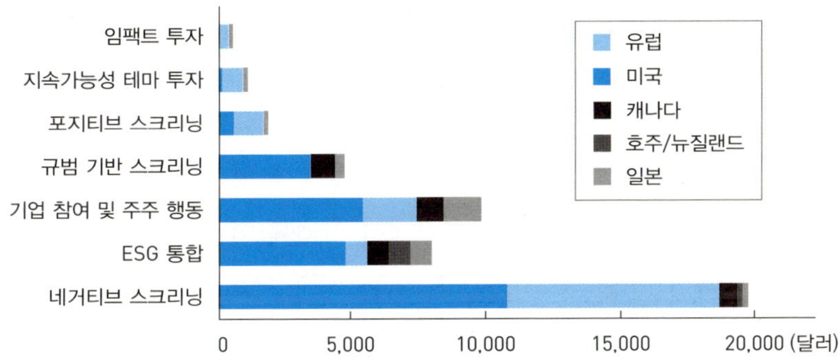

출처: GSIA(2018)

그림 4.13 ESG 투자전략의 글로벌 시장 내 지역별 점유율(2018년)

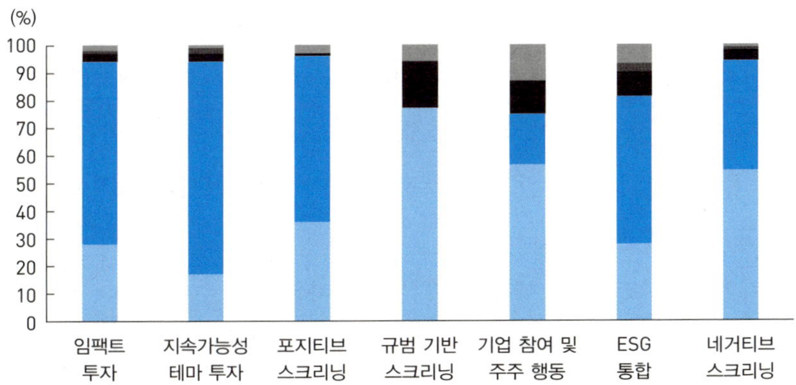

	임팩트 투자	지속가능성 테마 투자	포지티브 스크리닝	규범 기반 스크리닝	기업 참여 및 주주 행동	ESG 통합	네거티브 스크리닝
일본	2%	1%	3%	6%	13%	7%	1%
호주/뉴질랜드	1%	2%	0%	0%	0%	3%	1%
캐나다	3%	3%	1%	17%	12%	9%	4%
미국	66%	77%	60%	0%	18%	54%	40%
유럽	28%	17%	36%	77%	56%	28%	55%

출처: GSIA(2018)

ESG 투자전략은 지역별 편차가 존재한다. ESG 투자의 전통이 강한 유럽은 전통적인 네거티브 스크리닝의 비중이 가장 크며, 여타 지역과 달리 규범 기반 스크리닝도 상당한 비중을 차지한다. 반면, 미국은 ESG 통합 ESG integration 전략의 비중이 상당하다.

반면, 일본 ESG 투자전략은 독특한 경향성을 보이고 있다. 2018년 현재 일본 내에서 적용된 ESG 투자전략 중에서 기업 참여 및 주주 행동의 비중이 44%에 달하여 가장 비중이 높다. 이는 미국 국내에서 해당 전략의 비중이 단지 8.3%에 머무르는 것을 고려하면 놀라운 수치이다.

해당 현상을 글로벌 관점에서 살펴보면, 글로벌 ESG 시장에서 일본은 7%의 점유율을 차지하나, 기업 참여 및 주주 행동에 따른 글로벌 자산 점유율은 13%에 달하고 있다. 반면, 글로벌 ESG 자산의 약 40%를 보유하는 미국은 기업 참여 및 주주 행동에 따른 글로벌 시장 내 비중이 18%로 일본과 거의 비슷하다.

물론 기업 참여 및 주주 행동에 따른 글로벌 ESG 자산의 거의 56%를 유럽이 차지하고 있지만, 유럽의 글로벌 ESG 투자시장 내 점유율이 46%이며, 유럽은 일본과 달리 ESG 투자에 있어 오랜 역사를 가지고 있다는 것을 고려해야 한다.

기업 참여 및 주주 행동 전략은 금융자본의 인수합병M&A 활동과 관계가 깊다. 더구나 일본은 비록 선진국이고 제조업 강국이지만 금융산업은 영미권에 비해 상대적으로 낙후되어 있다. 따라서 일본에서 ESG의 영향력이 높아지면서 주주행동주의가 강화되는 현상은 일본보다도 금융산업이 더욱 낙후된 제조업 강국인 우리나라에게 시사하는 바가 크다. 이에 대해서는 다시 후술한다.

한편 ESG를 선도해 왔던 유럽은 투자전략 측면에서는 비교적 낙후된 상황이라고 평가할 수 있다. 유럽 시장 내에서는 네거티브 스크리닝의 비중이 42%로 가장 높고, 더욱이 규범 기반 스크리닝이 14%를 차지한 것까지 감안하면, 유럽에서는 약 56% 정도의 ESG 투자가 가치관에 기반하여 투자 대상을 배제시키는 방식을 채택하고 있다는 것이다. 해당 투자전략은 실상 ESG의 개념이 완성되기 이전의 책임 투자전략으로 ESG를 보다 적극적인 성장 및 수익 전략으로 활용하는 현재의 관점에서는 낙후된 투자전략으로 인식되고 있다.

반면, 미국은 일견 유럽보다는 보다 선진적인 투자전략을 채택하는 듯이 보인다. 미국은 기업 참여 및 주주 행동 전략과 규범 기반 스크리닝을 제외한 여타 모든 투자전략에서 높은 비중을 차지하고 있다. 그러나 지난 2년간, 미국은 네거티브 스크리닝 전략의 성장률이 121.6%를 기록하고 있어, ESG 투자전략의 질적인 성장에 대한 우려는 상존하고 있다.

ESG 투자 수익성 논란의 종결

ESG 투자전략의 우수성에 대한 평가는 통상 ESG 투자의 수익성과 결부되는 경우가 많다. ESG 투자를 일단 '착한' 투자로 보는 관점에서는 수익성의 문제를 부차적인 이슈로 여길 수도 있을 것이다. 그러나 지속 가능한 세계를 만들려는 ESG 투자가 적절한 수익을 제공하지 못하면 ESG 투자 프로젝트 자체가 지속 가능하지 못할 것이다.

이런 관점에 따라서 네거티브 스크리닝 전략은 본질적으로 수익성이 낮을 수밖에 없으므로 상대적으로 낙후된 투자전략이 된다. 네거티브 스크리닝 전략의 가장 큰 문제점은 투자 유니버스universe를 줄여야 하는 본질적 한계에 기인한다. 오늘날 투자 이론의 주류인 현대 포트폴리오 이론에 따르면, 여러 투자 대상에 리스크를 적절히 분산시켜야 위험 조정 수익률risk-adjusted returns을 높일 수 있다. 반면, 네거티브 스크리닝 전략은 투자 대상을 축소시키니 일단 포트폴리오 구축에서부터 어려움을 가져오게 된다.

또한 네거티브 스크리닝은 투자 유니버스에서 특정 주식을 배제하는 스크리닝 실무에 있어서도 현실적인 어려움이 있다. 예를 들어, 도박과 관련된 주식을 배제하려 한다면, 수익성이 높은 고급 호텔의 상당수가 카지노를 운영한다는 점을 인식하여야 한다. 마찬가지로 수많은 화학기업과 반도체 제조사들이 무기 제조의 가치사슬에 연계되고 있다. 따라서 도박이나 무기를 투자 포트폴리오에서 배제하려 한다면, 어떤 수준에서 그 관련성을 평가할 것이지 고민되지 않을 수 없다.

더불어 네거티브 스크리닝 방식은 사회적 가치의 달성에 있어서도 효율적이라고 말하기 어렵다. 당연히 기독교 재단 등의 SRI 펀드를 예를 든다면, 도박이나 무기 제조업체에 투자하지 않으면 스스로의 이념적 가치는 관철하지만, 그렇다고 도박이나 무기 제조업체가 매출이 줄거나 파산하지는 않는다. 말하자면 네거티브 스크리닝 방식은 수익률도 낮지만, 사회적 영향력도 크지 않다는 것이다.

반면, ESG 통합ESG integration 전략은 애초에 ESG 요소를 반영한 투자모델의 수익률을 고려하는 투자전략이다. 예를 들면, 현금흐름할인discounted cash flow 모델에 있어 ESG 요소를 감안하여 할인율을 설정하고 투자분석을 시도하는 것이다. 따라서 화력발전소 투자 프로젝트를 배제할 때에도 네거티브 스크리닝은 수익률과 무관하게 온실가스 배출은 옳지 않다는 사회적 가치만을 고려하지만, ESG 통합 전략은 온실가스 규제와 관련된 위험 요인을 투자모델에 반영하여 투자의사결정을 하는 점에서 큰 차이가 있다. 따라서 금융회사의 경우에는 ESG 통합 전략을 통해 다양한 ESG 등급을 가진 기업들의 포트폴리오를 이용한 구조화 상품을 만들거나, ESG 인덱스를 구성하고 이를 추종하는 패시브 전략을 적용하는 유연한 투자전략을 다양하게 취할 수 있다.

마찬가지로, 포지티브 스크리닝이나 지속가능성 테마 투자의 경우도 일단 네거티브 스크리닝과 달리 투자 유니버스를 넓게 활용하는 방식이며, 이때 재무적 요소를 충분히 고려할 수 있어, 수익성에서 우월한 ESG 통합 전략의 장점을 유연하게 받아들일 수 있다. 특히 지속가능성 테마 투자는 국내 주식시장에서 흔히 나타나는 테마 투자방식을 방불하므로, 최근 나타나는 ESG 테마 투자 등과 유사하게 이해할 수도 있으며, 포지티브 스크리닝도 지속가능성 ETF 등의 금융 상품을 구성할 때 자주 채택되는 방식이다.

또한, 포지티브 스크리닝과 지속가능성 테마 전략은 포트폴리오에 특정한 투자 대상을 포함하거나 테마 투자로 활용하는 것이므로 임팩트 투자 전략과도 연계될 수 있다. 임팩트 투자는 특정한 사회나 환경의 문제를 해결하거나 영향을 미치기 위한 투자활동이다. 예를 들면, SDGs의 개별 과제를 해결하려는 투자나 백신 개발에 투자하는 빌 & 멜린다 게이츠 재단 Bill & Melinda Gates Foundation의 투자활동이 임팩트 투자에 해당한다.

임팩트 투자는 특정한 과제를 타깃으로 선정하므로 사회적 영향력은 네거티브 스크리닝에 비해 현저하다. 물론 임팩트 투자는 사회나 환경의 문제 해결이 최우선 과제이므로 수익성은 후순위의 고려 사항으로 밀려날 수도 있다. 그러나, 투자자인 자선 재단이 재무적 안정성을 고려한 수익 모델을 마련하는 데 제약이 없고, 최근에는 SDGs에 대한 국제적인 협력과 지원이 집중되어서 오히려 여타 투자 건에 비해 수익성과 안정성이 보다 높아질 여지가 있다. 그 단적인 예로 PRI는 SDGs에 대한 투자를 권유하고 있다.

이처럼 '착한' 투자의 환경이 변화하면서, ESG 투자의 수익성에 대한 과거의 실증 연구는 점차 그 의미가 퇴색되고 있다. ESG 투자의 도입 초기에는 '착한' 투자는 수익이 낮을 수밖에 없다는 주장들이 끈질기게 제기되었다. 그러나 ESG 투자기법이 발전하고 ESG의 입지가 강화되면서 ESG 투자전략이 전통적인 투자방식과 비교하여 수익 측면에서 최소한 대등하다는 실증 연구들이 속속 나타나고 있다.

이러한 연구 성과의 차이는 연구 방식의 오류에 따른 것은 아니며, '착한' 투자의 역사적인 발전 단계에 따라 나타나는 상황 변화에 기인한다. 일단, 과거에는 '착한' 투자의 거의 전부가 네거티브 스크리닝에 의한 단순한 배제전략divestment strategy을 채택할 수밖에 없었다. 따라서 '착한' 투자의 성과는 낮을 수밖에 없었다(Hill, 2020). 그러나 현재는 앞서 보았듯이, ESG 통합 등 다양한 투자전략을 채택한 보다 세련된 '착한' 투자들이 사회적 가치와 더불어 수익성까지 높일 수 있으므로, ESG 투자의 수익성에 대한 과거의 실증 연구는 그 의미가 많이 퇴색될 수밖에 없는 것이다.

[그림 4.14]는 다양한 형태의 '착한' 투자와 전통적 투자 포트폴리오의

그림 4.14 재무성과와 사회적 및 환경적 성과의 투자 스타일별 비교

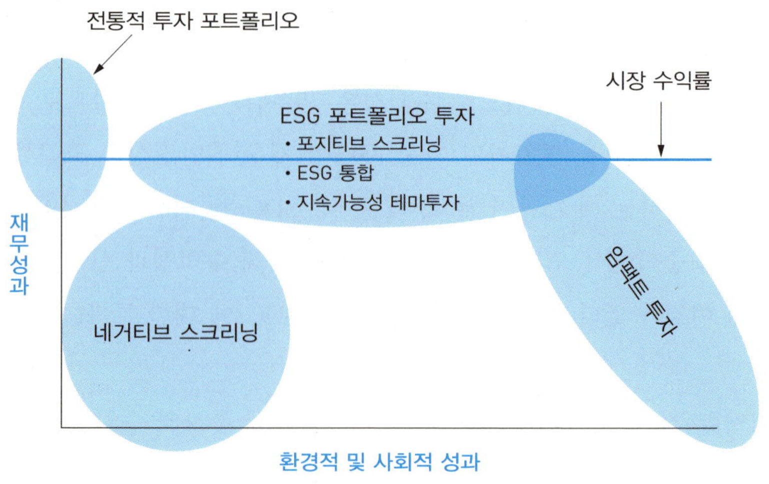

출처: Hills(2020), 저자 부분 수정

재무성과 및 비재무적 성과를 서로 비교하고 있다. 해당 그림에서 수평축(X축)은 환경적 및 사회적 성과이고 수직축(Y축)은 재무성과를 나타낸다.

일단, ESG 요소를 전혀 고려하지 않는 전통적 투자 포트폴리오의 재무성과는 시장 수익률 주변 또는 이를 다소 상회하는 영역에 Y축을 따라 상하로 넓게 자리 잡고 있다. 반면, 해당 포트폴리오의 환경적 및 사회적 성과는 0이거나 미미한 양陽의 수치를 나타내고, 심지어는 음陰의 영역까지 퍼져 있다. 즉, ESG 요소를 고려하지 않는 투자는 환경과 사회에 부정적 영향을 미칠 수 있다는 것이다.

한편, ESG 포트폴리오 투자는 전통적 투자방식보다 우월한 환경적 및 사회적 성과를 보이면서도, 시장 수익률 수준의 재무성과를 달성한다. 이것이 ESG 투자의 기본적인 설계이다. 그러나 네거티브 스크리닝 방식은 시장 수익률을 하회하거나 심지어는 음陰의 재무성과를 달성하면서 환경적 및 사회적 성과도 상대적으로 낮은 편이다. 임팩트 투자의 경우는 환경적 및 사회적 성과는 여타 ESG 투자전략에 비하여 우월한 반면, 재무성과는 시장 수익률을 초과하는 경우부터 투자 손실을 보는 영역까지 넓게 펼쳐져 있다. 각 투자전략별로 이러한 결과를 야기하는 이유에 대해서는 이미 설명하였다.

'착한' 투자가 산발적으로 행해지던 과거와 달리, PRI가 ESG 투자를 조직적으로 추진하는 현재, ESG 투자의 수익성에 대한 우려는 더 이상 큰 의미를 가지지 않는 듯하다. PRI는 2019년판 『Fiduciary duty of 21 Century21세기의 수탁자 의무』 보고서에서 ESG 투자는 투자 포트폴리오의 재무적 가치를 높인다고 주장하면서, ESG 등급과 재무성과 간의 정正의 상관관계correlation를 증명하는 연구보고서를 소개하고 있다. 더욱이 PRI는 2030년까지 SDGs와 관련하여 연간 5조에서 7조 달러의 투자기회가 발생하고, 파리 협약에 따라 지구의 평균 온도를 낮추려는 활동과 관련하여 최소 1

조 5,000억 달러의 투자기회가 발생한다고 주장하고 있다. PRI가 SDGs와 연계되는 신성장동력으로서의 ESG의 가치를 강조하는 것이다.

또한 PRI는 ESG 관련 리스크 관리에 실패하면 심각한 재무적 손실을 입을 수 있다고 경고하고 있다. 그리고 해당 주장을 부연하기 위해 2015년 미국 대기오염 테스트에서 부정행위를 저질렀던 폭스바겐Volkswagen이 시장 가치의 4분의 1을 잃었고, 같은 해 다국적 석유회사 BP가 딥워터 허라이즌Deepwater Horizon호 원유 유출 사고 이후 시장가치의 절반을 잃었던 사례들을 강조하고 있다.

이처럼 PRI는 ESG의 재무적 성과와 관련하여 당근과 협박을 함께 활용하면서 다소 과도할 정도의 '영업 전략'을 펼치고 있다. 마치 'ESG의 재무적 성과를 책임지겠다'는 인상까지도 받을 정도인데, 유엔의 지원을 받는 'ESG의 글로벌 본부'라는 PRI의 입지를 고려하면, 위의 주장들의 무게감은 상당하며, ESG의 재무성과에 대한 PRI의 호언장담을 단순한 희망사항으로만 인식해서는 안 될 것이다. 왜냐하면 PRI는 사실상 전 세계 유니버설 오너들의 카르텔로 볼 수도 있기 때문이다.

유니버설 오너들의 카르텔

사실, 전 세계의 유니버설 오너들은 PRI의 성립 이전부터 사실상의 카르텔을 형성하고 있었다. 물론 이들이 능동적으로 형성한 카르텔인지, 아니면 피동적으로 엮여서 관리되는 집단인지는 해당 유니버설 오너의 특성에 따라 다르다. 예를 들면, 국부펀드는 후자인 듯하다.

21세기 초, 원유를 수출하는 중동 국가와 국제 무역으로 높은 이익을 향유하는 홍콩, 중국은 막대한 자산을 축적하여 이른바 국부펀드를 형성하였다. 따라서 이들 국가에 대한 국제 사회 특히 서구권의 정치적인 관심과 우려가 비등하기 시작하였다. 중동과 중국 등 비서구권 국가들이 자신

표 4.5 세계 국부펀드 순위(총자산 기준, 2021년)

순위	국부펀드	국가	총자산 (1조 USD)	원천
1	Norway Government Pension Fund Global	노르웨이	1.27	원유 및 가스
2	中國投資有限責任公司	중국	1.05	非원자재
3	Abu Dhabi Investment Authority	UAE	0.58	원유 및 가스
4	Hong Kong Monetary Authority Investment Portfolio	홍콩	0.58	非원자재
5	Kuwait Investment Authority	쿠웨이트	0.53	원유 및 가스
6	GIC Private Limited	싱가포르	0.45	非원자재
7	Temasek Holdings	싱가포르	0.42	非원자재
8	Public Investment Fund	사우디 아라비아	0.40	원유 및 가스
9	全國社會保障基金(NSSF)	중국	0.37	非원자재
10	Investment Corporation of Dubai	UAE	0.30	원유 및 가스

출처: Statista(2021)

들의 정치적인 어젠다를 위해 국부펀드를 활용할 수 있다는 우려였다. 보다 정확히 말하면, 이 문제의 핵심은 중동이나 중국이 명백하게 서구권의 동맹이거나 서구권이 관리하기에 용이한 나라들이 아니라는 것에 있었다. 따라서 유럽과 미국은 국부펀드의 운용 전략이 불투명하다는 불만을 공공연히 토로하기 시작하였다.

국부펀드에 대한 서구권의 공포감은 중국과 중동이 미국과 유럽의 자산 매입을 시도하는 과정에서 극명하게 드러났다. 그리고 그 핵심은 국가 안보에 대한 우려였다. 2005년 중국해양석유공사China National Offshore Oil Corporation, CNOOC는 미국 석유회사인 유노칼Unocal Corporation 인수를 포기하였고, 2006년 두바이 포트 월드Dubai Ports World 역시 미국의 항만 자산 매입에 사실상 실패하였는데, 모두 국가 안보를 이유로 한 미국 의회의 반대에 발목을 잡힌 것이었다.

국부펀드에 대한 서구권의 입장은 명확했다. 국부펀드의 정책과 의도가 불투명한 상황에서, 국부펀드의 끊임없는 성장은 보호무역주의의 확대와 금융시장의 불안정을 야기하고, 결국 국제 자본시장의 역동성을 저해하여 각국 정부와 중앙은행의 통제력 약화로 이어질 수 있다는 논리를 서구권은 지속적으로 제기하였다.

그리고 이러한 배경에서 2008년 23개 국부펀드를 중심으로 「The International Working Group of Sovereign Wealth Funds국제 국부펀드 워킹그룹, 이하 'IWG-SWF'」가 발족하였고, 이들은 이후 G20, IMF 및 미국 재무부와 협력하면서 국부펀드의 투명성, 독립성 및 거버넌스를 규율하기 위한 이른바 24개의 「산티아고 원칙Santiago Principles」[7]을 수립했다. 이들 원칙은 2008년 10월 IMF에 제출된 이후 공식적으로 발표되었다. 이후 IWG-SWF는 2009년 쿠웨이트 선언에 따라 「The International Forum of Sovereign Wealth Fund국제 국부펀드 포럼, 이하 'IFSWF'」[8]로 재편성되면서 회원국들의 「산티아고 원칙」 채택과 신규 국부펀드의 가입을 독려하고 있다.

이렇게 전 세계 국부펀드를 하나의 그룹으로 묶은 이후, 이들 펀드의 이른바 '투명성'을 관리하기 위한 수단으로 「Sovereign Wealth Fund Institute국부펀드 연구소, SWFI」의 칼 리나버그Carl Linaburg와 마이클 마두엘Michael Maduell은 국제적인 벤치마크인 The Linaburg-Maduell Transparency Index리

7 「산티아고 원칙」은 흔히 GAPP(Generally Accepted Principles and Practices)으로 불리기도 하는데, 아래 4가지 목표를 위한 24개의 원칙으로 구성되어 있다.
- 안정적인 글로벌 금융 시스템 및 자본 및 투자의 자유로운 흐름의 유지를 지원함
- 투자 대상국의 모든 해당 규제 및 공시 요구사항을 준수함
- 국부펀드가 경제적 및 재무적 리스크와 수익 관련 고려 사항에 기초하여 투자하도록 확약함
- 국부펀드가 적절한 운영 통제, 리스크 관리 및 책임을 제공하는 투명하고 건전한 거버넌스 구조를 갖추도록 확약함

8 본부는 영국 런던에 소재하고 있다.

나바그-마두엘 투명성 지수를 개발하였다.

이 지수는 국부펀드에 부과되는 10개의 투명성 원칙에 따라 전 세계 국부펀드의 투명성을 10점 척도의 점수로 평가한다. 최대의 투명도는 10점이고 최소 투명도는 1점이며, 허용 가능한 최소 수준은 8점이다. 전 세계 10대 국부펀드 중에서 허용 가능한 투명성 수준인 8점 이상인 곳은 노르웨이 GPFGNorway Government Pension Fund Global, 싱가포르의 테마섹 홀딩스Temasek Holdings, 홍콩 통화당국 투자 포트폴리오Hong Kong Monetary Authority Investment Portfolio의 단 세 기관뿐이다. 중국투자유한책임공사China Investment Corporation와 GIC 프라이빗 리미티드GIC Private Limited는 7점을 받았고, 10대 국부펀드 중 나머지 펀드들은 6점 이하의 낮은 투명도 평가를 받았다.

그런데 ESG 관점에서 국부펀드를 살펴볼 때 인상적인 측면은 소위 10대 국부펀드의 대다수가 본질적으로 ESG에 친화적이지 않거나, ESG 수준이 낮은 국가들과 연계되어 있다는 점이다. 전 세계 10대 국부펀드를 제시한 [표 4.5]에 의하면, 이 중 5개의 국부펀드가 원유나 가스에 기반한 노르웨이와 중동 국가들의 펀드이며, 10대 국부펀드의 대다수가 ESG 수준이 낮은 중국이나 중동 등 아시아 국가들의 펀드이다. 말하자면, 전 세계 주요 국부펀드는 온실가스 배출과 연관된 자산이거나, 서구권의 관점에서 볼 때 여성과 사회적 약자 및 소수자에 대한 배려 수준이 낮은 지역의 자산들이라는 것이다.

따라서 중국이 ESG에 관심을 높이거나, 2017년에 아부다비, 쿠웨이트, 뉴질랜드, 노르웨이, 사우디아라비아, 카타르의 국부펀드들이 기후변화에 대응하기 위한 「The One Planet Sovereign Wealth Fund Working Group하나의 지구 국부펀드 워킹 그룹」을 결성하게 된 것은 자연스러운 귀결이라 할 수 있다. 이 워킹 그룹은 녹색 성장 및 기후 리스크와 관련된 수익 기회를 자산 관리에 통합한다는 목표를 내세우고 있는데, 이 목표를 달성하기 위해 「The One Planet Sovereign Wealth Fund Framework하나의 지구 국부펀드 프레임워크」도 수립하였다. 이 프레임워크는 기후변화 분석 활동을 장기적인 대규모 자산 포트폴리오에 통합하려는 구조적 틀로 설계되었다.

이상과 현실의 괴리

이처럼 전 세계 금융기관들이 하나의 집단을 형성한 경우는 비단 국부펀드에만 국한되지 않는다. 사실, 글로벌 자본시장은 구조적으로 집중도가 높고 담합이 용이한 상황이다. 2019년 현재 전 세계 5위까지의 자산운용사가 글로벌 운용자산의 25%를 지배하며, 10위까지의 자산운용사가 36%를 차지한다. 그리고 이들 10대 자산운용사 중 8개가 미국 회사이며, 나머지 두 회사도 각각 독일과 프랑스 국적이다.

특히, 세계 3대 자산운용사인 블랙록BlackRock, 뱅가드Vanguard 및 스테이트 스트리트State Street의 입지는 압도적인데, 이들 빅 3big three가 보유한 모든 주식을 합친다면 미국 S&P 500 기업 88%의 대주주가 된다. 2019년 현재 세계 3대 자산운용사는 17조 달러가 넘는 세계 자산을 관리하고 있는데, 이는 미국 국내총생산의 약 81%에 육박한다.

글로벌 자산운용시장은 지난 10년간 급격히 집중도가 높아져 오늘날과 같은 과점시장을 형성하였다. 블랙록, 뱅가드 및 스테이트 스트리트는 동기간 동안 전체 투자자금의 82%를 유치했다. 그리고 이들은 현재 ETF 거래의 73%에서 80% 정도를 컨트롤하고 있는 것으로 알려져 있다(Steele, 2020).

더욱이 블랙록의 상황을 보면, 바이든 행정부의 경제팀에 블랙록 출신 인사들이 공식적으로 참여하면서, 블랙록의 영향력은 단순히 천문학적인 자산에만 의지할 필요가 없게 되었다. 이들 인사들의 면면을 살펴보면, 백악관 국가경제위원회The White House National Economic Council의 위원장으로

표 4.6 세계 자산운용사 순위(총자산 기준, 2019년)

순위	자산운용사	국가	총자산(1조 USD)
1	BlackRock	미국	7.43
2	Vanguard Group	미국	6.15
3	State Street Global	미국	3.12
4	Fidelity Investments	미국	3.04
5	Allianz Group	독일	2.54
6	J.P. Morgan Chase	미국	2.36
7	Capital Group	미국	2.06
8	BNY Mellon	미국	1.91
9	Goldman Sachs Group	미국	1.86
10	Amundi	프랑스	1.62

출처: Statista(2021)

선정된 브라이언 디스Brian Deese는 오바마 행정부에서 기후, 에너지 관련 경제고문을 담당하였고, 2017년 블랙록에 합류해 지속가능 투자전략 부문을 이끌었다. 또한 재무부 부장관Deputy Treasury Secretary인 월리 아데예모 Wally Adeyemo는 블랙록 CEO 래리 핑크Larry Fink의 비서실장을 지낸 경력을 가지고 있다.

실상, 미국 정치권력과 월가의 유착 관계는 전혀 새로울 것은 없다. 과거 오랜 기간 골드만 삭스Goldman Sachs Group Inc.는 이른바 '거번먼트 삭스 Government Sachs'로 불리면서 트럼프 행정부에 이르기까지 전 세계의 경제를 좌지우지하였다. 그리고 그 전통은 현재 바이든 행정부까지 이어져서 단지 행정부의 파트너만 골드만 삭스에서 블랙록으로 바뀌었을 뿐, 오늘날에도 변함없이 전 세계 경제정책은 과거와 마찬가지로 월가와의 유착 관계에 기반하고 있다. 즉, 앞서 ESG의 역사를 통해 언급되었던 '월가 점령 시위Occupy Wall Street'와 리먼 사태로 촉발된 신자유주의에 대한 수많은 비판과 반성이 전혀 무색해지는 상황이 벌어지고 있는 것이다.

따라서 바이든이 끊임없이 되뇌는 '이해관계자 자본주의'와 'ESG'의 만트라[9]는 결국 블랙록의 경제관이며, 현재 전 세계 금융시장의 상황을 ESG의 관점에서 정리하자면, 공식 경기장 내에서 바이든이 '이해관계자 자본주의'와 '지구 온난화'를 언급할 때, 장외에서는 블랙록의 CEO 래리 핑크가 ESG의 프로파간다로 경기 전략을 지시하면서 전 세계 금융자산들을 마치 양떼를 몰듯이 '지속 가능한 세계'의 방향으로 이동시키는 양상이라고 말할 수 있을 것이다.

현재 글로벌 자산시장의 주요 플레이어와 먹이사슬 구조를 ESG의 관점에서 간단히 정리해 보자. ESG 관점에서 가장 영향력이 높은 플레이어는 앞서 수차례 언급했던 유니버설 오너들universal owners이며, 이들의 면면은 연기금과 국부펀드, 그리고 글로벌 자산운용사이다. 물론 혹자는 막대한 자산을 보유한 연기금과 국부펀드가 갑甲 중의 갑이고, 이들의 자금을 위탁받아 운용하는 자산운용사는 을乙이라고 이해하거나, 타인의 돈을 받아 운영하는 자산운용사는 유니버설 오너가 아니라고 주장할지도 모르겠다.

그러나 골드만 삭스, 블랙록 등 대형 자산운용사들은 최첨단의 금융기법과 막강한 정보력 및 미국 정재계 전반에 걸친 네트워크를 기반으로 글로벌 금융시장을 설계하는 역할을 담당해 왔다. 전 세계의 금리, 주가 등 각종 지표의 상승과 하락의 뒤에는 언제나 이들 자산운용사들의 그림자가 드리워져 있다. 또한 이들은 탄소를 배출하고, 인권의 측면에서 떳떳하지 못한 전 세계 국부펀드들을 투명성의 관점에서 줄 세워 관리하고 있으며, 미국 행정부의 경제정책을 직접 운전하면서 연기금들의 수익을 보장해 주고 있다. 연기금이란 금융 서비스이면서 동시에 정치적 장치이다. 연기금

9 밀교에서 여러 부처나 보살 또는 제천(諸天)에 호소해서 기도하거나 의식에 효력을 부여하기 위해서 외우는 주문을 말한다.

이 만약 수익 창출에 실패하면 그 여파는 연기금만의 붕괴가 아니라, 사회와 정치의 혼란으로 이어진다.

이처럼, 대형 자산운용사는 글로벌 자본시장의 최정점에 자리 잡고 정치적 영향력까지 발휘하는 최상위 포식자이다. 또한 그간 서구 금융자본의 비공식적인 운전자였던 이들의 암묵적인 카르텔은 PRI의 등장으로 ESG의 이름 아래에서 글로벌 자본시장의 공식적인 지배자로 자리매김하였다. 그리고 오늘날 이미 과점화된 자본시장에서 ESG의 지지자라는 명분과 PRI라는 공식화된 기반까지 확보한 서구의 대형 자산운용사들은 그레이트 리셋의 총아인 제4차 산업혁명과 ESG의 첨병들에게 무한히 자금을 공급할 수 있는 온전한 역량을 확보했다. 즉, 오늘날 서구 투자자본은 마침내 전 세계 산업자본을 통제할 수 있는 명분과 영향력을 함께 거머쥔 것이다.

결국, 서구 투자자본이 글로벌 금융자본과 산업자본을 함께 지배하려는 신자유주의의 꿈을 이루게 된 근간은 ESG였다. 앞서 리먼 사태로 신자유주의에 대한 비판과 반성의 흐름이 나타났고, 그 흐름에서 ESG가 태동하였다는 사실에 비추어 이 상황은 무척 역설적이지만, 한편으로는 어떠한 상황도 자신들의 이익을 관철시키기 위해 능수능란하게 활용하는 시티 오브 런던과 월 스트리트의 역량에 감탄하지 않을 수 없다.

이런 관점에서 볼 때, 최소 향후 10년간, 정확히는 유엔이 SDGs의 과제를 모두 해결하기로 약속한 기한인 2030년까지 ESG의 전망은 최소한 긍정적인 관점으로 바라보는 것이 타당할 것이다. 혹자는 ESG 투자가 수익을 낼 수 있겠는가를 우려하고 있지만, 그 수익이 만약 수요와 공급에 의해 좌우되는 자본시장의 수익을 뜻한다면 감히 기우杞憂라고 말할 수 있다. 오히려, 영국의 금융 전통과 미국의 정치적, 경제적 및 군사적 패권이 뒤를 떠받치는 ESG를 벗어나 투자하는 것이 차라리 위험해 보이는 것이 오늘날의 현실이다.

CHAPTER

V

스튜어드십 코드와 거버넌스의 통제

21세기에도 대영제국의 레거시legacy는 곳곳에서 확인되지만, ESG와 관련되어 새로이 등장하는 스튜어드십 코드stewardship code와 기업 거버넌스 코드corporate governance code는 또다시 금융시장에 있어 영국의 영향력을 부각시키고 있다.

1 '코드'의 연원과 개념

스튜어드십이라는 것은 본디 영국 고유의 관습 내지는 풍속으로 이해되어 왔다. 흔히 우리말에서 집사나 청지기로 번역되는 것이 스튜어드이다. 따라서 스튜어드십 코드는 그 기원에 있어서 ESG와 직접적인 관계는 없다. 그리고 기업 거버넌스 코드 역시 이러한 점에 있어서는 마찬가지 상황이다.

기업 거버넌스 코드의 원형이 되는 영국의 기업 거버넌스 코드UK Corporate Governance Code의 기원은 1992년에 공표된 영국의 『캐드베리 보고서The Cadbury Report』이며, 기업 거버넌스 개혁 논의는 1980년대 미국에서 시작되었다(신장섭, 2018). 그리고 세계 최초의 스튜어드십 코드인 영국의 스튜어드십 코드UK Stewardship Code는 리먼 사태를 기점으로 논의되다가 2010년 확정되었으며, 스튜어드십 코드와 연관되어 언급되는 주주행동주의의 기원은 17세기 네덜란드까지 거슬러 올라간다.

스튜어드십 코드 및 기업지배구조 모범규준과 ESG의 관계

현재 PRI는 스튜어드십을 수탁자 의무나 ESG 투자전략의 일부로 적극적으로 수용하고 있으며, 공식적으로 제정된 스튜어드십 코드를 ESG의 중요한 규제 환경으로 인식하고 있다(PRI & UNEP FI, 2019b). 반면, 기업 거버넌스 코드에 대해서는 PRI가 비록 그 존재는 인식하지만, 크게 인용하고 있지는 않다.

따라서 ESG를 기관투자자의 PRI 서명 여부에 따라 광의와 협의로 나누어 인식하는 오모리 미츠루大森 充의 관점에 따르면, 스튜어드십과 ESG의 관계는 ESG의 개념에 따라 다음의 두 가지 관점에서 구분하여 파악할 수 있다.

첫째, 광의의 ESG의 경우이다. 광의의 ESG는 PRI 서명 여부와 무관하게 ESG를 이해하는 관점이다. 즉, 환경E과 사회S의 문제를 건전한 거버넌스G로 해결하는 모든 투자방식을 ESG로 넓게 인식하는 유연한 개념이 광의의 ESG이다. 이러한 관점에서는, 스튜어드십은 ESG의 필수적 요소가 아니다. 즉 스튜어드십에 대한 PRI의 관점에 얽매일 필요가 없으므로, 스튜어드십을 고려하지 않는 ESG가 논리적으로 성립할 수 있다는 것이다. 물론 이 경우 스튜어드십은 건전한 거버넌스를 취하기 위한 여러 방안 중의 하나로 고려될 수 있다.

둘째, 협의의 ESG의 경우이다. 협의의 ESG는 PRI에 서명한 기관투자자만이 ESG 투자자라는 원리주의적인 인식이다. 이러한 견해에 따르면, PRI의 서명회원이 아닌 국내 증권사들은 ESG 투자상품을 출시하여도 그들은 ESG를 하고 있는 것이 아니라는 결론이 된다. 이러한 관점에서는 스튜어드십 코드는 ESG의 불가결한 일부로 인식하여야 한다. PRI가 스튜어드십을 인식하고 있기 때문이다.

현재 전 세계 투자 관계자의 주류는 ESG를 광의로 이해하는 것으로 보인다. 2021년 3월 현재 우리나라의 PRI 서명기관은 11개에 불과하다. 게다가 이들 서명기관 중에서 리테일 영업을 하는 금융회사는 전무하다. 간단히 말하면, 우리나라의 증권사들은 PRI와 무관하게 ESG 금융상품을 출시하고 있는 상황이다. 그리고 이런 상황에서 무디스는 우리나라의 ESG

수준을 세계 최고로 평가하였다. 즉, 무디스는 ESG를 평가함에 있어서 PRI 서명 여부는 고려하지 않는 것으로 보인다.

따라서 우리나라에서도 ESG를 PRI 서명과 무관하게 인식하는 광의의 개념으로 이해하는 것이 타당할 것이다. 앞서 무디스의 경우에서도 살펴보았듯이 ESG를 광의로 인식하는 것이 세계적인 추세이다. 현실적으로도 PRI 자격요건이 점점 더 엄격해지는 상황에서, 협의의 ESG 개념을 그대로 따를 수 있는 국가들은 거의 없을 것이다. 물론 우리나라의 금융회사 대부분이 PRI에 서명하지 않고 있는 것도 현실이다.

따라서, 결국 우리나라에서는 광의의 ESG 개념에 따라 스튜어드십 코드에 대해 보다 열린 입장을 가질 수 있다. 소위 글로벌 스탠더드에 제약을 받지 않으며, 한국의 실정에 보다 부합하는 한국형 스튜어드십 코드를 수립하는 것에 특단의 제약은 없다는 논리적인 결론에 도달한다. 더욱이 이러한 결론은 건전한 거버넌스는 글로벌 이슈인 환경과 사회 이슈와는 달리 국경과 문화의 제약을 받는 지역화된localized 관점에서 인식해야 한다는 견해와도 일맥상통한다.

한편, 우리나라에서는 현재 기업지배구조 모범규준을 ESG와 긴밀하게 연계시키거나 사실상 ESG의 일부로 이해하는데, 이는 상당한 오해를 불러일으킬 수 있다. 기업지배구조 모범규준을 기업 평가 등에 활용하는 것 자체는 개별 ESG 평가기관의 선택에 달려 있지만, 일단 양자는 연혁적으로 별도의 시스템이며, 논리적으로도 ESG에서 반드시 기업지배구조 모범규준이 도출되는 것은 아니며, 그 반대의 관계도 성립하지 않는다.

물론, 양자를 하나의 시스템으로 통합하는 것은 '자율' 규제로 설정할 수 있다. 그러나 그것이 진정한 '자율'인지 의제된 '자율'인지는 불분명하다. 더욱이, 기업 규제 시스템이 '자율적'으로 제정된다는 이유로 의회의 민주적 통제나 법치주의의 영역을 벗어나는 것이 타당한지 여부에 대한 논란이 없을 수는 없다. 아무튼 이것이 ESG와 스튜어드십 코드 및 기업지배구조 모범규준 사이의 연혁적 및 이념적 관계성임을 인식하면서, 이제부터는 이들 각각의 개념을 살펴보도록 하자.

PRI의 스튜어드십

PRI는 스튜어드십을 "수익과 고객 및 수혜자의 이익의 기반이 되는 공통의 경제, 사회 및 환경 자산의 가치를 포함한 전반적인 장기 가치long-term values를 극대화하기 위한 기관투자자의 영향력 행사"로 정의한다(PRI Association, 2021a). 다소 추상적인 정의인데, 스튜어드십 코드를 그 뜻대로 번역하면 결국은 '집사준칙執事準則'이다. 고객을 위해 일을 대행하는 주체가 진정으로 고객을 위해 제대로 일하도록 하는 규범이다(신장섭, 2018).

여기서 고객은 대표적으로 금융회사에 돈을 맡긴 개인들이고, 집사는 연기금, 증권사, 자산운용사, 보험사 등 고객의 돈을 받아서 대신 운용해주는 금융회사들이다. 국부펀드의 경우에는 돈을 맡긴 국가가 고객이고, 해당 자금을 운용하는 펀드 운용자가 집사이다. 이런 관점에서 그저 집사에 불과한 연기금, 국부펀드, 자산운용사가 스스로를 유니버설 오너universal owners, 즉 소유자라고 부르는 관행이 매우 잘못된 것임을 이해할 것이다.

이런 관점에서 스튜어드십 코드는 고객이 돈을 맡긴 의도와 목적을 실현하기 위해서 집사들이 따라야 하는 준칙인 것이다. 그렇다면 고객이 돈을 맡긴 의도와 목적은 무엇일까? 일단은 투자수익을 내는 것이다. 이는 ESG의 관점에서도 마찬가지이다. 그리고 지구와 사회의 지속가능성에 기여해야 한다. 그것이 장기적 관점에서 수익을 내는 건전한 투자활동이기 때문이다. 이러한 관점에서 PRI는 스튜어드십을 수탁자 의무를 규정한 것으로 인식하고 있는데, 이는 논리적으로 이해할 만한 귀결이라 하겠다(PRI Association, 2021a).

그런데 여기서 주목해야 할 점은, PRI가 스튜어드십을 능동적 주주권active ownership[1]과 동의어로 인식하고 있다는 것이다. PRI는 스튜어드십을 "우리는 능동적인 투자자가 되며, ESG 이슈들을 소유권 정책 및 실행에 반영한다."라는 PRI의 제2원칙을 실현하기 위한 수단으로 인식한다(PRI Association, 2021a). 그리고 PRI의 이러한 입장은 전 세계 스튜어드십 코드의 원형인 영국 스튜어드십 코드의 인식과 궤를 같이 한다.

[표 5.1]에 따르면, PRI의 관점에서는 ESG 투자전략은 크게 'ESG 결합ESG incorporation'과 '스튜어드십 활동stewardship or active ownership'의 두 가지로 나뉜다. 이러한 분류방식은 앞서 보았던 GSIA의 투자전략 분류체계와 크게 모순되지 않는다. 즉, PRI의 분류체계에서 스튜어드십은 GSIA의 '기업 참여 및 주주 행동corporate engagement and shareholder action'과 같은 의미로 이해하면 된다. 참고로 말하자면, PRI가 말하는 'ESG 결합' 전략은 GSIA의 ESG 투자전략 중에서 '기업 참여 및 주주 행동'을 제외한 나머지 투자전략을 모두 포함한 것으로 이해하면 큰 오류는 없을 것이다.

PRI는 스튜어드십 활동의 구체적 양상을 설명하면서 먼저 스튜어드십의 대상이 단지 투자를 받았거나 받을 기업뿐만 아니라 정책입안자, 계약관계로 맺어진 거래선 등 여러 이해관계자에게 미치는 영향력을 협력적으로 활용하는 활동이라고 밝힌다. 따라서 스튜어드십이 기업에 대해 영향력을 미치는 일반적인 주주참여보다 더 넓은 개념이라는 인식을 준다. 그리고 그 목적은 전반적인 장기적 이익의 극대화인데, 여기서 말하는 '장기적 이익'이란 재무적 수익이나 고객 또는 수익자가 향유하는 이익의 원천인 경제적, 사회적 및 환경적 자산의 가치까지 포함한다고 말한다(PRI Association, 2021a).

---

1 기업과 관련된 '오너십(ownership)'이므로 '소유권'보다는 '주주권'이 보다 정확한 번역이라고 판단했다.

표 5.1 스튜어드십 활동과 여타 ESG 투자전략의 비교

<table>
<tr><th colspan="3">포트폴리오 구축 시 ESG 이슈 고려
(ESG 결합)</th><th colspan="2">ESG 실무, 성과 및 공시 개선
(능동적 주주권 또는 스튜어드십)</th></tr>
<tr><td colspan="3">ESG 이슈는 통합, 선별 및 주제라는 세 가지 접근법을 함께 사용하여 기존 포트폴리오 구축 실무에 결합할 수 있다.</td><td colspan="2">투자자는 주주참여와 투표, 결의안/제안, 이사회 참여, 공급업체 모니터링/협상 등을 통해 연구 및 공시, 소송에 기여하여 영향력을 행사할 수 있다.</td></tr>
<tr><th>ESG 통합</th><th>스크리닝</th><th>테마 투자</th><th>주주참여</th><th>의결권 행사</th></tr>
<tr><td>리스크 관리 개선과 수익 제고를 위해 ESG 이슈를 투자분석 및 의사결정에 명시적이고 체계적으로 포함</td><td>투자대상기업을 선정하거나 배제하기 위해 투자자의 선호도, 가치 또는 윤리에 따라 잠재적 투자대상목록에 필터를 적용</td><td>특정 환경 및 사회 목표에 기여하려는 의도와 적절한 위험-수익 조합을 결합하며, 임팩트 투자를 포함함</td><td>ESG 이슈에 대한 실무, 성과, 공시 등을 개선하기 위한 여신 측과 수신 측의 상호 작용
자금 공급과 무관한 정책 입안자나 표준 제정자와의 참여 활동도 가능</td><td>경영/주주 결의안에 대한 의결권을 행사(및 결의안 제출)하여 관련 사안에 대해 공식적으로 승인(또는 불찬성)을 표명</td></tr>
</table>

출처: 유엔 책임투자원칙(Principles for Responsible Investment)

이러한 관점에서 PRI는 스튜어드십을 피투자기업에게 영향을 미치는 활동과 기타 이해관계자에게 영향을 미치는 활동으로 구분한다. 그리고 각 활동의 구체적 양태는 먼저 전자의 경우에는 (잠재적) 피투자기업에 대한 참여, 주주총회 의결, 주주 결의서 또는 제안의 제출, 이사회 참여, 소송 등을 제시한다. 그리고, 후자의 경우에는 정책 및 표준 입안자와의 협력, 공공재 생산이나 공공 연구 참여, 스튜어드십 목표를 지원하는 커뮤니케이션 및 투자사슬 내 여타 참여자와의 협력과 모니터링을 그 활동의 구체적인 양상으로 제시한다(PRI Association, 2021a).

[표 5.1]에 따르면, PRI는 스튜어드십을 주주참여engagement와 의결권 행사voting로 크게 대별하는데, 스튜어드십 활동의 실제는 일반적으로 주

주참여로 문제 해결을 시도하고 그것이 여의치 않는 경우에 투표의 단계로 발전해escalate 나가는 것으로 이해된다. 즉, 투표의 단계에 들어가게 되면 이미 기존 경영진과 투자자 사이에 분쟁이 발생했을 가능성이 높다고 본다.

주주참여engagement는 통상 투자자와 기업 간의 커뮤니케이션이 일반적이지만, 피투자기업 이외의 정책담당자나 표준제정자와의 커뮤니케이션도 참여 활동으로 이해된다. 전형적인 참여의 커뮤니케이션 형태는 회의, 통화, 이메일 또는 서신 교환을 통해 이루어진다. 이 과정에서 문제를 파악하고 목표를 설정하며 결과를 추적하고 그 결과를 투자의사결정에 반영한다. 그리고 이러한 참여 활동은 개별 투자자의 단독 활동은 물론 다른 투자자와 협력하거나, 참여 활동을 전문적으로 수행하는 제3의 기관에 의뢰하여 수행하기도 한다.

이러한 주주참여 활동이 성공적이지 못하면, 투자자들은 보다 적극적인 형태의 스튜어드십 활동으로 이행하게 된다. 예를 들면, 주주결의서를 제출하거나, 의결권을 행사하여 투자자의 요구를 관철하는 방안들이 대표적인데, 이들은 여전히 기업 내부절차에 따른 활동이다. 만약 이러한 활동으로도 성과가 없는 경우, 기업이나 이사회를 대상으로 하는 소송전이나 미디어를 이용하는 방안과 같이 기업 외부의 자원을 활용할 수도 있다(PRI Association, 2021a).

그러나 주주참여가 성과를 거두지 못했을 때, 소송 등 기업 외부의 자원을 이용하는 것보다는 의결권 행사가 가장 효과적이다. 의결권의 압박을 통해서 투자자는 자신의 견해에 무게감을 더하고 이사 선임 등의 경영 이슈에 직접 개입할 수단을 확보한다. 다만, 여러 기업들의 수많은 쟁점들에 개입해야 하는 유니버설 오너는 제3의 기관에 대리투표를 요청하고, 이들 기관의 자문에 의존할 수밖에 없는 것이 불가피한 현실이다.

이러한 스튜어드십의 현실적인 제약에도 불구하고 PRI는 스튜어드십의 활용을 적극적으로 권유하고 있는데, 이는 주주참여가 기업의 근본에서부터 사업 행태의 변화를 이끌어낼 수 있는 가장 효과적인 방식이라고 믿기 때문이다. 흔히 투자가들은 문제가 있는 기업에 대해서는 주식을 매도하는 방식으로 대응한다. 그러나 투자자가 해당 기업의 주식을 매도한다고 그 기업의 변화를 이끌어내지는 못한다. 특히 ESG를 독려하려는 입장에서는 단지 해당 기업의 주식을 매각하면 남아 있는 주주들이 해당 기업의 ESG 경영을 독려할 리가 만무하다. 따라서 차라리 회사의 경영진과 직접적으로 상대하여 경영전략에 ESG의 요소를 통합하도록 압박하는 것이 효과적이라는 것이다.

더구나, 유니버설 오너들은 자산의 규모가 막대하고 장기 투자의 경향성을 가지므로 주식을 매입 또는 매각하여 투자 포트폴리오를 신속하게 변화시키기 어렵다. 따라서 ESG 투자의 원칙에 입각한 포트폴리오를 구성하기 위해서는 기업의 외부에서 ESG 등급에 따라 지분 매매만 할 것이 아니라, 기업의 경영에 직접 개입하여야 한다는 것이다. ESG 투자의 관점에서는 일견 타당한 논리로 보인다.

2 서구와 일본의 '코드' 도입

문제는 실제로 그렇게 상황이 전개되는지 여부이다. 우선 영국의 스튜어드십 코드의 역사를 살펴보자. 영국에서 스튜어드십 코드 논의가 촉발된 계기는 역시 2008년 리먼 사태이다. 금융위기의 여파로 영국의 대표적 금융기관들이 연달아 파산 위기에 처하였고, 월 스트리트와 쌍벽을 이루며 세계 금융을 선도하는 시티 오브 런던의 위상이 하루아침에 무너져 내렸다. 따라서 영국은 세계 금융산업의 선도자로서의 위상을 되찾기 위해 금융위기의 재발 방지를 위한 그 나름의 대응 모델을 전 세계에 제시하여야 했다.

영국과 미국의 '코드' 도입

그리하여, 영국 정부는 해당 위기를 야기한 영국의 금융회사들에게 유사 위기의 재발 방지를 위한 대응책의 수립을 요구하였고, 이에 모건 스탠리의 전 회장인 데이비드 워커David Walker 경의 지휘하에 영국의 금융규제기구인 「금융보고위원회Financial Reporting Council, 이하 'FRC'」에 제출할 보고서가 마련되었다. 이것이 9개월 만에 만들어진 이른바 『워커 보고서the Walker Review』이다.

그런데 동 보고서는 리먼 사태의 원인에 대해서 일반의 이해와는 상당한 시각차를 보이는 독특한 평가를 내린다. 금융부문의 실패인 리먼 사태의 원인은 기관투자자들이 주주로서 소극적 태도로 일관하였기 때문이라는 결론을 내린 것이다. 언뜻 들으면 마치 금융회사에 위기의 책임이 있다는 자성의 목소리인 듯하지만, 자세히 살펴보면, 실물부문의 문제점을 금융회사들이 잘 관리하지 못해서 위기가 발생하였으니 실물부문에게 책임이 있다는 논리를 전제로 하는 기묘한 반성문이 된다. 물론 해당 보고서에서는 '피투자기업investee companies'이라고만 언급되지만, 투자를 받는 대부분의 피투자기업들이 금융회사가 아니라는 사실을 감안하면, 동 보고서는 사실상 리먼 사태의 주요 원인이 금융부문이 아니라 실물부문이라고 주장하는 것이나 다름없다(Walker, 2009).

물론 주지하다시피, 이는 사실과는 정반대의 스토리이다. 리먼 사태는 금융부문이 원인이 되어 실물부문으로 그 피해가 전이된, 거의 순수한 금융적인 이벤트로 시작되었다. 리먼 사태의 전말은 금융기관의 무분별한 부동산 대출 관행이나, 기기묘묘한 방식으로 리스크를 숨긴 구조화 금융 상품이 암세포처럼 전 세계 금융시장에 퍼지면서 전 세계적인 금융 시스템 붕괴를 야기한 금융시장의 실패 스토리이다.

그러나 이러한 실상을 모를 리 없는 영국의 금융전문가들이 리먼 사태의 진짜 전말에도 불구하고 동 보고서에서 리먼 사태의 재발을 방지하려면 주주로서 기업을 제대로 관리해야 한다는 '수탁자 의무'를 강조하기 시작한 것이다. 이는 피해자인 실물부문에 대해 가해자인 금융회사들이 매를 들고 리먼 사태의 원인을 따지겠다는, 말하자면 적반하장賊反荷杖이다. 물론, 혹자는 여기서 말하는 수탁자 의무가 실물부문에게 책임을 물으려는 의도가 아니라고 주장하겠지만, 결국은 실물부문의 경영에 대한 통제를 강화하는 방향으로 스튜어드십 활동의 실무가 흘러가는 현재의 상황을 보면 현실을 호도하는 변명이라 하지 아니할 수 없다.

이렇게 금융부문은 『워커 보고서』를 통해 실물부문에 대한 통제 강화의 논리적 근거를 마련하면서, 동시에 기관투자자를 위한 행동 규범, 즉 '코드'의 제정을 FRC에 권고했다. 또한 동 보고서는 코드 제정을 권고했을 뿐 아니라, 영국 및 전 세계 스튜어드십 코드의 원형을 제시하였는데, 'Comply or Explain코드를 준수하라. 그렇지 않으면 설명하라' 원칙도 이 보고서에서 나왔다. 그리고 영국 통상산업부로부터 권한을 위임받은 반관반민半官半民의 성격을 가진 FRC는 세계 최초의 스튜어드십 코드를 수립하고, 금융회사들의 코드 이행 상황을 관리하고 통제하는 권한까지 확보하여 사실상의 규제 기관으로 발전하였다.

영국의 스튜어드십 코드는 제정 초기에는 기관투자자가 준수해야 할 7개 원칙으로 구성되었는데, 동 코드는 일관되게 금융회사가 피투자기업을 철저히 감시하고 통제하며 위력을 행사하는 것이 수탁자의 최우선적 의무임을 강조하는 내용으로 점철되어 있다.

참고 5.1 'Comply or Explain'의 개념

스튜어드십 코드와 기업 거버넌스 코드에 적용되는 'Comply or Explain' 원칙은 원칙 준수가 반드시 요구되지 않는다는 전제하에서 개별 시장이나 기업이 해당 규제가 자신의 상황에 적합한지 여부를 판단하여 규제 준수 여부를 결정하도록 허용한다는 의미이다. 다만, 기관투자자는 자신들이 왜 해당 규제를 준수하지 않는지 설명해야 한다. 'Comply or Explain' 방식의 논지는 하나의 규제가 모든 기업에게 다 부합할 수는 없다는 것을 인정한다는 것이다. 그리고 규제 거부의 사실은 공시되므로 만약 투자자들이 기업의 결정을 받아들이지 않으면 투자자들이 주식을 매도하여 시장 차원의 제재를 행하게 되므로 이것이 법적 제재를 대신할 수 있다는 논리이다.

'Comply or Explain' 원칙은 1992년 『캐드베리 보고서』의 권고에 따라 처음으로 적용되었는데, 매우 영국적인 규제 전통이다. 다소 거친 설명이지만, 우리나라를 비롯한 대륙법계의 법제는 원칙적으로 제정법의 개별 세칙을 준수할 것을 요구하지만, 영미법은 판례가 원칙이 되어 해당 원칙을 따를 것을 요구하는 원칙주의라고 말할 수 있다. 그런데 '코드'들은 "원칙은 이렇지만, '위반 시에는 벌칙'을 준다."는 강제력이 수반되는 규범hard law이 아니라 "그 준수 여부는 선택에 맡긴다."라고 하는 연성규범soft law으로 제시되어 있어 우리나라의 규제 전통에 비하여 매우 독특한 구조를 가지고 있다.

다만, 어려운 부분은 'Comply or Explain' 즉 지키지 않으려면 설명을 해야 하므로 해당 규범을 쉽게 무시할 수 없다는 것이다. 마츠다 치에코 교수에 따르면, 우리나라와 같은 대륙법계인 일본 기업의 상황 역시 초반에는 기업 내부에서 "아직은…"이라고 말하다가 결국에는 시장의 눈초리 앞에 굴복하여 경성규범처럼 일단 그 형식이라도 완전히 준수full comply를 하는 외관을 만들 수밖에 없었던 것이 일반적인 현상이었다고 한다. 해당 규제를 '귀찮지만 형식이라도 지키는 척'해야 하는 대상으로 여기는 것이다. 게다가 일부에서는 완전히 준수해야 일류 기업으로서 당당하게 설 수 있다는 체면 내지 자부심의 영향도 없지 않았다고 한다(松田, 2018). 물론 이런 상황에서 각 투자자의 상황에 따라 준수 여부를 다르게 가져가겠다는 본래의 취지는 일단 퇴색되는 것이다.

그리고 일단 코드 준수를 선언한 이후에는 당연히 주주행동주의자들에게 시달리고, ESG와 관련된 시장의 제재가 강화되면서, 이러한 외부의 충격에 지속적으로 대응해야 하는 과제가 생긴다. 마츠다 교수는 이러한 상황에 대하여 스튜어드십 코드 등의 'Comply or Explain코드를 준수하라, 그렇지 않으면 설명하라' 의무는 사실 'Explain and Explain설명하고 또 설명하라' 의무나 다름없다고 한다(松田, 2018). 그러나 사실 해당 의무는 'Comply and Comply준수하고 또 준수하라'에 가깝다고 보는 것이 본서의 감각적인 판단이다.

우선 기관투자자는 고객의 '집사스튜어드, stewards'로서 자신들이 부담해야 할 의무를 원칙 1, 원칙 2 및 원칙 7에서 언급하는데, 이들 원칙들의 세부 가이던스를 확인하면, 해당 원칙들 모두의 실제 내용은 결국 기관투자자의 스튜어드십 활동인 주주참여engagement와 투표voting를 통해 피투자기업의 경영에 개입하는 주주행동주의만을 집중적으로 언급한다.

그리고 전체 7개 중에서 앞선 3개 원칙을 제외한 나머지 4개 원칙 역시 주주행동주의에 대한 내용들이다. 말하자면, "기관투자자는 피투자기업을 감시하다가(원칙 3), 만약 피투자기업이 기관투자자의 요구에 저항하면 언제든 의결권 행사나 소송 등으로 위력을 발휘할 준비를 하고(원칙 4), 피투자기업에 대한 요구를 관철시키기 위해 여타 투자자들과 담합하여 주주행동주의의 위력을 배가시켜야 하며(원칙 5), 투표 활동을 공개하여 기관투자자 카르텔의 와해 가능성이나 위력 행사의 누수 현상을 최소화해야 한다(원칙 6)."는 주주행동주의의 원칙이 코드의 핵심이다.

반면, 집사의 코드라는 명칭이 어색할 정도로 동 코드는 기관투자자의 여타 수탁자 의무에 대해서는 일언반구一言半句도 없다. 예를 들면, 금융회사들의 수수료 및 운용 보수의 착복이나 수익률 저하 등에 대해서 코드는 돌아보지 않고 있다.

참고 5.2 | 영국 스튜어드십 코드(2010)의 7대 원칙(Financial Reporting Council, 2010)

- 원칙 1: 기관투자자는 스튜어드십 책임을 어떻게 이행할지에 대한 방침을 공개적으로 밝혀야 한다.
- 원칙 2: 기관투자자는 스튜어드십과 관련한 이해 상충의 관리에 대한 명확한 정책을 가지고 있어야 하며, 이 정책은 공개되어야 한다.
- 원칙 3: 기관투자자는 피투자기업을 감시해야 한다.
- 원칙 4: 기관투자자는 주주가치 보호 및 제고의 수단으로 언제 및 어떻게 활동을 강화할 것인지에 대한 명확한 가이드라인을 마련해야 한다.
- 원칙 5: 기관투자자는 적절한 경우 다른 투자자와 함께 집단적으로 행동할 용의가 있어야 한다.
- 원칙 6: 기관투자자는 투표와 투표 활동의 공개에 대한 명확한 정책을 가져야 한다.
- 원칙 7: 기관투자자는 정기적으로 스튜어드십과 투표 활동에 대해 보고해야 한다.

말하자면, 2010년에 제정된 최초의 영국 스튜어드십 코드는 금융회사들이 리먼 사태를 둘러싼 모든 비난의 희생양으로 실물부문의 기업들을 던져 놓고 자신들은 관심의 대상에서 교묘하게 사라지는 기상천외한 술책의 발로였다. 게다가 해당 코드로 인해 금융회사들의 실물 경제에 대한 지배력은 오히려 더 강화되었으니, 어떤 의미에서는 영국의 금융회사들은 위기를 기회로 바꾸었다고 말할 수 있겠다.

이후 영국의 스튜어드십 코드는 지속적인 개정 과정을 거치고, 2019년 12월에는 「The UK Stewardship Code 2020영국의 스튜어드십 코드 2020」이 현행 스튜어드십 코드로 수립되었다. 그렇다면 영국의 현행 스튜어드십 코드는 과거 2010년의 스튜어드십 코드에 비해 그 기조가 많이 달라졌을까? 당연히 ESG의 관점이 대폭 반영되었다. 그러나 주주행동주의에 경도된 기본 기조는 크게 바뀌지 않았다. 그저, 그 표현들이 무척이나 완곡하고 조심스럽게 바뀌었을 뿐이다.

참고 5.3 영국 스튜어드십 코드 2020의 자산 보유자와 자산운용사에 대한 12대 원칙(Financial Reporting Council, 2019)

- 원칙 1: 서명기관의 목적, 투자 이념, 전략 및 문화는 경제, 환경 및 사회에 대한 지속가능한 이익으로 이어지는 장기적인 가치를 고객과 수익자에게 창출하는 스튜어드십을 실현한다.
- 원칙 2: 서명기관의 거버넌스, 자원 및 인센티브는 스튜어드십을 지지한다.
- 원칙 3: 서명기관은 고객과 수익자에게 최선의 이익을 최우선적으로 보장하기 위해 이해 상충을 관리한다.
- 원칙 4: 서명기관은 원활하게 작동하는 금융 시스템을 촉진하기 위해 시장 전체 및 시스템적 위험을 식별하고 그에 대응한다.
- 원칙 5: 서명기관은 자신의 정책을 검토하고 프로세스를 확인하며 활동의 효과성을 평가한다.
- 원칙 6: 서명기관은 고객과 수익자의 필요를 고려하고 스튜어드십과 자신에 대한 투자의 활동과 성과를 그들에게 전달한다.
- 원칙 7: 서명기관은 자신의 책임을 이행하기 위해 중요한material 환경, 사회 및 거버넌스 문제와 기후변화를 포함한 스튜어드십과 투자를 체계적으로 통합한다.
- 원칙 8: 서명기관은 계정 관리자 및/또는 서비스 제공자를 모니터링하고 관리한다.
- 원칙 9: 서명기관은 자산의 가치를 유지하거나 향상시키기 위해 피투자기업과 협력한다.
- 원칙 10: 서명기관은 필요한 경우 피투자기업에게 영향을 미치기 위해 협력적 활동engagement에 참여한다.
- 원칙 11: 서명기관은 필요한 경우 피투자기업에게 영향을 미치기 위해 스튜어드십 활동의 수준을 높인다escalate.
- 원칙 12: 서명기관은 자신의 권리와 책임을 적극적으로 행사한다.

참고 5.4 | 영국 스튜어드십 코드 2020의 서비스 제공사(service providers)에 대한 6대 원칙(Financial Reporting Council, 2019)

- 원칙 1: 서명기관의 목적, 전략 및 문화는 그들이 효과적인 스튜어드십 활동을 촉진할 수 있도록 한다.
- 원칙 2: 서명기관의 거버넌스, 인력, 자원 및 인센티브는 그들이 효과적인 스튜어드십 활동을 촉진할 수 있도록 한다.
- 원칙 3: 서명기관은 이해 상충을 인식하고 관리하며 고객의 최선의 이익을 최우선으로 고려한다.
- 원칙 4: 서명기관은 원활하게 작동하는 금융 시스템을 촉진하기 위해 시장 전체 및 시스템적 위험을 인식하고 대응한다.
- 원칙 5: 서명기관은 중요한material 환경, 사회 및 거버넌스 문제를 고려하고, 고객이 수행한 활동을 알려서 스튜어드십과 투자를 통합하는 고객의 활동을 지원한다.
- 원칙 6: 서명기관은 정책을 검토하고 프로세스의 건전성을 보장한다.

반면, 미국의 스튜어드십 코드와 기업 거버넌스 코드의 전망에 대해서는 크게 알려진 바가 없다. 2008년 리먼 사태 직후 영국에서 스튜어드십 코드 등에 대한 논의가 한참 활발했던 시점에, 미국에서는 금융기관 규제 강화에 모든 관심이 집중되었기 때문에, 스튜어드십 코드나 기업 거버넌스 코드와 같은 자율 규제 방식에 관심이 없었던 것은 크게 놀라운 일만은 아니다.

다만, 특이한 것은 2017년 1월에 「The Investor Stewardship Group투자자 스튜어드십 그룹, 이하 'ISG'」이 갑자기 출범하여 자율 규제의 흐름에 뒤늦게 동참했던 것이다. ISG는 미국 자본시장에서 총자산 32조 달러 이상을 대표하는 70개 이상의 미국과 글로벌 기관투자자들로 구성되어 있으며 당연히 블랙록, 뱅가드, 스테이트 스트리트 등의 자산운용사들이 주축이 된다. ISG는 자신들의 갑작스러운 출범에 대해서, 기관투자자와 이사회의 활동에 대한 기본적인 투자 스튜어드십과 기업 거버넌스 표준의 틀을 수립하기 위해 모였다고만 간략히 밝히고 있다(the Investor Stewardship Group, 2017a).

ISG는 기관투자자를 대상으로 스튜어드십 원칙Stewardship Principles과 기업 거버넌스 원칙Corporate Governance Principles을 함께 만들었는데, 이는 양자를 하나의 스튜어드십 코드로 통합한 영국과는 다른 형태이다. 그러나 그 내용은 결국 영국의 그것과 대동소이한데, 일각에서는 ISG의 원칙들이 1985년에 결성되어 기관투자자 행동주의의 전위대 역할을 하는 기관투자자 평의회Council of Institutional Investors, CII가 지속적으로 강조하던 어젠다를 거의 그대로 가져다 붙인 것이라고 한다(신장섭, 2018). 복수의결권이나 차등의결권 제도를 금지하고 이사회의 독립성을 강화하려는 요구사항들이 대표적이다. 이 요구사항들은 모두 기관투자자의 입장에서 피투자기업의 경영권을 확보하기에 유리한 환경을 조성하려는 어젠다들이다(Harvard Law School, 2009).

참고 5.5 | **미국 상장회사를 위한 기업 거버넌스 원칙**
(the Investor Stewardship Group, 2017b)

- 원칙 1: 이사회는 주주에게 책임이 있다.
- 원칙 2: 주주는 그들의 경제적 이해에 비례하여 의결권을 가져야 한다.
- 원칙 3: 이사회는 주주에 대해 바로 반응하고 그들의 관점을 이해하기 위해 선제적으로 행동해야 한다.
- 원칙 4: 이사회는 강력하고 독립적인 리더십 구조를 가져야 한다.
- 원칙 5: 이사회는 자신들의 효과성을 제고하는 구조와 실행 방식을 채택해야 한다.
- 원칙 6: 이사회는 회사의 장기 전략에 부합하는 경영 인센티브 구조를 개발하여야 한다.

참고 5.6 | **기관투자자를 위한 스튜어드십 프레임워크**
(the Investor Stewardship Group, 2017b)

- 원칙 A: 기관투자자는 자신이 투자하는 돈의 소유주에게 책임이 있다.
- 원칙 B: 기관투자자는 자신이 투자하는 기업에 대해 자신이 기업지배구조 요인을 어떻게 평가하는지 보여주어야 한다.
- 원칙 C: 기관투자자는 대리투표와 참여 활동에서 발생할 수 있는 잠재적 이해 상충을 자신이 어떻게 관리하는지 개괄적인 언어로 공개해야 한다.
- 원칙 D: 기관투자자는 대리투표 결정에 대한 책임이 있으며, 그러한 결정에 대해 조언하는 제3자의 관련 활동과 정책을 감시해야 한다.
- 원칙 E: 기관투자자는 기업과의 차이를 건설적이고 실용적인 방법으로 다루고 해결하려고 노력해야 한다.
- 원칙 F: 기관투자자는 적절하다면 기업지배구조 및 스튜어드십 원칙의 채택과 실행을 독려하기 위해 협력해야 한다.

일본의 '코드' 도입

한편, 일본은 2014년 2월에 일본판 스튜어드십 코드가 처음으로 공표되고, 2015년 6월에 일본판 기업 거버넌스 코드가 도입되었으니, 관련 규제에 있어서는 미국보다 오히려 빠르다. 일본이 스튜어드십 코드와 기업 거버넌스 코드의 도입에 있어 전례 없이 적극적이었던 것에는 당시 일본의 부흥에 전력을 다하던 아베安倍 정권을 비롯한 일본의 조야朝野가 이들 '코드'에 대해 가졌던 오해가 한몫을 했다고 한다(夫馬, 2020).

당시의 일본은 국가적인 수요 저하, 디플레이션의 가속화 및 장기화가 지속되는 이른바 '잃어버린 20년'의 악순환에서 벗어나기 위해 몸부림을 치던 시점이었다. 그리고 그 해결책으로 모색되었던 것들이 때마침 서구에서 회자되던 스튜어드십 코드, 기업 거버넌스 코드, ESG, SDGs 등이었다. 아베 정권은 이들을 일종의 신성장 테마처럼 이해하였고, 이에 기업들은 직원들에게 SDGs 배지badge의 상시 패용을 지시할 정도로 정권의 눈치를 살피는 모습도 나타났다.

따라서 '신경제'에 대한 아베 정권의 몰이해는 다양한 부작용을 야기할 수밖에 없었다. 2013년 아베 정권은 일본경제재생본부日本經濟再生本部의 주도로 스튜어드십 코드와 기업 거버넌스 코드를 검토하고 활용하는 결정이 포함된 「일본재흥전략日本再興戰略」을 승인하였다. 그런데 문제는 이들 '코드'에 대한 논의와 더불어 「일본재흥전략」의 일환으로 발표된 『이토伊藤 보고서』[2]였다. 해당 보고서 자체에 큰 오류는 없었다. 그 주요 내용은 단기주의 경영을 비판하고, 기업이 지속적 성장을 달성하기 위해 기업과 주주 간의 협창協創, 즉 대화와 협력을 통해 기업가치를 높여야 한다는 제언이었다. 말하자면, 스튜어드십 코드나 ESG와 유사한 맥락의 결론을 도출하였다.

다만, 문제는 해당 보고서가 일본 기업의 자기자본이익률return on equity, ROE이 너무 낮다고 하면서, ROE를 8% 이상으로 끌어올려야 한다는 제언을 했던 것이다. 물론 ROE의 제고가 장기적인 관점의 지속 가능한 성장을 의미하는 한 ESG의 시각에서 문제될 것은 없다. 그리고 이토 보고서도 분명히 기업의 단기 성장 지향을 비판하였다.

그러나 정관 유착의 전통이 강한 일본 기업들은 해당 보고서의 공표를, ROE를 어떻게든 빨리 8% 이상으로 높이라는 정부의 지령으로 받아들였고, 때마침 함께 논의되던 스튜어드십 코드의 핵심을 ROE 제고를 위해 피

2 『이토 보고서(伊藤レポート, Ito Review)』란 경제산업성이 2014년 8월에 공표한 『持続的成長への競争力とインセンティブ～企業と投資家の望ましい関係構築～プロジェクト(지속적 성장에 대한 경쟁력과 인센티브 ~기업과 투자가의 바람직한 관계 구축~ 프로젝트)』라는 최종 보고서의 통칭이다. 히토츠바시 대학(一橋大学)의 이토 쿠니오(伊藤邦雄) 교수가 프로젝트를 주도하였다. 2017년 10월에는 업데이트판에 해당하는 『이토 보고서 2.0』이 공개되기도 했다.

투자기업과 대화하라는 것으로 이해하였다. 따라서 단기간에 ROE를 8% 이상으로 높이기 위해 기업들은 자사주 매입에 매진하였고, 기관투자자들도 스튜어드십 코드의 중요한 활동인 기업과의 대화를 통해서 자사주 매입을 적극 촉구하였다(夫馬, 2020). 이것이 정관유착이 강한 나라에서 스튜어드십 코드가 오히려 단기주의를 조장할 수 있음을 보여주는 웃지 못할 촌극이다.

그리고 이러한 상황은 2015년에 영국의 기업 거버넌스 코드를 대폭 반영한 일본판 기업 거버넌스 코드를 도입할 때에도 다시 반복되었다. 금융청과 도쿄증권거래소는 기업 거버넌스 코드를 공표하면서 상장기업에게 지속적인 성장을 향한 기업의 자율적인 대응을 촉구하였는데, 정부의 속내를 읽어내는 데 혈안이 되어 있던 일본 기업들은 금융청의 메시지를 자사주 매입과 비용 절감을 통해 신속하게 ROE를 높이라는 것으로 이해하였다. 또한 독립 사외이사가 2인 이상 있어야 한다는 규정에 대해서도, 지속 가능한 경영에 대한 전문성을 보유한 사외이사가 필요하다는 인식이 없었던 다수의 일본 기업들은 무엇 때문에 2명 이상의 사외이사가 필요한지 이해하지 못하였다(夫馬, 2020).

이렇게 일본에서의 스튜어드십과 기업 거버넌스 코드는 그 기본적인 논리에 대한 이해도 없이 급조된 감이 없지 않다. 우선 일본판 스튜어드십 코드의 기본 내용을 먼저 살피면, 결국은 앞서 보았던 영국의 스튜어드십 코드와 같은 취지의 내용들로 이해하면 크게 틀리지 않을 것이다. 요약하자면, 기관투자자는 피투자기업과 '건설적인 대화'를 하여 기업의 지속적인 성장에 기여하라는 것이고, 만약 이것이 여의치 않거나 피투자기업의 반응이 미온적인 경우에는 의결권을 행사하여 해당 기업을 압박하거나 위력을 행사하라는 내용이다.

참고 5.7 | 일본판 스튜어드십 코드(スチュワードシップ·コードに関する有識者検討会, 2014)

피투자기업의 지속적 성장을 촉진하고 고객·수익자의 중장기적 투자수익의 확대를 도모하기 위해

1. 기관투자가는 스튜어드십 책임을 다하기 위한 명확한 방침을 책정하고 이를 공표해야 한다.
2. 기관투자가는 스튜어드십 책임을 다함에 있어 관리해야 할 이익 상반에 대해 명확한 방침을 책정하고 이를 공표해야 한다.
3. 기관투자가는 피투자기업의 지속적 성장을 위한 스튜어드십 책임을 적절히 수행하기 위해 해당 기업의 상황을 적확하게 파악해야 한다.
4. 기관투자가는 피투자기업과의 건설적인 '목적을 가진 대화'를 통하여 피투자기업과 인식을 공유함과 동시에 문제를 개선하기 위해 노력해야 한다.
5. 기관투자가는 의결권 행사와 행사 결과의 공표에 대하여 명확한 방침을 가지는 동시에, 의결권 행사 방침에 대해서는 단순히 형식적인 판단 기준에 그치는 것이 아니라, 피투자기업의 지속적 성장에 이바지하도록 연구하여야 한다.
6. 기관투자가는 의결권 행사를 포함해 스튜어드십 책임을 어떻게 수행하고 있는지에 대해, 원칙으로서 고객·수익자에 대해 정기적으로 보고해야 한다.
7. 기관투자가는 피투자기업의 지속적 성장에 이바지하도록 피투자기업과 그 사업환경 등에 관한 깊은 이해를 바탕으로 해당 기업과의 대화나 스튜어드십 활동에 따른 판단을 적절히 실시하기 위한 실력을 갖추어야 한다.

참고 5.8 | **일본판 기업 거버넌스 코드(株式会社東京証券取引所, 2018)**

[주주의 권리·평등성의 확보]

1. 상장회사는 주주의 권리가 실질적으로 확보되도록 적절히 대응하는 동시에 주주가 그 권리를 적절히 행사할 수 있는 환경을 정비해야 한다.

   또 상장회사는 주주의 실질적 평등성을 확보해야 한다.

   소수주주나 외국인 주주에 대해서는, 주주의 권리의 실질적인 확보, 권리 행사와 관련되는 환경이나 실질적인 평등성의 확보에 문제나 염려가 생기기 쉬운 면이 있으므로, 충분히 배려를 해야 한다.

[주주 이외의 이해관계자와의 적절한 협동]

2. 상장회사는 회사의 지속적인 성장과 중장기적인 기업가치의 창출은 종업원, 고객, 거래처, 채권자, 지역사회를 비롯한 다양한 이해관계자에 의한 자원의 제공과 공헌의 결과임을 충분히 인식하고 이러한 이해관계자와의 적절한 협동을 위해 노력해야 한다.

   이사회·경영진은 이러한 이해관계자의 권리·입장이나 건전한 사업활동 윤리를 존중하는 기업문화·풍토의 양성을 위해 리더십을 발휘해야 한다.

[적절한 공시와 투명성의 확보]

3. 상장회사는 회사의 재정상태, 경영성적 등의 재무정보, 경영전략, 경영과제, 리스크 및 통치와 관련된 정보 등 비재무정보에 대해 법령에 따른 공시 이외의 정보제공에도 주체적으로 대응해야 한다.

   이때 이사회는 공개·제공되는 정보가 주주와 건설적인 대화를 할 수 있는 기반이 된다는 점을 감안하여, 그러한 정보(특히 비재무정보)가 정확하고 이용자가 알기 쉬우며 정보로서 유용성이 높아지도록 해야 한다.

[이사회 등의 책무]

4. 상장회사의 이사회는 주주에 대한 수탁자 책임·설명 책임을 토대로 회사의 지속적 성장과 중장기적 기업가치 향상을 촉진하고 수익력·자본효율 등을 개선하기 위해

   (1) 기업 전략 등의 큰 방향성을 나타낼 것

(2) 경영진 간부에 의한 적절한 리스크를 취하도록 뒷받침하는 환경 정비를 실시할 것

(3) 독립적이고 객관적인 입장에서 경영진(집행임원을 포함한다)·이사에 대한 실효성 높은 감독을 실시하는 것을 비롯한 역할·책무를 적절히 완수해야 한다.

이러한 역할, 책무는 감사회 설치 회사(해당 역할, 책무의 일부는 감사 및 감사회가 담당하게 된다), 지명위원회 설치 회사, 감사위원회 설치 회사 등 모든 기관 설계를 채택하는 경우에도 마찬가지로 적절하게 이루어져야 한다.

[주주와의 대화]

5. 상장회사는 그 지속적인 성장과 중장기적인 기업가치 향상에 이바지하기 위하여 주주총회 장소 외에서도 주주와 건설적인 대화를 해야 한다.

경영진 간부·이사(사외이사를 포함한다)는 이러한 대화를 통해서 주주의 소리에 귀를 기울여 그 관심·우려에 정당한 관심을 기울이는 동시에 스스로의 경영방침을 주주에게 알기 쉬운 형태로 명확하게 설명하고 그 이해를 얻는 노력을 하여 주주를 포함한 이해관계자의 입장에 관한 균형 잡힌 이해와 그러한 이해를 토대로 한 적절한 대응에 노력해야 한다.

그러나 일본 기업 입장에서는 진짜 고민스러운 것은 기업 거버넌스 코드이다. 스튜어드십 코드는 단지 기관투자자가 경영 개입 내지 압박을 하는 방법을 설명한 것이라면, 기업 거버넌스 코드는 이른바 바람직한 거버넌스의 방향성을 지시하는 것으로 현실적으로는 그 경영 개입의 원인이 되는 것이기 때문이다. 다시 말하면, 주주행동주의자들이나 이른바 주총꾼들이 실력 행사에 나서기 위한 빌미가 되는 구체적인 내용이 기업 거버넌스 코드가 되는 것이다.

물론, 기업 거버넌스 코드는 회사의 지속적인 성장과 중장기적인 기업가치의 창출을 지향함을 밝히고 있다. 그러나 이는 어디까지나 기업 거버넌스 코드의 지향점이고, 문제는 주주행동주의자들 역시도 중장기적인 기

업가치의 창출을 지지할지는 미지수라는 것이다. 더욱이 자본주의와 주식 시장의 역사에서 주주행동주의자들이 중장기적인 기업가치 창출을 위해서 싸워온 기록이 있는지는 참으로 의심스러울 뿐이다.

기업 거버넌스 코드의 첫 번째 원칙에서 소수 주주와 외국인 주주에 대한 배려를 언급하고 있는데, 문제는 이들이야말로 모든 주주들 중에서 가장 단기지향적인 투자자라는 것이다. 즉, 단기 재무성과에 가장 예민한 주주들을 배려하면서 장기적인 기업가치 창출을 실현해야 하는 것이 일본 기업의 과제가 된 것이다. 더구나 앞서 언급한 대로, 소수 주주의 보호 정책이 실제로는 매매 차익에만 집중하는 소위 '개미' 투자자들에게는 그다지 의미가 없다는 것은 주지의 사실이다. 이들 '진짜' 개미들은 경영권이나 의결권에는 큰 관심이 없으며, 피투자기업의 경영에 불만이 있으면 매각하고 떠난다. 따라서 소수 주주의 보호 정책에 따른 수혜를 가장 크게 입는 '소수 주주'들은 많은 경우에 막강한 자본력과 해외의 금융 네트워크를 자랑하는 사모펀드나 헤지펀드와 같은 소수 정예의 투자 전문가들이다.

이들 외국인 주주가 주주행동주의에 나서는 경우는 여타 소수 주주와는 차원이 다른 문제이다. 왜냐하면 이제부터는 일본 내에서 기업의 주인이 바뀌는 것이 아니라, 국부의 해외 유출이라는 문제가 발생하기 때문이다. 이것이 동아시아의 주주행동주의가 서구에서의 주주행동주의와 다른 의미를 가지는 이유이다. 사실 외국인 주주들은 배려받아야 하는 약자들이 아니다. 칼 아이칸Carl Icahn, 엘리엇 매니지먼트Elliot Investment Management L.P. 등의 이름은 한국에서도 익히 알려진 금융시장의 포식자들이다. 그런데 이들 외국인 주주들의 활동 영역을 넓혀 주기 위해서 일본은 상호출자 제도를 약화시켜서 일본 기업의 보호막을 제거하고 있고, 종신고용 시스템을 해체하여 일본 기업에게 안정된 고용의 보장이라는 부담을 덜어주면서 외국 자본에게 일본 기업을 보다 매력적인 먹잇감으로 만들어 가고 있다. 참고로 상호출자제도는 차등의결권이 허용되지 않는 경우에 적대적 인수합병M&A으로부터 기업을 보호하는 방어기제로 작용한다.

사실 아베 정권의 「일본재흥전략」은 증시 부양전략에 다름 아니다. 앞서 아베 정권은 스튜어드십 코드, 기업 거버넌스 코드 등을 신성장 테마처럼 이해하였다고 하였다. 그런데 그러한 관점이 이해가 가는 것은, 일본 정부의 일본 증시 부양정책은 서서히 일본의 국내 자본만으로는 한계에 도달하였기 때문이다. 현재 일본은행이 일본 증시의 최대 주주가 되어버린 미증유未曾有의 상황에서, 일본 증시를 향후에도 계속 떠받치기 위해서는 외국 자본의 도움이 절실한 것이다.

지금껏 일본은행은 전대미문의 양적 완화를 진행해 왔다. 『월스트리트 저널』의 'Central Bank Watch중앙은행 감시' 섹션이 제공하는 정보에 따르면 2019년 11월 현재 일본은행 자산의 GDP 대비 비중은 103.5%인데, 이는 전 세계의 양적 완화를 이끌었던 미국과 유럽의 중앙은행이 보유한 자산규모가 각각 GDP의 19.3%(2019년 12월 25일 시점)와 39.5%(2019년 12월 27일 시점)에 머무른 것과 비교하면 놀라움을 금치 못할 수준이다(Wall Street Journal, 2021).

그런데 이것보다 더욱 놀라운 사실은, 일본은행이 일본 증시에 직접 투자를 하고 있으며, 2021년 2월 현재 일본은행이 보유한 일본 ETF 자산 규모는 47조 엔에 이른다는 것이다(Financial Times, 2021). 여기에 GPIF의 지분까지 합치면 도쿄 1부 증시에 상장한 전체 기업 중 84%의 기업에서 5% 이상의 지분을 보유하고 있다고 한다(The Asahi Shimbun, 2020). 현재 세계 주요국 중에서 자국 증시에 직접 투자를 하는 중앙은행은 일본은행이 유일하다. 더욱이 일본은행은 2021년 들어 서서히 ETF 자산 보유량 축소를 시도하려 한다고 한다(Financial Times, 2021).

최근에도 우리나라에서 스튜어드십의 중요성을 강조하기 위해 일본이 스튜어드십을 도입하여 성공적으로 증시를 부양했다고 주장하는 소위 '업계 전문가'들과 언론들이 있다. 그러나 주식시장의 부양은 얼마나 강력한 매수세가 존재하는가, 즉 얼마나 많은 돈이 증시에 투입되는가 여부가 관건이다. 그리고 일본의 경우는 스튜어드십 코드가 아니라 일본은행의 엔화 발권력이 증시 매수세의 원천이었음은 위에서 밝혔다. 물론 스튜어드십 코드와 증시 부양이 시기적으로 맞물렸던 것은 사실이다. 그러나 동일 시기에 벌어진 사건이라고 양자 간의 논리적인 인과관계가 존재한다고 주장하는 것은 어리석고 게으른 논리의 비약이거나 의도적인 오해의 조장 중의 하나일 것이다.

3 스튜어드십의 성과와 프로파간다

이처럼 스튜어드십 또는 능동적 주주권 행사가 ESG나 지속 가능한 장기 성장의 측면에서 실패하고 있으며, 오히려 즉각적인 주가 부양이나 경영권 탈취 등의 단기적 성과의 추구에 활용되고 있다는 것은 PRI도 이미 인정하는 바이다.

스튜어드십에 대한 변호

PRI의 스튜어드십 부문 이사Director of Stewardship인 폴 챈들러Paul Chandler는 PRI 웹페이지에 게제된 'Stewardship is failing us, yet remains our best hope스튜어드십이 우리를 실망시키고 있지만, 아직은 우리의 최선의 희망으로 남아있다' 라는 제목의 글에서 다음과 같이 고백하고 있다.

> (…전략) 투자자에게는 '최선의 이익'을 보장해 주어야 할 의무를 부담하는 수익자들이 있다. 이들은 저축이나 연금 가입자인 일반 시민들이다. 문제는 전체적으로 투자자의 집단적 영향 즉 스튜어드십이 장기 수익과 그들의 최선의

이익에 명백하게 결부되는 사회와 환경을 제공하지 못할 심각한 위험에 처해 있다는 것이다.

(…중략…).

많은 기관투자자들이 자신들이 가진 영향력을 활용하기를 주저했기 때문에 사회의 병폐가 세속되고 있다. 그들이 이 영향력을 행사했던 경우에는, 보다 큰 비전보다는 단기 및 자신의 포트폴리오에 초점을 맞춰 잠정적인 조치를 취했다. 이 문제를 악화시키는 것은 많은 투자자들이 이러한 이슈에 대해 상당한 변화를 일으킬 수 있는 정책 지원 기능을 제대로 지원하지 않았다는 것이다.

(…중략…).

불행히도 (장기적인 과제를 해결한) 이러한 성공은 예외이지 규칙이 아니다. 무역 전쟁부터 기후 재앙에 이르기까지 분산시킬 수 없는 시스템적 위험의 증가에 직면하면서, 수익자의 장기적 이익을 보호하기 위해 더욱 적극적으로 행동하려는 의지는 존재하지만, 이는 필요한 조치로 충족되거나, 필요한 규모로 수행되지 못하고 있다 (후략…) (PRI Association, 2019).

위의 내용을 요약하자면, 현재까지는 스튜어드십 활동이 장기적 이익의 획득이나 환경 및 사회의 문제 해결에 적용되지 않았고, 장기적 과제 해결에 실패하였으며, 오히려 대부분의 투자자들은 자신들의 포트폴리오의 이익, 특히 단기적 이익을 위하여 스튜어드십을 활용하였다는 고백이다.

물론, 챈들러는 스튜어드십이 지속 가능한 경제와 사회로 가기 위한 최선의 방법이며, 스튜어드십을 올바른 방향으로 이끌겠다고 이 글의 말미에서 확언하고 있다. 그러나 이는 단지 열심히 해보겠다는 선언에 불과할 뿐이며, 스튜어드십의 오용이 일어나는 원인이 무엇이고 그것을 어떻게 해소할 것인지에 대해서는 전혀 언급하지 않고 있다.

사실 기관투자자들이 스튜어드십을 활용하면 환경과 사회 문제를 해결하고 장기적인 관점에서 지속 가능한 사회와 경제를 만들 수 있다는 주장에 대해서는 현재까지 어떠한 실증적 근거도 뒷받침되지 않고 있다(신장섭,

2018). 다만, 스튜어드십이 이러저러한 문제를 해결할 수 있다는 주장만을 아무런 근거 없이 제시하는 보고서들이 있을 뿐이다. 예를 들면 앞서 언급했던 『케이 리뷰Kay Review』가 그러한 보고서들의 대표적인 사례이다. 『케이 리뷰』는 기관투자자들을 포함한 투자사슬의 모든 참여자들이 단기주의적 인센티브를 가지고 있어 영국의 금융시장에 단기주의가 만연해 있다고 밝히면서, 이를 해결하기 위해 스튜어드십의 규범화와 장기적 관점에 입각한 기관투자자들의 경영 참여가 필요하다고 주장하였다.

말하자면, 단기주의적 인센티브를 가지는 기관투자자들이 스튜어드십과 경영 참여를 하면 느닷없이 단기주의를 해결할 수 있다는 설명인데, 그 이유에 대해서는 어떠한 이론적 또는 실증적 근거도 제시하지 않고 있다.

그리고 이러한 논리적 비약이나 빈약한 논리는 『케이 리뷰』만의 문제는 아니다. 스튜어드십과 장기적 관점의 지속 가능한 이익 사이의 관계성을 논하는 보고서들은 그 출처가 PRI이든 영국 정부이든 블랙록이든 상관없이 모두가 장기적 관점의 이익이나 지속 가능한 세계를 만들기 위해서는 스튜어드십이 필요하며, 기관투자자와 기업이 열심히 대화하여 서로를 이해하고 협력하면 지속 가능한 세계를 만들 수 있다고 주장할 뿐이다.

'대화'와 '협력'은 언제나 아름다운 것이다. 그러나 여기서 말하는 '대화'와 '협력'은 기관투자자의 요구 사항에 대한 순응의 다른 표현이며, 이 보고서들은 만약 기업이 순응하지 않으면 기관투자자는 의결권을 행사하여 해당 기업의 경영자나 이사를 몰아내는 수순이 기다린다는 것은 크게 언급하지 않는다.

마찬가지로, 챈들러도 아래와 같이 주장하면서 스튜어드십은 매우 강력한 수단이며, 기관투자자들이 스튜어드십을 제대로 이용하면 지속 가능한 경제와 세계를 만들 수 있다고 주장한다.

우리는 스튜어드십이 우리 경제와 사회를 수익자 및 더 광범위한 이해관계자의 이익과 일치시키기 위해 투자자들이 마음대로 활용할 수 있는 가장 강력한 수단이라고 강하게 믿는다. 문제는 우리가 그것을 최대한 활용하지 못하고 있다는 것이다.

(…중략…).

스튜어드십이 맡을 수 있는 강력한 역할에는 글로벌 자본시장과 경제 시스템 내의 기관투자자의 역할이 내재되어 있다. 그들은 주주 결의안을 제안하고 의결하며, 보수 계획을 승인하고, 이사진을 임명하거나 심지어는 스스로 이사회에 참여할 수 있다. 그들은 자본 공급자로서의 지위를 이용하여 투자한 회사의 변화를 요구할 수 있다. 그들은 정부와 규제당국이 경제 시스템의 규칙을 설정하거나 변경하도록 요청하고 지원할 수 있다.

(…중략…).

스튜어드십은 우리 경제와 사회를 지속 가능한 길로 이끌기 위한 투자자들의 최고의 방법이다. 우리는 그것을 최대한 활용해야 한다.

챈들러의 주장대로 스튜어드십은 장기적 이익과 지속 가능한 세계를 실현할 수 있는 매우 강력한 수단이다. 여기에는 충분히 동의할 수 있다. 그러나 문제는 사람이며 조직이다. 기관투자자에게 단기적 이익을 지양하고 장기적 이익을 추구하여야 할 인센티브나 도덕성이 있는지 여부에 대해서는 어떠한 언급도 하지 않으면서 기관투자자에게 스튜어드십이라는 강력한 도구가 필요하다는 주장을 하고 있다. 마치, "원자력은 좋은 목적에 활용할 수 있는 매우 강력한 도구이니 나에게 주면 절대로 원자 폭탄을 만들지 않고 좋은 목적으로만 활용하겠다. 나를 믿어 달라."고 말하는 것과 마찬가지이다.

연기금 자본주의의 상황

오늘날 미국을 비롯한 선진국의 자본주의를 연기금 자본주의로 보기도 한다. 기관투자자들에게 자본이 최고도로 집중되는 단계이다. 해당 논리에 따르면, 이 단계에 이르면 자본시장을 규율하는 것은 연기금 경영자들이라고 한다(성승재, 2016). 연기금 자본주의의 단계에서는 기관투자자들에 대한 자본 축적의 수준이 최고조에 달하는데, 오히려 수익률은 낮아지는 위기에 처하게 된다고 한다. 따라서 기관투자자들은 과거의 소극적인 행동 패턴에서 벗어나 수익률의 극대화를 위해 적극적으로 강제적인 인수합병M&A 등에 나서는 모습들이 나타난다고 한다(성승재, 2016).[3]

이처럼 자본의 집중과 수익률 저하 현상으로 고통받는 것이 현재의 월 스트리트나 시티 오브 런던의 상황이다. 따라서 연기금에 집중된 자본에 대한 통제력은 연기금이 아니라 블랙록 등 글로벌 자산운용사들의 수중에 있다는 점을 제외하면 해당 보고서의 설명은 지극히 타당하다. 해당 보고서의 주장대로 글로벌 자본이 과점화된 소수의 금융기관에 집중되면서, 지속적인 수익률 저하의 상황을 극복하기 위해 새로운 투자처를 찾아 전 세계를 넘나드는 것이 과거의 신자유주의였다. 이후 리먼 사태의 촉발로 신자유주의에 대한 반성의 요구가 들끓게 되면서 월 스트리트와 시티 오브 런던이 새롭게 들고 나온 것이 장기적인 관점의 투자나 착한 투자라는 것은 「제3장 ESG의 역사」에서 이미 언급하였다.

따라서 현재의 상황은 집중된 자본력을 확보하고 구조적인 수익률 저하에 시달리는 유니버설 오너들이 단기 이익 편향에 빠졌던 지난날의 과오에 대해서는 이미 반성했으니 이제부터는 장기적인 이익에 집중하려는 자신들의 진심을 믿어 달라고 하는 상황이다. 그리고 이런 상황에서 오히려 실물부문을 좌우할 수 있는 권능, 즉 스튜어드십 코드와 기업 거버넌스 코

3 이 보고서는 연기금 자본주의에서 나타나는 적대적 인수합병(M&A) 등은 부수적 현상이며, 기관투자자들은 장기 투자를 하고 피투자기업과 협력할 수밖에 없으므로 실물부문을 착취하는 스튜어드십이 나타나지 않을 것이라 주장한다. 그러나 과거 월 스트리트에서 벌어진 수많은 적대적 인수합병(M&A) 활동을 부수적 현상으로 평가하는 것에는 쉽게 동의하기 어려우며, 자본의 수익률이 낮아지므로 스튜어드십이 실물부문을 착취하지 않을 것이라는 결론에 대한 충분한 근거가 제시되지 않고 있다.

드가 부여하는 시장 통제권을 달라고 요구하는 것이다.

그렇다면 앞으로는 먹이사슬의 최상위 포식자인 대형 자산운용사나 유니버설 오너들이 스튜어드십의 권력을 실제로 장기적인 이익을 증진하는 방식으로 활용할 것인가? 이에 대한 가장 믿을 만한 대답은 역시 역사에서 찾아야 한다. 역사는 언제나 반복된다고 하듯이, 과거에 있었던 일은 미래에도 일어날 가능성이 높다. 반면, 가장 믿을 수 없는 것들이 유명 조직, 단체 및 인물의 권위에 의지한 립서비스, 프로파간다 또는 추상적인 이론이라는 것도 함께 밝힌다.

미국에서 기관투자자 행동주의가 시작된 것은 1980년대이다. 연기금은 1970년대 중반에 이미 미국 기업의 최대 주주가 되었다. 경영학의 태두인 피터 드러커Peter Drucker는 1976년 『The Unseen Revolution: How Pension Fund Socialism Came to America보이지 않는 혁명: 연기금 사회주의가 미국에 왔던 방법』을 출간하여, 미국이 연기금 사회주의 단계에 접어들었다는 이론을 제기하였다. 말하자면 좋은 의미이든 나쁜 의미이든 간에 미국은 이미 연금, 즉 개인이 아닌 사회가 생산수단인 기업을 소유하는 국가가 되었다는 뜻이다.

그런데 자산은 연기금을 중심으로 집중화 경향을 보였지만, 1970년대 후반까지 미국은 투자수익의 측면에서 우울한 시장이었다. 일본과 서독이 미국에 도전장을 내밀었고, 실물 경제는 만성적 인플레이션에 시달렸다. 따라서 미국의 금융자본은 인플레이션을 상쇄하기 위해 더 높은 수익률이 필요하였는데, 이러한 상황에서 로널드 레이건의 공화당 행정부와 마거릿 대처의 보수당 내각이 등장하였다.

이들 신자유주의 정부는 자본의 수익성 제고를 위해서 대담한 정책들을 추진한다. 앞서 언급한 대로 노동 세력을 성공적으로 진압한 것이 그 하나이고, 글로벌 신흥시장을 지배한 것이 그 둘이다. 그러나 당시의 금융자본이 유동성 통제와 금융화를 통해 대기업을 굴복시켰던 것은 쉽게 간과되고 있다. 그리고 사회 각계각층을 동원하여 대기업의 방만한 경영이 주주가치를 침식한다는 논리를 폈다. 요즘에는 서구의 투자자본이 이해관계자 자본주의를 내세우면서 주주가치 극대화와 분기 자본주의quarterly capitalism의 원흉이 기업이라고 선전하지만, 실상 주주가치 극대화는 월 스트리트의 관심사였다. 그리고 이러한 여론 몰이는 결국 1997년 비즈니스 라운드 테이블에서 미국의 대기업들이 주주가치 우위shareholder supremacy를 선언하도록 만드는 데까지 이른다. 산업자본의 금융자본에 대한 항복 선언인 것이다.

1980년대 미국은 금융 혁명의 시대였다. 주주행동주의자들은 연대하여 세몰이를 했으며, 기업사냥꾼들은 기업을 사고팔며, 쪼개고 붙이면서 가장 빠른 시간 내에 부자가 될 수 있는 방안들을 속속 고안했다. 적대적 인수합병M&A, 정크본드, 그린메일 등이 그것인데, 이로써 미국 및 전 세계 산업자본은 구조조정의 위협에 상시 노출되고 마른 수건 쥐어짜기에 시달리게 된다. 기업 자산이 헐값에 매각되고, 직원들은 일자리를 잃으면서 창출된 잉여현금은 주주 배당의 명목으로 금융회사들의 계좌로 속속 이체되었다. 이로서 투자자본들은 투자수익율의 저하라는 문제를 해결할 수 있었다.

그리고 21세기가 되어 드러난 지난 30년간의 주주행동주의의 성과는 리먼 사태와 월가 점령 시위로 대표되는 1 대 99의 사회이다. 가장 극명하게 드러난 것이 비금융기업으로부터 금융기업으로의 자본 유출이다. 앞서 『케이 리뷰』에서도 언급했듯이 성숙한 자본시장은 더 이상 기업의 자본조달 창구가 아니라 자본유출 창구이다. 기관투자자 행동주의가 본격화된 1980년대부터 자본유출이 급격히 증가하였고, 2006년부터 2015년까지 미국 비금융기업의 순주식 발행 액수는 마이너스 4조 1,700억 달러에 달했다. 기관투자자 행동주의자들은 기업의 잉여현금을 주주에게 환원해야 한다고 주장했는데, 실제로 대대적인 구조조정, 자산매각 등을 통해 실업자를 양산하면서 기업의 이익을 빨아들였다(신장섭, 2018).

물론 이들 글로벌 투자자본이 이제는 스스로 지난날의 주주 자본주의를 진심으로 반성하고, 이해관계자 자본주의와 ESG로 자금 운용의 방향을 바꾸었다고 주장하니, 향후 기관투자자 행동주의는 다소 달라질지도 모르겠다. 그러나 말만 듣고 그 진심을 믿어줄 수 있을지에 대한 논란과 이견異見이 없을 수 없다.

4 우리나라 스튜어드십의 이슈들

그러나 우리나라 스튜어드십 코드 도입의 배경은 금융 선진국인 미국이나 영국과는 전혀 상황이 다르다. 우리나라는 비록 제조업 영역에서는 세계 선두권의 국가이지만, 금융산업의 영역에서는 낙후성을 여전히 면하지 못하고 있다. 말하자면, 우리나라의 금융산업은 유치산업幼稚産業이다. 따라서 미국이나 영국처럼 금융자본이 스스로의 어젠다에 입각하여 국가정책을 수립하고 산업자본을 좌우하는 상황은 우리나라에서는 상상하기 어렵다.

우리나라의 스튜어드십 도입 상황

이런 배경에서, 우리나라의 스튜어드십 코드 도입은 자율 규제라는 취지에도 불구하고 일본의 예처럼 관官의 주도로 이루어졌다. 금융위원회는 2014년 11월 '코드'의 도입 계획을 최초로 언급하였고, 2015년 12월에 그 초안을 공개한 이후 2016년 12월에 한국 스튜어드십 코드의 최종안을 제정 및 공표하였다. 이후 문재인 정부는 이를 자체 공약으로 수용하면서 2018년 7월에 공식적으로 도입하였다.

2014년 당시 박근혜 정부가 처음 스튜어드십 코드를 추진할 당시, 동 코드는 침체된 주식시장의 부양 및 중장기 발전 방안의 하나로 인식되었다. 현재도 언론 등에서 일본이 스튜어드십 코드와 기업 거버넌스 코드를 도입한 이후 일본 증시가 20년 박스권에서 탈출했고 기업 이익의 주주 환원이 늘었다는 주장이 나타나는 것을 보면, 금융위원회에서도 스튜어드십 코드를 일본의 아베 정권과 마찬가지로 일종의 신성장 테마나 증시 부양 테마로 이해하였을 것으로 추정된다.

그러나 문재인 정부가 박근혜 정부의 추진 과제였던 스튜어드십 도입을 적극적으로 추진하면서 그 목표가 바뀐다. 문재인 당시 후보는 재벌 개혁과 스튜어드십 도입을 함께 대통령 선거 공약으로서 거론하는데, '민간 자율규제'라는 스튜어드십 코드가 대통령 후보의 선거공약이 된 나라는 대한민국이 처음이자 현재까지는 마지막이라고 한다(신장섭, 2018).

그리고 2017년 5월 당시 내정자 신분이었던 김상조 공정거래위원장은 청와대 인선 발표 직후 언론들에게 "기업지배구조 개선은 (4대 재벌보다) 좀 더 넓은 범위를 대상으로 하되 방식은 스튜어드십 코드 등 일반 소액 주주나 기관투자자들이 적극적으로 활동하면서 시장 압력 통해 개선하는 방식으로 갈 것"이라고 말했다. 또한 그는 "현행법의 집행과 시장의 압력을 통한 재벌개혁 노력을 해본 다음에 미흡하다는 판단이 있으면, 차후 법 개정을 논의하는 순서로 가는 것이 맞지 않느냐 생각한다."고 덧붙였다(연합뉴스, 2017).

서구에서는 자율규제로 추진되었던 스튜어드십 코드가 일본과 한국에서는 행정부 주도하에서 새로운 규제를 산업자본에게 부과하거나 산업정책을 추진하기 위한 징검다리로 활용되는 상황이 주목할 만하다. 이는 단순히 일본과 한국이 서구에 비해 금융산업이 낙후되었기 때문에 발생하는 문제만은 아닐 것이다.

참고 5.9 한국 스튜어드십 코드 7 원칙(스튜어드십 코드 제정위원회, 2016)

투자대상회사의 중장기적인 가치 향상과 지속 가능한 성장을 추구하고 고객과 수익자의 중장기적인 이익을 도모하기 위하여 기관투자자는 다음과 같은 원칙을 준수해야 한다.

1. 기관투자자는 고객, 수익자 등 타인 자산을 관리·운영하는 수탁자로서 책임을 충실히 이행하기 위한 명확한 정책을 마련해 공개해야 한다.
2. 기관투자자는 수탁자로서 책임을 이행하는 과정에서 실제 직면하거나 직면할 가능성이 있는 이해 상충 문제를 어떻게 해결할지에 관해 효과적이고 명확한 정책을 마련하고 내용을 공개해야 한다.
3. 기관투자자는 투자대상회사의 중장기적인 가치를 제고하여 투자자산의 가치를 보존하고 높일 수 있도록 투자대상회사를 주기적으로 점검해야 한다.
4. 기관투자자는 투자대상회사와의 공감대 형성을 지향하되, 필요한 경우 수탁자 책임 이행을 위한 활동 전개 시기와 절차, 방법에 관한 내부 지침을 마련해야 한다.
5. 기관투자자는 충실한 의결권 행사를 위한 지침·절차·세부기준을 포함한 의결권 정책을 마련해 공개해야 하며, 의결권 행사의 적정성을 파악할 수 있도록 의결권 행사의 구체적인 내용과 그 사유를 함께 공개해야 한다.
6. 기관투자자는 의결권 행사와 수탁자 책임 이행 활동에 관해 고객과 수익자에게 주기적으로 보고해야 한다.
7. 기관투자자는 수탁자 책임의 적극적이고 효과적인 이행을 위해 필요한 역량과 전문성을 갖추어야 한다.

우리나라 스튜어드십 코드의 내용

우리나라의 스튜어드십 코드는, 당연한 말이겠지만 전반적으로 영국의 스튜어드십 코드를 답습하였다. 우선 영국의 스튜어드십 코드와 마찬가지로 우리나라의 스튜어드십 코드 역시 고객의 집사, 즉 스튜어드의 책임에 대해서는 오직 피투자기업을 어떻게 감시 및 관리하며 경영에 개입할 것인가에 대해서만 집중적으로 언급하고 있다. 특히 우리나라의 「스튜어드십 코드 제정위원회」가 발간한 스튜어드십 코드 최종안의 정식 명칭이 『기관투자자의 수탁자 책임에 관한 원칙』임을 고려하면 기관투자자의 수탁자 책임[4] 중에서 고객 자금의 수익성과 안정성, 기관투자자의 보수나 수수료 등의 중요한 질문에 대해서는 전혀 언급하지 않고 있음을 지적하지 않을 수 없다.

따라서 우리나라 스튜어드십 코드의 핵심은 결국 주주행동주의에 관한 내용이다. 말하자면, "기관투자자는 피투자기업을 감시하다가(원칙 3), 만약 피투자기업이 기관투자자의 요구에 저항하면 언제든 의결권 행사나 소송 등으로 위력을 발휘할 준비를 하고(원칙 4, 5), 의결권 행사의 정책을 사전에 밝히고 투표 활동을 공개하여 행사되는 위력의 누수 현상과 저항을 최소화해야 하며(원칙 5), 피투자기업의 관리를 효과적으로 수행할 수 있는 역량과 전문성을 확보해야 한다(원칙 7)."는 주주행동주의의 원칙이 코드의 핵심이다.

다만, 영국의 스튜어드십 코드의 다섯 번째 원칙은 기관투자자들의 집단적 행동을 독려하고 있는데, 우리나라에서는 기업인들의 반대로 해당 원칙이 '코드'에서는 배제되었다. 반면, 우리나라 코드의 일곱 번째 원칙은 영국의 스튜어드십 코드에는 없는 원칙인데, 해당 원칙은 일본의 스튜어드십 코드의 사례를 따른 것이다. 우리나라와 일본에만 있는 일곱 번째 원칙만을 제외하면, 추상적인 원칙 자체는 일견 대동소이한 듯이 보인다. 그러나 일각에서 각 원칙의 하위에 있는 안내 지침에서 우리나라는 그 어느 나라의 코드보다도 기관투자자들의 모니터링 및 관여의 범위가 넓고 관여의 내용도 세밀하게 설정되어 있다는 견해를 주장하기도 한다(황인학, 2016).

4 본서에서는 '수탁자 책임' 대신 '수탁자 의무'라는 표현을 대부분 사용하였다. 흔히 양자를 혼용하는 것이 학계나 시장의 관행이며, 본서에서도 역시 양자를 같은 것으로 이해하고 있다.

사실, 우리나라의 스튜어드십 코드는 영국과는 전혀 다른 상황에 처해 있는 우리나라 기업들을 영국의 스튜어드십 코드와 유사한 처방으로 관리하려는 시도이다. 영국의 스튜어드십 코드는 영국의 기업들이 전문 경영인의 지배하에서 단기 실적에 경도된 경영이나 도덕적 해이가 만연하다는 전제로 이를 기관투자자들이 관리해야 한다는 논리를 배경으로 하고 있다. 그러나 우리나라의 스튜어드십 코드는 전문 경영인이 아니라 대주주 또는 이른바 '재벌 총수'가 지배하고 있는 기업구조를 관리 대상으로 삼는다. 따라서 오너 리스크 등의 지배구조 위험, 대규모 기업집단의 부실 경영 등으로 국내 자본시장에 대한 국제적 신뢰도가 하락한다는 상황을 전제로 하고 있는 규제이다(황인학, 2016).

우리나라 스튜어드십 코드를 둘러싼 논란들

따라서 우리나라의 코드에 대해서 이런저런 논란이 없을 수는 없는데, 그에 대한 찬반 논란을 간단히 정리해보자. 일단 '코드'에 찬성하는 대표적인 이유는 총수 일가의 과도한 지배력 확장, 대주주의 전횡 방지, 경제 민주화 등이다. 이들은 사실 정치적 함의를 가진 논란들이며, 이와 관련된 규제의 타당성에 대한 논의는 본서의 범위를 벗어난다.

그러나 한 가지 언급하고자 하는 것은 해당 이슈들을 반드시 스튜어드십 코드로 규제해야 하는지 여부이다. 스튜어드십 코드를 '자율 규제'라고 하지만 어쨌든 규제이며, 한국과 일본같이 관치금융이나 관치경제의 전통이 강한 국가들에서는 사실상 자율 규제란 존재하지 않는다. 이러한 현실을 감안하면, 국민경제적 영향력이 심대한 이른바 '재벌 규제법'을 '코드'라는 이름으로 입법부의 통제를 벗어나 행정부의 독단으로 손쉽게 만들어낼 수 있는 우회로를 열어 놓는 것은 헌법적인 가치에 위배될 여지가 있다고 판단된다.

한편, '코드'의 장점으로 거론되는 이슈의 하나는 기관투자자들이 피투자기업을 장기적 관점의 경영을 하도록 유도할 수 있다는 주장이다. 그러나 해당 주장이 현실과는 전혀 동떨어진 견해임을 앞에서 이미 밝혔다. 기관투자자의 간섭이 없다면, '오너' 중심의 경영이 오히려 장기적 관점의 경영이 될 가능성이 높으며, 역사적으로도 오늘날 기업의 단기주의 경영이 만연하게 된 주요 원인 중의 하나가 하루라도 빨리 배당으로 기업의 잉여현금을 짜내려고 하는 기관투자자의 압박이라는 것은 이미 언급하였다.

어떤 글로벌 투자은행의 임원은 국내 한 언론사와의 인터뷰에서 스튜어드십의 긍정적인 영향을 두 가지 제시했다. 그 하나는 기업이 미래 먹거리를 위한 성장동력이나 당장의 재투자로 사용되지 않는 유휴 현금을 잉여현금으로 주주에게 환원할 가능성이 높아진다고 주장하며, 일본에서 2013년에서 2014년 사이에 잉여현금 배당률이 30% 증가하고, 자사주 매입도 두 배로 증가했다고 말한다. 그리고 다른 하나로는 주주의 이익 제고를 위해 단기적 경영성과에 치중하지 않고 회사의 근본적인 역량 강화에 힘을 쏟는다고 한다. 장기적 관점의 경영을 하게 된다는 것이다.

그런데 위의 두 가지 주장은 상호 모순되는 경우가 상당히 많다. 미래의 경영상황을 거의 완벽에 가깝게 예측할 수 있다면, 내부 유보는 불필요하다. 그러나 코로나19와 같은 미증유의 사태가 속출하는 불확실한 경영환경 속에서 잉여현금이 발생할 때마다 배당이나 자사주 매입을 요구하는 행태가 오히려 단기주의적 행태이며, 기관투자자의 이런 단기주의적 요구가 장기적 관점의 경영과 어떻게 조화를 이룰 수 있을지는 매우 의문스럽다. 게다가 중앙은행이 양적 완화로 발권력을 동원하여 자국 증시를 직접 부양하고 심지어는 자국 증시의 대주주가 되는 일본의 사례를 들어 우리나라의 금융 환경이나 정책에 대해 평가하는 것은 여러 측면에서 온당하지 못하다고 판단된다.

더구나 우리 시장에서 압도적인 영향력을 가지는 외국계 기관투자자들에게 연성규범인 스튜어드십 코드를 자발적으로 준수하도록 적극적으로 독려해야 하는 문제도 있다. 만약 이들이 국내 스튜어드십 코드를 준수하지 않으면 국내 기관투자자만으로 우리나라 기업이 장기적인 관점에서 경영할 수 있는 환경을 만들어 주기 어려울 것이다.

사실 국내외를 막론하고 기관투자자들의 투자실적이 여전히 분기, 반기 및 연간 수익에 따라 평가되는 상황에서 기관투자자의 단기주의적 인센티브 구조는 전혀 해소되지 않고 있다. 더욱이 기관투자자의 단기적인 성향은 구미의 선진 금융시장에서 오히려 강하다. 물론 최근 ESG 투자의 확산으로 해외 선진시장의 양상이 바뀔 수는 있지만, 금융 후진국인 우리나라는 일단 해외의 동향을 조심스럽게 지켜봐야 하는 상황이다. 또한 설령 글로벌 금융자본이 장기적 관점의 투자 패턴으로 바뀐다고 하여도, 이들이 국내에 오랜 기간 머물면서 국내 피투자기업의 장기적 관점의 경영성과를 기다려 줄 것이라는 기대감이 비현실적인 희망으로 끝날 가능성을 배제할 수 없다.

한편, 스튜어드십 관련 논의 초기에는 우리나라와 일본에서 스튜어드십이 증시 부양에 긍정적이라는 기대감이 있었고, 심지어는 일각에서 일본의 사례를 들어 위의 기대감을 지지하려는 견강부회牽强附會까지 나타났다는 것은 이미 언급하였다. 그래서 본 이슈에 대한 추가 논의는 불필요하지만, 노파심으로 다시 확언하자면, '코드'와 증시 부양 간의 인과관계에 대한 어떠한 실증적 근거도 없으며, 일본의 주가 상승은 일본 정부가 스튜어드십 코드를 도입하는 시점에 일본은행이 직접 ETF를 매입하여 주가를 띄워 올린 것에 불과하므로 이를 근거로 스튜어드십과 주가 상승 간의 인과관계를 주장하는 것은 어불성설語不成說이다.

그리고 스튜어드십 코드를 찬성하는 근거로 제시되는 논리 중에 가장 이해하기 힘든 것이 이른바 '글로벌 스탠더드'론이다. 이는 스튜어드십 코드는 글로벌 스탠더드이므로 무조건 도입해야 한다는 주장이다. 해당 주장의 논박은, 캠브리지 대학의 경제학과 장하준 교수의 견해를 인용하는 것으로 대신하겠다. 그는 저서 『사다리 걷어차기Kicking Away the Ladder』에서 이들 '글로벌 스탠더드'를 후진국이 선진국을 따라오지 못하도록 '사다리를 걷어차는kicking away the ladder' 제도 또는 정책[5]으로 인식하고 있다(장하준, 2002).

그에 따르면, 오늘날의 개발도상국들은 현재 이른바 '바람직한 정책'과 '바람직한 제도'를 받아들여서 자신들의 경제발전에 유리한 조건을 조성하라는 압력을 선진국들로부터 받고 있다고 한다. 그런데 이들 바람직한 정책과 제도들이 대부분 앵글로-아메리카의 정책과 제도들[6]이라고 한다. 예를 들면, 강력한 지적재산권 보호, 투명하고 시장 지향적인 지배구조 및 금융기관, 자유무역주의 등이 그런 것들이다. 그런데 영국과 미국을 포함한 서구의 선진국들이 정작 자신들이 선진국으로 발돋움할 때에는 그것과 정반대의 수단을 활용하여 성장해 왔다는 것이다. 예를 들면 미국은 다른 나라의 지적재산권을 무시하고, 높은 관세를 부과하는 강력한 보호무역주의의 도움을 받아서 영국을 따라잡았다는 것이다(장하준, 2002).

사실 글로벌 스탠더드의 위력은 먼 나라나 먼 옛날로 거슬러 올라갈 필요도 없다. 장하준 교수에 따르면, IMF 금융위기 당시 경제위기의 원인이 우리나라의 잘못된 시스템 때문에 일어났다는 인식이 퍼지면서 '글로

5 장하준 교수에 따르면, 제도(institutions)와 정책(policies)의 구분은 다소 불명확하지만, 제도는 보다 영속적인 것이며, 정책은 상대적으로 가변적인 것이라고 한다. 예를 들면 개별적인 관세 제도는 정책이지만, '관세' 그 자체는 제도라고 한다.

6 장하준 교수의 저서인 『사다리 걷어차기』는 영문본이 원본이다. 영어 원문에서는 'especially the Anglo-American ones'라고 표현되어 있다. 그러나 우리나라 번역본에서는 해당 표현을 대신하여 '워싱턴 합의'라는 표현을 사용하였다.

벌 스탠더드'를 받아들여야 하는 것이 우리의 절대 명제가 되었다고 한다. 그리고 이로 인해 내국인이 외국인에 비해 역차별받는 사례가 당연시되고 있다고 주장한다. 그는 저서 『사다리 걷어차기』의 국내 초판 서문에서 다음과 같은 예시를 든다. "가령 경제위기 과정에서 공적자금을 투입해 국유화된 기업을 파는데, 국내 자본에 팔면 정경유착에 의한 부정부패를 의심할 만한 가격으로 외국인에게 파는데도 별 말이 없다. 또 국내 기업에게는 고도의 투명성을 요구하면서도 투명성이라고는 전혀 없는 외국계 펀드가 들어와 국내 기업을 위협하는데도 잘된 일이라고 하는 사람들이 많다(장하준, 2002)."

그리고 덧붙여 그는 "이러다 보니 조금이라도 우리나라 구체제의 긍정적인 면을 이야기하고자 하는 사람들은 극좌 민족주의자 아니면 수구 반동으로 몰리기 십상이다. 특히 자본의 국적성을 말하는 것은 '적절치 못하다'고 일축하기까지 한다."라고 주장한다(장하준, 2020).

분명히 자본의 국적성은 존재한다. 앞서도 말했듯이 서구의 경제와 금융시장은 우리나라와 일본의 그것과는 전혀 다르다. 영국과 미국에서 적대적 인수합병M&A이 일어나면 단순히 주인이 바뀌는 것이지만, 우리나라와 일본에서 글로벌 금융자본이 기업을 인수하면 국부 유출이 된다. 되찾을 수 없기 때문이다. 물론 우리나라나 일본의 금융자본이 서구의 기업을 적대적으로 인수합병 할 수 있다면 자유 경쟁이 가능할 것이다. 그러나 현실은 그렇지 못하다. 동아시아의 제조업 강국들은 금융의 영역이 낙후되었기 때문에, 철저히 수비 모드로 들어갈 수밖에 없는 것이다. 여기에 '글로벌 스탠더드'의 위험성이 있다. 그리고 우리는 IMF 금융위기 당시에 글로벌 스탠더드가 국부 유출에 어떻게 활용되는지를 피부로 체험한 역사와 경험이 있다.

스튜어드십 코드에 대한 반대 논리에 대해서는 이미 기존의 연구자료가 많이 공개되어 있으므로 그 내용을 간단히 소개하는 것으로 갈음하겠다. 다만, 국민연금이 의결권을 행사하여야 한다는 주장과 관련하여 몇 가지 졸견拙見을 제시하겠다. 우선 국민연금은 국민의 돈을 위탁받은 수탁자이므로 수탁자인 국민의 의사와 상반되는 의결권 행사는 수탁자 의무를 위반하는 행태임을 다시 강조하고자 한다. 근래 들어, 국민연금이 일부 대기업 내부의 개별적인 경영 사안에 대해 찬반의 의사를 명확히 밝혀야 한다는 주장들이 강하게 제기되고 있다.

그런데 국민연금의 자의적인 의결권 행사는 수탁자 의무의 위반이 될 가능성이 있다. 왜냐하면 모든 국민들이 해당 기업의 개별적인 사안에 대한 국민연금의 견해에 만장일치로 동의하는 것이 아니기 때문이다. 말하자면, 국민연금의 의결권 행사는 자칫 내 돈을 맡고 있는 수탁자가 내 돈을 활용하여 의결권을 행사하면서 내 의사에 반하는 경영 개입을 하는 상황이 될 수도 있다는 것이다. 이는 수탁자 의무 위반이든 스튜어드십 위반이든 어떠한 이유로도 용납되기 어렵다.

물론 연금 가입자, 즉 돈을 맡기는 개인이 해당 연금이나 펀드를 쉽게 탈퇴할 수 있다면, 해당 연금이나 펀드는 자유롭게 스스로의 이념에 따라 의결권을 행사하고 경영 개입을 할 수 있다. 이는 마치 특정 펀드가 무기류나 주류 등의 죄악 주식에 투자하지 않겠다고 선언할 때 이런 선언이 전혀 문제되지 않는 것과 마찬가지이다. 왜냐하면 해당 연금이나 펀드의 가입자에게는 탈퇴의 자유가 있기 때문이다.

그러나 우리나라의 국민연금은 다르다. 일단 국민들에게 국민연금에 대한 탈퇴의 자유가 사실상 부여되어 있지 못하다. 따라서 미국의 연기금인 「캘리포니아 주직원 퇴직연금CalPERS」의 주주행동주의를 모범사례로 삼아 국민연금의 의결권 행사가 필요하다는 논리를 끌어내는 것은 논리의 착오 내지 왜곡이다. 더불어 국민연금의 경영 개입 중에 경제 민주화 등의 사안과 연계되는 이슈들은 국민 개개인의 정치적인 신념과도 연결되는 특수한 상황이 우리나라에서는 벌어진다.

더욱이 국민연금은 국민들의 노후 자금이다. 국민연금이 정치적 논란에 휘말리면 휘말릴수록 국민들의 노후 자금의 안정성은 점점 위태로운 상황에 빠지게 된다. 따라서 국민연금은 정치적 논란을 벗어난 수익성 위주의 순수한 연금이 되어야 한다. 물론 이는 ESG를 도외시하라는 의미는 결코 아니다. 오히려, 진정으로 ESG를 중요하게 여긴다면 국민연금의 의결권 행사는 더더욱 정치적 논란을 벗어나서 순수하게 환경E과 사회S의 이슈에 집중하여야 한다. 정치적 논란은 환경과 사회의 문제를 가려 버리기 때문이다.

그리고 국민의 대표로 구성된 입법부에서 국민연금이 의결권을 행사하려고 하거나 행사했던 어젠다를 사전적 내지 사후적으로 통제하여야 한다. 이는 국민연금의 의결권 행사가 비공식적인 기업 규제가 되지 않도록, 법치주의적 관점의 통제 장치를 마련하기 위한 것이다. 더불어 만약 개별 안건들이 본의 아니게 정치적 논란을 일으킨다면, 국민연금은 기꺼이 의결권을 포기하여야 한다. 물론 그 대신 가입자들에게 국민연금에서 탈퇴할 수 있는 자유를 주는 것도 그 나름의 논리적인 해법이다.

물론 혹자는 국내 모 유제품 제조업체의 대리점 갑질 사건과 그에 따른 주가 하락 같은 실제 사례를 들어, 국민연금이 수시로 이들 기업과 대화하고 의결권을 행사하여 통제하는 것이 국민연금의 수익성에도 유리하다고 주장할지도 모르겠다. 만약 사전에 그러한 일들을 국민연금이 통제할 수 있다면 그 편이 바람직할 것이다. 그러나 국민연금이 투자하는 수많은 기업들의 내부 사정을 다 관리하는 것은 불가능하며 비효율적이다.

더구나, 국민연금이 피투자기업의 문제들을 사전에 완벽하게 차단하는 것이 옳지도 않다. 왜냐하면 이는 범죄를 막기 위해서 범죄를 저지르기 전에 범죄를 '저지를 것 같은 사람'을 체포하는 것과 마찬가지의 요구이기 때문이다. 만약 이러한 상황이 벌어지면 모든 국민이 예비 범죄인이라는 명목으로 언제든 '체포'되는 상황이 벌어질 것이다. 마찬가지로 국민연금이 사전적으로 경영에 개입하면 그때부터는 사실상 국민연금이 경영자의 실패를 사전적으로 예단하고 경영을 통제하며, 생산수단을 소유하는 '연금사회주의'의 길로 들어서게 되는 것이다. 문제는 해결하고 오류는 시정해야 하지만, 교각살우矯角殺牛의 과오는 피해야 할 것이다.

참고 5.10 | **스튜어드십 코드 도입에 대한 국내 경제단체들의 공동 건의안 요약**(전국경제인연합회 등, 2016)

이하는 스튜어드십 코드 도입에 대한 국내 경제단체들의 공동 건의안(2016년 4월)에서 발췌한 스튜어드십 코드 도입과 관련한 문제점들을 재구성한 내용이다. 본 건의안은 기업지배구조원 제정안(2015년 12월 2일 자)에 따른 내용들이다. 본 공동 건의에 참여한 경제단체들은 전국경제인연합회, 중소기업중앙회, 코스닥협회, 한국상장회사협의회 및 한국중견기업연합회이다.

1. 연성규범의 형태로 도입한다고 하나 사실상 강한 구속력 예상
2. 스튜어드십 코드의 제정 및 도입과정이 불투명하고 사회적 합의 절차가 미비
3. 기관투자자의 적극적 의결권 행사가 기업가치를 높일지 불확실
4. 상장사가 모든 기관투자자와 대화하는 것은 현실적으로 어려움
5. 기관투자자는 기관투자자 간 묵시적 협력으로 5%룰을 적용받지 않고 의결권 행사 가능
6. 상장사의 비공개정보 유출 및 이에 대한 기관투자자의 악용 우려
7. 기관투자자는 의결권 행사 시 의결권 자문사에 크게 의존할 전망
8. 기관투자자가 특정 산업에 집중 투자할 가능성 발생
9. 스튜어드십 코드와 관련된 비용 발생
10. 외국계 기관투자자와의 역차별 문제
11. 정부의 상장사에 대한 영향력 확대 우려

12. 스튜어드십 코드 도입 시 '의결권 행사 자문 서비스'에 대한 수요 증가가 예상되므로, 의결권 자문사의 공정성 및 투명성 확보를 위한 조치의 선행이 필요
13. 자문사의 고의 또는 과실에 의해 손해가 발생하는 경우, 이에 대한 책임을 자문사에 추궁할 수 있는 수단 내지 프로세스의 강구 필요
14. 스튜어드십 코드 도입이 일본 상장사의 ROE를 높였다는 실증 결과는 아직 없음
15. 일본 기관투자자들은 스튜어드십 코드의 실효성 부족을 지적
16. 영국의 스튜어드십 코드를 준수하는 기관투자자는 10% 수준에 불과

이에 따른 스튜어드십 코드 도입에 대한 경제단체의 의견은 아래과 같다.

1. 스튜어드십 코드의 도입 효과가 불확실하고 이해당사자인 기관투자자와 상장사의 우려가 크다는 점을 감안하여 스튜어드십 코드를 조급하게 제정하고 시행하는 것에 반대
2. 스튜어드십 코드를 도입하려면, 일본과 같이 초안을 공개해 다양한 시장참여자의 제안을 수렴하고 이에 대한 수용 여부와 그 이유를 투명하게 공개하는 시스템을 구축하는 것이 필요
3. 스튜어드십 코드가 기업경영에 대한 부당한 간섭이나, 기관투자자에 대한 과도한 부담으로 작용하지 않도록 '원칙' 중심으로 제정되는 것이 바람직

맺음말

상생과 협력의 ESG

ESG의 실체에 대한 논의가 마무리되었다. 물론 ESG의 복잡다단한 측면을 모두 다루기에는 턱없이 부족한 지면이었지만, 본서가 ESG의 윤곽을 막연하나마 살펴볼 계기가 되었기를 기대한다. 그리고 이제는 다소 섣부른 욕심일 수 있지만, 우리나라의 상황에 부합하는 ESG의 미래상을 그려볼 시점이 되었다고 믿는다.

앞서 이미 언급했지만, ESG는 환경과 사회의 문제에 대한 혁신적인 해결책이다. ESG의 설계는 사리私利를 인센티브로 삼아 공리公利를 해결하는 구조이므로 별도의 외부 압력이나 입력input이 없어도 최고의 효율을 기대할 수 있다. 특히 ES+G의 설계는 투자자와 피투자기업의 협력을 확보할 수 있어 문제 해결에 매우 유리한 환경을 조성한다. 또한 PRI가 ESG를 지지하는 일종의 금융 카르텔을 형성하여 ESG 시스템의 영속성을 강화한다. 그리고 ESG만이 가진 일종의 '브랜드' 효과 내지는 '후광' 효과가 있다. 환경과 사회의 문제에 전 세계의 이목이 집중되도록 하는 것이다. 한편 ESG는 기업들에게 돈을 벌어준다. ESG를 통해 제4차 산업혁명, 그린뉴딜 등에 자금이 집중되어 새로운 프런티어가 창출되는 일석이조一石二鳥의 효과까지 기대할 수 있다.

다만, 언제나 우려되는 것은 우리나라의 상황이다. 물론 외형상으로는 더 이상 좋을 수 없을지도 모른다. 비록 뒤늦게 ESG를 도입했지만, 우리나라는 무디스의 국가별 ESG 평가에서 1등급을 차지했다. ESG 평가나 ESG 정보공개의 인프라가 신속히 구축되고, ESG 금융상품이 속속 출시되어 ESG 금융시장의 면모를 제대로 갖추기 시작하였다. 또한 비금융기업들도 ESG 경영에 적극적이다.

그러나 진짜 걱정거리는 내실이며, 질적인 문제이다. 일단 우리나라 기업들은 ESG를 신성장동력으로 보는 것이 아니라, 두려워한다. 그도 그럴 만한 것이 우리나라의 ESG는 매우 정치적이다. '경제민주화'부터 '연금 사회주의'까지 정치적 용어들이 난무한다. 이러한 상황에서 기업들은 어찌할 바를 알지 못하며, 어느 장단에 춤을 춰야 될지 난감해 한다. 국가경제적으로 분명한 손실이고, 환경E과 사회S의 문제는 뒷전이 된다. 모두의 시선은 그저 거버넌스G에 집중된다.

그리고 또 하나의 문제점은 ESG의 무류성無謬性[1]에 근거한 무비판적인 수용이다. ESG를 종교처럼 신성시神聖視하여, ESG에는 오류가 없다고 주장하거나, 누구도 ESG의 부작용과 문제점을 비판하려 하지 않는다는 것이다. 마치 유럽 중세시대에 교황 무류성敎皇 無謬性, Infallibilitas[2]이 비판의 여지없이 받아들여졌던 것을 방불하게 한다. 그러나 신이 아닌 인간이 만든 것은 예외 없이 불완전하고 오류가 있다. 그리고 ESG도 인간이 만들었다.

정말 놀라운 것은, 일반인은 물론, 전문가들조차도 ESG를 마치 인류의 지상과제至上課題로 착각한다. 앞서 한국거래소에서 ESG를 지속가능성과 같은 의미를 가진다고 소개한 것이 그러한 예이다. 그러나 환경과 사회

1 ESG에는 오류가 있을 수 없다고 주장하거나 ESG의 오류를 비판할 수 없다는 관점을 말한다.

2 교황이 전 세계 로마 가톨릭 교회의 수장으로서 신앙 및 도덕에 관하여 내린 확정적 선언(교좌 선언, ex cathedra)은 하느님의 특별한 은총으로 인해 오류가 있을 수 없다고 하는 주장이다. 교황 무오설(無誤說), 불류성(不謬性), 또는 불가류권(不可謬權) 등으로 번역된다.

의 문제를 해결하고 지속가능성을 달성하는 것은 인류의 지상과제이지만, ESG는 그저 지상과제를 달성하기 위한 매우 효과적인 수단, 그러나 단지 여러 수단들 중의 하나의 수단일 뿐이다. 따라서 인간이 만든 수단인 ESG에 오류나 문제가 없을 리 없다.

그러나 우리나라에서는 ESG 교조주의教條主義가 득세한다. ESG가 지고至高의 선善이 되고 누구도 감히 비판할 수 없는 신앙의 대상이 되어 버린다. 이런 상황에서 나타나는 것이 ESG 원리주의자나 ESG를 빙자해 이득을 취하는 집단이다. ESG가 사이비 종교가 되는 것이다. 그리고 우리가 정작 진정한 가치를 두어야 할 환경과 인권의 문제나 지속가능성 등은 오히려 관심 밖의 대상이 된다. 모두가 오로지 ESG만을 생각하기 때문이다.

이런 상황이 생기는 원인과 메커니즘은 생각보다 간단하다. 우선 ESG를 이른바 '착한 투자'라는 단순한 캐치프레이즈로 이해하기 때문이다. 이러한 캐치프레이즈를 누가 시작했는지는 그저 추측만 할 뿐이나, 이는 사실상 '프로파간다'나 다름없다. 본질을 호도한다는 것이다. 단순한 캐치프레이즈에 기반한 프로파간다의 장점은 여러 가지이다. 일단 단순하니까 전파가 용이하다. 그리고 단순하니까 기억이 잘 된다. 그리고 단순하니까 듣는 이들이 마치 ESG를 완전히 이해한 듯한 느낌을 준다. 그러니 대부분 바쁘고 게으른 일반인들은 ESG를 '착한 투자'로만 알고는 더 이상 살펴보지 않는다. 우민愚民을 만드는 것이다.

그리고 여기에서부터 ESG의 무류성이 탄생한다. 일단 ESG가 환경과 인권의 문제를 해결하기 위한 '착한 투자'가 되어 버린 이상, ESG의 문제점을 지적하는 사람은 누구나 '착한' 것을 반대하는 사람이 되어 버리고 '인류의 적'으로 낙인 찍힌다. 신을 대변하는 교황의 무류성에 반기를 드는 사람은 곧바로 화형대에 묶여서 불에 타 죽는 것과 마찬가지이다. 아마 항변할 기회조차 없을 것이다. 너무나 많은 사람들이 ESG를 그저 '착한 투자'로 이해하기 때문이다.

ESG는 좋은 것이다. 그러나 문제가 없지는 않다. 그 문제의 원인은 크게 두 가지이다. 하나는 ESG를 사람이 만들었기 때문이다. 그래서 불완전하다. 이는 본질적인 문제다. 그리고 다른 하나는 ESG를 서구의 금융자본이 만들었기 때문이다. 이는 현실적인 문제다. 그래서 서구의 금융자본들에게 유리하고, 한국, 일본, 중국 등 금융산업이 취약하고 제조업이 강한 나라들에게 불리하다.

앞서 말했듯이, ES+G의 구도는 상당히 영리한 설계이다. 분명히 기관투자자가 협조하지 않으면 피투자기업만으로는 환경과 사회의 문제들을 해결하기 어렵다. 그런데 특이한 것은 양자 간 관계는 결코 대등한 협조관계가 아니라 주종관계 내지는 갑을관계에 입각한 지배-피지배의 관계라는 것이다. ESG의 이론에 따르면, 피투자기업들이 환경과 사회의 문제를 일으키는 주범이므로 환경과 사회의 문제를 해결하려면 기관투자자가 피투자기업을 지배하고 올바른 길로 이끌어야 한다고 말한다. 기관투자자가 도덕성과 역량 측면에서 피투자기업보다 우위에 있다는 것을 전제로 하는 것이다.

그런데 문제는 환경과 인권의 문제가 전적으로 피투자기업의 책임만은 아니라는 것이다. 기업들에게 단기성과주의와 주주 중심주의를 요구한 것은 기관투자자이다. 부도덕한 자들은 오히려 기관투자자인 것이다. 그럼에도 불구하고, PRI는 기관투자자가 피투자기업을 지배하여야 환경E과 사회S의 문제들을 해결할 수 있다고 주장한다. 그리고 그 지배수단은 거버넌스G이다. 스튜어드십 코드는 대화communication와 참여engagement, 그리고 유사시 의결권 행사proxy voting를 통해 거버넌스에 영향을 미치기 위한 수단이다. 대화와 참여는 지극히 긍정적인 단어이지만, 의결권 행사라는 '폭력'이 뒤에 도사리고 있는 것이다. 이것이 기관투자자와 피투자기업 사이의 갑을관계에 기반한 ESG의 기본구조와 작동원리이다.

왜 ESG는 이러한 설계를 가지고 있을까? 이에 대해서는 본문에서도 이미 설명했지만, ESG를 만든 자들이 서구 금융자본, 즉 월 스트리트와 시티 오브 런던이기 때문이다. 따라서 ESG의 세계관은 단순히 서구 금융자본이 바라보는 세계관이다. 이들은 세상을 지배하여 관리해 왔다. 타협하고 협조한 적은 없다. 왜냐하면 그럴 필요가 없었기 때문이다. 그렇기 때문에 비록 기관투자자들이 특별한 도덕적 우위가 있지 않음에도 불구하고 피투자기업을 효과적으로 관리하여 환경E과 사회S의 문제를 해결하는 방식으로 ESG를 설계한 것이다. 이는 특별히 누군가의 선과 악의 문제가 아니라, 단순히 서구 금융자본의 본질과 행동 양식에 따른 것이다. 이것이 바로 신자유주의이다.

따라서 서구 금융자본이 리먼 사태로 인해 신자유주의가 실패했음을 선언하고 반성하며 ESG라는 것을 만들었다고 할 때에도 이들의 행동 양식이 크게 바뀌리라 기대하기는 어려운 것이다. 비록 그들이 진심으로 반성했다고 하더라도, 그들의 본질이 변화하지 않기 때문이다. 이러한 이유로 영국의 『워커 보고서』가 리먼 사태의 재발을 방지하려면 기관투자자가 피투자기업을 보다 철저하게 관리해야 한다는 기묘한 결론이 나왔던 것이다. 철저히 금융적인 이벤트였던 리먼 사태의 원인을 실물부문에서 찾는 사고방식이 이들 서구 금융자본의 본질이다.

그런데 이들 서구 금융자본에 완벽하게 복속되지 않은 지역이 바로 동아시아의 한국, 중국, 일본이다. 이들은 제조업 강국이므로, 만성적인 수익률 저하에 시달리는 월 스트리트에게는 여타 개발도상국과는 차원이 다른 탐스러운 먹잇감이기도 하다. 물론 궁극의 타깃은 아마도 중국의 제조업일 것이다. 그리고 한국은 IMF 금융위기 당시에 이미 서구의 금융자본에 예속된 지역이지만, 여전히 먹거리가 남아 있는 것으로 보인다. 아무튼 이것이 현 상황이고, 이러한 각도에서 ESG를 살펴보면 새로운 상황들이 이해된다.

사실 기관투자자와 피투자기업 사이의 대화와 참여를 독려하는 방법이 반드시 ESG가 될 필요는 없었다. 미국에서는 이미 1980년대부터 수많은 우호적 또는 적대적 인수합병M&A이 이루어지고, 그린메일green mail이 난무하면서 난폭하든지 온화하든지 간에 대화와 참여는 활발히 이루어져 왔다. 중국의 경우는 중국 공산당이 기관투자자와 피투자기업을 모두 통제하고 있으니 사실상 한 몸이다. 별도의 대화와 참여가 필요하지 않을 정도로 긴밀하게 엮여 있다는 것이다.

재미있는 것은 일본이다. 일본은 메인뱅크main bank, 주거래은행 거버넌스라고 불리는 금산金産 유착 네트워크가 오랜 역사를 자랑한다. 따라서 일본의 은행권과 일본 기업은 너무나 긴밀하게 대화를 해왔다. ESG가 불필요했다는 것이다. 그런데 일본에 ESG가 들어가면서 일본의 은행권과 일본 기업의 대화는 오히려 단절되기 시작한다. 대신 외국자본의 영향을 강하게 받는 GPIF가 일본 기업들에 대해 의결권을 행사하면서 영향력을 강화하고, 더욱이 일본의 기업 거버넌스 코드에서 소수 주주의 보호를 강조하면서 서구의 금융자본이 직접 일본으로 들어가고 있다. 말하자면 ESG는 로컬의 풀뿌리 금융자본을 몰아내고 그 빈자리를 서구의 금융자본이 차지하도록 만들고 있다는 것이다. 일단 일본에서는 그러하다는 말이다.

한때 보수 언론이고 진보 언론이고 할 것 없이, 우리나라가 지배구조 후진국이고, 일본을 따라가야 한다고 입을 모아 말하던 시절이 있었다. 예를 들면 "기업지배구조 … 앞서가는 일본, 뒤처지는 한국(조선일보, 2017)"이나 "한국은 일본·중국보다 못한 지배구조 후진국(한겨레, 2015)"과 같은 제목의 기사들이다. 이 당시는 일본이 기업 거버넌스 코드니 스튜어드십 코드니 하면서 한참 바쁘게 서양의 문물을 수용하던 시절이었다. 그러니 서양의 글로벌 스탠더드가 아니면 죽을 것 같던 IMF 금융위기를 경험한 대한민국으로서는 일본이 열심히 이른바 '글로벌 스탠더드'를 도입하고 있으니 마음이 조급하지 않을 수 없었을 것이다.

그러나 장하준 교수의 『사다리 걷어차기』에서 몇 번이고 강조되었듯이 서구가 만든 '글로벌 스탠더드'는 그들에게 유리한 것이다. 물론 ESG를 서구에서 만들었기 때문에 환경과 사회의 문제를 해결하지 못한다는 뜻은 아니다. 앞서도 말했듯이 ESG는 환경E과 사회S의 문제 해결에 효과적인 장치이다. 다만, 그 과정에서 대한민국이나 여타 동아시아 국가들에게 반드시 유리한 일이 일어나는 것은 아니라는 것을 잊지 말아야 한다는 것이다.

더욱이 일본의 사례를 무분별하게 추종하는 것도 바람직하지는 않다. 앞서 일본에 적대적인 언론조차도 글로벌 스탠더드의 수입에 있어서 일본을 본받아야 한다고 채근하는 모습을 보았으며, 최근에도 일본과 불편한 관계인 정부 관계자들이 유난히 일본의 스튜어드십 코드를 바람직한 모델로 언급하는 독특한 양상이 나타나고 있다.

그러나 각자에게는 각자의 사정이 있는 법이다. 일본의 주식시장은 그다지 정상적인 시장이 아니다. 일본은행과 GPIF가 일본 주식시장의 최대 주주가 되어 있다고 앞서 언급했다. 일본 정부가 나서서 일본 증시를 조작하고 있는 것이다. 그리고 이제 일본 정부와 일본은행에게 시장 조작의 여력이 사라지면서 외국인 자본으로 일본 증시를 떠받치기 위해 적극적으로 시장을 개방하고 있다. 게다가 과거 후진적인 관치금융의 대명사로 일컬어지던 일본이다. 물론, 지금 일본에서는 ESG마저도 관치금융의 일환으로 적극적으로 도입되고 있다. 과연 언제부터 일본의 관치금융이 대한민국의 롤모델이 되었는지 심히 궁금할 뿐이다.

그렇다면 대한민국은 어떠한 대응을 하여야 하는가? ESG의 도입에 있어 서구 투자자본의 행동양식을 그대로 수용해야 하는가? 만약 그렇게 결정한다면, 우리나라의 기관투자자는 이제부터 철저하게 피투자기업을 지배하고 통제해야 한다. 기관투자자가 피투자기업에게 경영 지침을 내리면 해당 기업은 그것이 현금 배당을 짜내는 일이건 환경과 사회에 기여하는 일이건 상관없이 모두 수용해야 한다.

그러나 이러한 행동 양식은 대한민국의 기관투자자에게는 애초에 쉽지 않은 일이다. 이는 본질적으로 그러한 행동 양식을 따르기 어렵다는 말이다. 그 이유의 하나는 우리나라의 유니버설 오너는 약탈자의 DNA와 인센티브가 결여되어 있기 때문이다. 예를 들어 국민연금은 그야말로 국민의 노후자금이다. 국민연금의 국민의 돈을 기반으로 적대적 인수합병M&A이나 그린메일을 실행할 수는 없는 일이다. 또한 의결권을 행사하여 피투자기업의 경영진을 교체하고 해당 기업을 국민연금이 좌지우지할 수 있다고 하여 이득을 보는 주체는 국민연금에는 거의 존재하지 않는다. 극히 일부를 제외하면 말이다.

그리고 다른 하나는 정작 약탈자의 DNA를 가진 기관투자자는 약탈의 역량이 없다는 것이다. 국내 금융자본의 축적 수준은 서구의 금융자본과 비교하면 지극히 일천하다. 우리나라는 제조업 국가이며, 이른바 재벌이라고 불리는 산업자본을 국민연금 이외의 토착 금융자본이 압도하기는 어렵다. 따라서 만약 우리나라의 금융자본에게 산업자본을 지배하라고 요구한다면, 결국 그 틈을 타고 들어오는 세력은 서구의 금융자본일 수밖에 없다. 따라서 대한민국의 산업자본을 지배하는 최후의 세력은 서구의 금융자본이 될 것이다. 서구 기관투자자의 축적된 자본은 국내 토착금융에 비해 깊고 넓으며 산업자본을 지배하는 일에 대해 높은 인센티브를 가지고, 매우 능숙하기 때문이다.

이러한 상황에서 우리의 나아갈 바는 명확하다. 더 이상 좌고우면左顧右眄하지 않고 ESG의 핵심에만 집중하여 그에 매진하는 것이다. 그리고 우리

나름의 기준을 세워서, ESG의 핵심과 무관한 요소들은 과감히 비판하고 제거하는 것이다. ESG의 핵심은 무엇인가? 환경E과 사회S의 문제를 해결하여 지속 가능한 세계를 창조하고, 인류의 영속적인 생존과 번영의 기틀을 마련하여 인류 문명의 발전에 기여하는 것이다. 이것은 지상과제이다.

우리 나름의 기준은 무엇인가? 상생과 협력에 기반한 한국형 ESG이다. 지배–피지배 관계보다는 함께 대화하고 협력하여 모두가 동지적 관점에서 지속 가능한 미래를 같은 눈으로 바라보는 ESG가 인류의 과제를 해결하는 올바른 길이라는 관점이다. 상생과 협력의 주체는 원론적으로는 대한민국의 모든 구성원과 세계 인류까지 확대될 것이다. 그러나 우리의 당면 과제와 관련해서는 특히 기관투자자와 피투자기업 간의 상생과 협력에 주목하고 싶다.

거버넌스G는 ESG의 세 기둥 중의 중요한 하나이다. 건전한 거버넌스G가 환경E과 사회S의 완전성의 기틀이 됨은 의문의 여지가 없다. 그러나 건전한 거버넌스가 반드시 서구 기관투자자의 관점과 같이 금융자본이 산업자본을 의결권으로 위협하여 지배하는 시스템일 필요는 없다. 우리는 서구의 금융자본이 산업자본을 지배하는 시스템이 결국은 1 대 99의 극단적인 불평등을 야기했고, 스스로 실패를 선언했던 역사적 사실을 이미 알고 있다. 따라서 금융자본의 산업자본에 대한 지배와 통제는 이념적 및 논리적으로 정당화되기 어렵다. 금융자본이 산업자본에 비해 도덕적 우위에 있는 것도 아니며, 경영 역량이 특별히 우월하지도 않다.

혹자는 유니버설 오너십의 이론을 들어, 대형 기관투자자는 산업자본을 관리하고 통제해야 할 특별한 책임이 있다고 주장할지도 모르겠다. 그러나 흔히 이른바 유니버설 오너로 불리는 현실의 금융회사들도 실제로 특정 기업의 주식을 매각하고자 하면 얼마든지 매각하고 포트폴리오의 구성을 바꿀 수 있다. 이들은 그저 의제된 유니버설 오너일 뿐이다.

물론 블랙록, 뱅가드 등 오늘날 세계 금융시장을 지배하는 독과점 기관투자자들이 존재한다. 그러나 이들을 유니버설 오너로 부르며 아무런 고민 없이 당연시하는 것이 올바른 것인지는 다시 한번 재고할 필요가 있다. 특히 기관투자자를 유니버설 오너universal owners로 부르는 관행은 바뀌어야 한다.[3] 왜냐하면 기관투자자들은 자신의 이름으로 투자하는 오너owners, 즉 자본의 소유자가 아니라 자본의 수탁자일 뿐이며, 유니버설 오너라는 잘못된 호칭으로 자본의 진짜 소유자, 열심히 일하고 저축하여 투자하는 일반 시민들을 자본시장의 구도에서 의도적으로 소외시킬 우려가 있기 때문이다.

금융金融이란 본디 자금資金의 융통融通이다. 실물 경제가 원활히 작동하도록 실물 경제를 돕고 지원하는 역할이다. 주식시장은 일반 시민들의 근로소득을 모아 기업에게 투자자본으로 공급하고 그에 따른 이익을 투자자인 일반 시민들에게 배당으로 나누어 준다. 오늘날의 선진 금융기법도 예외는 아니다. 리먼 사태에서 문제가 되었던 구조화 금융도 결국 부동산 저당이고, 보금자리를 가지고자 하는 소시민들의 소박한 소망과 연결되어 있다. 금융은 기업이나 실물을 지배하는 것이 아니라 기업을 돕고 실물경제의 원활한 순환을 지원하는 것이다. 말하자면 금융자본과 산업자본은 본디 국민경제의 양 날개로서 대등한 관점에서 서로 돕고 협력하며 서로에게 의지하는 관계였던 것이다.

한국형 ESG는 실물부문과 서로 돕고 협력하는 금융의 본령本領에 기반하여야 한다. 지속 가능한 세상을 실현하는 것은 기업들이고, 고객의 니즈를 가장 잘 아는 것도 기업들이다. 금융자본이 실물부문의 사정을 속속들

[3] '유니버설 오너'라는 명칭이 온당하지 않음에도 불구하고 본서에서는 해당 용어를 그대로 사용하였다. 단순히 편의상의 이유로 사용된 경우도 있고 때로는 부정적인 의미로 해당 용어를 사용하는 경우도 있기 때문이다. 올바른 용어는 '유니버설 투자자'일 듯하다.

이 알 수는 없다. 따라서 금융자본의 역할은 기업들의 ESG 경영에서 필요한 부분을 확인하고 채워주며 도와주는 것이다. 이것이 금융의 본질이다.

물론 혹자는 대한민국의 금융산업이 서구의 금융산업에 뒤처져 있으니 서구 금융자본의 관점을 따라야 한다고 주장할지도 모른다. 분명히 서구의 금융자본은 극초단타 매매high-frequency trading, 인공지능 투자AI-based investment 등을 통해 최고의 수익률을 올리고 있다. 그러나 장기적 관점이 아닌, 바로 이 순간 최고의 수익률을 짜내는 최첨단 기법이 지속 가능한 미래를 창조하는 데 얼마나 도움이 될는지 의문을 가져야 한다.

따라서 장기적 관점에서 인류와 지구의 밝은 미래를 창조하는 금융은 도와주는 금융이어야 한다. 그리고 이를 통해 모두가 함께 행복하고 잘 살도록 만들어주는 금융이어야 한다. 이것이 상생과 협력이며, 이것이 한국형 거버넌스G의 이념이 되어야 한다. 그리고 다행히 우리는 이것을 잘 할 수 있다. 우리나라 금융이 비록 서구의 금융자본과 같이 산업자본을 지배하고, 관리하는 데 능숙하지 못할지라도 산업자본과 동등한 파트너십에 입각한 '대화와 참여'를 통해 지속 가능한 세계를 충분히 만들어 낼 수 있다는 것이다. 그리고 이처럼, 상생과 협력에 입각한 한국형 거버넌스G야말로 지구의 환경계와 인간계의 공존을 이루고 모든 인류의 삶을 억압과 통제에서 해방시키려는 ESG의 본질적 이념과 가치에 지극히 부합한다.

한국형 ESG와 한국형 거버넌스를 실제로 구현할 수 있을까? 다행히도 이는 어렵지 않다. 기존의 제도를 그대로 활용하면 되며, 바꾸어야 할 것은 오직 대한민국 국민들의 가치관과 마음가짐뿐이다. 기존의 스튜어드십 코드도 그대로 활용하면 되며, 단지 새로운 해석론과 실행 단계의 적응만이 요구된다. 한국형 ESG와 한국형 거버넌스가 국제적인 조류를 거스르는 것도 아니다. 유니버설 오너가 의결권을 행사하여 반드시 경영진을 교체해야만 세계에 자랑할 만한 선진적인 ESG가 되는 것이 아니기 때문이다. 그리고 상생과 협력의 ESG가 금융자본과 기업 사이의 대화communication와 참여engagement를 거부하는 것도 아니다. 오히려 양자 간의 원활한 소통과 협력을 증진하기 위한 '대화와 참여'를 권장하는 것이 한국형 ESG의 성공을 위한 중요한 기틀이 될 것이다.

다만, ESG의 정치화는 절대적으로 피해야 한다. ESG의 정치화는 서구 제국諸國은 물론 일본과 중국에서도 나타나지 않는 우리나라 ESG만의 독특하고도 부정적인 현상이다. 이는 사회적 논란의 중심에서 ESG를 부각시켜, ESG에 대한 부정적인 인식과 우려를 조장한다. 특히 ESG의 정치화를 야기하는 여러 이슈들이 거버넌스와 관련되어 제기되는 상황이 우려된다. 거버넌스G 이슈에 사회와 기업의 관심이 집중되면, 환경E과 사회S의 문제를 돌아볼 여력이 남지 않는다. ESG의 정치화는 환경과 사회의 문제 해결에 있어 단지 걸림돌이며, ESG의 이념에 부합하지도 않는다.

ESG의 정치화와 무관한 이슈들은 무엇일까? 어떤 기준을 적용하면 쉽게 판단할 수 있을까? SDGs가 제기하는 이슈들을 잘 살펴보면 그 해답을 쉽게 이해할 수 있다. 환경E, 사회S 및 거버넌스G를 막론하고, SDGs의 이슈들은 인류 공통의 문제이며 관심사이다. 어떠한 논란의 여지가 없는 전 지구적인 이슈들만 SDGs로 제시되어 있다. 따라서 경제 민주화 등의 정치적 논란이 따르는 사회 문제는 일단 ESG의 범위를 넘는 이슈들이라고 판단해야 한다. 물론 각 개인과 정파의 신념에 따라 특정 이슈들이 지속 가능한 세계를 만드는 데 중요하다고 믿을 수도 있을 것이다. 그러나 논란이 있다면 일단 ESG에서 배제되어야 한다. ESG를 개인적 또는 특정 정파의 관점에서 추진할 수는 없기 때문이다. 그리고 논란이 발생하면 결국 ESG는 정치화되고 환경E과 사회S의 문제를 해결하여 지속 가능한 사회를 향한 꿈은 그야말로 머나먼 꿈이 되어 버린다.

그리고 상생과 협력에 기반한 한국형 ESG에서 의결권 행사는 극히 예외적으로 활용되는 최후의 수단이 되어야 하며, 우리나라의 현실에서 그 필요성은 거의 없다. 앞서도 말했듯이, 의결권 행사로 피투자기업을 압박하는 것은 서구 금융자본의 신자유주의적 투자행태이다. 수익률의 만성적인 저하 현상에 시달리는 서구 금융자본이 당장의 주주 이익을 극대화하기 위해 마지막까지 마른 수건을 짜는 단기성과주의의 대표적인 방식의 하나가 의결권 행사이다. 해당 기업의 장기적인 성장을 위해 의결권으로 기업을 위협하는 경우는 거의 없었다는 것이다. 말하자면, 의결권 행사란 대부분 단기성과주의와 주주 중심주의에 기반한 활동이며, ESG와는 오히려 대척점에 서있다. 이는 물론 역사적으로 그런 경향이 있었다는 것이지만, 역사는 반복된다는 관점에서는 간과하기 어려운 대목이다.

더욱이 소수 주주의 보호나 재벌 개혁 등의 논란거리를 통해 현실적으로 가장 이익을 보게 되는 자들이 누구인지를 확인하면 이러한 정치적 논란이 과연 필요한 것인지 의문이 든다. 이는 추상적인 이론과 논리로 토의할 주제가 아니다. 이론에 대한 반박 이론, 그리고 그 반박 이론에 대한 반박 이론은 얼마든지 생산할 수 있다. 문제는 '현실적으로 무슨 일이 일어나는가'라는 질문이다. 언론과 정책당국이 일본의 ESG와 거버넌스 사례를 모범 사례로 본다면, 일본의 상황을 반면교사로 살펴보면 된다. 과연 소수 주주의 보호 정책과 상호출자제도의 폐지로 일본에서 누가 이득을 보는가? 개미 주주들인가 외국인 주주들인가? 아니면 정치인과 관료들인가?

이러한 관점에서, ESG는 인류 보편의 과제라는 가장 원론적인 관점에 다시 초점을 맞추어야 한다. 기본으로 돌아가자는 것이다. 지속 가능한 세상을 만들기 위한 노력을 각자의 이해관계에 맞추어 편의적으로 해석하려는 시도를 버려야 한다. 그리고 진정으로 인류 보편의 과제를 해결하기 위해 나서야 한다. 그리고 그 방식은 가장 인간적인 방식이어야 한다. 갑을관계나 지배-피지배관계가 아니라, 모두가 대등한 동반자로서 진정한 '대화와 참여'의 장場에 나와서 머리를 맞대고 인류와 대한민국의 지속 가능한 미래를 모색하여야 한다. 이것이 하늘을 공경하고 사람을 아끼는 경천애인敬天愛人의 마음으로, 널리 인간을 이롭게 하려는 홍익인간弘益人間의 큰 뜻을 온누리에 실현하고자 하는 한국형 ESG의 길이다.

참고문헌

AIMA. (2018). *From niche to mainstream: responsible investment and hedge funds*. The Alternative Investment Management Association.

Auer, B. R. (2014). Do Socially Responsible Investment Policies Add or Destroy European Stock Portfolio Value? *Journal of Business Ethics*.

Bank of England. (2018). *Transition in thinking: The impact of climate change on the UK banking sector*. Bank of England.

Benau, M. A., Sierra, L., & Grima, A. Z. (2013). *Financial Crisis Impact on Sustainable Reporting*. Management Decision.

Berry, T. C., & Junkus, J. C. (2013). Socially Responsible Investing: An Investor Perspective. *Journal of Business Ethics, 112*, 707-720.

Bloomberg. (2021, March 17). Apple Is Said to Cut Off Chinese Supplier Over Xinjiang Labor. *Bloomberg*. https://www.bloomberg.com/news/articles/2021-03-17/shares-of-china-s-ofilm-drop-after-firm-loses-foreign-customer.

BNP Paribas. (2020). *Hedge Funds and ESG*. BNP Paribas.

Business Roundtable. (2019). *Statement on the Purpose of a Corporation*. Business Roundtable.

Carney, M. (2018). *Transition in thinking: The impact of climate change on the UK banking sector*. Bank of England.

CEBR. (2020). *World Economic League Table 2021*. CEBR.

Claridge, T. (2017, May 9). *Social Capitalism, Capitalism, and Social Capital*. Social Capital Research & Training. https://www.socialcapitalresearch.com/social-capitalism/

CNBC. (2020). *'Sustainable investing' is surging, accounting for 33% of total U.S. assets under management*. CNBC. https://www.cnbc.com/2020/12/21/sustainable-investing-accounts-for-33percent-of-total-us-assets-under-management.html

Dietz, D., & Dao, M. (2019, March). *The Rise of Responsible Investment*. KPMG. https://home.kpmg/xx/en/home/insights/2019/03/the-rise-of-responsible-investment-fs.html

Dodd, E. M. (1932). For Whom Are Corporate Managers Trustees. *Harvard Law Review*.

Duuren, E. v., Plantinga, A., & Scholtens, B. (2016). ESG Integration and the Investment Management Process: Fundamental Investing Reinvented. *Journal of Business Ethics, 138*, 525-533.

Elson, C. M., & Goossen, N. J. (2017). *E. Merrick Dodd & the Rise and Fall of Corporate Stakeholder Theory*. Business Lawyer.

Ember. (2020). *China*. Ember. https://ember-climate.org/global-electricity-review-2021/g20-profiles/china/

ERISA. (2020). *Meeting your fiduciary responsibilities*. U.S. Department of Labor.

ESGCLARITY. (2020). *ESG assets could grow to more than 50% of total European fund AUM by 2025*. ESGCLARITY. https://esgclarity.com/esg-assets-could-grow-to-more-than-50-of-total-european-fund-aum-by-2025/

European Commission. (2020, May 8). *Global demand for resources*. Knowledge for policy. https://knowledge4policy.ec.europa.eu/foresight/topic/aggravating-resource-scarcity/global-demand-resources-materials_en

Fama, E. F., & French, K. R. (1992). The Cross-Section of Expected Stock Returns. *The Journal of Finance*.

Feng, R. (2021, March 23). Bank of Japan backs away from ETF buying scheme. *Financial Times*.

Financial Reporting Council. (2010). *The UK Stewardship Code*. Financial Reporting Council.

________________________. (2019). *The UK Stewardship Code 2020*. Financial Reporting Council.

Financier Worldwide Magazine. (2021, February). From nice to have to mainstream: ESG in private equity. *Financier Worldwide Magazine*.

Freshfields Bruckhaus Deringer. (2005). *A legal framework for the integration of environmental, social and governance issues into institutional investment*. UNEP FI.

Friedman, M. (1970, September 13). The social responsibility of business is to increase its profits. *The New York Times Magazine*.

Fukuyama, F. (2016). *Governance: What Do We Know, and How Do We Know It?* Stanford University.

Global Impact Investing Network. (2021). *Global Impact Investing Network*. Impact Investing. https://thegiin.org/impact-investing/

Gond, J-P., O'Sullivan, N., Slager, R., Homanen, M., Viehs, M., & Mosony, S. (2018). *How ESG engagement creates value for investors and companies*. UN PRI.

GSIA. (2018). *2018 Global Sustainable Investment Review*. GSIA.

Hale, J. (2018, September 21). *Sustainable Investing Events Highlight Kofi Annan's Legacy*. Medium. https://medium.com/the-esg-advisor/sustainable-investing-events-highlight-kofi-annans-legacy-a34d966500ff

Harjoto, M. A., & Jo, H. (2011). Corporate Governance and CSR Nexus. *Journal of Business Ethics, 100*(1), 45-67.

Hart, O., & Zingales, L. (2017). Companies Should Maximize Shareholder Welfare Not Market Value. *Journal of Law, Finance, and Accounting*.

Harvard Law School. (2009). *Havard Law School Forum on Corporate Governance*. Havard Law School Forum on Corporate Governance. https://corpgov.law.harvard.edu/2017/02/09/investor-coalition-publishes-u-s-stewardship-code/

Hill, J. (2020). *Environmental, Social, and Governance (ESG) Investing A Balanced Analysis of the Theory and Practice of a Sustainable Portfolio*. ACADEMIC PRESS.

ICGN. (2009). *ICGS Statement and Guidance on Non-financial Business Reporting*. ICGN.

IIRC. (2021). *International <IR> Framework*. IIRC.

Investopedia. (2020, January 22). *Stakeholder Capitalism*. Investopedia. https://www.investopedia.com/stakeholder-capitalism-4774323

IPCC. (2007). *Climate Change 2007*. WMO & UNEP.

Jensen, M., & Meckling, W. (1976). Theory of the firm: Managerial behavior, agency costs and ownership structure. *Journal of Financial Economics*.

Johnson, S. (2020, November 30). China's ESG ratings tarnish its allure for sustainable investors. *Financial Times*. https://www.ft.com/content/fd835576-59fd-4bb6-93e7-cc30f254a358

Kanungo, P., Bhatnagar, D., & Rathore, A. (2012). *Nike in Vietnam: the Tae Kwang Vina Factory*. The World Bank.

Kay, J. (2012). *Kay Review of UK Equity Markets and Long-term Decision Making*. Department of Business, Innovation, & Skills.

McAfee, A. (2020). *More from Less: The Surprising Story of How We Learned to Prosper Using Fewer Resources—and What Happens Next*. Scribner.

Mikulskis, D. (2019). *Real Returns Blog*. Real Returns Blog. https://realreturns.blog/2019/01/21/universal-owners-a-new-culture-of-weighing-externalities/

Morgan Stanley & Co. LLC. (2019). *Sustainable Signals*. Morgan Stanley & Co. LLC.

Morningstar Research. (2018). *Sustainable Funds U.S. Landscape Report*. Morningstar.

__________________. (2019). *Are Your Clients ESG Investors?* Morningstar. https://www.morningstar.com/insights/2019/04/22/esg-investors

__________________. (2021a). *Global Sustainable Fund Flows: Q4 2020 in Review*. Morningstar Research.

__________________. (2021b). *Sustainable Funds U.S. Landscape Report*. Morningstar.

MSCI. (2020). *MSCI ESG Ratings Methodology*. MSCI.

____. (2021). *What is ESG?* MSCI. https://www.msci.com/our-solutions/esg-investing/what-is-esg

National Conference of Commissioners on Uniform State Laws. (1994). *Uniform Prudent Investor Act*. Uniform Law Commission.

Nestle. (2008). *The Nestle Creating Shared Value Report 2008*. Nestle.

______. (2011). *Nestle Creating Shared Value Report 2011*. Nestle.

Nuveen. (2020). *Performance tops investors' motives for responsive investing*. Nuveen.

PIMCO. (2017). *10 Reasons ESG Investing Is Growing*. PIMCO Europe GmbH. https://europe.pimco.com/en-eu/insights/blog/10-reasons-esg-investing-is-growing

Pollard, J. L., Sherwood, M. W., & Klobus, R. G. (2018). Establishing ESG as Risk Premia. *The Journal of Investment Management*.

Porter, M. E. (2011). *Creating Shared Value: Redefining Capitalism and the Role of the Corporation in Society*. Havard Business Review.

Porter, M. E., & Kramer, M. R. (2007). Strategy and Society: The Link Between Competitive Advantage and Corporate Social Responsibility. *Havard Business Review*.

PRI & UNEP FI. (2011). *Universal Ownership–Why environmental externalities matter to institutional investors*. PRI & UNEP FI.

______________. (2019a). *A Legal Framework for Impact*. PRI & UNEP FI.

______________. (2019b). *Fiduciary Duty in the 21st Century Final Report*. PRI & UNEP FI.

______________. (2020). *Fiduciary duty in the 21st century final report*. PRI & UNEP FI.

PRI Association. (2006). *What are the Principles for Responsible Investment?* PRI Association. https://www.unpri.org/pri/what-are-the-principles-for-responsible-investment

______________. (2019, November 20). *PRI Blog*. PRI Association. https://www.unpri.org/pri-blog/stewardship-is-failing-us-yet-remains-our-best-hope/5126.article

______________. (2020a). *About the fiduciary duty in the 21st century programme*. PRI Association. https://www.unpri.org/fiduciary-duty/about-the-fiduciary-duty-in-the-21st-century-programme/6539.article

______________. (2020b). *About the PRI*. PRI Association. https://www.unpri.org/pri/about-the-pri

______________. (2021a). *About stewardship*. PRI Association. https://www.unpri.org/stewardship/about-stewardship/6268.article

______________. (2021b). *AN INTRODUCTION TO RESPONSIBLE INVESTMENT*. PRI Association. https://www.unpri.org/an-introduction-to-responsible-investment/what-is-responsible-investment/4780.article

______________. (2021c). *SDGs Investment Case*. Executive Summary. https://www.unpri.org/sustainable-development-goals/the-sdg-investment-case/303.article

______________. (2021d). *Signatory directory*. PRI Association. https://www.unpri.org/signatories/signatory-resources/signatory-directory

Puzder, A. (2020, August 17). Biden's Assault on 'Shareholder Capitalism'. *Wall Street Journal*. https://www.wsj.com/articles/bidens-assault-on-shareholder-capitalism-11597705153

PWC. (2020). *2022 The growth opportunity of the century*. PWC.

Reuters. (2008, April 1). TIMELINE-Subprime crisis affects banks worldwide. *Reuters*. https://www.reuters.com/article/timeline-banks-subprime-idUKNOA14690320080401

______. (2021, March 31). Investors press companies on human rights in Xinjiang. *Reuters*. https://www.reuters.com/article/us-china-xinjiang-shareholders-exclusive-idUSKBN2BM2FP

Schwab, K. (2020). *Covid-19: The Great Reset*. World Economic Forum.

__________. (2021, January 1). *2021 should be year of the 'Great Reset'*. livemint. https://www.livemint.com/news/world/2021-should-be-year-of-the-great-reset-11609426486445.html

__________. (2021, January 22). *What is stakeholder capitalism?* World Economic Forum. https://www.weforum.org/agenda/2021/01/klaus-schwab-on-what-is-stakeholder-capitalism-history-relevance/

Secristan, G. (2019, July). *Making Global Progress in Responsible Investments*. IDB Invest. https://idbinvest.org/en/blog/financial-institutions/making-global-progress-responsible-investments

Segal, J. (2021, February 1). The Pressure Is on Private Equity To Take ESG Seriously. *Institutional Investor*.

Sherwood, M. W., & Pollard, J. (2019). *Responsible Investing An Introduction to Environmental, Social, and Governance Investments*. Routledge.

Steele, G. (2020). *The New Money Trust: How Large Money Managers Control Our Economy and What We Can Do About It*. American Economic Liberties Project.

Sustainable Research and Analysis LLC. (2020). *A Decade of Sustainable Funds Investing: 10 Years/10 Charts*. Sustainable Investing. https://www.sustainablein-vest.com/sustainable-investing-decade/

Sustainalytics. (2019). *THE ESG Risk Ratings Methodology-Abstract*. Sustainalytics.

The Asahi Shimbun. (2020, October 23). *2 public entities hold large stakes in 84% of firms listed on TSE*. The Asahi Shimbun Company. http://www.asahi.com/ajw/articles/13863217

The Department of Labor. (2015). *Interpretive Bulletin Relating to the Fiduciary Standard Under ERISA in Considering Economically Targeted Investments*. The Department of Labor.

________________________. (2018). ESG Investment Considerations. *Field Assistance Bulletin, 2018-01*.

________________________. (2021). *Fiduciary Responsibilities*. The Department of Labor. https://www.dol.gov/general/topic/retirement/fiduciaryresp

The Forum for Sustainable and Responsible Investment. (2021). *US SIF*. US SIF. https://www.ussif.org/sribasics

The Global Compact. (2004). *Who Cares Wins-Connecting Financial Markets to a Changing World*. United Nations Department of Public Information.

The Investor Stewardship Group. (2017a). *About ISG*. The Investor Stewardship Group. https://isgframework.org/

____________________________. (2017b). *the Investor Stewardship Group*. The Investor Stewardship Group. https://isgframework.org/corporate-governance-principles/

The Law Commission. (2014). *Fiduciary Duties of Investment Intermediaries*. The Law Commission.

UN Global Compact. (2005). *Who Cares Wins*. UN Global Compact.

__________________. (2019). *Guide to Corporate Sustainability*. UN Global Compact.

UNEP FI. (2004). *The Materiality of Social, Environmental, and Corporate Governance Issues to Equity Pricing*. UNEP FI.

________. (2009). *Fiduciary responsibility–Legal and practical aspects of integrating environmental, social and governance issues into institutional investment*. UNEP FI.

Unilever. (2010). *Sustainable Development Overview 2009*. Unilever.

United Nations. (2015). *Transforming Our World: the 2030 Agenda for Sustainable Development*. United Nations.

_____________. (2020). *We Can End Poverty*. United Nations. https://www.un.org/millenniumgoals/bkgd.shtml

United Nations Secretary-General. (1999, Feburary 1). *Kofi Annan's address to World Economic Forum in Davos*. United Nations Secretary-General. https://www.un.org/sg/en/content/sg/speeches/1999-02-01/kofi-annans-address-world-economic-forum-davos

Wachowski, L., & Wachowski, L. (Directors). (1999). *The Matrix* [Motion Picture].

Walker, D. (2009, December 26). *A Review of Corporate Governance in UK Banks and other Financial Industry Entities*. Havard Law School Forum on Corporate Governance. https://corpgov.law.harvard.edu/2009/12/26/a-review-of-corporate-governance-in-uk-banks-and-other-financial-industry-entities/

Wall Street Journal. (2021). Central Bank Watch. *Wall Street Journal*. https://graphics.wsj.com/CentralBanks/

WalMart. (2008). *2007-2008 Sustainability Progress Report*. WalMart.

WEF & Deloitte. (2020). *Reporting on enterprise value Illustrated with a prototype climate-related financial disclosure standard*. CDP, CDSB, GRI, IIRC, and SASB.

Wikipedia. (2021). "We are the 99%". *Wekipedia*. https://en.wikipedia.org/wiki/We_are_the_99%25

Wolinsky, J. (2020, November 26). How ESG Is Sweeping Private Equity Alongside Hedge Funds. *Forbes*.

World Commission on Environment and Development. (1987). *Our Common Future*. United Nations.

고용노동부. (2019. 7. 8.). 「해외정책 기자단」. 고용노동부 블로그. https://blog.naver.com/molab_suda/221580641000

곽정수. (2015. 7. 10.). 「한국은 일본·중국보다 못한 지배구조 후진국」. 『한겨레』.

국경없는 금융포럼. (2019. 11. 7.). 「세계무역기구(WTO)의 종말 다가온다」. https://blog.daum.net/ardc/636

권경성. (2021. 3. 26.). 「바이든 "중국이 세계 최강국? 내 눈앞서 그런 일 없다"」. 『한국일보』.

기획재정부. (2021). 「무디스, 환경·사회·지배구조(ESG) 국가별 평가 발표」. 기획재정부.

김대호. (2019. 12. 30.). 「中, 보험·자산운용 등 45조달러 금융시장 내년 개방」. 『연합뉴스』. https://www.yna.co.kr/view/AKR20191230049800009?input=1195m

______. (2020. 1. 20.). 「미 금융 기업들, 中 부실채권 정리 사업에 '눈독'」. 『연합뉴스』. https://www.yna.co.kr/view/AKR20200120116400009

김민석. (2020. 3. 2.). 「中 위구르 8만명 애플·나이키·삼성·엘지 공급망서 강제노역」. 『서울신문』. https://www.seoul.co.kr/news/newsView.php?id=20200302500195

김선민. (2019). 「최근 일본의 상호출자 규제 동향 및 시사점」. 『KCGS 리포트』, 8(12).

김유정. (2017. 2. 8.). 「기업지배구조...앞서가는 일본, 뒤처지는 한국」. 『조선비즈』.

김형기. (2006. 8. 14.). 「한국형 제3의 길은 어디서 찾아야 하나」. 『프레시안』.

녹색금융협의회. (2009). 『녹색금융 해외사례 조사보고』. 녹색금융협의회.

마틴 하트랜즈버그. (2006. 4. 10.). 「무역자유화의 이득? 근거가 불투명하다」 (이주명 옮김.). 『프레시안』. https://news.naver.com/main/read.nhn?mode=LSD&mid=sec&sid1=101&oid=002&aid=0000025210

매일경제용어사전. (2021). "지속가능성". 『네이버 지식백과』. https://terms.naver.com/entry.naver?docId=16731&cid=43659&categoryId=43659

박은경. (2020. 8. 11.). 「신문 사고 주식 매입…홍콩 시민들 '빈과일보 구하기'」. 『경향신문』. https://news.khan.co.kr/kh_news/khan_art_view.html?artid=202008111352001

성승제. (2016). 『스튜어드 코드의 문제점과 개선방안』. 한국법제연구원.

스튜어드십 코드 제정위원회. (2016). 『[한국 스튜어드십 코드] 기관투자자의 수탁자 책임에 관한 원칙』. 스튜어드십 코드 제정위원회.

신장섭. (2018). 『왜곡된 스튜어드십 코드와 국민연금의 진로』. 나남.

에너지경제. (2021. 3. 30.). 「세계 재생에너지 늘어도 "석탄 의존도 여전히 높아...중국 큰 폭 증가"」. 『에너지경제』. https://www.ekn.kr/web/view.php?key=20210330010006040

연합뉴스. (2017. 5. 17.). 「김상조 "스튜어드십코드 등 시장 힘으로 대기업 지배구조 개선"」. 『연합뉴스』.

이현승. (2020. 7. 3.). 「"종신고용·비정규직 증가로 日 중산층이 사라진다"」. 『조선비즈』. https://biz.chosun.com/site/data/html_dir/2020/07/03/2020070301123.html?utm_source=naver&utm_medium=original&utm_campaign=biz

장하준. (2002). 『사다리 걷어차기』. 부키.

______. (2020). 『사다리 걷어차기』. 부키.

전국경제인연합회 외. (2016). 「스튜어드십 코드 도입에 대한 경제단체 공동건의」. 전국경제인연합회 외.

전은협. (2009). 『녹색금융 한국에 정착할까』. 전국은행산업노동조합협의회.

지질학백과. (2021). "지속가능성". 『네이버 지식백과』. https://terms.naver.com/entry.naver?docId=5750432&cid=61234&categoryId=61234

하성식. (2019. 8. 21.). 「라인자본주의는 미국식 자본주의와 무엇이 다를까?」. https://brunch.co.kr/@hasan/18

한경 경제용어사전. (2021). "지속가능성". 『네이버 지식백과』. https://terms.naver.com/entry.naver?docId=2067101&cid=42107&categoryId=42107

한국거래소. (2021). 『ESG 정보 공개 가이던스』. 한국거래소.

한일산업협력기술재단. (2019). 『일본기업의 지속가능개발목표(SDGs)에 대한 인식』. 한일산업협력기술재단.

헤럴드경제. (2019. 7. 2.). 「리커창 中총리 “외국인 금융투자 한도 내년 폐지”」. 『헤럴드경제』. http://news.heraldcorp.com/view.php?ud=20190702000799

홍병기. (1999. 12. 2.). 「격렬시위로 WTO개막식도 못열어」. 『중앙일보』. https://news.joins.com/article/3847655

환경부. (2015). 『유엔지속가능발전목표』. 환경부.

_____. (2021). “지속가능발전목표”. 지속가능발전포털. http://ncsd.go.kr/unsdgs

황인학. (2016). 『기관투자자의 책임에 관한 스튜어드십 코드의 본질과 쟁점』. 한국경제연구원.

UN Global Compact Network Korea. (2020). “유엔글로벌콤팩트 소개”. UN Global Compact Network Korea. http://unglobalcompact.kr/about-us/intro/

WWF. (2018). 『TCFD가 한국 기업에 의미하는 바는 무엇인가?』. WWF-Korea.

Amundi Japan. (2018). 『社会を変える投資 ESG入門』. 日経BP.

大森充 . (2019). 『1冊で分かる! ESG/SDGs入門』. 中央公論新社.

株式会社東京証券取引所. (2018). 『コーポレートガバナンス·コード』. 株式会社東京証券取引所.

スチュワードシップ·コードに関する有識者検討会. (2014). 『日本版スチュワードシップ·コード』. 金融庁.

日経エコロジー. (2017). 『ESG経営　ケーススタディ 20』. 日経BP.

夫馬賢治. (2020). 『ESG思考』. 講談社.

松田千恵子. (2018). 『ESG経営を強くする コーポレートガバナンスの実践』. 日経BP.

水口剛. (2017). 『ESG投資 新しい資本主義のかたち』. 日本経済新聞出版.

찾아보기

[영문]

A

a comprehensive corporate reporting system 181
A Friedman doctrine 086, 088
A legal framework for the integration of environmental, social and governance issues into institutional investment 066
a long-term time horizon 094
active ownership 233
Adolf Berle 086
AMWG 054, 143
An Essay on the Principle of Population 121
Anglo-saxon capitalism 080
apartheid 020, 123
asset management working group 054, 143
asset owner 145

B

big lens 182
BlackRock 042, 222
Brian Deese 223
BRICs 132
BRT 075
Brundtland Commission 022
Brundtland Report 022
business activities 172
by-products 172

C

California Public Employees' Retirement System 143
CalPERS 143
CDP 170, 175, 180
CDSB 170, 180
CII 244
Civil Law 055
Common Law 055
Comply or Explain 238, 239
continuum 176
COP21 160
corporate engagement and shareholder action 210, 233
corporate governance code 229
Corporate Governance Principles 244
Corporate Reporting Dialogue 180
corporate social responsibility 004
Council of Institutional Investors 244
Covid-19: The Great Reset 162

CRD 180
Creating Shared Value 047, 153
Creating Shared Value: Redefining Capitalism and the Role of the Corporation in Society 048
Creative Capitalism 048
CSR 004, 015, 036, 046, 050
CSR 3.0 048
CSV 047, 048

D

DCF 095
degrowth 106, 148
dematerialization 110
discounted cash flow 095
divestment strategy 216
DJSI 039
Dow Jones Sustainability Index 039

E

E+S+G 007
Earth Day 122
Employee Retirement Income Security Act of 1974 057
engagement 234, 235, 276, 284
Environmental 003, 007
Environmental, Social, and Governance 141
ERISA 057, 063
ES+G 011, 012, 013, 050, 077, 273
ESG 003, 005, 006, 015, 046, 077, 112, 126, 139, 141
ESG incorporation 233
ESG integration 208, 209
ESG 결합 233
ESG 경영 114
ESG 요소 019
ESG 정보 공개 가이던스 005, 006
ESG 정보공개 174
ESG 정보공개 표준 175
ESG 통합 208, 209
ESG 투자 016, 018, 019, 114
ESG의 정치화 284
externalities 040

F

FASB 180
Fiduciary Duties of Investment Intermediaries 061
fiduciary duty 055
Fiduciary Duty in the 21st Century 069, 161
Fiduciary Duty in the 21st Century Programme 070, 161
Fiduciary duty of 21 Century 217
Fiduciary II 068
Fiduciary responsibility – Legal and practical aspects of integrating environmental, social and governance issues into institutional investment 068
Financial accounting and disclosure 183
financial capital 171
Financial Reporting Council 237
financialization 125
financially material 103
Francis Fukuyama 009
FRC 237
Free Trade Agreement 132
Freshfields Report 066
FTA 132
FTSE International Limited 196

G

Gardiner C. Means *090*
GATT *129*
General Agreement on Tariffs and Trade *129*
Global Impact Investing Network *021*
Global Reporting Initiative *175, 177*
Global Sustainable Investment Alliance *203*
Global Sustainable Investment Review *204*
going concern assumption *095*
Goldman Sachs Group Inc. *223*
Governance *003, 008*
Government Sachs *223*
GPIF *029, 042, 278*
Great Recession *037*
Green factory *039*
Green marketing *039*
Green product *039*
GRESB *175*
GRI *170, 175, 176, 177, 180, 182*
GSIA *203*

H

Harry Markowitz *059*
human capital *171*
hyper-globalization *119*

I

IASB *184, 185*
ICGN *186*
ICLN *200*
IFRS *180, 186*
IFSWF *220*
IIRC *169, 170, 180, 187*
IMF 금융위기 *014, 126, 267*
impact investing *021*
impact/community investing *208, 210*
Inclusive Business *048*
Integrated Reporting *175*
intellectual capital *171*
Intergovernmental Panel on Climate Change *156*
International Accounting Standards Board *184*
International Corporate Governance Network *186*
International Integrated Reporting Council *169*
International Standards Organisation *175*
investment manager *145*
IPCC *156*
ISG *243*
iShares Global Clean Energy *200*
ISO *175, 180*
IWG-SWF *220*

J

John Maynard Keynes *089*

K

Kay Review *097, 255*
Kicking Away the Ladder *267*
Kofi Annan *015*
Konika Minolta Inc. *038*
K-SDGs *158*
Kyoto protocol *155*
Kyoto Protocol to the United Nations Framework Convention on Climate Change *155*

L

Larry Fink 223
lens 182

M

main bank 084, 278
manufactured capital 171
Margaret Thatcher 124
materiality 103
Matrix 120
MDGs 137
Merrick Dodd 086
Michael Porter 048, 153
middle lens 182, 183
Millennium Development Goals 137
Milton Friedman 079
mission investing 023
Modern Portfolio Theory 029, 059
MSCI 016, 193

N

natural capital 171
negative externalities 036, 040
negative/exclusionary screening 208, 209
Nestle 153
Nike sweatshop scandal 128
Non-Financial Reporting Directive 180
Nordic capitalism 080
norm-based screening 208, 209

O

Occupy Wall Street 083, 151, 223
Our Common Future 022
outcomes 172
outputs 172

P

Paris Agreement 160
Peter Drucker 258
Plaza Accord 126
positive/best-in-class screening 208, 209
PRI 024, 145, 147
PRI Association 145
principal-agent 010, 050, 087
principles for responsible investment 145
Principles for Responsible Investments 146
PRI의 6개 원칙 025
process through which value is created, preserved or eroded 170, 173
proxy voting 276
prudent 059
prudent man 059

Q

quarterly capitalism 259

R

Reaganomics 079
Regional Trade Agreement 132
responsible investing 023
Rhein Kapitalismus 080
Ronald Reagan 124
RTA 132

S

Santiago Principles 220
SASB 170, 175, 176, 177, 180
SDGs 024, 027, 028, 029, 051, 052, 115, 284
service provider 145
shareholder supremacy 259
Shrimp-Turtle case 130
SI 021

sin stocks 020
small lens 182, 183
Social 008
social and relationship capital 171
Social Innovation 048
social responsibilities of business 088
socially responsible investing 017
socially responsible investment 020, 122
Sovereign Wealth Fund Institute 220
SRI 020, 122
SR 투자 020
State Street 222
Statement and Guidance on Non-financial Business Reporting 186
Statement on the Purpose of a Corporation 075
stewardship 233
stewardship code 229
Stewardship Principles 244
strategic CSR 047, 048
Strategy and Society: The Link between Competitive Advantage and Corporate Social Responsibility 048
sustainability 022
Sustainability reporting 183
Sustainability Standards Board 175
sustainability theme investing 208
sustainability themed investing 210
sustainable development 022
Sustainable Development Goals 024, 026, 027
sustainable ETF 163
sustainable investing 021
sustainable open-end funds 163
sustainable technologies 105
Sustainalytics 195
SWFI 220

T

Task Force on Climate-related Financial Disclosures 159, 175
TCFD 160, 175
terraforming 114
Tesla, Inc. 114
Thatcherism 079
the 'Prudent Man' rule 059
the 2030 Agenda for Sustainable Development 026
the Battle of Seattle 129
the Berle-Dodd debate 086
The Business Roundtable 075
The Cadbury Report 229
the duty of care 058
the duty of impartiality 058
the duty of loyalty 058
The End of History and the Last Man 133
The End of Laissez-faire 089
the Forum for Sustainable and Responsible Investment 022
The Global ESG Benchmark for Real Assets 175
The Goldman Sachs Group, Inc. 038
The International 〈IR〉 Framework 187
The International Forum of Sovereign Wealth Fund 220
The International Integrated Reporting Framework 187
The International Working Group of Sovereign Wealth Funds 220
The Investor Stewardship Group 243
The Kay Review of UK Equity Markets and Long-term Decision Making 097
the Law Commission 061
The Linaburg-Maduell Transparency Index 220

The Materiality of Social, Environmental, and Corporate Governance Issues to Equity Pricing 055, 142
the Millennium Summit of the United Nations in 2000 137
The Modern Corporation and Private Property 086
The One Planet Sovereign Wealth Fund Framework 222
The One Planet Sovereign Wealth Fund Working Group 221
the Principles for Responsible Investment 147
the Prudent Man rule 059
the social market economy 081
The Social Responsibility of Business is to Increase Its Profits 086, 088
The twenty-first session of the Conference of the Parties 160
The UK Stewardship Code 2020 241
The Uniform Prudent Investor Act of 1994 059
The Universal Owner hypothesis 045
The Unseen Revolution: How Pension Fund Socialism Came to America 258
the Walker Review 237
the World Trade Organization 129
Theranos Inc. 092
Thomas Robert Malthus 121
tie-breaker 063
Tuna-Dolphin GATT cases 130

U

UK Corporate Governance Code 229
UN Environment Programme Finance Initiative 045
UN Global Compact 003, 134
UN Principles for Responsible Investment 024
UNEP FI 045
UNFCCC 155
United Nations Framework Convention on Climate Change 155
United Nations Millennium Declaration 138
universal owner 029
universal owners 040, 041, 224, 232, 282
Universal Ownership – Why environmental externalities matter to institutional investors 045
US SIF 022

V

Value Reporting Foundation 181
Vanguard 222
voting 234

W

Wally Adeyemo 223
We are the 99% 151
Who Cares Wins 003, 140
Who Cares Wins — Connecting Financial Markets to a Changing World 049, 140
Who Cares Wins 이니셔티브 140
WTO 129

[국문]

ㄱ

가디너 민즈 090
가치가 창조, 보존 또는 파괴되는 프로세스 170, 173
가치를 협력하여 창조하기 위한 통합적 공시 및 대화 가이던스 188
가치보고재단 181
가치창조 프로세스 170, 173
개발독재형 자본주의 080
거버넌스 003, 008, 010, 011, 049, 050
거번먼트 삭스 223
결과물 172
경제 민주화 012, 269
계속기업 가정 095
고전적 자본주의 112
골드만 삭스 223
골드만 삭스 그룹 038
공유가치창조 048, 153
공유가치창조: 자본주의와 사회에서의 기업의 역할 재정의 048
관세 및 무역에 관한 일반협정 129
광의의 CSR 004
광의의 ESG 230
교토 의정서 155
국민연금 029, 042, 269
국부펀드 041
국부펀드 연구소 220
국제 국부펀드 워킹그룹 220
국제 국부펀드 포럼 220
국제 지배구조 네트워크 186
국제 통합보고 프레임워크 187
국제통합보고평의회 169
국제회계기준위원회 184
규범 기반 스크리닝 208, 209
그레이트 리셋 149
그린 마케팅 039
그린 팩토리 039
그린 프로덕트 039
근로자퇴직소득보장법 057
글로벌 스탠더드 125, 126, 133, 267, 268, 279
글로벌 임팩트 인베스팅 네트워크 021
글로벌 지속가능 투자 리뷰 204
글로벌 지속가능 투자 연합 203
금융보고위원회 237
금융화(金融化) 125
긍정적 외부효과 041
기관 투자에 대한 ESG 사안의 통합을 위한 법적 프레임워크 066
기관투자자 045
기관투자자 평의회 244
기관투자자 행동주의 258, 259
기업 거버넌스 원칙 244
기업 거버넌스 코드 013, 229
기업 참여 및 주주 행동 210, 233
기업보고 협의체 180
기업의 목적에 대한 선언문 075
기업의 사회적 책임 004, 087, 088
기업의 사회적 책임은 이윤을 창출하는 것이다 086, 088
기업지배구조 003
기업지배구조 모범규준 231
기후금융 157, 159
기후변화에 관한 유엔 기본협약 155

기후변화에 관한 정부 간 협의체 156
기후변화와 관련된 재무정보 공개를 위한 태스크포스 159
기후변화협약에 대한 교토의정서 155

ㄴ
나이키 스웻샵 스캔들 128
네거티브 스크리닝 208, 209, 213
네슬레 049, 153
노르딕형 자본주의 080
능동적 주주권 233

ㄷ
다우존스 지속가능경영지수 039
단기성과주의 285
대륙법계 056
대륙식 자본주의 080
대처리즘 079
대침체 037
대형 렌즈 182
데이터 – 스토리의 연속체 176

ㄹ
라인 자본주의 080, 081, 082
래리 핑크 223
레이거노믹스 079
렌즈 182
로널드 레이건 124
리나버그 – 마두엘 투명성 지수 220
리먼 사태 037, 083, 149, 236

ㅁ
마거릿 대처 124
마이클 포터 048, 153
매트릭스 120
맬서스 121
메릭 도드 086
메인뱅크 거버넌스 084, 278
미션 투자 023
밀레니엄 개발 목표 137
밀턴 프리드먼 079

ㅂ
반(反)성장 148
반(反)세계화 투쟁 124
배제전략 216
뱅가드 222
벌 – 도드 논쟁 086
법률위원회 061
보이지 않는 혁명: 연기금 사회주의가 미국에 왔던 방법 258
보통법 055
부(負)의 외부효과 036, 040
부산물 172
부정적 외부효과 040
분기 자본주의 259
분쟁광물 020
불편부당성 의무 058
브라이언 디스 223
브룬틀란 보고서 022
브룬틀란 위원회 022
블랙록 042, 222
비재무 보고 지침 180
비재무 사업 보고에 관한 선언문 및 지침 186
비재무적 요소 101
비재무적 측면으로서의 ESG 요소 019
비즈니스 라운드테이블 075, 080

비즈니스 활동 *172*

ㅅ

사다리 걷어차기 *267, 268, 279*
사회 *008*
사회, 환경, 기업지배구조의 과제가 지분 평가에 미치는 중요성 *055, 142*
사회·관계 자본 *171*
사회적 시장경제 *081*
사회적 책임 투자 *017, 020, 122*
사회적 혁신 *048*
산업혁명 *119*
산출물 *172*
산티아고 원칙 *220*
상생과 협력의 ESG *284*
상호출자 *013*
상호출자제도 *084, 285*
새우-바다거북 사건 *130*
서브프라임 모기지 사태 *037*
서비스 제공 기관 *145*
서스테이너블 인베스팅 *021*
서스테이널리틱스 *195*
선관의무 *056*
선량한 관리자 *056*
선량한 관리자의 주의의무 *056*
세계무역기구 *129*
소수 주주 *014, 084*
소수 주주의 보호 *285*
소형 렌즈 *182, 183*
수탁자 의무 *053, 054, 055, 057, 061, 232, 269*
스테이트 스트리트 *222*
스튜어드십 *232*
스튜어드십 원칙 *244*
스튜어드십 코드 *229*
스튜어드십 활동 *233*
시애틀 전투 *124, 129*
신자유주의 *079, 125, 126, 149*
신중한 *059*
신중한 사람 *059*
신중한 사람의 원칙 *059*

ㅇ

아돌프 벌 *086*
아파르트헤이트 *123*
앵글로·색슨 자본주의 *080, 082, 125, 126*
어젠다 2030 *026, 027*
역사의 종언 *133*
연공서열제 *013, 085*
연금 사회주의 *012*
연금적립금관리운용독립행정법인 *029*
연기금 *041*
연기금 자본주의 *256*
영국 주식시장과 장기적 의사결정에 관한 케이 리뷰 *098*
영국의 스튜어드십 코드 2020 *241*
영미법계 *056*
외국인 주주 *014*
외부경제 *041*
외부불경제 *040*
외부효과 *040*
우리는 99%이다 *151*
워커 보고서 *237, 277*
월가 점령 시위 *083, 151, 223*
월리 아데예모 *223*
유니버설 오너 *029, 040, 041, 043, 045, 104, 232, 280, 281, 282*

유니버설 오너 가설 045
유니버설 오너들 224, 257
유니버설 오너십 281
유니버설 오너십 – 환경의 외부효과가 기관 투자자에게 중요한 이유 045
유니버설 투자자 282
유럽식 자본주의 081
유엔 글로벌 콤팩트 003, 134
유엔 기후변화협약 155
유엔 밀레니엄 선언 138
유엔 밀레니엄 정상회의 137
유엔 책임투자원칙 024
유엔 환경계획 금융 이니셔티브 045
의결권 행사 234, 285
이익공유제 004
이토 보고서 246
이해관계자 075
이해관계자 자본주의 073, 074, 078, 086, 091
인구론 121
인적 자본 171
인클루시브 비즈니스 048
일본경제재생본부 246
일본의 기업 거버넌스 코드 013
일본재흥전략 246, 252
일본판 '기업지배구조 모범규준' 013
일본판 기업 거버넌스 코드 245, 249
일본판 스튜어드십 코드 245, 248
임팩트 투자 021, 208, 210, 215

ㅈ

자본시장과 금융투자업에 관한 법률 056
자본시장법 056
자산보유자 145
자산운용사 145
자연 자본 171
자유무역협정 132
자유방임의 종언 089
장기적(長期的) 시간지평 094
장하준 267
재무 자본 171
재무적으로 중요 103
재무회계 및 공시 183
전략과 사회: 경쟁 우위와 기업의 사회적 책임 간의 연결 고리 048
전략적 CSR 047, 048
정(正)의 외부효과 041
정책보유주식 013
제21차 유엔 기후변화협약 당사국 총회 160
제조 자본 171
존 메이너드 케인스 089
종신고용제 013, 085
종합기업보고시스템 181
죄악주 020
주거래은행 013, 084, 278
주식회사 008, 010, 050, 077
주의 의무 058
주인 – 대리인 010, 050, 087
주주 우선주의 079, 080
주주 자본주의 073, 086, 091
주주 중심주의 285
주주가치 우위 259
주주참여 234, 235
주주행동주의 015, 259, 263
중국식 국가 자본주의 080
중요도 103
중형 렌즈 182, 183

지구의 날 *122*
지속 가능한 개발 *022*
지속 가능한 개방형 펀드 *162*
지속 가능한 발전을 위한 2030 어젠다 *036*
지속 가능한 상장지수펀드 *163*
지속가능 경영 *153*
지속가능 기술 *105*
지속가능 및 책임 투자 포럼 *022*
지속가능 투자 *021, 153*
지속가능경제 *112, 113, 143, 148, 150, 154, 155*
지속가능발전목표 *024, 026, 027*
지속가능성 *022, 154*
지속가능성 보고 *183*
지속가능성 테마 투자 *208, 210*
지역무역협정 *132*
지적 자본 *171*
집사준칙 *232*

ㅊ

참치-돌고래 사건 *130*
창조적 자본주의 *048*
책임 투자 *023, 024*
책임투자원칙 *146*
책임투자원칙협회 *145*
초(超)세계화 *119*
최종 승자를 결정짓는 요소 *063*
충성 의무 *058*
충실의무 *056*

ㅋ

캐드베리 보고서 *229, 239*
캘리포니아 주직원 퇴직연금 *143*
케이 리뷰 *097, 255*
코니카 미놀타 *038, 173*
코드를 준수하라. 그렇지 않으면 설명하라 *238*
코피 아난 *015, 134, 137, 139*
클라우스 슈밥 *074, 162*

ㅌ

타이 브레이커 *063*
탄소국경세 *105*
탄소국경조정제도 *105*
탄소중립 *105, 114*
탈경제 *148*
탈물질화 *107, 110*
탈성장 *106*
탈자본주의 *112, 113*
테라노스 *092*
테라포밍 *114*
테슬라 *114, 173*
테크노 자본주의 *105*
투자자 스튜어드십 그룹 *243*
투자중개인의 수탁자 의무 *061*

ㅍ

파리협정 *159, 160*
포지티브 스크리닝 *208, 209*
프랜시스 후쿠야마 *009, 133*
프레시필즈 *144*
프레시필즈 보고서 *066, 144*
프레시필즈 브룩하우스 데린저 *066*
프리드먼 독트린 *086, 088*
플라자 합의 *126*
피터 드러커 *258*

ㅎ
하나의 지구 국부펀드 워킹 그룹 *221*
하나의 지구 국부펀드 프레임워크 *222*
하이퍼 글로벌라이제이션 *119, 124, 125*
한국 스튜어드십 코드 7 원칙 *262*
한국형 ESG *281, 282, 286*
한국형 스튜어드십 코드 *231*
한국형 지속가능발전목표 *158*
해리 마코위츠 *059*
현금흐름할인 *095*
현대 기업과 사유 재산 *086*
현대 포트폴리오 이론 *029, 059*
협의의 CSR *004*
협의의 ESG *230*
환경 *007*
환경, 사회 및 거버넌스 *141*

[기타]

1999 Seattle WTO protests *129*
1999년 시애틀 WTO 시위 *129, 133*
2019 BRT 선언문 *075*
2019년판『21세기의 수탁자 의무』 *070*
2019년판『Fiduciary Duty in the 21st Century』 *070*
21세기 수탁자 의무 프로그램 *070, 161*
21세기의 수탁자 의무 *069, 072, 161, 217*
舊 the Carbon Disclosure Project *175*
價値協創のための統合的開示·対話ガイダンス *188, 189*

저자 약력

박태영(朴泰榮)

[경력]

현) 리오인베스트 주식회사 이사
현) ESG 미래금융연구회 사무총장
전) Valtech Consulting Korea
전) KT 경영연구소(現 KT경제경영연구소)
전) 한화투자증권, AIG 등 주요 금융회사

[학력]

Purdue University MBA
Purdue University Electrical Engineering B.S. EE
서울대학교 법과대학 사법학과 학사

Valtech Consulting Korea, KT 경영연구소(現 KT경제경영연구소) 등에서 각각 경영 컨설턴트와 연구원으로 재직하면서 방송, 미디어와 제반 IT 분야의 산업 전문가 및 경영전략 전문가로 활동하였으며, 한화투자증권, AIG 등을 거치면서 IT, 미디어와 금융 산업을 넘나드는 경력과 활동 영역을 구축하였다. 현재는 투자업무에 주력하면서 암호화폐와 블록체인 등 기술과 금융의 접점에서 나타나는 새로운 경제 현상과 ESG와 기후금융이 자본시장과 거시경제환경에 미치는 영향에 대해 주목하고 있다.

(E-mail) simstimpub@gmail.com

윤건용(尹健龍)

[경력]

현) 농협경제연구소 연구위원
현) ESG 미래금융연구회 회장
전) 농협경제연구소 상호금융·보험연구실장
전) 금융위원회 지역금융발전전략 자문위원
전) 기획재정부 농축산물선물거래 자문위원
전) 시그마컨설팅 대표
전) 한국개발리스(KDLC) 근무
전) Asian Bank 바젤 III 국제세미나 참가

[학력]

한성대학교 경제학과 박사
서강대학교 경제학과 석사
서강대학교 경제학과 학사

정통 경제이론가로서의 학문적 배경을 가지고 있으면서 동시에 비즈니스의 최전선에서도 활발하게 활동해왔다. 따라서 이론과 현장 실무에 모두 능통한 경제 및 금융 전문가이다. 국내에서 손꼽히는 상호금융 이론가이며 바젤 III, 농축산물 선물 등 다양한 영역에서 금융위원회, 기획재정부 등과 협력해왔다. 현재는 상호금융의 관점에서 ESG와 기후금융 등이 가지는 잠재력에 주목하면서, 마이크로 파이낸스 등과 같은 상생의 금융과 경제모델을 상호금융에 접목하는 방안을 모색하고 있다.

(E-mail) highers4@naver.com

ESG의 구조 착한 ESG 그리고 위험한 ES+G

1판 인쇄 2021년 7월 20일
1판 발행 2021년 7월 30일

지은이 박태영·윤건용
펴낸이 김영훈
편집인 전영완
펴낸곳 도서출판 문우사
주소 경기도 고양시 일산서구 킨텍스로 255, 일산 디엠시티 스카이뷰 오피스동 1304호
전화 031) 901-6542, 070) 4200-6542 **팩스** 031) 906-6542
홈페이지 www.munu.co.kr **대표메일** moonwoosa@hanmail.net
출판신고번호 제396-2013-000113호

ISBN 979-11-85994-90-1 93320

값 20,000원